定本
発掘調査のてびき

―集落遺跡発掘編―

文化庁文化財部記念物課

はじめに

　埋蔵文化財は、わが国の各地域に普遍的に存在する、豊かで生き生きとした歴史的な財産である。こうした地域の歴史を証言する埋蔵文化財は、未来に伝えるべき存在であり、現代においてそれを失うことは極力避けなければならない。したがって、開発事業などとの円滑な調整を図りつつ、また国民の理解と協力を得ながら、それらを適切に保存し、活用することが、埋蔵文化財保護行政上、重要な課題となる。

　埋蔵文化財の発掘調査は、埋もれた遺構と遺物の存在およびその相互関係を明らかにし、地域における歴史的意義を把握するうえで必要不可欠なものである一方、それがどのような目的であれ、常に解体や現状の改変をともなうという側面が生じる。したがって、発掘調査には、高い精度と適正な内容が要求されるとともに、そうした知識と技術を有する発掘担当者の資質と充実した体制の整備が強く求められる。

　昭和41年11月、上記のような事情と目的を勘案して、文化財保護委員会事務局(現文化庁)は『埋蔵文化財発掘調査の手びき』を刊行した。これは、以後40年の長きにわたり、発掘調査における指針としての意義を保ちつづけたが、その後の発掘調査件数の急増と規模の増大、そして調査技術と考古学や関連分野の研究の進展により、現状に応じた内容への改訂が求められるよう

になった。

　そこで、文化庁が設置した「埋蔵文化財発掘調査体制等の整備充実に関する調査研究委員会」では、平成16年10月、埋蔵文化財がもつ歴史的な情報を的確に把握するため、発掘調査が一定の水準を保って達成できることを目的として、その方法と内容に関する標準を定めた『行政目的で行う埋蔵文化財の調査についての標準』を報告した。この中で、実際に発掘担当者がこの標準にしたがって適切な発掘作業および整理等作業をおこなえるよう、全国で汎用できる手引書の必要性が指摘され、それを受けて、このたび本書の刊行にいたった次第である。

　本書の作成は、文化庁が独立行政法人国立文化財機構（平成18年度までは独立行政法人文化財研究所）奈良文化財研究所に委託して、『発掘調査のてびき』作成検討委員会およびその作業部会を開催し、原稿執筆から編集作業までを各委員とともにおこなった。関係者に心から感謝の意を表したい。

　平成22年3月

　　　　　　　　　　　　　　　　　　文化庁文化財部記念物課

例　言

1．本書は、埋蔵文化財の保護を目的として実施する発掘調査のうち、集落遺跡を中心とした発掘作業と整理等作業の具体的な手順と方法を示した「てびき」（マニュアル）である。「発掘調査」とは、現地における発掘調査作業（以下「発掘作業」という。）および発掘作業の記録と出土品の整理から報告書作成までの作業（以下「整理等作業」という。）をへて、発掘調査報告書（以下「報告書」という。）の刊行をもって完了する一連の作業を指す。

2．本書は、集落遺跡を中心とする発掘作業を扱った『集落遺跡発掘編』（以下『発掘編』という。）と、報告書の作成・刊行までを含む整理等作業を扱った『整理・報告書編』（以下『整理編』という。）の２冊からなる。『整理編』の整理等作業は、原則として、集落遺跡から出土する遺物をおもな対象としている。また、『整理編』の末尾に、関係法令などを付編として収録した。

3．本書は、平成17年度から21年度にかけて、文化庁文化財部記念物課が、独立行政法人国立文化財機構（平成18年度までは独立行政法人文化財研究所）奈良文化財研究所（以下「奈文研」という。）にその業務を委託し、作成した。

4．本書の作成にあたっては、平成17年度に設置した「『発掘調査のてびき』作成検討委員会」（以下「作成委員会」という。）の指導と助言を受け、同時に設置した「『発掘調査のてびき』作成検討委員会作業部会」（以下「作業部会」という。）および奈文研委員の協力を得た。なお、作成委員会は５回、作業部会は15回にわたって開催した。

5．作成委員会委員の構成は、次のとおりである。
　　　藤本強（座長）、石川日出志、泉拓良、甲元眞之、杉原和雄、高橋一夫、田辺征夫、山崎純男

6．作業部会委員の構成は、次のとおりである。
　　　赤塚次郎、宇垣匡雅、江浦洋、桐生直彦、小林克、佐藤雅一、重藤輝行、七田忠昭、高田和徳、趙哲済、寺澤薫、細田勝

7．奈文研委員の構成は、次のとおりである。
　　　石村智、井上直夫、牛嶋茂、岡村道雄、小澤毅、加藤真二、金田明大、国武貞克、小池伸彦、高妻洋成、小林謙一、杉山洋、高橋克壽、巽淳一郎、玉田芳英、豊島直博、中村一郎、箱崎和久、平澤毅、深澤芳樹、松井章、松村恵司、毛利光俊彦、森本晋、安田龍太郎、山﨑健、山中敏史

8．本書では、遺跡などの時期について、6世紀以前は時代名称による表記をおこない、7世紀以降はできるだけ世紀を用いた表記とした。

9．本書における外来語のカタカナ表記は、国語審議会の答申にもとづいて平成3年6月28日に告示された内閣告示第2号の『外来語の表記』に準拠し、英単語の末尾が -er、-or、-arとなるものは、すべて長音符号「ー」をつける表記に統一した。

10．本書の執筆にさいしては多数の文献などを参照したが、本書の性格を勘案して、巻末の参考文献には、入手や閲覧が比較的容易な一般書籍を中心に掲げた。

11．『発掘編』の執筆と作成にあたっては、青山均、篠崎譲治、高橋学、千木良礼子、中山晋、松崎元樹、松田順一郎の協力を得た。また、本書の挿図作成には金田あおい、索引と図表出典および付編の作成には濱口典子、野口成美、山川貴美が協力した。

12．本書の執筆は、作業部会委員、奈文研委員および上記の協力者と文化庁がおこなった。

13．本書の編集は、文化庁（坂井秀弥、禰宜田佳男、清野孝之、水ノ江和同、渡辺丈彦、近江俊秀）と奈文研（山中敏史、小林謙一、小澤毅、金田明大）がおこない、濱口典子の協力を得た。

発掘調査のてびき　集落遺跡発掘編　　目　次

はじめに

例　言

第Ⅰ章　埋蔵文化財の保護 ……………………………………………… 1
第1節　埋蔵文化財の保護と発掘調査 …………………………… 2
　　1　埋蔵文化財の意義とその保護 …………… 2
　　2　埋蔵文化財保護行政と発掘調査 …………… 2

第2節　埋蔵文化財の発掘と『発掘調査のてびき』 …………… 5

第Ⅱ章　集落遺跡概説 …………………………………………………… 7
第1節　序　論 …………………………………………………… 8
第2節　旧石器時代 ……………………………………………… 10
第3節　縄文時代 ………………………………………………… 15
第4節　弥生時代 ………………………………………………… 22
第5節　古墳時代 ………………………………………………… 29
第6節　古　代 …………………………………………………… 36
第7節　中・近世 ………………………………………………… 43

第Ⅲ章　発掘調査の準備と運営 ………………………………………… 49
第1節　埋蔵文化財包蔵地 ……………………………………… 50
　　1　埋蔵文化財行政の役割 ……… 50
　　2　埋蔵文化財包蔵地の範囲 …… 50
　　3　把握と周知の具体的方法 …… 51

　　コラム　くぼみとして残った遺構 …… 55

第2節　調査計画の策定と準備 ………………………………… 56
　　1　調査計画 ……………… 56
　　2　機材の準備 …………… 58

第3節　発掘作業の運営と安全管理 …………………………… 62
　　1　発掘作業の運営 ……… 62
　　2　安全管理 ……………… 63

第4節　測量基準点の設置 ……………………………………… 70
　　1　平面直角座標系と方眼北 …… 70
　　2　基準点測量と留意点 ………… 72
　　3　トラバース測量 ……………… 74
　　4　水準測量 ……………………… 76

　　コラム　世界測地系への移行 ………… 80

第5節　発掘前の地形測量……………………………………………………………81
　　　1　地形測量の意義と手順……… 81　　2　地形測量の方法……………… 81

第6節　発掘区とグリッドの設定……………………………………………………85
　　　1　目的と意義………………… 85　　2　標準的グリッドと
　　　　　　　　　　　　　　　　　　　　　その表示法…………… 85

第7節　遺跡の探査……………………………………………………………………88
　　　1　目的と意義………………… 88　　3　物理探査の利用……………… 90
　　　2　地図・写真・画像の利用…… 88

第Ⅳ章　土層の認識と表土・包含層の発掘……………………………………93

第1節　遺跡における土層の認識……………………………………………………94
　　　1　土層とその構成物………… 94　　3　土層の観察と記録…………… 99
　　　2　土層の区分………………… 95

第2節　表土の掘削と包含層の発掘………………………………………………104
　　　1　表土の掘削………………… 104　　2　包含層の発掘………………… 105
　　　コラム　層相断面図……………………… 110

◆　土層をより深く理解するために………………………………………………111

第Ⅴ章　遺構の発掘………………………………………………………………117

第1節　遺構検出の方法……………………………………………………………118
　　　1　遺構検出の手順と方法……… 118　　3　重複する遺構の検出………… 121
　　　2　複数の遺構面の発掘……… 120　　4　遺構掘り下げの準備………… 122

第2節　遺構の掘り下げと遺物の取り上げ………………………………………123
　　　1　遺構の掘り下げ…………… 123　　3　掘り下げの方法と留意点…… 125
　　　2　埋土の観察と記録………… 123　　4　遺物の取り上げ……………… 128

第3節　竪穴建物……………………………………………………………………131
　　　1　建築構造…………………… 131　　3　竪穴部・地表部の発掘手順… 144
　　　2　竪穴部・地表部の属性…… 136　　4　焼失竪穴建物………………… 152
　　　コラム　柄鏡形竪穴建物………………… 143　コラム　竪穴建物と埋葬……………… 156
　　　コラム　カマドの発掘手順……………… 148　コラム　周溝をもつ建物……………… 157
　　　コラム　焼失竪穴建物の炭化材………… 153

第4節　掘立柱建物…………………………………………………………………158
　　　1　上部構造…………………… 158　　3　掘立柱建物にともなう遺構… 176
　　　2　柱穴の構成と属性………… 169　　4　掘立柱建物の発掘手順……… 180
　　　コラム　竪穴・掘立柱併用建物……… 188

第5節　その他の建物 …… 189
1　礎石建物 …… 189
2　壁建ち建物・土台建物・平地建物 …… 191

コラム　オンドル …… 193

第6節　土　坑 …… 194
1　基本的な発掘手順 …… 194
2　落とし穴 …… 195
3　集落内の土坑墓 …… 196
4　さまざまな土坑 …… 197

コラム　氷　室 …… 199　　コラム　トイレ …… 200

第7節　溝 …… 201
1　溝の構造 …… 201
2　溝の発掘手順 …… 203

第8節　井　戸 …… 206
1　機能と構造 …… 206
2　井戸の発掘手順 …… 207

第9節　生産関連遺構 …… 212
1　集落と生産遺構 …… 212
2　手工業関連の遺構 …… 212
3　農業関連ほかの遺構 …… 219

第Ⅵ章　遺構の記録 …… 225

第1節　実　測 …… 226
1　実測の理念と方法 …… 226
2　過去の実測方法とその問題点 …… 226
3　実測の具体的手順 …… 227
4　写真測量 …… 236
5　三次元レーザー測量 …… 239

第2節　記録と情報 …… 241
1　記録・情報の意味 …… 241
2　記録様式の統一と標準化 …… 241
3　日誌・遺構カードと属性表 …… 243
4　記録・情報のデジタル化 …… 248

第3節　写　真 …… 250
1　文化財写真の意義 …… 250
2　撮影機材 …… 251
3　遺構の撮影 …… 253
4　撮影後の処置 …… 261

第Ⅶ章　自然科学調査法の活用 …… 263

第1節　自然科学分析と試料採取 …… 264
1　分析の実施計画 …… 264
2　分析対象となる資料 …… 265
3　試料採取の方法と留意点 …… 268

第2節　脆弱遺物の取り上げ …… 274
1　遺物の取り上げ …… 274
2　取り上げ後の処置 …… 277

第3節　土層・遺構の転写と切り取り …… 278
1　土層の転写 …… 278
2　遺構の立体転写 …… 280
3　遺構の切り取りと型取り …… 280

英文目次	281
図　版	285
参考文献	293
図表出典	295
索　引	303

発掘調査のてびき　整理・報告書編　　目　次

　　例　　言

第Ⅰ章　整理と報告書作成の基本方針
　　第1節　発掘調査報告書　　　　　　　　第2節　整理等作業の流れ

第Ⅱ章　記録類と遺構の整理
　　第1節　発掘記録類の基礎整理　　　　　第2節　遺構・土層の整理と集約

第Ⅲ章　遺物の整理
　　第1節　洗浄・選別・注記・登録　　　　第6節　金属製品の観察と実測
　　　　　　コラム　遺物分類の考え方　　　第7節　木製品・大型部材の観察と実測
　　第2節　接　合　　　　　　　　　　　　第8節　自然科学分析
　　第3節　実測の理念と方針　　　　　　　　　　　コラム　非破壊分析
　　　　　　コラム　考古学と計量　　　　　第9節　復　元
　　第4節　土器・土製品の観察と実測　　　第10節　写　真
　　　◆　　デジタル図化　　　　　　　　　第11節　遺物の保存処理
　　第5節　石器・石製品の観察と実測

第Ⅳ章　調査成果の検討
　　第1節　遺構の検討　　　　　　　　　　第3節　調査成果の総合的検討
　　　　　　コラム　柱間寸法と尺度
　　第2節　遺物の検討
　　　　　　コラム　遺物の数量表示

第Ⅴ章　報告書の作成
　　第1節　構成と規格　　　　　　　　　　第5節　入稿と校正
　　第2節　文章の作成　　　　　　　　　　　　　　コラム　色校正の基本
　　第3節　図表の作成　　　　　　　　　　第6節　印刷と製本
　　第4節　レイアウトと編集

第Ⅵ章　報告書の記載事項
　　第1節　報告書の構成　　　　　　　　　第4節　調査の方法と成果
　　第2節　調査の経過　　　　　　　　　　第5節　総　括
　　第3節　遺跡の位置と環境

第Ⅶ章　資料の保管と活用
　　第1節　記録類の保管と活用　　　　　　第2節　出土品の保管と活用

　　英文目次
　　図　版
　　付　編
　　参考文献
　　図表出典
　　索　引
　　おわりに

第Ⅰ章

埋蔵文化財の保護

第1節
埋蔵文化財の保護と発掘調査

1 埋蔵文化財の意義とその保護

埋蔵文化財の意義　埋蔵文化財は、日本および全国各地域の歴史や文化の成り立ちを理解するうえで欠くことのできない、国民共有の貴重な歴史的財産である。

それは、先人たちが営んできた生活の直接的な証であり、文字や記録のない先史時代はもとより、古代や中・近世さらには近・現代においても、文献史料だけからでは知ることのできない歴史や文化を明らかにする手がかりとなるものである。しかも、一つ一つが個性的で、二つとして同じものがなく、地域の長期にわたる歴史と文化を生き生きと現代に伝えてくれる。

このように、埋蔵文化財は、地域にとって誇りと愛着をもたらす精神的な拠り所であると同時に、個性豊かな地域の歴史的・文化的環境を形づくる重要な資産でもある。したがって、先人たちが今日まで守り伝えてきた埋蔵文化財を適切に保護し、後世の人々に伝えていくことが、現代に生きるわれわれの責務となる。

文化財保護法(以下「法」という。)では、埋蔵文化財は「土地に埋蔵されている文化財」とされ、貝塚・集落跡・古墳・都城跡・城跡などの遺跡や、土器・石器・木製品・金属製品などの遺物がこれにあたる。それらが所在する周知の埋蔵文化財包蔵地の数は、各地における分布調査や発掘調査の進展などによって年々増加の一途をたどっており、平成19年6月現在で約46万ヵ所を数える。

埋蔵文化財保護と国民生活　一方で、埋蔵文化財は、土地と一体をなしているという性質上、その保護にあたっては、国民の財産権・生活権の尊重や、国土開発など、ほかの公益との調整についても十分な配慮が求められる。

そのため、埋蔵文化財の保護を進めるにさいしては、地域の歴史と文化の復元などにとって不可欠な埋蔵文化財そのものの重要性と、一度破壊されれば二度とその場に同じものを復元することができないという埋蔵文化財の特性を、広く国民に理解してもらうことが必要であり、埋蔵文化財保護行政を担当する国や地方公共団体は、常にそのための努力を怠ってはならない。

近年、生活様式の大きな変化により、国民は、生涯にわたる学習意欲の向上や環境への配慮をつうじて、心の豊かさや生活に潤いを求めるようになってきた。そうしたなかで、埋蔵文化財も、たんに保存するだけではなく、さらに一歩進んで歴史的環境を意識したまちづくり・ひとづくりなどのために、積極的に活用することが重要な課題となってきている。すなわち、これからの埋蔵文化財の保護では、保存と活用がバランスよく機能することが求められているのである。

発掘調査の特性　埋蔵文化財の内容や価値を明らかにしようとする場合、土地に埋蔵された遺構と遺物の存在およびその相互関係を正しく理解するためには、考古学的な手法にもとづく発掘調査が必要となる。しかし、その一方で、発掘調査は、埋蔵文化財の解体や現状改変を必ずともない、再び同じ場所で同じ調査を繰り返すことはできないという性質をもっている。

したがって、発掘調査は、明確な目的のもとで、適切な手順と精度の高い方法により、客観的な立場でおこなわなければならない。

2 埋蔵文化財保護行政と発掘調査

A　埋蔵文化財保護の諸段階と発掘調査

埋蔵文化財保護の基本は、地域に所在する埋蔵文化財を正確に把握し、それぞれの内容や価値に応じて適切に保存・活用することである。

これを行政的な措置の流れとして整理すると、1）把握・周知、2）調整、3）保存、4）活用という4段階からなる。そして、最後の活用までが十分におこなわれることによって、バランスのとれた質の高い埋蔵文化財保護行政（以下「埋蔵文化財行政」という。）が実現する。

ここで示した各段階には、おのおのの目的に応じた調査がおこなわれる。以下では、各段階における調査の目的と意義を示すこととする。

B　把握・周知

把握・周知とは、埋蔵文化財包蔵地の所在を把握し、それを法的保護の対象となる「周知の埋蔵文化財包蔵地」（法第93条）とするかどうかの判断をへたうえで、遺跡台帳や遺跡地図などに登載することにより、国民への周知徹底を図ることである（法第95条）。

この段階でおこなわれる調査は、埋蔵文化財包蔵地の所在や範囲と、その概要を把握することを目的とするものである。そのため、既往の諸調査の成果に、あらたにおこなう分布調査（踏査）や試掘・確認調査の結果、すなわち出土品の種類・年代や地形・地目、調査地点とその内容などを加え、かつそれらのデータを常時更新していく必要がある。

C　調　整

調整とは、法第93・94条にもとづく届出などに対して、埋蔵文化財の保存と開発事業計画とを調整し、埋蔵文化財の取扱いを決定することである。この段階で必要とされるのは、試掘・確認調査である。

試掘調査は埋蔵文化財の有無を、確認調査はその範囲・性格・内容などの概要を把握するためにおこなう。これらは、その埋蔵文化財の現状保存を図るか、あるいは現状保存を求めずに、記録を保存するための発掘調査（以下「記録保存調査」という。）をおこなうかという、行政判断に直接かかわる重要な調査である。

また、確認調査は、開発事業計画との調整の結果、最終的に現状保存の措置をとることができず、記録保存調査をおこなうことになった場合も、調査の範囲の決定、調査方法の計画や調査に要する期間・経費の算定などのために必要となる。

こうした目的を達成するには、調査によって、遺構・遺物の密度、遺構面の数や深さ、およびその性格や内容を的確に把握することが必要である。また、それらの調査結果に既往の調査成果も十分に加えて、遺跡の範囲・内容・価値を総合的に判断するようにする。

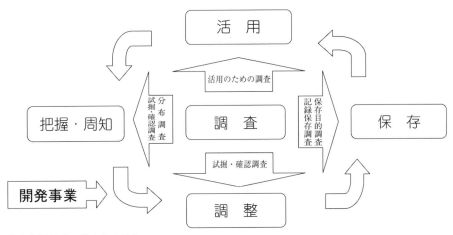

図1　埋蔵文化財行政の基本的な流れ

D 保存

保存とは、原則として埋蔵文化財を現状のまま保存（現状保存）することであり、やむをえずそうした措置がとれない場合は、発掘調査などによって埋蔵文化財の記録を作成し、それを保存（記録保存）することを意味する。

保存目的調査　保存目的調査は、地域の歴史や文化を理解するうえで重要な遺跡を対象に、その現状保存をめざして、遺跡の内容や範囲を把握するためにおこなう発掘調査である。

保存目的調査では、目的の達成のために必要な最低限の掘り下げにとどめることを原則とするなど、発掘調査による埋蔵文化財の解体を最小限にすることが重要である。

記録保存調査　記録保存調査は、開発事業との調整の結果、現状のまま保存を図ることができないと判断された埋蔵文化財について、その記録を作成するために実施する。

記録保存調査では、遺構を完掘することが前提であり、遺跡のもつすべての情報を適切に得る必要がある。ただし、発掘作業開始後に、試掘・確認調査では予測できなかった重要な埋蔵文化財であることが判明した場合は、開発事業を計画または実施する機関等（以下「事業者等」という。）と再調整をおこない、現状保存を模索する。

現状では、埋蔵文化財行政において記録保存調査の果たす役割はきわめて大きく、行政目的でおこなわれる調査全体の9割以上を占めている。

E 活用

活用とは　現状保存された遺跡の整備や、まちづくりのための素材としての利用、発掘調査による出土品の展示や成果の発信などをつうじて、国民や地域住民が、その価値や調査成果をさまざまなかたちで享受できるようにすることを、埋蔵文化財の活用という。

遺跡整備のための調査　活用を目的とした遺跡整備などに必要な情報を得るために、発掘調査を必要とすることがある。これらは、現状保存が決定している遺跡や、すでに史跡指定されている遺跡を対象とした発掘調査である。

史跡に指定されている遺跡の発掘調査は、おもにそれを管理する地方公共団体が、法や条例にもとづき、現状変更の許可を得たうえで、その保存に重大な影響が及ぶことのないよう、適切におこなわれなければならない。

したがって、整備などの計画や事業とも整合性を図る必要があり、指導委員会などの指導・助言を受けながら実施することが求められる。この場合の調査の内容や留意事項・手順は、保存目的調査とほぼ同様であり、以下では、保存目的調査に含めて述べることとする。

図2　現地説明会

第2節
埋蔵文化財の発掘と『発掘調査のてびき』

A 埋蔵文化財保護としての発掘調査

行政目的でおこなう発掘調査　現在、全国各地で埋蔵文化財の保護のためにおこなわれている行政目的の調査（以下「行政目的調査」という。）は、大きく保存目的調査と記録保存調査に分けることができる。

　発掘調査の方法と内容は、同じ種類や規模の遺跡を対象とする場合でも、地形や地質による相違はもちろん、それぞれの地域でつちかわれてきた方法や調査体制、確保できた調査の期間・経費などの相違もあって、必ずしも均質ではない。

　また、発掘調査の件数や規模が著しく増大したため、膨大で多様な遺跡の情報についての整理・分析・集約が適正におこなわれず、結果的に期間や経費の増大につながっている事例もある。しかし、同じ行政目的によっておこなうものである以上、調査の内容や手順、体制などに大きな差違が生じる事態は避けなければならない。

　発掘調査は、それがどのような目的や方法でおこなわれるものであっても、国民の共有財産である埋蔵文化財の解体や現状改変をともなう。したがって、その記録は、国民の共有財産として後世に伝えることが不可欠である。同時に、それらは、たんに詳細であればよいというものではなく、地域の歴史や文化の特性をふまえた、正確かつ客観的で適切な内容であることが求められる。

発掘調査経費　記録保存調査に要する経費は、多くの場合、事業者等の負担か国や地方公共団体の予算でまかなわれる。そのため、開発事業との調整の円滑化や、発掘調査に要する経費と期間についての客観化・透明化・適正化が常に求められている。したがって、埋蔵文化財行政にかかわる者は、広く国民の理解を得られるように、コストや費用対効果も考慮して、誠実に対応する必要がある。

B 『発掘調査のてびき』の必要性

発掘調査の標準化　平成6年度以来、埋蔵文化財行政の標準的なありかたを調査研究するために、文化庁に設けられている「埋蔵文化財発掘調査体制等の整備充実に関する調査研究委員会」は、平成16年に『行政目的で行う埋蔵文化財の調査についての標準』（以下『調査標準』という。）をまとめ、報告した。

　これは、発掘調査にかかる経費や期間、発掘調査の方法・内容や報告書作成の精度にばらつきが生じないよう、その標準的なありかたを示したものである。そして、実際の発掘作業および整理等作業において、発掘担当者がとるべき適切で標準的な手順と方法、具体的な作業手順、注意点などを示したマニュアルが必要であるとした。

本書の目的　発掘調査の具体的な作業の手順と方法を示したものとしては、昭和41年に文化財保護委員会事務局（現文化庁）が刊行した『埋蔵文化財発掘調査の手びき』（以下「旧版『手びき』」という。）がある（図3）。

　これは、当時、全国的に展開しはじめた大規模な開発事業に対応するために、発掘担当者の養成

図3　旧版『手びき』

第Ⅰ章　埋蔵文化財の保護

と資質向上をめざして、専門的な知識と技術の普及を図ったものであり、以来、発掘調査の実施にさいして広く活用されてきた。

しかし、その後の発掘調査の規模拡大や調査技術・関連機器の進歩、発掘調査成果にもとづく考古学的な研究の進展に対応するため、このたび全面的に内容を改定し、あらたな「てびき」として刊行することとなった。

C　本書の構成と内容

基本的な考え方　本書は、『調査標準』で示された発掘調査の理念や基本的な手順・方法に準拠し、行政目的調査の大部分を占める記録保存調査、なかでももっとも一般的で、遺跡全体の約7割を占める集落遺跡の調査をおもな対象とすることとした。

本書では、一定程度の考古学的知識と発掘調査経験をもつ者が、発掘作業や整理等作業における標準的な方法を確認し、対応できるマニュアルとしての利用を意図している。同時に、不慣れな種類の遺構・遺物に直面した場合の調査方法や、新しい技術や知見にもとづく調査方法の確認のために用いることも想定している。

また、記録保存調査以外の保存目的調査も、実際の調査方法や手順は、多くの点で記録保存調査と共通する。したがって、保存目的調査での使用も考慮するとともに、そうした調査でとくに留意すべき事項についても記述した。

このほか、大学などの研究機関が実施する学術目的の調査（以下「学術目的調査」という。）であっても、発掘調査の基本に何ら変わりはない。そうした調査においても、本書が広く利用されることを期待したい。

なお、本書は、できるだけ汎用性の高い、標準的かつ典型的な事例を主として抽出し、説明をおこなっているが、埋蔵文化財はそれぞれの土地に深く結びつき、地域による差違が大きいことが特徴である。そのため、本書では十全の対応ができない部分もあり、こうした点については、今後、本書の内容を地域ごとに補完していくような工夫も必要である。

デジタル技術の活用　近年、急速に発達したデジタル技術は、発掘調査でも、測量や記録のほか、報告書の作成や調査成果の公開・活用など多方面において、すでに活用が進められている。また、『調査標準』でも、そういった現状を把握し、あらたな手法の開発・改良や課題を検討する必要性が指摘されている。デジタル技術は、まさに日進月歩の状態であり、今後もデジタル化の傾向はさらに増すものと考えられる。

デジタル技術の活用については、平成17年度に本書の作成作業を始めた当初から、継続的に検討をおこなってきた。本書では、それを受けて、発掘作業と報告書の作成を含む整理等作業、さらには記録類の保存などにおけるデジタル技術の活用についても、具体的に記述している。

しかし、同時に、それらに付随する問題点も整理し、現状における有効性や今後の課題についても明確にした。とくに、デジタル技術の導入は、経費や手間がかかる場合があること、現状では、デジタルデータの記録媒体は半永久的な保存が不可能であり、媒体の規格変更や製造中止によって、蓄積した資料が利用できなくなるおそれがある、といった大きな問題がともなうことを、十分に認識することが重要である。

発掘調査の成果は、失われた埋蔵文化財の記録として、永久に保存していかなければならない。本書のデジタル技術の活用に関する記述は、あくまで現状をふまえたものであり、将来的には、発掘調査にともなうさまざまな作業に必要な道具類の製造の動向や、その特性と有効性、さらには費用対効果も勘案したうえで、適宜対応していく必要がある。

第Ⅱ章

集落遺跡概説

第1節
序　論

A　集落遺跡

集落遺跡とは　ここでは、集落を、血縁や地縁関係などによって結ばれた人々が形成する、居住域・生産域・墓域などの空間を包括した概念として扱う。そして、集落遺跡とは、こうした人々が、地形や気候など、その土地に固有の自然環境に適合しながら、生産活動をはじめとするさまざまな営みをおこない、生活の主要舞台とした痕跡のことをいう。

集落は、それぞれが個性的で、時代や地域によっても規模や内容に違いがあり、一つとして同じものはない。しかし、集落自体は、現在にいたるまで日本列島の各地に普遍的に存在し、日本の歴史はもちろん、地域の歴史や文化、社会の成り立ちを明らかにするうえで、欠くことのできない重要な要素として位置づけられる。

内包される情報　集落遺跡には、そこに暮らした人々の生活に関する情報のみならず、集落内の集団関係や生産活動、集落をとりまく地域社会のありかた、他地域の集団との関係など、さまざまな歴史的・文化的情報が内包されている。また、集落の変遷は、歴史の動向とも密接に連動しており、集落の立地や規模・形態などには、そのときどきの自然環境や社会体制あるいは土地制度といったものが反映されている。

B　集落遺跡の調査研究

調査研究の基本　集落遺跡は、長期にわたる居住の結果、家屋の建て替えや改変はもちろん、土地利用の変化が繰り返され、各種の遺構が重複したかたちで検出されることが多い。発掘調査では、このような錯綜した遺構の構成や性格、先後関係、出土遺物の特徴、古環境などを把握する必要がある。そして、発掘成果を整理・分析して、集落の形成から廃絶にいたる変遷過程や集落景観の推移を解明することが求められる。

そのためには、考古学的な成果だけではなく、文献史学、地理学、地質学、民俗学、民族学、文化人類学、社会学などの関連学問分野の研究成果を取り入れることも重要である。また、状況に応じて、さらに一歩進めた、学際的な共同研究への取り組みも必要となる。

調査研究の視点　集落遺跡の調査研究では、まず、集落の成立・展開・終焉の過程を明らかにすることが求められる。次に、各段階における遺構の構成や広がりを明らかにし、それぞれの集落景観を復元する必要がある。

そのさいには、火山の噴火や洪水などでそのまま埋もれたような特殊な例を除くと、集落遺跡のほとんどは、後世の削平や攪乱により、当時の生活面（地表面）が失われている、ということに留意しなければならない。発掘作業で検出される遺構の多くは、地中に掘り込まれた建物などの基礎部分にすぎないのである。

一方、群馬県や鹿児島県の古墳時代後期の遺跡では、火山の噴火によって埋没した集落が検出されている。そうした遺跡では、集落内を縦横に走る道路や、芝垣などで区画された屋敷地（宅地）、その周囲に広がる畑など、通常の集落遺跡では検出することが困難な遺構が数多く見つかっている。これらは、当時の集落のようすを生き生きと浮かび上がらせるものである。

したがって、発掘作業では、こうした点もふまえて、深く掘り込まれた遺構しか確認されない場合でも、それらの分布の疎密や群構成などを分析したうえで、残りにくい遺構の存在も視野に入れた集落景観を復元する視点が必要となろう。

生活の復元　集落遺跡の研究では、その景観を復元するだけではなく、さらに進んで、集落を形成した人々の行動や生活内容に関する検討が不可欠である。たとえば、集落遺跡から出土する遺物

や個々の遺構の検討のほか、自然科学分析なども実施し、集落を構成する人々の生業・信仰・習慣などといった日常生活を復元することが肝要である。また、それを基軸に、ほかの集落やそこに居住する人々の生活のありかたとも比較検討し、地域における社会的・政治的・経済的な特質をふまえた生活復元をおこなうことも求められる。

遺構の時期決定　集落遺跡の調査研究においてもっとも基礎的かつ重要な作業の一つは、遺跡を構成する個々の遺構の時期決定である。

このためには、遺構が属する層位をはじめ、遺構の重複関係や位置関係などの確認が必要となる。その後、地域で組み立てられた土器編年などを軸として、遺構の時期決定をおこなう。

しかし、遺構から出土した遺物は、必ずしも遺構の時期決定に直結するものとはかぎらない。遺物の埋没時期やその経緯はさまざまであり、遺構の機能時や廃絶時、廃絶後の埋没過程で使用された場合のほか、混入による場合もある。したがって、出土遺物による遺構の時期決定では、まず、このように多様なありかたを示す遺物を的確に分別することが基本となる。

そうした分別にあたっては、遺物の出土位置と層位、出土状況ならびに残存状況、一括性の有無など、発掘作業から整理等作業の諸段階における総合的かつ慎重な検討が必要である。

また、発掘調査で得られる成果の特性や限界についても十分に考慮し、誤った評価を下すことのないように注意したい。

C　本書で扱う集落遺跡

範　囲　本書では、集落遺跡として、竪穴建物や掘立柱建物などの建物群、土坑、溝、井戸などで構成される居住域と、それに含まれるか直結する生産関連遺構や墓などを対象とする。ただし、墓については、集落での検出例の多い縄文時代の土坑墓と中世の屋敷墓のみを取り上げる。

対象とする時代は、旧石器時代から近世までである。旧石器時代については、概して遺跡の規模が小さく、構造的にも、冒頭で述べた集落遺跡の概念には当てはめにくい部分がある。しかし、本書では、当該期に特徴的な生活の痕跡を示す代表的な遺跡を取り上げた。また、古墳時代と古代については、歴史的背景を考慮して、居館や豪族居宅・官衙関連施設にも触れ、中・近世については、居館に加えて、都市的な性格をもつ遺跡も一部取り上げることとした。

なお、地域的には、北海道と奄美・沖縄を含めた日本列島全体を対象範囲としたが、時代や地域によっては、集落遺跡としての全体像が把握できる事例がかぎられるため、十分に記載できなかった部分もある。

用　語　地表面を掘り下げた床面をもつ建物について、従来は「竪穴住居（跡・址）」とよぶのが一般的であったが、本書では、それらが必ずしも居住施設とはかぎらないこと、掘立柱建物や礎石建物などの建築学用語との整合を図る必要から、「竪穴建物」という用語に統一した。

各時代に特徴的な集落形態については、たとえば縄文時代では、建物や広場の配置形態を示す環状集落・非環状集落、弥生時代では、集落の区画施設や立地により区分された環濠集落・高地性集落、古墳時代では、建物や敷地の規模・構造から一般集落と区別される居館、古代では、集落の成立要因による呼称である開墾集落・自然集落、中・近世では、経済活動の違いなどにもとづく村・町・都市、といった用語を適宜使用している。また、時代を越えて、中核的な集落を拠点集落とよぶこともある。

これらの用語には、定義が不十分なものもあれば、時代によって意味する内容が異なる場合もある。しかし、本書では、それぞれの経緯をふまえつつ、混乱を避けるため、これまでの一般的な用例に従うこととした。

第2節
旧石器時代

A 遺跡の特徴

小規模な遺跡 寒冷な気候であった後期旧石器時代（以下「旧石器時代」と略記）に、少人数の集団からなる人々は、槍や斧をたずさえてシカ類などの狩猟対象を追い求め、一つの場所にとどまることなく短期的な滞在を繰り返す遊動生活を送っていた。そのため、遺跡の規模は概して小さい。

発見される生活痕跡 旧石器時代では、縄文時代以降に普遍的に認められるような、地面を掘り込んだ遺構が発見されることはまれである。検出される生活痕跡のほとんどは、礫群や配石といった石を用いた遺構をはじめ、火の使用にかかわる炉や炭化物の集中、石器や石器素材、石器を製作する過程で生じた石核・剥片・砕片（チップ）などにかぎられている。

このようなことから、集落という概念をこの時代に適用することは難しいという考え方もあるが、ここでは、当該期の特徴的な遺跡や遺構についても、集落や集落にともなう遺構と同様に扱い、概観することとする。

B 遺跡の構成要素

石器集中出土地点 遺跡では、複数の石器が平面的なまとまりをもって集中的に出土する。これを、石器集中出土地点（ブロック、ユニット、スポット、集中区など）とよぶ。石器集中出土地点は、遺跡での検出数や規模、石器の分布密度など、さまざまである。

また、酸性の強い火山灰土壌中に埋もれている場合は、骨製品や木製品などの有機質遺物が遺存しにくく、遺跡の性格の解明は容易でない。

しかし、しばしば火の使用にかかわる礫群や炭化物集中出土地点、石器の接合資料が見られることなどから、それらが出土する地点や近隣の空間に人々が居住し、石器製作をはじめとする諸作業をおこなっていたと推定できることが多い。

礫 群 握りこぶし大の河原石が数個から数十個以上集中して出土する遺構を、礫群とよぶ。礫が集中する範囲は、直径数十cm程度のものが一般的であるが、なかには直径5mを超えるような大規模なものもある。

礫には、被熱により赤変したもののほか、はじけ割れたものや、タール状の物質が付着したものもしばしばみられる。桐木耳取遺跡（鹿児島県）では、土坑の中から礫群が発見されている（図4）。こうした礫群には、焼け石を使った水の煮沸や食料の加熱など、調理にかかわると考えられるものが多い。

配 石 被熱していない大型の礫が数個並べられた遺構を、配石という。礫の配置は一定していないことから、その機能もさまざまであったと考えられる。後述する田名向原遺跡（神奈川県）で検出された配石は、建物状遺構の周囲をめぐっており、テント状建物の裾を押さえていたものと推定されている（図7）。

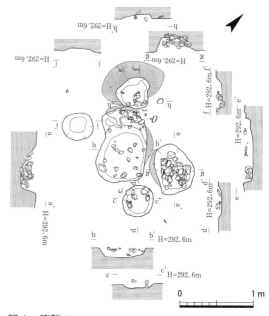

図4　礫群（桐木耳取遺跡）

炭化物集中出土地点・炉 微細な炭化物が直径数十cmの範囲に集中するものが、炭化物集中出土地点である。木材などの炭化は、必ずしも人為的なものとはかぎらないが、炭化物は植生復元や年代測定にも利用できる。

炉は、炭化物や焼土が集中的に出土するほか、被熱した石器や礫をともなう場合や、周囲の土が赤変している場合などがあり、その中には焚火の跡と考えられるものも含まれる。配石をともなう例や皿状の掘り込みがある例もあり、旧石器時代後半には石囲炉も見られるようになる。

土坑 土坑は、形状や大きさも多様であり、さまざまな機能のものがあったと推測される。

静岡県の愛鷹山麓や箱根西麓などでは、直径・深さともに1.4m程度のバケツ状の土坑が検出されている。初音ヶ原遺跡（静岡県）の例では、地形に合わせて、多数の土坑が列をなすように配置されていることから、この種のものは落とし穴と考えられている（図5）。

なお、直径約60cm、深さ約20cmの土坑から黒曜石の原石10点が出土した観音洞B遺跡（静岡県）のような例もある。

墓 今のところ、遺体の埋葬が確認できる確実な例はない。しかし、湯の里4遺跡（北海道）では、長径1.1m、短径0.9mの楕円形の土坑の底面に赤色土を散布した状況が見られ、そこから垂飾や石製品が出土した（図6）。こうした点から、この土坑は墓と推測されている。

建物 田名向原遺跡では、直径30～70cmの柱穴10基が直径約10mの環状に並び、その外周には礫が配置されている。この内部から石器が集中的に出土し、中心部では炉2基も検出された（図7）。これらの状況からみて、この遺構は、裾の外周を礫で押さえたテント状建物をともなう、石器の製作場と考えられている。

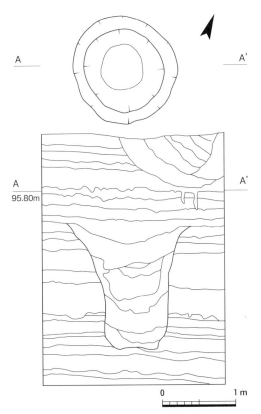

図5 土坑（落とし穴）（初音ヶ原遺跡）

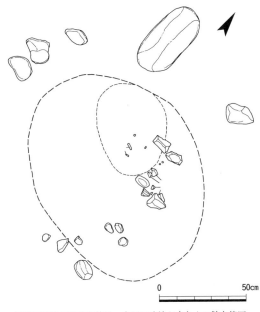

外側の破線が墓坑の範囲、内側の破線が赤色土の散布範囲。

図6 墓（湯の里4遺跡）

第Ⅱ章　集落遺跡概説

C　集落の様相

一般的な遺跡　旧石器時代の遺跡を考えるうえでは、石器集中出土地点を抽出するだけでなく、同時に存在した石器集中出土地点や礫群などを認定することが大きな課題となる。

平面的には一つの石器集中出土地点とみられるものであっても、垂直的な出土位置に複数のピークが認められるときなどは、異なる時期に形成された複数の石器集中出土地点が重なっている可能性がある。したがって、それらが出土した標高や平面分布、接合資料、個体別資料、石器組成の分析などによって、時期差があるかどうかを判断する必要がある。

そうした分析事例をみると、旧石器時代の遺跡は、環状や「い」の字状、弧状などの配置をとる、単独ないし数ヵ所の石器集中出土地点から構成されることが多く、その内外に炭化物出土集中地点や礫群をともなうこともある。

重複して形成された遺跡　旧石器時代の遺跡の中には、桐木耳取遺跡の第1文化層のように、多数の石器集中出土地点からなるものも知られてい

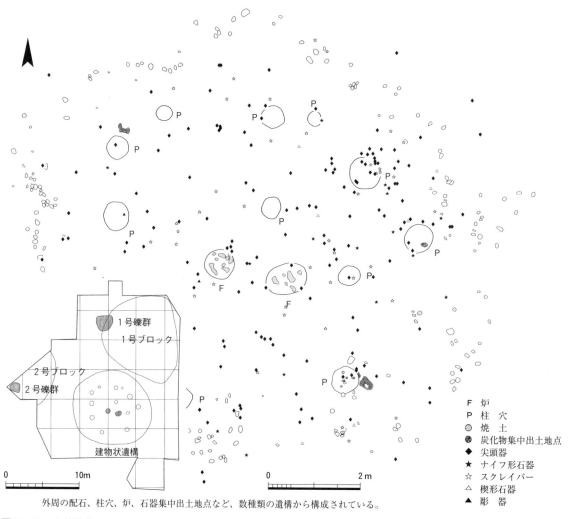

外周の配石、柱穴、炉、石器集中出土地点など、数種類の遺構から構成されている。

図7　テント状建物（田名向原遺跡）

る（図8）。ここでは、46,000㎡あまりの発掘区から、石器集中出土地点51ヵ所（石器総数2,900点）が検出された。これらの石器集中出土地点は、18ヵ所のグループ（石器集中出土地点群）にまとめることができた。

　接合作業をつうじて分析した結果、それらはすべてが同時に存在したわけではなく、台形石器を主体とする石器集中出土地点群と、剥片尖頭器を主体とする石器集中出土地点群に分かれ、さらに、それぞれが位置を変えながら、石器集中出土地点群を形成したことが判明した。おそらく、同時に存在していたのは、一つの石器集中出土地点を構成する数ヵ所の小規模な石器集中出土地点と数基の礫群であり、それらが狭長な平坦面上に転々と形成されていくことで、結果的に多数の石器集中出土地点が残されたとみられる。

　このように、一見すると規模が大きく見える遺跡は、水を得やすい谷頭や、道として利用される尾根上に位置することが多く、通常の規模の遺跡がその場所に幾度となく重複したことにより、結果的に規模の大きな遺跡となったものと理解する

ことができる。こうした大規模遺跡の類例は、匂坂中遺跡（静岡県）、鈴木遺跡（東京都）など、各地で知られている。

環状を呈する遺跡　旧石器時代前半の遺跡では、下触牛伏遺跡（群馬県）、中山新田1遺跡（千葉県）、日向林B遺跡（長野県）（図9）など、関東・中部・東海を中心として、多数の石器集中出土地点が直径十数mから数十m規模で環状にめぐる例が検出されている。

　これらは、中央広場を意識したかのような配列を示し、環状ブロックや環状ユニットなどともよばれる。また、石器集中出土地点間では多数の接合資料が存在することから、大半は同時に存在したと考えられている。

　なお、まれに石器の出土点数が数千点に及ぶ特異な例もあり、人々が長期間滞在した遺跡である可能性も想定されている。

原石産地近隣の石器製作遺跡　黒曜石原産地である白滝赤石山の山麓に位置する白滝遺跡群（北海道）や、二上山周辺のサヌカイト原産地から直線距離で5～7kmの位置にある翠鳥園遺跡（大阪

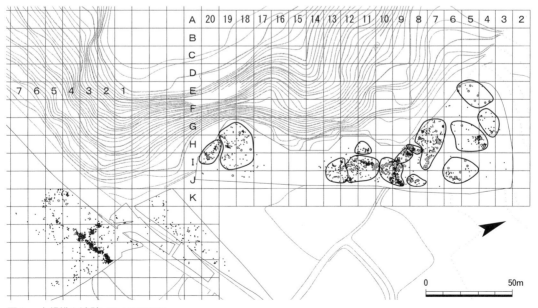

図8　大規模な遺跡（桐木耳取遺跡）

第Ⅱ章　集落遺跡概説

府）に代表されるように、石材原産地の周辺には、豊富な石材を背景として、石器製作が集中的におこなわれた遺跡が存在する。

こうした遺跡では、原石の搬入から粗割り、石核の作出、剥片剥離、二次加工までの工程がおこなわれ、原石や石核、剥片、砕片、石器の製品や未成品、製作時の破損品、石器製作に使った敲石などが大量に出土する。出土点数は、数千点から、ときには数万点に達することもある。

また、遺跡外に持ち出された製品部分が空洞になるかたちで、原石状態にまで復元できる接合資料もしばしば認められる。

ただし、遺跡内では、炉や炭化物集中出土地点も発見されることから、ある程度の期間、その場所に滞在し、石器製作以外の諸活動もおこなっていたことが想定される。

その他の遺跡　日本列島の旧石器時代遺跡の多くは、ほぼ平坦な地形に立地するが、ヨーロッパで見られるような洞窟（洞穴）遺跡や岩陰遺跡も若干知られており、福井洞窟遺跡（長崎県）などの例がある。このほか、柏台1遺跡（北海道）、富沢遺跡（宮城県）、野尻湖立が鼻遺跡（長野県）、宮ノ前遺跡（岐阜県）など、有機質遺物が残存している遺跡も発掘調査されている。

遺跡に残された石器集中出土地点や土坑などの機能や性格については、従来、直接的には把握できないことが多かった。しかし、低湿地や石灰岩地帯の発掘調査では、狩猟した獲物の解体の場や有機質素材の道具を製作した場、あるいは墓など、機能や性格を具体的に知ることができる事例が確認される可能性もあり、今後は、こうした点にも注意した発掘調査が求められる。

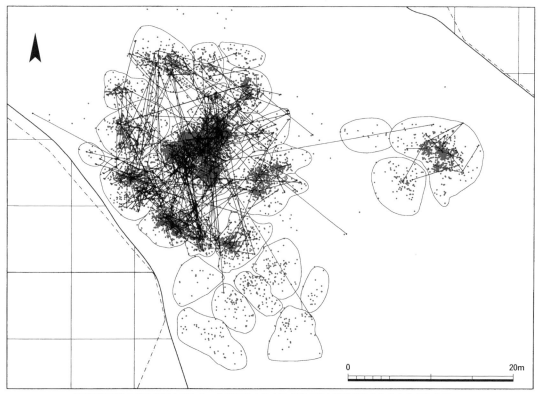

黒曜石製石器の接合状況を示した。各石器集中出土地点間で接合関係が見られることがわかる。

図9　環状を呈する石器集中出土地点（日向林B遺跡）

第3節
縄文時代

A 集落の特徴

縄文時代の環境と集落　更新世末期の世界的な気候の温暖化は、日本列島においては東日本の落葉広葉樹林、西日本の照葉樹林という植生分布を徐々に定着させた。これにより、安定した動植物生態系は豊かな実りをもたらし、人々の定住を可能にした。縄文時代の始まりである。その結果、建物の構築をはじめ、食料の加工と貯蔵、土器や石器などの製作・使用・廃棄、死者の埋葬などの行為が、遺跡として残ることとなった。

縄文時代はおよそ1万年の長きにわたり、また、その生活の舞台となった日本列島は南北3,000kmに及ぶため、集落の形態や構造も多様である。当初の集落は、旧石器時代の遊動の要素を残していたためか、規模も小さく構造も単純であった。しかし、次第に、墓域や貝塚、祭祀の場などを含んだ、大規模で複合的な構造をとるものも認められるようになる。

集落の構成要素としては、竪穴建物や掘立柱建物といった建物のほか、墓や広場、貯蔵穴をはじめとする土坑、屋外炉、配石遺構、水場、道などがある。また、近年では、遺物が集中する箇所を捨て場とよび、遺構の一つとして認識するようになっている。

北海道と奄美・沖縄　日本列島では、広く縄文文化が展開したが、北海道の一部と奄美・沖縄では若干異なる様相もうかがえる。

北海道の道北や道東では、土器や石器に関して大陸的要素を断続的に見ることができる。しかし、基本的には、縄文文化の範疇でとらえられており、集落形態についても同様である。

奄美・沖縄では、亜熱帯の自然環境や島嶼という地理的条件から、縄文文化の影響を断続的に受けつつも、土器や石器をはじめ骨製の装身具などに強い個性が存在する。かつて、この地域の先史時代は貝塚時代とよばれ、縄文時代併行期については貝塚時代前・中期とされてきた。しかし、近年では、多くの面で縄文文化の枠組みに入るという認識から、縄文時代の時期区分の概念と名称が用いられだしている。

それらの集落は小規模で、縄文時代前期ではおもに低地に立地するが、後期には台地上へも展開し、崖下に貝塚が形成される。また、後期の竪穴建物では、壁に琉球石灰岩を積み上げ、床面中央部に地床炉をもつ例も認められる。

B 集落の構成要素

竪穴建物　竪穴建物は、集落を構成するもっとも普遍的な遺構であり、時期や地域によってさまざまな形態や構造がある。

草創期の竪穴建物は、竪穴部に炉や柱穴のないものが多い。それに対して、早期以降は、竪穴部に炉や柱穴をもつ場合が多く、平面は円形、楕円形、方形、長方形、隅丸方形などを呈する。前期から後期にかけての東日本では、長軸が20mを超えるような楕円形の大型竪穴建物もあり、通常の住居以外に、集落内の共同作業場などの用途も想定されている。また、御所野遺跡（岩手県・中期）では、竪穴建物の詳細な調査によって、北方の民俗例としても知られる土屋根の存在が明らかになり、その後、類例も徐々に増加している。

なお、竪穴建物は、廃絶後に自然に朽ちたもののほか、人為的に破壊した例や燃やした例もしばしば認められる。

掘立柱建物　かつては、縄文時代の掘立柱建物の事例は知られていなかったが、近年では集落の普遍的な構成要素として認められるようになった。規模は桁行3間・梁行2間の例が多い。

また、屋外棟持柱状の柱穴をもち、平面が扁平な六角形を呈する掘立柱建物もある。それらは環状列石や墓にともなうこともあり、葬送に関連す

第Ⅱ章　集落遺跡概説

る特殊な用途も想定されている。

その他の建物　床面の明確な掘り込みが確認できない建物には、掘立柱建物以外に、壁建ち建物などがある。炉の周囲に一定の規則性をもって並ぶピットや、遺物が集中することなどによって建物と確認できる例もある。

水場　生活には水の確保が欠かせず、集落の復元のためには、水場の確認も重要である。伊礼原遺跡（沖縄県・前期～晩期）では、集落内に今でも水が湧き出る場所がある。台地上の遺跡では、崖下に湧水地がある場所に立地することが多い。また、後期から晩期にかけては、付近の河川を水場とする場合もあり、そこに堅果類の皮剥き作業場や水さらし場、貯蔵穴を設けていることがある。寺野東遺跡（栃木県・後期）では、17mにわたって水路を開削し、川の水を引き込んだ作業場を設けていた。赤山遺跡（埼玉県・後期）では、木組の水さらし場が作られ、その横の作業場からは、剥かれたトチの皮が塚状に盛り上がった状態で大量に出土した。

貯蔵穴　貯蔵穴は前期以降に一般化し、地域差が顕著に見られる。東日本では、居住域近辺の台地上に設けられ、断面形が台形となる袋状土坑が多い。のちに廃棄場となって貝層が堆積したり、遺物が多数出土したりすることもある。一方、西日本では、河川の岸などの低湿地に設けられるのが一般的である。ほぼ円筒形の土坑の内部に、貯蔵された堅果類がそのまま残る例もあり、当時の食料や自然環境を知る格好の材料となる。

その他の遺構　縄文時代の生業は狩猟採集を主としたため、食料獲得に関する遺構については不明な面が多い。その中で、坂田北遺跡（静岡県・後期）などで出土しているクリの根株群や、桜町遺跡（富山県・晩期）のトチの根株群、さらに穴太遺跡（滋賀県・晩期）で検出された集落内のイチイガシの根株群などは、栽培された可能性が想定されている。また、中里貝塚（東京都・中期）では、

マガキの養殖に用いた可能性がある杭列を確認している。

道路の遺構が見つかることはまれだが、三内丸山遺跡（青森県・前～中期）では、集落内にローム層を掘り返して突き固めた部分があり、道路と認識されている。特殊な例として、漆下遺跡（秋田県・晩期）のように、集落から川に向けて、石を積んだ階段状の道路を造成した例もある。佃遺跡（兵庫県・後期）や寿能遺跡（埼玉県・後期）などの低湿地遺跡では、木道を検出している。

生活にともなうゴミは、決まった場所に捨て

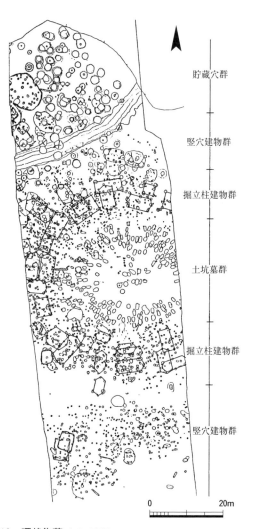

図10　環状集落（西田遺跡）

いたらしい。その代表的なものが貝塚であり、周囲にそれを形成した生活の場や墓が存在することも多い。南堀貝塚（神奈川県・前期）のように、貝層を完掘すると、その下から先行する集落が現れることもしばしばある。また、土器類を集中的に投棄した捨て場もあり、三内丸山遺跡では、遺物が厚さ2mの層（盛り土遺構）となって堆積していた。

C 集落の様相

環状集落 環状集落とは、中央に広場があり、その周囲に建物や土坑墓、貯蔵穴などが、環状かつ重層的にめぐる集落である。

前期前半に東北中部から南部にかけて出現し、当初は類例が少ないが、大規模で拠点的な性格をもつ例も見られる。中期には東日本一帯に広がり、大規模な環状集落も多く、縄文集落の中でももっとも特徴的な構造を示す。典型的な環状集落として著名な西田遺跡（岩手県・中期）では、中央の直径40mほどの範囲は墓域となっている。この外側に接して掘立柱建物、その外に竪穴建物が並び、やや離れた場所には貯蔵穴がある（図10）。

環状にめぐる竪穴建物や掘立柱建物、土坑などは、長期にわたって累積した結果である。広場をはさんで相対する群をなす例が多いが、同じ時期に存在したのは数棟程度である。中央の広場には建物を建てないという原則が遵守され、長期にわたる居住の結果として、環状になったとも考えられている。

非環状集落 縄文時代全体からみれば、時期的にも地域的にも、環状構造をとらない集落のほうが一般的であったといえる。東北北部から北海道

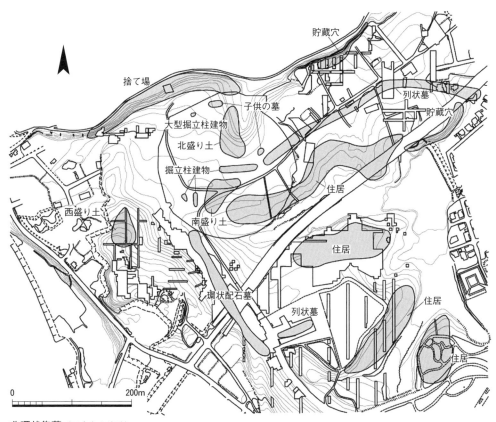

図11 非環状集落（三内丸山遺跡）

第Ⅱ章 集落遺跡概説

南部にかけての円筒土器文化圏では、集落の形状は帯状を呈する。

三内丸山遺跡では、竪穴建物が特定の場所に東西方向に広がり、その西に掘立柱建物が群集する。集落内には東西に道路が通り、それに沿って両側に墓が並ぶ。貯蔵穴は集落の端にあり、居住域の西には、長年にわたる遺物廃棄の結果とみられる盛り土遺構がある（図11）。このように、各種の施設がまとまりと相互の関連をもって配されており、非環状集落の典型例ということができる。

祭祀関連遺構 集落には、祭祀の場をともなうことがある。代表的なものは配石遺構で、墓と関連することが多い。早期に出現し、後・晩期になると盛行する。

阿久遺跡（長野県）では、前期の大規模な集落が祭祀の場へと性格を変えていったようすが明らかになっている（図12）。前期前半には丘陵の縁辺部に竪穴建物が環状に並び、中央の広場には土坑と掘立柱建物が配された、環状集落のような構造をとる。その後、短い断絶期をはさんで、前期後半には広場中央の立石と列石を中心とし、その外側に土坑、掘立柱建物、集石、竪穴建物が同心円状に取りまく構造へと変化する。

また、後・晩期の金生遺跡（山梨県）では、丘陵斜面の下方から、広場、配石遺構、竪穴建物と広場、墓域と考えられる石組遺構や配石遺構、の順に並ぶ構造が明らかとなっている。

環状列石 環状列石は墓地や祭祀の場と考えられ、中・後期に関東・中部と、東北北部から北海道に分布する。直径が数十m規模の大型のものもあり、東北北部の事例では、少なからず地形改変をともなっている。

伊勢堂岱遺跡（秋田県・後期）には、発掘区内に環状列石Aと環状列石Bがある。それに地形図を重ねると、列石の構築に先立つ地形の削平の痕跡が、等高線間隔の不自然な開きや、自然地形にはありえない直線として現れる（図13）。

なお、大湯環状列石（秋田県・後期）では、環状列石の外周に掘立柱建物が整然と並ぶことが確認されている。

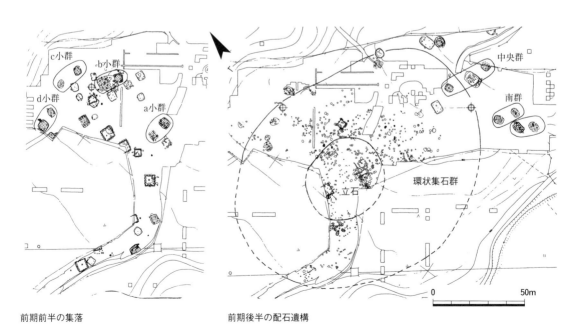

前期前半の集落　　　　　　前期後半の配石遺構

図12　集落から祭祀の場へ（阿久遺跡）

D 東日本における集落の変遷

草創期 草創期前半では、洞窟・岩陰や平地で、炉や石器製作地などのほか、多量の石器と少量の土器をともなう状況は認められるものの、まだ大規模な居住域は形成されていない。竪穴建物の確認例も少なく、検出された場合も1棟か2棟程度で、規模も小さい。

草創期後半になると、西鹿田中島遺跡（群馬県）や大鹿窪遺跡（静岡県）のように、10棟以上の竪穴建物をともなう集落が出現する。この時期の竪穴建物は、平面が楕円形を呈し、柱穴は竪穴部の外周をめぐるのが特徴である。

また、連結土坑は、草創期や早期の特徴的な遺構で、煙道を付設した炉とでもいうべき形態をとっている。これは、草創期前半に九州で出現し、次第に東漸する。

早期 早期には気候の温暖化が進み、落葉広葉樹林や照葉樹林は北方へ広がる。その結果、日本列島全体に、大規模な定住集落が出現する。こうした集落は北海道南部でも認められ、中野B遺跡（北海道）では、600棟以上の竪穴建物と約350基の土坑などを検出している。

また、この時期には、大規模な貝塚の形成も始まることから、魚貝類の捕獲を積極的におこなうようになっていたと考えられる。

前期 前期には、東日本で拠点的な集落の形成が進み、各地で大規模な定住集落が展開しはじめる。なかには、環状の構造をとるものもある。

この時期には大型の竪穴建物が出現し、上の山Ⅱ遺跡（秋田県）や大清水上遺跡（岩手県）のように、大型竪穴建物だけで構成された環状集落も見つかっている。通常、大型竪穴建物は、一般的な規模の竪穴建物と組み合って集落を構成することが多いのに対して、これらは特異な環状集落といえる（図14）。

中期 中期には遺跡数が激増し、多くの建物をともなう拠点的な大集落も多数現れる。こうした集落は環状集落となることが多く、拠点的な集落を中心に、周囲の小規模な集落と関連しながら展開していったものと考えられている。

竪穴建物は、平面が円形で主柱穴が5本のものが多くなり、中期後半には、敷石をもつものや柄鏡形竪穴建物が出現する（143頁）。中期後半以降は気候の冷涼化が進み、中部をはじめとする東日本では、遺跡数が減少し、衰退のきざしを見せ

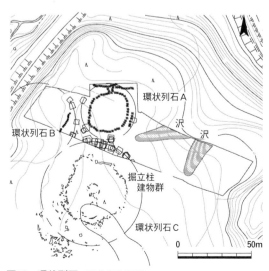

図13 環状列石（伊勢堂岱遺跡）

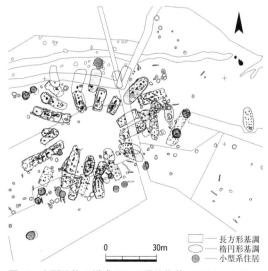

図14 大型建物で構成される環状集落（大清水上遺跡）

はじめる。また、東北南部を中心とした地域では、炉が複式炉に変化する。

後　期　後期になると、東日本では遺跡数がさらに減少するとともに、集落規模も縮小していく。一方、中期まで丘陵上に立地した集落が低地にも広がり、低湿地にトチの加工施設を設けるなど、新たな土地利用が見られるようになる。また、環状列石などの祭祀にかかわる施設も出現する。竪穴建物の検出例は少なくなり、相対的に掘立柱建物の比率が増加する。北陸では、掘立柱建物が環状にめぐる集落の事例が知られている。

晩　期　晩期には、関東周辺では遺跡数の減少がさらに進み、集落規模も縮小する。その一方で、東北北部では、是川中居遺跡（青森県）や九年橋遺跡（岩手県）のような拠点的な集落が出現する。竪穴建物の検出例は多くないが、多量の遺物が出土することもある。また、配石遺構などの祭祀の場が増え、居住域と墓域、祭祀の場の区分が明瞭となる傾向が認められる。

E　西日本における集落の変遷

近畿・中国・四国　これらの地域では、竪穴建物をともなう集落の検出事例は多くはない。数棟程度の竪穴建物により集落が構成されるため、定型的な類型の把握は難しい。

早期の押型文土器の時期から、竪穴建物をともなう小規模な集落が展開しはじめ、前期へと続く。中期末には竪穴建物の構造が変化し、東日本からの影響で、内部に石囲炉をもつ隅丸方形の建物が出現し、さらに西へと伝播する。後期以降には、矢野遺跡（徳島県）のように、多数の竪穴建物からなる大集落の存在も明らかになりつつあり、東日本とは異なる様相を示す。集落は、扇状地などの微高地上に立地することが多く、晩期には低位の沖積地に進出する。晩期に遺跡数が増加する地域も多く、農耕との関連も指摘されている。

智頭枕田遺跡（鳥取県）では、早期、中期末〜後期前半、晩期の3時期の集落を検出している。これらは、時期ごとに立地を変えており、中期末〜後期前半では、河岸段丘上に11棟の竪穴建物が密集する。この中には、内部に石囲炉をもつ隅丸方形のものがあり、東日本からの影響として注目される（図15）。

近畿・中国・四国の集落では、遺物量に比較して竪穴建物が少ないことが特徴である。現状では掘立柱建物の検出事例はわずかだが、そうした床面を掘り下げない構造の建物を確認する作業も必要である。墓地は居住域の近辺に設けられることが多く、土坑墓や土器棺墓、配石墓など、さまざまな種類がある。

九　州　九州では、早期と後期後半に大規模な集落が見られ、近畿や中・四国とは様相をやや異にする。

草創期後半には、東日本と同様に、上猪ノ原遺

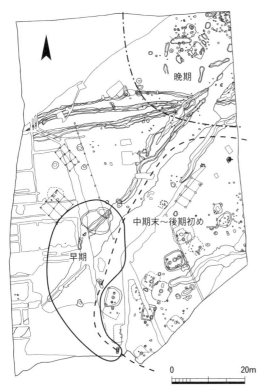

図15　時期により立地を変える集落（智頭枕田遺跡）

跡（宮崎県）など、10棟以上の楕円形平面の竪穴建物からなる集落が現れる。

　早期前半の九州南部では、多数の竪穴建物や屋外炉などで構成される大規模な集落が出現する。上野原遺跡（鹿児島県）はその代表例であり、約50棟の竪穴建物をはじめ、集石炉、土坑、連結土坑、道などからなる大規模な集落である（図16）。ここでは、早期後半になると、明確な遺構は確認できないものの、埋設された壺形土器群を中心に、直径150mと240mの2重にめぐる環状の遺物集中区があり、東日本とは時期や構造が異なる環状集落の存在がうかがえる。

　前期以降の集落は、遺跡数も少なく規模も小さいが、後期以降は徐々に増加する。後期前半の本野原遺跡（宮崎県）では、100棟近い竪穴建物が密集して、掘立柱建物も列状に配置されている。また、後期後半になると、石の本遺跡（熊本県）のように、広場とみられる径20～30mほどの空閑地をはさんで、竪穴建物群が向き合う2群構成の集落が出現する（図17）。

　晩期になると、後期のような2群構成はなくなり、山間部や丘陵上だけでなく、沖積地でも集落が形成されはじめるが、全体として、遺跡数・建物数とも減少する。しかし、九州北部の玄界灘沿岸部では、ほかの地域と異なり、竪穴建物が重複しながら密集する状況がうかがえる。

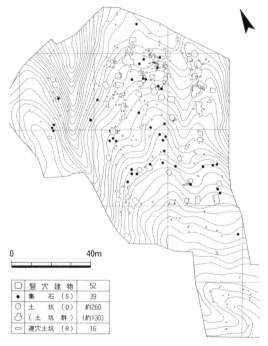

図16　縄文早期の大規模集落（上野原遺跡）

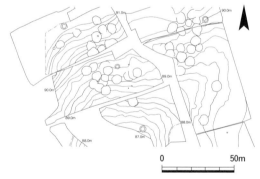

図17　2群構成の集落（石の本遺跡）

第4節
弥生時代

A 集落の特徴

水田稲作の開始と社会の変化　縄文時代終末期、朝鮮半島から灌漑施設をともなう水田稲作技術が伝播してきた。弥生時代の始まりである。水田稲作が新たな生業として定着すると、水や土地をめぐる争いがおこるようになった。また、青銅製品や鉄製品も朝鮮半島からもたらされ、やがて日本列島でも生産が始まった。

弥生時代には、中国や朝鮮半島から、青銅鏡をはじめとする文物や政治思想なども伝わり、階層分化が進行して、社会は大きく変化した。それにともない、集落は、地域ごとに多様な様相を呈することとなった。

多様な集落立地　水田をともなう低地部の集落は、河川の自然堤防などの微高地上に立地することが多い。しかし、用木山遺跡（岡山県・中期）のように、水田域に近接する丘陵斜面に立地したものや、紫雲出山遺跡（香川県・中期）のように、眺望のよい急峻な山頂に営まれたものもある。

このように、弥生時代の集落は、水田稲作に適した低地から、水田には不適当と考えられる高地まで、さまざまな場所で営まれた。

北海道と奄美・沖縄　一方、水田稲作が伝播した地域とは別に、北海道と奄美・沖縄では独自の文化を形成した。

北海道南部では、亀ヶ岡文化を基礎に、弥生文化との接触により、続縄文文化とよばれる文化が展開した。集落では、縄文時代晩期や東北の弥生時代に比べると竪穴建物の規模が大型化し、その中央に石囲炉や地床炉をもち、出入口に関係する施設とみられる張り出しをともなう。

奄美・沖縄では、弥生時代に併行する時代を貝塚時代後期とよんでいる。水田稲作が伝播してきたかどうかについては議論があるが、その存在を示す積極的な証拠はない。ただし、ゴホウラなど、この地域で採集される大型巻貝をつうじて、九州北部の弥生社会との接触があった。

この時期に、それまで丘陵上に展開していた集落は、海岸近くの砂丘上へ移動したが、遺構としては柱穴が見つかる程度で、集落構造までは明らかとなっていない。こうしたありかたは、平安時代併行期まで続く。

B 集落の構成要素

区画施設　集落の周囲に溝などをめぐらす環濠集落は、弥生時代を特徴づける集落形態といえるが、地域や時期によっては、区画施設をともなわない場合もある。

区画施設としては、溝（環濠）、土塁、掘立柱の柵や塀があり、河川や断崖、急斜面といった自然地形が利用されることもあった。

溝は、ごく一般的な区画施設である。また、環濠に沿って土塁をめぐらすこともあった。前期の亀山遺跡（広島県）では、環濠の外側に接して土塁

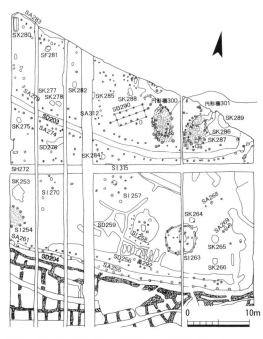

図18　掘立柱の柵（塀）で囲まれた集落（筋違遺跡）

を築いていた。基底幅5.6m、残存高0.8mで、土を平らに突き固める作業を繰り返して積み上げている。復元高は1.5mとされている。

集落を掘立柱の柵または塀で囲んだとみられる例には、環濠に沿うように設けたものと、溝や環濠をともなわないものがある。

前者の例としては、筋違遺跡（三重県・前期）、鬼虎川遺跡（大阪府・中期）、中里前原遺跡（埼玉県・後期）などがある。筋違遺跡では、集落域と水田域の境界に小規模な溝があり、その集落域側に掘立柱柵（塀）を設けている（図18）。集落内には、離れてそれに平行する溝がもう1条あり、その両側で掘立柱の柵（塀）が検出されている。

一方、後者の掘立柱の柵や塀だけを設けた例としては、一ノ口遺跡（福岡県・前〜中期）がある。

竪穴建物　弥生時代をつうじて、建物構造として一般的なのは、竪穴建物である。竪穴の平面形は、円形や方形、長方形のものが多い。なお、九州東南部などでは、張り出しをもち、花弁形とよばれる特殊な平面形の建物がある。この張り出し部は、建物の床面と同じ高さのものと、一段高くなっているものがある（図19）。

竪穴建物の機能としては、住居、工房、共同作業場などが推定されている。

掘立柱建物　掘立柱建物のうち、小型のものは柱掘方の平面が円形に近く、大型のものの柱掘方は方形に近いことが多い。ただし、柱の直径はさまざまであった。大型掘立柱建物は、すでに前期の田村遺跡（高知県）で認められる（図20）。

また、沼遺跡（岡山県・中期末）では竪穴建物と掘立柱建物が組みあう可能性がかつて指摘されており、その後、ほかの遺跡でも、両者の併存例が確認されている。

掘立柱建物の機能としては、住居、倉庫、物見櫓、楼閣、祭祀施設などが考えられる。

貯蔵施設　貯蔵施設には、地下式と地上式とがあり、地域や時期によって違いがある。地下式は貯蔵穴のことで、前期に九州や本州西部で数多く検出されるが、近畿でも大開遺跡（兵庫県・前

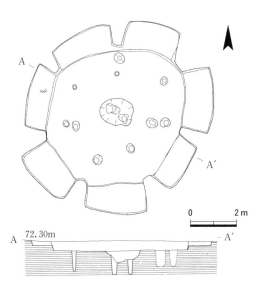

図19　花弁形竪穴建物（八幡上遺跡）

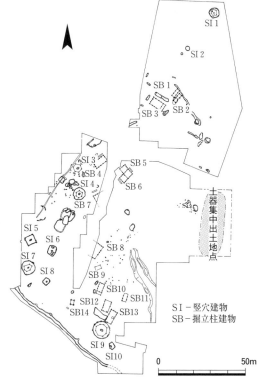

図20　大型掘立柱建物をともなう集落（田村遺跡）

期）などの例がある。なかには、綾羅木郷遺跡（山口県・前～中期）のように、密集することもある。

地上式は掘立柱の高床倉庫であり、中期以降に顕著となる。吉野ヶ里遺跡（佐賀県・前～後期）のように、集中して存在する例もある。

井戸　井戸は、中期以降の例が数多く検出されている。素掘りのもの、土器を転用したもの、木を刳り抜いたものなどがある（207頁）。池上曽根遺跡（大阪府・中期）では、刳り抜き式の井戸が大型掘立柱建物の正面に位置していた。なお、井戸は、廃棄後にゴミ捨て場となることもある。

溝　集落では、溝が検出されることが多い。その溝が開渠であれば、区画という機能もあわせもっていた可能性があり、今後、こうした視点から集落内の溝を見直す必要がある。

その他の施設　丘陵に立地する遺跡では、斜面に平坦面を確保するために造成をおこなった、段状遺構あるいは加工段などとよばれる遺構がある。この種の遺構は、柱穴の有無や、段となっている壁ぎわの溝の有無など、そのありかたは多様である。掘立柱建物にともなう空間であった場合や、物置のような空間であった場合など、各種の役割が推測されている。

集落にともなう道路についても検出例がある。墓域や水田域の調査成果などをふまえると、道路には、平坦なものや、溝状にくぼんでいるもの、突出させているもの、さらには、路面に木を置くものや砂利を敷くものなどがあったとみられる。

上記の段状遺構で、幅が狭く長いものは、道路であった可能性も考慮する必要があろう。いずれにしても、集落内で、遺構として道路を認識するにはかなりの困難をともなうので、その存在を意識して発掘することが求められる。

C　環濠集落の様相

環濠の条数・規模・形状　環濠には、1条や2条のものから、5条を超えるものまである。環濠の幅は1m内外から10mを超えるものまであり、溝の断面は、V字形やU字形のほか、底部が平坦な逆台形のものもある。

建物をともなわない環濠　環濠で区画された内部には竪穴建物や掘立柱建物をともなうのが一般的であるが、環濠の内側で建物が検出されていない例もある。

直径約60mの環濠をともなう葛川遺跡（福岡県・前期）では、約2,000㎡の環濠内部で貯蔵穴35基が検出されたが、建物は検出されていない。九州北部には、横隈山遺跡（福岡県・前期）など、同様の例がほかにもある。

このように建物が検出されないのは、削平のためかどうかが問題となっていたが、三沢北中尾遺跡（福岡県・前期末）では、直径80～90mの環濠内部から貯蔵穴、環濠の外側から竪穴建物が発掘され、この種の環濠は貯蔵穴を取り囲むものであったことが明らかとなった。

また、中期末の田和山遺跡（島根県）では、竪穴建物が環濠の外側にあり、環濠の内側で、掘立柱建物を構成する可能性をもつ少数の柱穴群が確認されている程度である。こうした例はほかにもあり、それらの環濠には、祭祀空間を囲う機能が想定される。

逆茂木　朝日遺跡（愛知県・中期）では、環濠の外側で、乱杭やその痕跡が検出されている。また、環濠の斜面に柱穴状の遺構が認められることもあり、注意を要する。これらについては、逆茂木などの防御装置と考えられている。

出入口　出入口は、環濠のとぎれた部分や、橋脚材の残存により明らかとなる。

四分遺跡（奈良県・前～後期）では、中期に2重の環濠があるが、集落の北東部で内濠がとぎれ、外濠は溝幅を極端にせばめていた。内濠は掘り直されるが、とぎれた部分はそのままだったことから、この部分が通路と推測される。また、唐古・鍵遺跡（奈良県・前～後期）では、中期から後期に

かけて多重の環濠が設けられ、集落南東部に3時期の橋脚が残存していた。こうしたことから、集落の入口は固定されていたと考えられる。

さらに、吉野ヶ里遺跡では、南内郭西側に濠を埋め立てた通路があり、この内側から門柱とみられる柱穴が検出された。北内郭の内濠には掘り残した通路があって、中濠の通路との間には、両側に掘立柱塀を配しており、鍵形に折れ曲がる通路があったとみられている。

環濠の機能　環濠の機能としては、まず対人防御や、害獣の侵入阻止などの機能が想定できる。このほか、貯蔵施設・祭祀空間や集落域の区画と明示、集落の湿気除去、ゴミ捨て場、トイレとしての役割を果たしたことも考えられる。

このように、環濠の機能は多様であって、一つの環濠が複数の役割をあわせもっていたことも想定され、個々の発掘調査で、それらの性格を解明することが求められる。

D　西日本における集落の変遷

早期・前期　早期（縄文時代晩期末）に、朝鮮半島から環濠集落が伝播し、その後、各地に広がった。早期から前期の例として、九州北部では那珂遺跡（福岡県）、板付遺跡（福岡県）、吉野ヶ里遺跡などがあり、瀬戸内では大宮遺跡（広島県）、清水谷遺跡（岡山県）、近畿では大開遺跡、田井中遺跡（大阪府）などが知られる。

この時期の環濠集落は、比較的小規模で、竪穴建物を中心に、等質的な集落形態をとっているところに特徴がある。

中期　前期に比べて集落の規模が大きくなる。吉野ヶ里遺跡の環濠集落は、前期が2.5万㎡で、中期には20万㎡と拡大する。近畿でも、唐古・鍵遺跡のように、東西400m・南北500m、18万㎡に及ぶものが出現する（図21）。

一方、瀬戸内とくに岡山平野では、中期の環濠

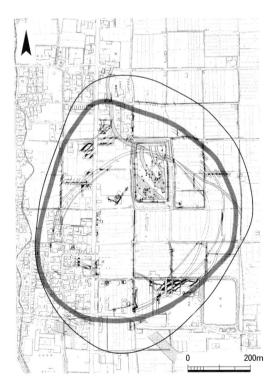

図21　西日本の環濠集落（唐古・鍵遺跡）

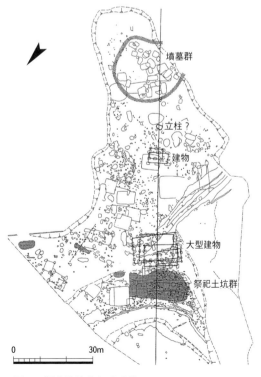

図22　掘立柱建物と墳丘墓（柚比本村遺跡）

第Ⅱ章 集落遺跡概説

集落は認められなくなり、環濠集落の展開には地域差があったとみられる。

高地性集落は、前期にもあるが、中期中頃以降、瀬戸内から近畿において数が増える。それらが確認された当初は、社会的緊張にともなう軍事的性格をもった集落と評価されたが、瀬戸内における物資流通の管理という役割を担った例もあったとみられるなど、その機能は一つだけではなかったと考えられる。

後　期　九州北部では、後期になっても大規模集落が継続する。「伊都国」の中心地とみられる三雲遺跡（福岡県）は22万㎡に及び、さらに広範囲に広がっていたとの見方もある。ここからは、楽浪土器などの中国や朝鮮半島からもたらされた遺物が多数出土し、大陸文化の門戸としての役割を担っていたことを物語る。吉野ヶ里遺跡で集落の規模が拡大し、環濠がもっとも整備されるのもこの時期である。

近畿では、中期まで認められた低地の大規模集落の多くが解体し、近隣に高地性の環濠集落が認められるようになる。古曽部・芝谷遺跡（大阪府・後期）はその例で、後期に出現したこれらの高地性の環濠集落は、後期中頃まで存続した。ちなみに、低地の環濠集落の中で、唐古・鍵遺跡は中期から後期まで継続している。

こうした後期における近畿の集落動向をどう解釈するのかが、当該地域の弥生社会の展開過程を考察するうえで大きな課題となっている。

大型掘立柱建物　大型掘立柱建物は前期から存在するが、中期になると検出例が増える。

九州北部の柚比本村遺跡（佐賀県・中期）や吉野ヶ里遺跡では、墳丘墓の構築後、大型掘立柱建物がそれに対面した位置に建てられた。墳丘墓と大型掘立柱建物の間には、柱が立てられたり、小規模な掘立柱建物が配されたりする（図22）。

近畿の大型掘立柱建物は、中期前半の唐古・鍵遺跡、中期末の池上曽根遺跡や加茂遺跡（兵庫県）などで検出例がある。このほか、中期末には、三田盆地の丘陵上に展開する有鼻遺跡（兵庫県）などでも認められ、低地の大規模環濠集落以外にも大型掘立柱建物が存在した。

大型掘立柱建物には、独立棟持柱（163頁）をもつものと、もたないものがある。また、池上曽根遺跡のように、同じ場所で建て替えられた場合（図23）と、武庫庄遺跡（兵庫県・中期）のように、建て替えがみられない場合とがある（図24）。なかには、大型掘立柱建物の周囲を方形に溝が囲むなど、集落内において特別な扱いを受けていたことを示唆する例もある。

こうした大型掘立柱建物の機能としては、祭殿

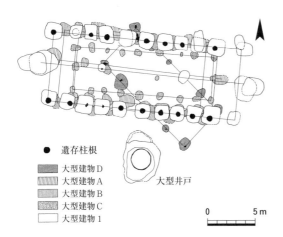

図23　同位置で建て替えた大型掘立柱建物（池上曽根遺跡）

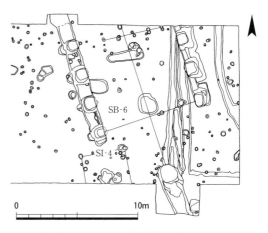

図24　建て替えのない大型掘立柱建物（武庫庄遺跡）

や神殿といった祭祀施設、首長の居住施設など、集落の中枢空間とみる説があるが、一方では共同作業場とする見解もある。

手工業関係施設　土器や石器・木製品などの多くは、各集落で生産された。たとえば、瀬戸内や近畿では、サヌカイトの石材が流通し、石鏃や石錐など小型の打製石器は各集落で製作された。ただし、近畿では、畿内式打製尖頭器のように、南河内の喜志遺跡（大阪府・中期）などで製作された完成品が流通した例もある。

一方、九州北部では、今山遺跡（福岡県・中期）で製作された玄武岩製の太型蛤刃石斧や、立岩遺跡（福岡県・中期後半）で製作された輝緑凝灰岩製の石包丁が広域に流通していた。

勝川遺跡（愛知県・中期）では、段丘上の集落とは別に、自然流路に面した区画が設けられており、内部に小型掘立柱建物が4棟一組でコの字状に配置され、少なくとも3回以上の建て替えがあった。ここは、出土遺物の分析によって、木製品が製作された区域と推定されている。

金属製品については、製作する遺跡がかぎられていた。九州北部では、前期末に青銅製品の生産が始まった。中期末になると、「奴国」の領域に位置する須玖岡本遺跡（福岡県）とその周辺で、青銅製品や鉄製品の大規模な工房が確認されている。なお、ここでは、後期にガラス玉の生産も始まる。また、須玖永田遺跡や須玖坂本遺跡（ともに福岡県・中期後半）では、溝に囲まれた工房と推測される掘立柱建物のほか、鏡、武器形青銅製品などの鋳型や中型、鞴の羽口、取瓶、銅滓が見つかっている。

近畿でも、前期末の堅田遺跡（和歌山県）で鉇の鋳型が出土し、青銅製品の生産はこの時期まで遡るとみられる。そして、中期になると、鬼虎川遺跡などの大規模な集落において生産された。唐古・鍵遺跡では、集落の東南部で、中期末から後期前半の溶解炉の跡が発見され、鋳型や鞴の羽口、

坩堝と取瓶を兼ねた高杯状土製品などが多数出土している。後期になると、多くの遺跡で青銅製品の生産に関する遺構・遺物が検出されるようになり、中期までとは生産体制を異にしていた可能性が考えられている。

大規模集落の評価　大規模集落は、長期間にわたって存続したものが多いが、中期末など、かぎられた時期に存在することもあった。こうした大規模集落は拠点集落とよばれ、地域における政治や経済の中心として、周辺に小規模な集落をともなったと推定されている。しかし、拠点集落と評価されてきたこれらの集落については、近年、小規模集落が群集した結果と考え、その拠点性を疑問視する見方も示されている。

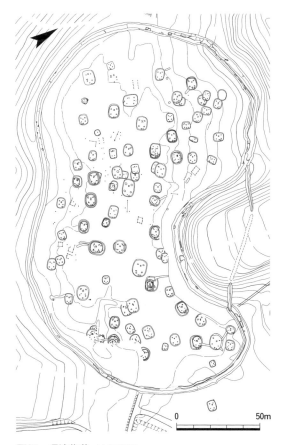

図25　環濠集落（大塚遺跡）

E 東日本における集落の変遷

前期・中期　前期は、小規模な集落が点在するにとどまり、明確な集落遺跡の調査例も少ない。大規模な集落遺跡としては、中期中頃の中里遺跡(神奈川県)がある。河道によって区画され、面積は6万㎡に及ぶ。竪穴建物87棟、掘立柱建物52棟が見つかっており、独立棟持柱をもつ建物も確認されている。それらは大型竪穴建物の近くに存在し、両者の関係が注目される。独立棟持柱をもつ建物は、このほか、北島遺跡(埼玉県・中期)でも確認されている。なお、中期中頃には環濠集落も出現している。

中期末になると、大塚遺跡(神奈川県)をはじめとして、環濠集落が増える(図25)。集落の規模は、通常、2万㎡程度である。しかし、折本西原遺跡(神奈川県・中期)は、成立期で4万㎡、のちに8万㎡以上に拡大しており、東京湾西部の鶴見川流域を統括した集落と考えられている。このように、南関東でも、地域の中核となる集落が出現していた可能性がある。

東北では、大型の竪穴建物が顕著となり、それが1棟から数棟程度で集落が構成される。地蔵田B遺跡(秋田県・前期)は数棟の大型竪穴建物からなり、周囲は柵(塀)で囲まれていた。柵(塀)は、縄文時代以来の影響とみられている。

後期　南関東では、中期から後期にかけての集落が、東京湾をはさんで違った展開を示す。西側では、中期末に数多く見られた環濠集落が減少し、後期末以降には東海系の土器が多数出土する集落が現れ、西方からの人々の移住があったと考えられている。一方、東京湾の東側では、中期からの集落が継続した。

北陸では、後期末に高地性の環濠集落が顕著となる。斐太遺跡(新潟県)はその代表例であり、長辺200m、短辺50m程度の規模をもつ集落が三つ近接して存在する。新潟県北部の山元遺跡(後期)は、丘陵上に位置する環濠集落である。東北の弥生時代を特徴づける天王山式土器をともなっているが、環濠に囲まれた範囲や環濠の規模は、斐太遺跡などに比べると小さい。

F 居館のさきがけ

弥生時代の集落は、各地域において前期から後期へと変質を遂げた。そうした中で、中期中頃から末に、周囲に濠や柵(塀)をめぐらす大型掘立柱建物が出現する。多くの構成員からなる集落の内部で、上位階層など特定の人物のための空間が分離されるさきがけとみられ、首長の居住域とする説もある。そして、こうした施設が古墳時代の居館へとつながっていくと考えられている。

九州北部では、野方中原遺跡(福岡県・後期)のように、方形の環濠と円形の環濠が併存する段階がある。そして、円形の環濠をともなわない方形の環濠が出現することが知られている。千塔山遺跡(佐賀県・後期)では、環濠によって区画された一辺75mと67mの方形に近い一郭が設けられ、環濠の外には竪穴建物や倉庫とみられる掘立柱建物が建てられていた。

近畿では、こうした変遷を段階的に明らかにできる状況にはない。中期後半には、加茂遺跡で、大型掘立柱建物とそれを囲む方形の区画が認められる。後期には、方形の環濠をともなう例として平等坊岩室遺跡(奈良県・後期)がある。また、後期後半の伊勢遺跡(滋賀県)では、大型掘立柱建物を方形に囲んだ柵(塀)が確認されている。

古墳時代の居館のさきがけともいえるこうした施設は、多様なありかたを示しており、今後、各地域でどのような過程をたどって居館が成立したのか、解明が求められる。

第5節
古墳時代

A 集落の特徴

古墳の築造 弥生時代以来の階層分化によって生み出された、首長や豪族とよばれる上位階層の墳墓は、弥生時代の終わり頃から大型化し、やがて、前方後円墳をはじめとする古墳が築造されるようになった。古墳の定義・性格や出現時期については諸説あるが、前方後円墳や前方後方墳などが、東北北部から九州南部という日本列島の広い範囲で、共通した墓制として採用されたのが古墳時代である。その終焉についても議論はあるが、本節では、前方後円墳の築造がおこなわれなくなる6世紀末ないし7世紀初めまでを、便宜上、古墳時代として扱うこととする。

居館の成立 古墳時代には、古墳の出現と対応して、上位階層の居住空間などが一般集落から分かれ、居館として成立した。この居館と一般集落との分離が、弥生時代の集落と大きく異なる点である。しかし、一般集落や居館には、後述するように、それぞれに階層差による多様性や地域性もある。したがって、一般集落と居館との識別は必ずしも容易ではなく、いずれの範疇に含めるかが難しい場合もある。

また、一般集落と対比される施設として、大型掘立柱建物群が出現するのもこの時代の特徴であり、居館を構成する建物群とみる説もある。なお、製塩や鍛冶、窯業などの手工業にかかわる特殊な集落も出現するが、本節では扱わない。

B 一般集落の構成要素

建物構成 古墳時代の一般集落とみられる遺跡では、中田遺跡(東京都・後期)のように竪穴建物

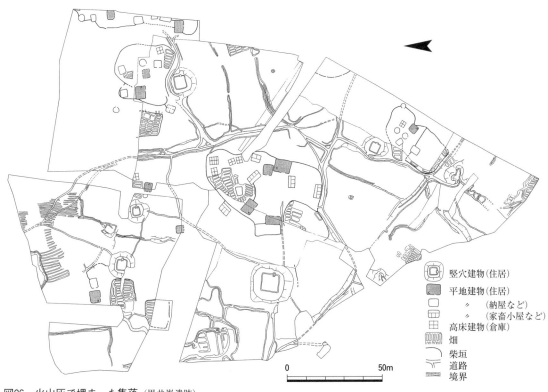

図26 火山灰で埋まった集落(黒井峯遺跡)

第Ⅱ章　集落遺跡概説

群からなるもの、大園遺跡（大阪府・中〜後期）のように掘立柱建物群からなるもの、また、竪穴建物群を主体として、一部に倉庫と推定される掘立柱建物が加わるものなどがあり、地域差も存在することが知られている。

ところで、榛名山二ッ岳の噴火による軽石層で埋もれた黒井峯遺跡（群馬県・後期）では、生活時の状況がそのまま遺存しており、集落の構成要素が明らかとなった。

この集落は、道路や柴垣で七つの区画に分割され、各区画内には、1棟の竪穴建物と複数の平地建物、高床建物、家畜小屋などが設けられていた。それらをつなぐ道路や井戸などもあり、後世の屋敷地を彷彿とさせる景観を呈していた（図26）。

竪穴建物とカマド　前期の竪穴建物は、竪穴の平面が隅丸方形で、その中央近くに炉、壁寄りに貯蔵穴をともなうのが一般的である。ただし、九州では、弥生時代後期以来、平面が長方形で、主柱が2本だけの例も見られる。

中期になると、全国的に、竪穴の平面がほぼ正方形となり、カマドが普及する。カマドは、西新町遺跡（福岡県）などで弥生時代の終わりまで遡る例があるが、中期中頃以降に定着する。カマドの普及は、甑を使用する調理法をもたらし、カマドの構築時や廃絶時に、手づくね土器や土製模造品を用いる祭祀も定着させていった。

建物の格差　竪穴建物の中に、規模の差が現れることもある。東日本では、数棟の竪穴建物からなる単位ごとに、各時期に1棟ずつの大型竪穴建物が含まれる。しかも、その建物にだけ堅固なカマドが設けられたり、石製模造品や鉄製品が多量に出土したりするなど、ほかの竪穴建物との間に明らかな格差が認められる。

なお、一般集落にともなう方形周溝墓群の中にも、大小の差が見られることがある。上記の格差は、こうした墓における差違と対応している可能性がある。

建物群の単位と屋敷地　先にも触れたように、黒井峯遺跡では、複数の建物が一つの単位をなし、周囲を柴垣などで囲んだ明確な屋敷地（宅地）を形成していた。

小深田遺跡（静岡県・前期）では、東西約40m、南北約35mの範囲が、幅2m前後の溝によって長方形に区画され、内部に7棟の掘立柱建物と3棟の竪穴建物、井戸が存在していた。同様の区画は、その後も連続する可能性が指摘されている。

大園遺跡では、掘立柱建物の方位や相互の距離関係からみて、複数の側柱建物（161頁）と1〜2棟の総柱の高床倉庫とが一つの単位をなし、屋敷地を形成していたと考えられている（図27）。ただし、現況では、屋敷地の周囲を囲む施設は見つかっていない。

中田遺跡では、区画施設を検出していないが、後述するように、竪穴建物数棟で構成される単位が一定の空間を占有し、そうした複数の単位がそれぞれ屋敷地であったと推定されている（図28）。

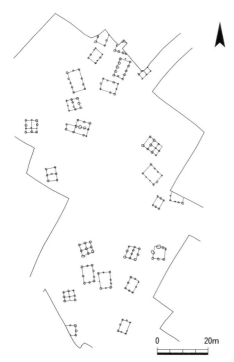

図27　掘立柱建物からなる集落（大園遺跡）

このように、数棟の竪穴建物から構成される単位がいくつか集まって集落を構成するというありかたは、東日本の一般集落では、古墳時代をつうじて基本的に変わらない。

また、屋敷地が明瞭になるのも、古墳時代集落の特徴の一つである。ただ、屋敷地が溝で囲まれたものを、居館に含めるか、それとも居館と一般集落との中間的な性格とみるかについては、現状では評価が定まっていない。

C 西日本集落の諸相

前　期　九州北部では、弥生時代の大規模集落が廃絶してしまう場合と、前期まで継続する場合とがある。そして、前期に成立した集落は、中期にとだえることが多い。

竪穴建物の規模には差がある。とくに、4本主柱のものは大型の竪穴建物であることが多い。そして、大型の竪穴建物を含む建物群は、溝で区画されることや倉庫をともなうことがしばしばあり、ほかの建物群との間に格差が認められる。

瀬戸内東部では、弥生時代後期から継続するかたちで、集落が営まれた。それらの集落では、規模・構造ともに等質的な竪穴建物が群集するが、高床倉庫の存在は明確でない。これについては、収穫物が一般集落の外部で保管されていたことを示す可能性も考えられている。

近畿では、弥生時代から継続する集落のほとんどが、前期のうちに廃絶し、前期に始まる一般集

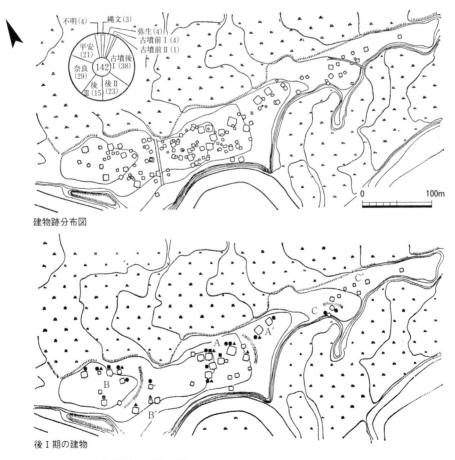

図28　同一時期の建物群単位の抽出例（中田遺跡）

落は短期間でとだえるものが多い。また、前期の早い段階から、集落間で建物規模や出土遺物などに明確な格差が認められる。

中・後期　九州では、中期末から後期前半以降にあらたな集落が形成される。中期末以降に集落が成立した要因には、可耕地の拡大や分村などが想定されている。

瀬戸内では、前期後半以降の集落の様相は総じて不明確となり、中期後半以降に再び確認されることが多い。カマドは、中期前半に出現し、それ以降、急速に普及する。後期後半には、掘立柱建物が主体となって、それに少数の竪穴建物と高床倉庫がともなう例も認められるようになる。

近畿では、中期になると、1世紀にわたり継続する集落が現れ、成立の時期が下るにつれて存続期間が長くなる傾向にある。ただし、多くの集落は6世紀末に終焉を迎える。

後期になると、西日本では、同じ場所で竪穴建物の建て替えを繰り返す例が多くなり、建物規模の格差は目立たなくなる。集落内の格差以上に、集落間の格差が大きくなったと考えられる。

集落の消長　前・中期の集落は、短期間でとだえるものが多い。その中で、大園遺跡など中期中頃に出現する集落には、長期間継続するものが認められるようになる。集落が短期間でとだえるか、長期間存続するかの違いには、自然的・社会的な要因がかかわっていると考えられる。この時期に長期間継続する集落が出現した背景として、水田開発との関連などを考える見解もある。

また、6世紀末をもって集落がとだえることも注目される。7世紀初頭前後を境に、古墳の性格が変質したこととの関連も考えられ、集落の変遷における大きな画期とみなされている。

D　東日本集落の諸相

前期　関東の一般集落の多くからは、東海系を中心とした非在地系の土器が多数出土する。そ

れらは、東海の集団とのかかわりがあったことをうかがわせる。

弥生時代には円形や隅丸方形など多様であった竪穴建物の竪穴の平面形は、方形を基本としたものとなる。こうした変化も、西からの影響によるものと考えられている。

この時期の集落として、上組Ⅱ遺跡（千葉県・前期）がある。数棟の竪穴建物からなる単位がいくつか集まって一つの集落が形成され、その中には1棟の大型竪穴建物が見られる。

中・後期　中期になっても、基本的な集落構造は変わらない。河岸段丘の微高地上に立地する中田遺跡では、竪穴建物が後期に急激に増加し、最盛期には40棟以上を数える（図28）。ただし、一つの時期には、数棟の建物で構成される単位が、広い台地上で一定の空間を占有しており、そうした単位が複数、散在的に存在していた。

竪穴建物の密集した分布状況は、近接して存在する数棟が、その単位や広場を維持したまま、建て替えを繰り返した結果とみなされている。そして、数棟によって囲まれた単位ごとの広場では、共同作業や祭祀などがとりおこなわれていたと推定されている。

集落の消長　集落には、長期間継続したものと、短期間でとだえたものがある。そうした違いを生んだ要因としては、沖積地に近く水田経営が安定していたところと、谷水田などの生産性の低い場所に立地していたところという、立地による水田経営の安定度の差などが挙げられよう。

東北では、5棟前後の竪穴建物で構成されるものから、さらに多くの竪穴建物で構成されるものまで、集落の規模に差がある。基本的に、一つの集落は1世紀を超えて存続しない。

建物数棟ごとに倉庫をともない、集落規模が大きくなると、倉庫の数も多くなる。ただし、倉庫の多くが竪穴建物である点を、この地域の特徴とする指摘もある。

E 渡来人の集落

渡来人の存在　古墳時代には、中国や朝鮮半島からさまざまな技術や生活様式が伝えられた。朝鮮半島系の軟質土器や陶質土器がまとまって出土する遺跡のほか、朝鮮半島からあらたに伝播してきた須恵器の生産や、鉄製品の製作との関連が考えられる遺跡では、渡来人の存在を考慮して、発掘調査を進める必要がある。

あらたな居住様式　中国や朝鮮半島からもたらされた居住様式の中には、カマドのように広く普及し、定着したものもあるが、日本では定着せず、基本的に渡来人のみが用いたものもある。

いわゆる大壁建物（壁建ち建物）は、古墳時代中期に伝えられた建築構造で、それ以降、増加する。穴太遺跡（滋賀県・後期）では、礎石建ちでオンドルを備えた壁建ち建物（191頁）や、土台建物が検出されている。

このほか、壁沿いに煙道をのばすL字形平面のカマドなどは、日本で定着した一般的なカマドと構造が異なるため、それをともなう建物は、朝鮮半島からの渡来人の建物であった可能性がある。

F 居館

居館の構造　居館の構造がはじめて具体的に判明したのは、三ツ寺Ⅰ遺跡（群馬県・中期後半）の調査である（図29）。この遺跡は、中期後半から末にかけての前方後円墳3基が築造された保渡田古墳群（群馬県）に近接し、これらに関係した居館と推定されている。石を貼った濠や塀で四周を囲まれた86m四方の広い空間に、大規模な掘立柱建物を含む多数の建物が配置されていた。

その空間は、柵（塀）によってほぼ二つに区画されていた。一方は、政治をとりおこなう場であり、また、導水施設をともなうことから、祭祀などの公的活動もおこなう空間とされる。もう一方は居住空間であり、ほかに倉庫や各種工房などが設けられていることから、地域経営を支える空間でもあったと考えられている。

居館には多様な施設が設けられ、大規模な居館では、鉄滓や銅滓などが出土することから、金属製品の工房も存在していたと推定される。

大型掘立柱建物群　古墳時代の遺跡には、総柱の大型掘立柱建物が複数検出される例がある。樽味四反地遺跡（愛媛県・前期）では、床面積150㎡以上の建物が2棟、100㎡を超える建物が1棟確認された。また、万行遺跡（石川県・前期）では、東西39m、南北74mの区画内に、複数の大型掘立柱建物が整然と配置されていた。

鳴滝遺跡（和歌山県・中期）では、長辺70m、短辺40mの区画内に、床面積60〜80㎡の高床倉庫とみられる大型掘立柱建物7棟が並列し（図30）、法円坂遺跡（大阪府・中期）でも、同様の建物16棟が2群に分かれて整然と配置されていた。

上記の施設については、倉庫の機能のほかに、祭祀空間としての性格を想定する見解もある。

ところが、こうした大型掘立柱建物群は、後期には認められず、古代の正倉など、国家的施設との関係を積極的に示すものかどうかは、現状では

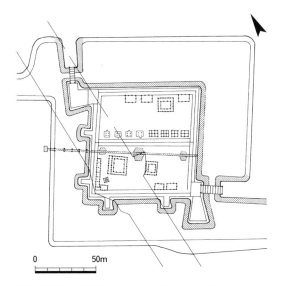

図29　東日本の居館（三ツ寺Ⅰ遺跡想定復元図）

第Ⅱ章　集落遺跡概説

なお検討の余地がある。

各地の居館　九州では、小迫辻原遺跡（大分県・前期）が知られている。ここでは、大規模な溝で囲まれた二つの方形区画が並列している。その内側には柵（塀）がめぐり、内部には桁行3間・梁行2間以上の総柱建物がある。また、その周囲には同時期の竪穴建物が存在している。

近畿では、前期初頭の例として、尺度遺跡（大阪府）がある。そこでは、溝と柵（塀）をめぐらせた1辺約35mの方形区画内の広場に面して、独立棟持柱をもつ2棟の掘立柱建物が建つ。区画内は、祭祀空間である可能性が高い。方形区画の外側の一方には、区画に接するように、居住用とみられる大型竪穴建物が複数存在し、反対側では、倉庫群とみられる掘立柱建物群が確認された。

これらは中小首長の居館と考えられており、その周囲には、一般の人々が居住したと推定される竪穴建物と耕地が広がっている。

極楽寺ヒビキ遺跡（奈良県・中期）では、ごひら角材の柱を用いた掘立柱建物が検出された（図31・189）。建物は、溝と塀（柵）で囲まれた出島状の空間にあり、祭祀施設と考えられている。

また、この周辺では、さまざまな施設をもつ遺跡が確認されており、床張り構造で、古墳時代最大級の床面積（142㎡）をもつ四面廂付掘立柱建物を中心とする南郷安田遺跡、水を引き込んだ祭祀遺構がある南郷大東遺跡、武器をはじめとする金属製品やガラス製品の生産工房である南郷角田遺跡などがある。これらは、豪族の葛城氏に関係する遺跡群とみなされている。

東海の古新田遺跡（静岡県・中期）では、広場を中心に、複数の建物からなる単位が配置されていた（図32）。その一つは、5棟の大型掘立柱建物をコの字形に配置しており、祭祀土坑をともなう。

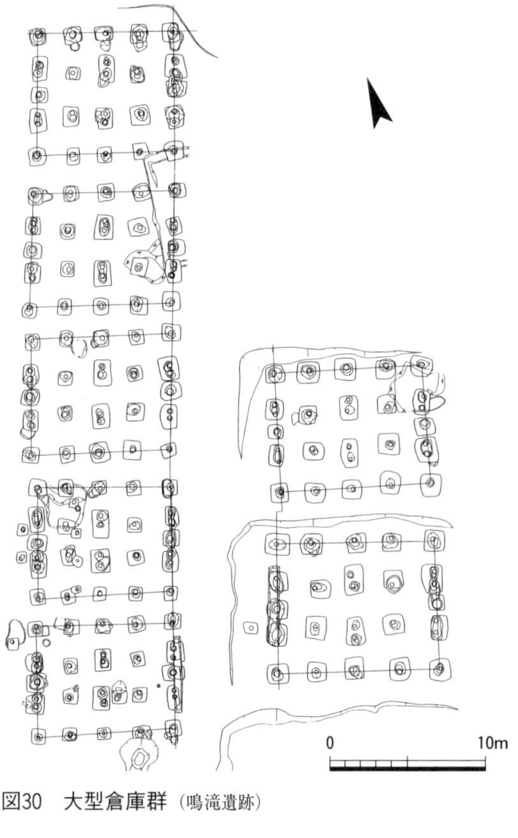

図30　大型倉庫群（鳴滝遺跡）

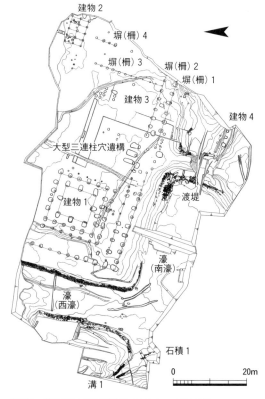

図31　首長層の祭祀施設（極楽寺ヒビキ遺跡）

また、3棟の大型掘立柱建物からなる単位や、6棟の高床倉庫と2棟の廂付掘立柱建物からなる単位があり、それぞれが異なる役割を担っていたと推測される。

東北の古屋敷遺跡（福島県・中〜後期）では、濠と柵（塀）が交互に配置された一辺90ｍの方形区画の中に、竪穴建物20棟と掘立柱建物1棟が確認されている。この区画の外側には、倉庫とみられる掘立柱建物がコの字形に配され、さらに、別の区画施設や、祭祀跡とみなされる遺構もともなっている。

居館の多様性　津寺遺跡（岡山県・前期）では、一辺30ｍの柵（塀）による方形区画内に、布掘り柱掘方をともなう建物が確認されている。また、谷尻遺跡（岡山県・前期）では、一辺12ｍの竪穴建物から巴形銅器が出土した。いずれも前期初めの集落内に位置し、弥生時代における拠点集落のありかたを踏襲するものと考えられる。

しかし、以後はこうした例が見られなくなり、居館が一般集落から分離したと推定される。居館の成立時期には地域差があり、首長などの階層によっても異なると考えられる。

居館には、三ツ寺Ⅰ遺跡のように、竪穴建物や掘立柱建物など、居住や祭祀・生産にかかわる施設が、方形にめぐる濠（溝）で囲まれている例が多い。しかし、居館とされる遺跡の中には、溝ではなく柵（塀）で囲まれたものや、周囲を取り囲む施設が認められないものもある。

居館の敷地面積にも大きな差がある。群馬県では、原之城遺跡（後期）のように17,000㎡を超えるものから、数百㎡の小型のものまである。こうした敷地面積の著しい差は、階層差を反映しているものと考えられている。

いずれにしても、古墳の数に比べると、居館とされる遺跡の数は少ない。古墳に階層差があったように、居館にも階層差があったとみられるが、今後は、居館の存在を念頭においた意識的な調査研究や、過去の調査成果の再検討をつうじて居館を抽出する作業も課題となる。

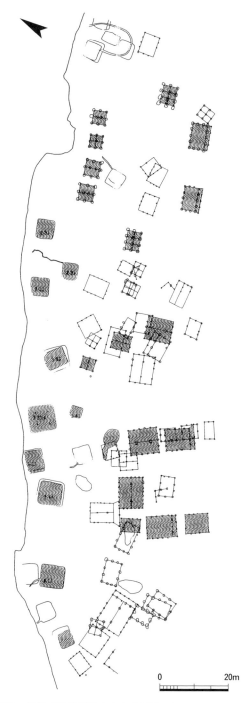

図32　複数の建物単位からなる居館（古新田遺跡）

第6節
古　代

A　集落の特徴

律令国家と集落　7世紀は、中国や朝鮮半島の影響を受けて、あらたな統治形態が模索されつづけた時期であり、中頃以降は律令国家の完成へ向けて、さまざまな制度が設けられた。律令国家は、7世紀後半ないし8世紀初めに成立し、その後、時代の状況に応じて変容を遂げながら、10世紀まで継続したとされている。

　律令国家は、住民を戸籍に登録し、国―郡（評）―里（五十戸、郷）という行政単位により統治した。そして、戸籍を基本台帳として、口分田の班給や租税の徴収、兵士の徴発などをおこなった。こうした律令支配体制の成立は、集落にも影響を及ぼし、あらたな集落の出現、集落構造や出土遺物などの変化をもたらしたとみられている。

集落の増加と開墾　8世紀に入ると、全国的に集落数が急増する。関東では、井頭遺跡（栃木県）、山田水呑遺跡（千葉県）、鳶尾遺跡（神奈川県）など、多数の集落が成立する。これらは、三世一身法（723年）や墾田永年私財法（743年）といった律令国家の開墾奨励策を契機に成立した集落と

図33　大規模集落（草山遺跡）

され、開墾集落などとよばれることもある。

また、そうした集落とともに、囲護台遺跡（千葉県）、草山遺跡（神奈川県）（図33）、落川遺跡（東京都）など、古墳時代から継続して、地域開発の母胎となった拠点集落とみられる大規模集落が併存する。

九州北部でも、8世紀になると、薬師堂東遺跡（福岡県）など、小規模な倉庫をともなう例が見られるようになる。また、堂畑遺跡や仁右衛門畑遺跡（ともに福岡県）では竪穴建物が同じ場所で7～8回建て替えられるなど、居住域の固定化が進む。とくに、官衙周辺の集落においては、官衙の方位に合致するように建物が建て替えられる。これらの集落構造や立地の大きな変化も、開墾政策と何らかの関係があると考えられている。

重層的な行政単位と階層性　集落の規模や個々の建物規模、竪穴建物と掘立柱建物の構成比などは多様であり、これらは集落と地方豪族層の居宅との重層的な関係や、集落内で進行した階層分化を反映するものとされている。こうした階層差は、集落間や個々の集落内でも認められる。

また、出土遺物にも階層性を示すものがある。たとえば、有位者の階層を示す銙帯具は、集落と有位者の関係や、集落と地方行政機構とのかかわりを推測させる重要な遺物であり、陶硯は識字層の存在を直接示唆するものである。さらに、木簡や墨書土器、施釉陶器、皇朝銭、畿内産土師器なども、遺跡の性格を考えるうえで注目される遺物である。

B　建物の構造と変化

竪穴建物の規模縮小　竪穴部の床面積は、平均すると7世紀前半は30㎡程度であり、8世紀に入ると20㎡弱、9世紀には14㎡以下となり、10世紀には10㎡前後の小型のものが中心となる。

田名稲荷山遺跡（神奈川県・9～10世紀）では、掘立柱建物と竪穴建物が組み合い（図34）、北安田北遺跡（石川県・7～8世紀）では、掘立柱建物に近接して竈屋とみられる小型の竪穴建物が存在する。これらの例から、竪穴建物の規模の縮小化は、居住施設から掘立柱建物に付属する竈屋への変化を示す可能性があるとされている。

一方、竪穴建物の竪穴部の外に存在する柱穴を手がかりにして、竪穴部床面を内土間と考え、竪穴部外側の地表部に居住空間が広がっていたとみる説もある。

竪穴建物の構造変化と諸施設　8世紀以降に増加する床面積20㎡以下の竪穴建物では、主柱穴のないものが増加し、竪穴の掘り込みも浅くなる。このことから、垂木を周堤に葺き降ろす従来の伏屋式構造から、建物の外壁面が立ち上がる壁立式へ建物構造が変化したと推測されている。

竪穴部では、貯蔵穴が消失する一方で、カマド脇の棚状施設や、階段など出入口施設が検出されることがある。また、大平遺跡（青森県・9～10世紀）や正家廃寺（岐阜県・8世紀）で発見された焼失建物では、床面に板材が敷かれていた。

近年では、床面の断ち割りや、床面下の掘方の調査により、竪穴の掘削方法や床面の構築方法に関する資料も増加している。地鎮とみられる遺物が貼床下に埋納されることもある。また、草山遺

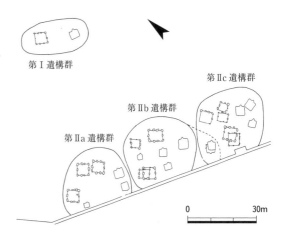

図34　集落の群構成（田名稲荷山遺跡）

跡では、カマド構築用粘土の採掘坑と推測される床下土坑が検出されている。

なお、特殊な例ではあるが、礎石建ちの竪穴建物が長野県を中心とした地域に散在する。

掘立柱建物の普及　竪穴建物の規模の縮小化は、掘立柱建物の普及ともかかわると考えられている。近畿の集落では、7世紀に入ると竪穴建物がおおむね姿を消し、掘立柱建物が一般化する。奈良県を中心とする地域では、7世紀に成立する集落は掘立柱建物からなり、竪穴建物はほとんど見られない。古墳時代から古代にかけて継続する数少ない集落の一つである石榴垣内遺跡（奈良県）では、竪穴建物から掘立柱建物への移行過程を確認することができる。

ただし、竪穴建物から掘立柱建物へ移行する時期は、地域によって一様ではない。

掘立柱建物の規模　一般集落で見つかる掘立柱建物には、側柱建物、床束建物、総柱建物がある。

掘立柱建物は、近畿とその周辺では、主屋を桁行4間とする例が多い。一方、東日本の集落では、桁行3間ないし2間の建物が全体の8割（平城京跡では6割程度）以上に及び、桁行が4間を超える建物は少ない。また、柱間寸法に大きなばらつきが見られる。

桁行5間以上の建物や廂付建物は、居住者の政治的・経済的優位性を示している可能性があり、また、集落に置かれた行政施設や仏教施設などにあたる場合も考えられる。こうした点も視野に入れて、集落分析を進める必要がある。

集落の倉　稲など農業生産物の収納施設である倉は、総柱の高床倉庫が一般的である。郡衙の正倉が、桁行3間ないし4間で梁行3間の総柱建物を主体とするのに対して、集落遺跡で検出される倉は、桁行2間・梁行2間、または桁行3間・梁行2間といった小規模な総柱建物である。

なお、集落の稲倉には、穎稲（稲の穂先）が収納保管されており、集落ではこの穎稲を臼に入れて杵でつき、脱穀から精米を一連の作業でおこなったとみられている。

C　古代集落の祭祀と信仰

律令祭祀の普及　人面墨画土器は、人物の顔が描かれた土器で、人面墨書土器や墨書人面土器ともよばれる。

人面墨画土器の出土は、律令祭祀の浸透を示している。西日本の集落から出土する人面墨画土器の多くは、都城と同様に、土師器の甕を使用しており、河川や溝から出土する。

それに対して、東日本では、土師器の杯を使用する例が目立ち、竪穴建物から出土することが多いなど、西日本とは様相が異なる。また、人面とともに人名などを墨書した例もあり、その内容から、疫病神に供物を捧げて饗応し、疫病の災いを避けるために用いたと推測されている。

集落内寺院　関東では、集落内に建てられた寺院の存在も明らかになっている。中心となる仏堂は、主として四面廂付建物であり、桁行が7間を超える長屋ふうの建物など、数棟の建物をともなう例が多い。いずれも、茅などを葺いた草葺の掘立柱建物である。出土遺物には、寺関係の墨書土

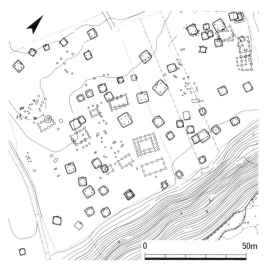

図35　集落内寺院（郷部遺跡）

器や瓦塔、鉄鉢形土器や香炉、水瓶、浄瓶などがあり、小仏像の出土例もある。

このように、古代集落の発掘調査によって、仏教と伝統的な神祇祭祀や陰陽道などが混淆した多様な祭祀が、集落内で展開していたようすが明らかになりつつある (図35)。

一方、近畿では、集落内寺院の明確な遺構は検出されていないものの、『日本霊異記』には、「堂」と表記された寺の名が複数認められ、これらが集落内寺院にあたると考えられる。

D 集落遺跡の事例

集落遺跡の全容　関東では集落遺跡の発掘調査例が多く、隣接する集落間との有機的な関係も解明されつつある。

印旛沼に注ぐ旧平戸川の西岸台地上で、集落遺跡を52haにわたって全面発掘した萱田地区遺跡群 (千葉県) では、南北2kmの範囲に隣接して営まれた権現後遺跡、北海道遺跡、井戸向遺跡、白幡前遺跡で、総数708棟の竪穴建物と250棟の掘立柱建物を検出している (図36)。

この遺跡群は、9世紀前半に成立した権現後遺跡を除くと、8世紀前半から中頃にかけて成立し、10世紀前半に消滅する。典型的な開墾集落で、平戸川の対岸に位置する村上込の内遺跡 (千葉県) とともに、下総国印旛郡村神郷を構成する集落遺跡群である。

中核的な集落　白幡前遺跡は、萱田地区遺跡群の中では最大の集落で、掘立柱建物の棟数が最も多く、奈良三彩や皇朝銭、銙帯具、鉄製品といった出土遺物も優越性を示す。また、瓦塔をともなう集落内寺院が存在し、小鍛冶遺構や土器製作遺構などもあり、生産部門での自立性も認められる。この遺跡には、30棟近い掘立柱建物が重複して営まれた一角があり、開発の主導的役割を担った有力集団の居住区と推定されている。

このように、集落遺跡群の中で中核的な位置を占める集落が各地に存在し、集落間での経済的な格差が顕著に認められるのも、古代の集落の大きな特徴である。

E 集落内官衙と豪族の居宅

集落内の官衙的施設　集落遺跡からは、L字形やコの字形に配置された掘立柱建物群が発見されることも少なくない。こうした建物群は、郷長をはじめとする有力農民層 (富豪層) や地方豪族など、さまざまな階層の居宅と推定されるもののほか、郷に置かれた郡や国の出先施設が含まれている可能性がある。

野瀬塚遺跡群 (福岡県・8〜9世紀) の周辺では、筑後国三潴郡の行政関連施設が郡内に広範に展開していた状況が明らかになっている。そうした点からも、郡衙 (郡家) の出先施設が集落に分置された可能性を視野に入れた検討が求められる。

図36　開墾集落 (萱田地区遺跡群)

第Ⅱ章　集落遺跡概説

　また、「郷長」と記した墨書土器や刻書紡錘車などの出土例も知られており、柏原M遺跡（福岡県・8世紀後半～9世紀）では「郷長」、丹生郷遺跡（福井県・8世紀後半）では「丹生郷長」の墨書土器が出土している。

　こうした遺跡の多くでは、大型の掘立柱建物も見られ、政治的・経済的な優位性がうかがえる。ただし、荒砥洗橋遺跡（群馬県・8～9世紀）では「大郷長」、大塚新地遺跡（茨城県・8～9世紀）では「郷長」の墨書土器が出土しているが、これらの遺跡では大型の掘立柱建物は認められない。したがって、遺跡の性格を特定するには、慎重な検討が必要となる。

　なお、集落内にある官衙的建物の性格については、郷衙（郷家）とよぶべき行政の拠点施設とする説もある。しかし、郷ごとの行政施設が存在したかどうかについては議論があり、現状では、少なくとも郡衙のような恒常的な施設の存在は認められていない。

豪族の居宅　地方豪族の居宅には、平城京の貴族の邸宅に匹敵するような規模と構造をもつ例もある。長畑遺跡（滋賀県・8世紀中頃～9世紀）では、桁行6間の主屋を中心に、10棟以上の建物群がコの字形に配置されて中枢部を構成し、その西側には、桁行3間・梁行2間または桁行3間・梁行3間の総柱建物5棟が南北に並ぶ（図37）。8～9世紀の同様の居宅は、百済木遺跡（埼玉県）や十万遺跡（高知県）、下遺跡群小倉遺跡（福岡県）などでも確認されている。

　これに対して、桁行4間以下のやや小規模な十数棟の建物群が、コの字形もしくはロの字形に配置され、桁行2間・梁行2間の複数の総柱高床倉庫が一列に並ぶ例もある。正直C遺跡や東山田遺跡（ともに福島県・8世紀後半～9世紀前半）の居宅は、側柱建物の規模や構造、倉の規模から、富豪層の居宅と推測されている。

　これらの遺跡の掘立柱建物群は、大型の竪穴建物をともなう。同様の大型竪穴建物は、星の宮ヶカチ遺跡や多功南原遺跡（ともに栃木県・8～9世紀）（図38）、村上込の内遺跡などでも検出されている。なかでも、村上込の内遺跡では、大型竪穴建物から、銙帯具とともに鉄製品が集中的に出土するなど、集落内の階層分化のようすもうかがえる。このように、関東から東北にかけての地域の有力者の居宅には、大型の竪穴建物が営まれる傾向が認められる。

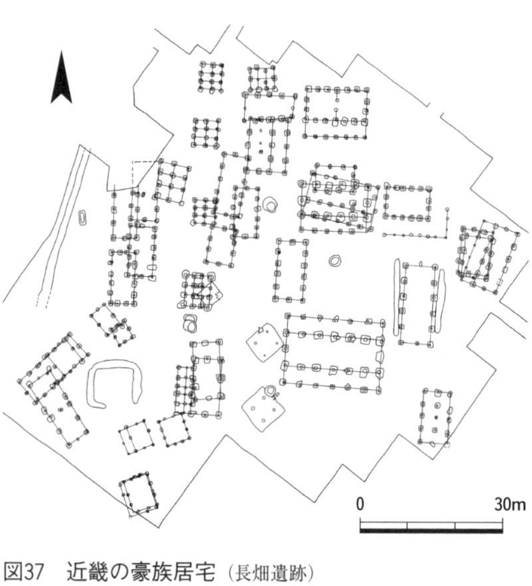

図37　近畿の豪族居宅（長畑遺跡）

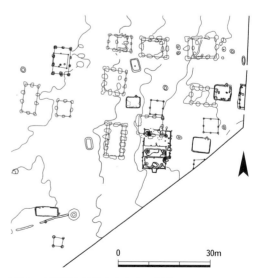

図38　大型竪穴建物をともなう居宅（多功南原遺跡）

F 沖積地における9世紀以降の集落

北陸・東北の沖積地の集落　関東地方以外では、沖積地の発掘調査が比較的多くおこなわれ、9世紀以降、多数の遺跡が出現することが確認されている。新潟県の越後平野や頸城平野、山形県庄内平野、福島県会津盆地では、8世紀までほとんど遺跡が確認されていなかった自然堤防上に、急速に集落が展開するようになる。

越後平野では、千葉県の台地上の集落に類似した集落が衰退したのちに、掘立柱建物2～3棟の単位が散在する集落が、9世紀中頃から10世紀にかけて成立する。

一之口遺跡（新潟県）では、周辺の条里型地割の方向と一致した半町単位の地割のなかに、四つの建物群が配置される。各建物群は、溝などの区画施設はないが、それぞれに井戸を備えており、一つの生活単位としての独立性が認められる。また、大型の廂付建物を核とした単位は、倉庫・井戸・畑・土坑などの施設をもつ屋敷地（宅地）とみることができ、豪族居宅ともいえる。

このように建物群が散在する集落形態は、ほぼ同時期の五社遺跡（富山県）、漆町遺跡（石川県）でも共通して見られる。

庄内平野では、9世紀以降、掘立柱建物で構成される集落が数多く成立する。これは、出羽国府と推定される城輪柵跡（山形県）の成立とかかわるものでもあろうが、その近隣だけではなく、平野のほぼ全域に及び、大型の掘立柱建物をともなう例も多い。こうしたありかたは、会津盆地でも見られる。

これらの事例から、この時期に北陸・東北を含めて、各地で沖積地に集落が広範囲に成立したことが確認できる。

この時期の沖積地の集落は、2～3棟の住居に倉庫・井戸・畑などをともなう単位が散在する様相を呈し、住居の近辺に水田をもつことが一般化したと考えられる。そうした2～3棟の建物からなる単位は、北陸でも一般的に見られる。

屋敷地の成立と豪族居宅　10世紀になると、大規模な掘立柱建物を核とした、数棟からなる建物単位が成立する。延長6（928）年の墨書がある漆紙文書が出土した門新遺跡（新潟県）では、溝や河川で区画された約3,300㎡の屋敷地に、200㎡以上の面積の主屋のほか、倉庫、鉄製品・漆器工房など6棟の建物が営まれている（図39）。漆紙文書は米・武器（大刀）の請求に関連したものであり、在地支配にかかわる遺跡の性格を示唆する。

こうした屋敷地は、周辺の開発を進めた有力者の居宅と考えられ、階層分化の進行を示しているが、郡衙が衰退する9世紀後半以降に成立することが注目される。門新遺跡の成立は、約3km離れた古志郡衙である八幡林遺跡（新潟県）が衰退した直後にあたり、郡衙の機能の一部が門新遺跡に継承されたと推測されている。

丘陵・山地・高原への進出　また、10世紀には、沖積地以外の丘陵・山地・高原にも集落が進出していった。これらの集落は、水田耕作が想定できない場所に立地していることが多く、鍛冶遺構を

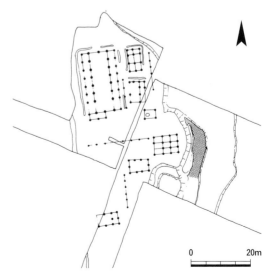

図39　北陸の豪族居宅（門新遺跡）

ともなう例などから、畑作や鉄生産などを生業としていたと推定されている。

鉄生産関係の遺跡は、割田地区遺跡群（福島県）、軽井川南遺跡（新潟県）、野路小野山製鉄遺跡（滋賀県）、高橋佐夜ノ谷Ⅱ遺跡（愛媛県）など、近年、各地で発掘されており、構造が明らかになってきた。

また、尾山代遺跡（奈良県）では、数棟の小規模な竪穴建物と掘立柱建物などからなる集落が検出され、竪穴建物から鍛冶道具や「美濃」の刻印土器などが出土している。この遺跡は、出土遺物や立地から、杣にかかわる集落と想定される。

これらの丘陵・山地・高原に立地する遺跡からは、緑釉・灰釉陶器、銙帯具など、一定以上の階層を示す遺物が出土する例が多い。これらのことから、山林原野の開発には、有力者が直接かかわっていたと考えられている。

平安後期の様相　8世紀に数多く出現した集落は、10世紀末から11世紀には廃絶する。こうした状況は全国的にほぼ共通するが、大開発の時代とされるこの時期に、人口が急激に減少したとは考えられず、集落のありかたが変化した結果と推定される。

この時期の遺跡が明確でない理由としては、それまでより短期間で集落が移動したと推測されることに加えて、遺構や遺物が検出しにくいものに変化したのも一因と考えられる。

たとえば東日本では、この時期には竪穴建物が消滅するとともに、遺物も、残存しにくい素材、すなわち煮炊具は鉄製品、食膳具の多くは漆器などの木製品へ変化したとみられる。

一方、長野県松本盆地では、この時期の集落が把握できるが、それは、この地域では竪穴建物が12世紀まで残ったことと関係していよう。なお、11世紀の南栗遺跡（長野県）では、竪穴建物が1棟ずつ点在するという、それまでよりもさらに小規模で分散した様相を呈しており、この時期に特徴的な集落のありかたを示唆している。

H　北海道と奄美・沖縄

北海道　北海道では、縄文時代ののち、続縄文文化という独自の文化が成立し、6世紀頃まで存続する。その後、西南部を中心に擦文文化が広がり、東北部から千島列島にかけてオホーツク文化が展開した。

擦文文化は、本州の影響を強く受けており、土師器の影響を受けた土器の製作・使用のほか、カマドをもつ方形の竪穴建物の成立、雑穀の栽培、鉄製品の普及といった特徴が挙げられる。また、狩猟や漁労などによって得られた毛皮や海産物を本州と交易する一方で、土器に文様を施すことに象徴されるような独自性を強めていった。

道東・道北部では、10世紀頃から、竪穴建物で構成される大規模な集落が、大型河川の河口や海岸砂丘、段丘上などに営まれるようになる。

一方、オホーツク文化は、常呂チャシ遺跡で見られるような五角形あるいは六角形の竪穴建物、おもにクマを対象とした信仰、大陸からもたらされた鉄製品や青銅製品の保有などを特徴とする。9世紀以降、擦文文化との融合が進行するが、道東の一部では13世紀頃まで、土器や祭祀などに独自の伝統が受け継がれている。

奄美・沖縄　奄美・沖縄では、集落の実態があまり知られていないが、近年、喜界島の城久遺跡群（鹿児島県・9～14世紀）で、150棟にも及ぶ掘立柱建物や土坑墓、鍛冶炉などが検出され、出土遺物から大宰府との関連が指摘されている。

また、奄美大島の小湊フワガネク遺跡（鹿児島県・6～8世紀）からは、大量のヤコウガイとともに、島外から持ち込まれた鉄製品が出土している。ヤコウガイは、貝匙や螺鈿細工に用いられる素材であった可能性が指摘され、本州や中国との交易品と考えられている。

第7節
中・近世

A 集落の特徴

調査研究の現状　中・近世集落の発掘調査は、昭和40年代後半以降に始まり、その歴史は浅く、かつては、一部の都市遺跡が重点的に調査されるにとどまっていた。しかし、近年では、農村や町、城館の調査例も次第に増加しており、それらの成果は、中・近世の歴史解明に重要な役割を果たすようになってきている。

文献史学や歴史地理学による中世集落の研究では、集落を家屋の分布密度や戸数により分類し、変遷をたどる方法がとられてきた。そして、多数の家屋が密集する集村は、10～11世紀の間に解体し、16世紀に再び集村化へと向かう、という流れが把握されている。

一方、考古学でも、発掘された集落の建物の密度や変遷から、集落形態の変化を把握しようとする試みがなされている。また、10世紀後半から11世紀にかけて古代集落が解体し、11世紀後半以降にあらたな集落が出現する傾向が見られることや、16世紀の後半頃に、全国的な規模で集落の解体と再編が進むことも明らかにされている。

ただし、村の発掘調査例は地域や時代により大きく偏っており、いまだ全国規模で比較・検討しうる状況にはいたっていない。また、遅くとも16世紀後半には、現在の農村と重複する場所に集落が営まれているようであり、そのために、広い範囲を面的に発掘する機会に恵まれていないのが現状である。こうした制約はあるが、今後も目的意識をもった計画的な調査を進めていくことが求められる。

なお文献史学などでは、12世紀末から戦国時代までを中世とすることが多いが、本節では、記述の便宜上、上記の11世紀後半以降の集落を中世集落として扱い、江戸時代の集落を近世集落として取り上げる。

多様な集落の存在　中世の荘園や公領には、農業従事者を中心とした集落（農業集落）で構成される村が数多くあった。また、農業集落以外に、方形居館や、寺内町、門前町、港町、宿、市町なども成立し、京都・鎌倉・博多などの都市も出現した。そして、戦国時代以降は各地に城下町も成立し、町や都市的な場が増加した。

このように、さまざまな機能をもつ多様な集落の存在こそが中世の特徴であり、その出現の背景には、貨幣経済の発達や流通網の整備など、社会と経済の発展があった。そして、それらのさらなる発展を受けて、各地に多様な都市が成立するのが近世の特徴といえる。

以下、本節では、村や居館、町、都市も含めて概観することにする。

B 村

村の構造　村を構成するのは、屋敷地と水田・畑などの耕地、墓などであり、環濠集落では、寺や神社といった宗教施設をもつ例も目立つ。屋敷地の数や、寺などの特殊施設の有無、一つの屋敷地の規模、屋敷地内の建物の数や大きさ、配置状況、屋敷地を画する施設の構造などは、村や領主の性格などによっても異なる。

屋敷地　屋敷地は、単独で存在する場合と、中・小規模の屋敷地が密集する場合がある。いずれも、溝や塀などの区画施設をもつことが多い。前者の多くは、後述する方形居館であり、後者の例には、西田井遺跡（滋賀県・13世紀）（図40）や寺家遺跡（石川県・13世紀）などがある。

屋敷地は、基本的に、数棟の掘立柱建物と柵や塀、井戸からなり、大型建物を主屋とし、倉庫など小規模建物を数棟ともなうのが一般的である。

井戸は、屋敷地内に設けられることが多い。16世紀以降には石積井戸が普及する傾向が見られるが、時代や地域により構造は多様である。また、

第Ⅱ章　集落遺跡概説

複数の屋敷地が密集して存在する例では、各屋敷地に井戸がある場合と、西田井遺跡のように、井戸が特定の屋敷地にしかない場合とがある。

耕地　耕地は、村の周囲に広がると考えられているが、屋敷地内に畑を想定しうる例もある。法貴寺遺跡（奈良県・15世紀）や西田井遺跡などがその代表例である。また、2重の濠をもつ皀樹原・檜下遺跡（埼玉県・14～15世紀）では、内側と外側の濠の間の空間を、耕地として利用していた可能性があるとみられている。

耕地そのものの発掘調査も各地でおこなわれており、花粉分析などによって、栽培された作物が判明している例もある。

墓　中世の葬法には、土葬と火葬がある。16世紀には土葬が多いとされ、そこには階層差や地域差が認められる。また、一つの集落の中で、時期により墓地が拡大する例や、あらたな墓地が出現する例なども見られる。

村の墓域が明確にされた例は少ないが、土田遺跡（愛知県・12～15世紀）では、村の北東と西に、墓と考えられる土坑群がある。

また、西日本には、宮田遺跡（大阪府・12～14世紀）のように、屋敷地の区画の中に土坑墓（屋敷墓）をともなう例もいくつかある。

手工業などの村　農業を主体とする村のほかに、遺跡の立地や遺構の状況から、農業以外の鋳造・窯業・製塩などの手工業を主体とした村と考えられている遺跡もある。

真福寺遺跡（大阪府・11～13世紀）は、鋳造を専業とする集団の集落である。東西・南北ともに約90mの範囲の北部に、大型の掘立柱建物からなる生活空間が広がり、南部には、溶解炉と鋳造土坑、作業用の小型建物で構成される作業空間が存在する。また、標高の高い山中にある杉の木平遺跡（長野県・13～14世紀）の竪穴建物は、木地師の住居と推定されている。

ただし、こうした手工業生産を専門とする村はまれであり、職人の生活の場の多くは、村や都市にあった。

このほか、浜尻屋貝塚（青森県・14～15世紀）では、干しアワビの生産をおこなったと考えられる遺構が、貝塚の後背部でみつかっている。また、村松白根遺跡（茨城県・16世紀）のような製塩遺跡も確認されている。

近世の農村　近世の農村の調査例は少ないが、東宮遺跡（群馬県）では、天明3（1783）年の火山爆発にともなう泥流の下から、石垣で区画された大型の礎石建物や、埋置された桶をともなう礎石建物などの遺構が検出され、酒蔵の構造が明らかになっている。また、団扇や刷毛、各種の土器などの遺物も良好に遺存していた。特殊な例ではあるが、近世の村のありかたを知るうえで、貴重な発掘事例である。

図40　密集する中・小規模の屋敷（西田井遺跡）

C 方形居館

構造 周囲を濠などで区画した防御的機能をもつ屋敷は方形居館とよばれ、在地を支配した武士の館と考えられている。寺や神社などにも方形区画をともなうものがあるが、これらは、出土遺物の検討により、居館との識別が可能である。

13世紀の方形居館は、各地で確認されている。多くが一辺50m以上の規模で、100mを超えるものも珍しくない。また、何度か改変を加え、濠の幅を広げた例や、敷地自体を広げた例も多い。

敷地の内部には、主屋のほか、複数の掘立柱建物や礎石建物、井戸などがあり、小規模な溝や掘立柱塀で内部を細分したものもある。建物配置や内部構造は多様であり、大規模な倉庫群や工房をもつ例もある。

各地の様相 近畿では、11世紀後半には、屋敷地の規模に明確な階層性が認められ、遅くとも13世紀中頃には、周囲を濠や土塁で囲んだ防御的機能をもつ屋敷地が出現する。

関東では、沖積地の発掘調査が進んでいないが、10世紀には、大規模な建物を設けた屋敷地が台地上で検出され、武具が出土する例も現れる。そして、13世紀には、周囲を濠や土塁、柵(塀)によって区画する屋敷地が見られるが、その出現は近畿よりもやや遅れる。

これらの方形居館の中には、のちの城館や城下町へと展開するものもまれにあるが、多くは2～3世代が居住したのち、廃棄されているようである。下ノ坊館跡(千葉県)は13世紀後半に成立し、15世紀前半には廃絶している。同様の例は、大久保山遺跡(埼玉県・13～15世紀)などでも確認されている(図41)。

東北でもこれと同じ傾向が認められ、王ノ壇遺跡(宮城県)の13世紀の方形居館(図42)も、上級武士の館である可能性が指摘されているが、城館

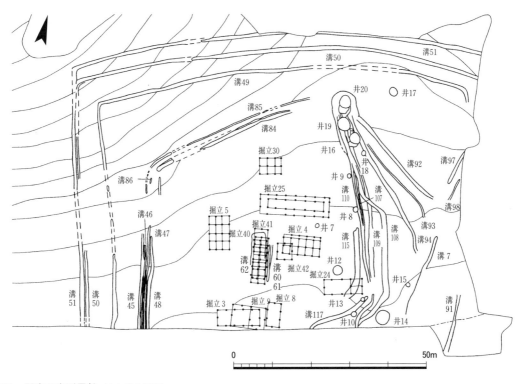

図41 関東の方形居館(大久保山遺跡)

第Ⅱ章 集落遺跡概説

などへの展開はみられない。

環濠集落と居館　近畿の方形居館は、時代をへるごとに防御性を強めていく傾向が認められる。たとえば奈良盆地では、13世紀後半に、幅2m程度の既存の溝を埋めて4m程度の溝を掘り直し、14世紀中頃には、それも埋め戻して、あらたに幅10mを超える濠を開削した例がある。

こうした変遷の過程で、方形居館を中心に村が形成される例も多い。十六面・薬王寺遺跡（奈良県・11～16世紀）では、屋敷地の成立（11世紀後半）、方形区画の成立（13世紀）、方形区画の改変と環濠集落としての展開（14世紀中頃）、といった変遷が見られる（図43）。

このように、近畿では、14世紀頃に方形居館を中心とした集落が成立する場合があった。それらはいずれも沖積地に立地し、屋敷や集落を囲む濠は、防御的機能のみならず、周辺の耕地へ給水する役割も果たしていたことが判明している。これは現在の環濠集落につながるものであり、14世紀は近畿の中世集落の大きな画期といえる。

同様の集落は、佐賀平野や筑紫平野でも見ら

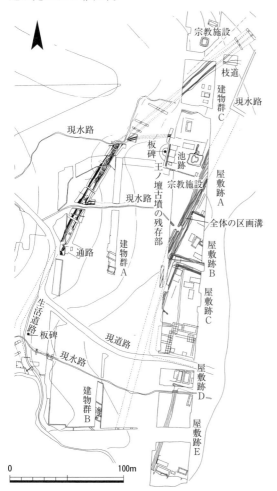

図42　東北の方形居館（王ノ壇遺跡）

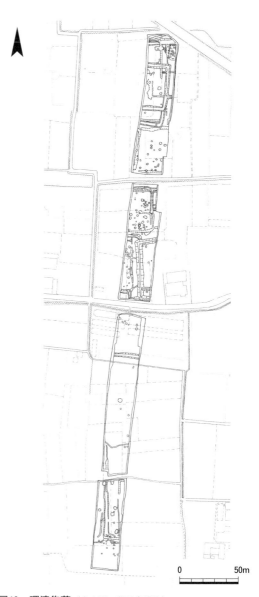

図43　環濠集落（十六面・薬王寺遺跡）

れ、姉川城跡（佐賀県・14〜16世紀）のように、現在まで水路のある景観の一部として残るものもある。また、西日本では、三宅御土居跡（島根県・13〜17世紀）のように、方形居館を中心として町が形成され、のちに居館中心部が寺院となった例も認められる。

D さまざまな町

多様な成因　町は、農業を中心とする村や後述する都市と相対的に区別される。この町は、物流などの関係から自然発生的に成立したものもあれば、政治的意図により造られたもの、寺院などの施設を中心に成立・展開したものなど、多様である。その多くは都市へと変質を遂げるが、そうならずに廃絶した町もある。

街道に面した町　鎌倉時代に描かれた『一遍上人絵伝』には、街道に面した「市」のようすが描かれている。この資料から、14世紀には主要道路に沿って市が開かれ、これを物流の拠点として、後代の都市へ発展したと想定されている。

発掘調査でも、主要道路に面した集落の例が増加しつつある。三日市遺跡（広島県・12〜14世紀）では、道路の両側に小規模な掘立柱建物が並ぶ。荒井猫田遺跡（福島県・12〜15世紀）では、鎌倉時代の幹線道路である奥大道に面して、溝で区画された屋敷地が密集している（図版5下）。これらは、「市」の可能性が考えられている。また、「宿」と推定される下古館遺跡（栃木県・13〜15世紀）では、街道を中心に、竪穴建物を主体とする集落全体が溝で囲まれている（図44）。

水路に面した町　草戸千軒町遺跡（広島県・13〜16世紀）や妙楽寺遺跡（滋賀県・12〜16世紀）などは、「津」の機能をもつ町とみられている。複数の道路や水路で区画され、方形の屋敷地や、近世の町に普遍的な短冊形地割が集合する。妙楽寺遺跡では、屋敷地から水路へ降りる石の階段を備えるなど、水路を主要交通路としていた。

E 都市

多様な形態　中世都市とよばれるものは、京都や鎌倉、平泉（岩手県・10〜12世紀）などの政治都市、朝倉氏の一乗谷などを典型とする城下町、交易によって発展した博多や堺、十三湊（青森県・13〜15世紀）などの港湾都市、根来寺（和歌山県）や白山平泉寺（福井県・14〜16世紀）などにともなう宗教都市、と多様である。

しかし、これらには、広い面積が多数の道路で街区割りされていること、個々の屋敷地や建物の規模・構造、出土遺物から、手工業生産者や武士、商人など、さまざまな階層・職種の人々の集住がうかがえること、などの共通点がある。

また、搬入土器の量が多いことや、高級輸入陶磁器や茶道具などの嗜好品が出土することなど、遺物のうえでも村とは明確な違いが見られる。

図44　街道に面した町（下古館遺跡）

第Ⅱ章　集落遺跡概説

都市の発掘調査　これらの都市遺跡の多くは、長期間にわたって継続したため、遺構の重複が著しく、現在の市街地と重なるものも多い。また、市街地では発掘面積がかぎられることが多く、都市の構造を復元するためには、地割や絵図、文献史料を援用しつつ、個々の発掘調査成果を蓄積することが必要となる。

その中で、一乗谷朝倉氏遺跡（福井県・14〜16世紀）や、白山平泉寺にともなう都市、平泉などは、都市として機能した時期が限定され、それぞれの時期の都市構造を考えるうえで重要な資料となる。

博多や京都などでは、盛り土による大がかりな整地が繰り返されている。こうしたたびかさなる大規模な整地は、長期間存続した都市に見られ、その形成と展開を知るうえでも注目される。

近世都市　近世都市に関しては、文献史料が豊富に残されており、それらから、地割や屋敷地のありかたなどの情報を得ることができる。また、現在に残る土地区画を手かがりとして、かつての地割を現地で復元することも可能である。

このような作業の成果は、発掘調査を実施するさいの基礎的な情報であり、それによって、たとえ部分的な発掘でも、検出遺構の性格や個々の屋敷の構造・変遷を復元しうる場合がある。

こうした近世都市の多くは、現在でも地域の中心的な都市として機能しており、そのありかたを探ることは、今日的にも意義深いものがある。今後、各地で、構造復元などに積極的に取り組むことが求められよう。

F　北海道と奄美・沖縄

北海道　北海道では、主として16〜18世紀にチャシとよばれる砦が成立する。その周辺には、砦と密接な関係をもった、コタンとよばれる集落が展開したとされているが、コタンの構造には不明な点が多い。道央部では、断面がU字形の濠をめぐらし、儀礼を主目的とした場所と考えられているチャシや、本州や大陸との交易で入手したものを副葬した墓などが発見されている。

奄美・沖縄　沖縄では、12世紀以降、石灰岩台地の縁辺部に、倉庫や鍛冶場、広場を備えた自給自足的な性格の強い集落が展開し、麦などの栽培に牛の飼育を加えた独特な農業をおこなっていたと推定されている。

集落の構造が判明する例はさほど多くないが、稲福上御願遺跡（13世紀）では、広場を中心に、主屋と考えられる掘立柱建物と倉、祭祀場、鍛冶場が存在し、周辺の崖下では貝塚が確認されている。また、吹出原遺跡などの12〜13世紀の集落跡では、2本の主柱をもつ独特な平面形式の平地建物と、2間四方の高床倉庫という、2種類の掘立柱建物が組み合うことが判明している。そのほか、ほぼ同時期の後兼久原遺跡では、同様の建物群に加えて、畑や土坑墓も見られ、集落の構造を読み取ることができる。

また、近年、城（グスク）の周辺で集落の検出例が増加している。周辺で集落が検出された城跡には、今帰仁城跡、勝連城跡、糸数城跡、島添大里城跡などがある。今帰仁城は、隣接する今帰仁ムラや親泊ムラとともに、ほぼ17世紀前半に廃絶したことが確認されている。この調査成果は、これらのムラが1609年の薩摩侵攻後に現在の集落に移動した、という口伝と合致している。

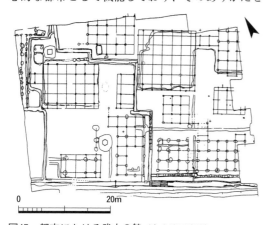

図45　都市における武士の館（今小路西遺跡）

第Ⅲ章

発掘調査の準備と運営

第1節
埋蔵文化財包蔵地

1 埋蔵文化財行政の役割

行政上の措置　埋蔵文化財の保護を進めるには、法律上の保護対象である「周知の埋蔵文化財包蔵地」を正確に把握・決定して、周知することが前提となる。

保護すべき埋蔵文化財の範囲を、どのような考えに立って、いかなる手順・手続きにより把握・決定し、その周知を徹底するかは、埋蔵文化財行政を進めるうえで、基礎的かつきわめて重要な課題である（法第95条）。

このような行政上の措置が十分にとられることによって、はじめて国民に埋蔵文化財保護への正しい対応を求めることができる。また、事業者等に対しても、計画段階から埋蔵文化財の保護に配慮することを期待でき、開発事業計画との円滑な調整にとっても不可欠な要素となる。

遺跡地図　的確に把握された埋蔵文化財包蔵地の所在と範囲について、国民・地域住民に客観的に周知・徹底する手段として有効なのが、遺跡地図である。

文化庁では、昭和35～37年に全国的な埋蔵文化財包蔵地の分布調査を実施して、これにもとづく『全国遺跡地図』を作成した。また、地方公共団体の分布調査や、より詳細な遺跡地図の刊行についても、昭和45年度から国庫補助によって支援してきた。

さらに、都道府県をつうじて、各地方公共団体に対し、埋蔵文化財包蔵地の範囲や性格の的確な把握と、遺跡地図あるいは遺跡台帳への明示を指導した（昭和60年12月20日付け文化庁次長から各都道府県教育委員会教育長あて通知「埋蔵文化財の保護と発掘調査の円滑化等について」）。

その後、文化庁により、埋蔵文化財包蔵地の把握は、原則として市町村がおこなうこととされ、これに対応できないときは都道府県がおこなうこととされた。そして、周知の埋蔵文化財包蔵地は都道府県教育委員会が決定し、都道府県教育委員会ならびに市町村が、それを遺跡地図などに明示することとされた（平成10年9月29日付け文化庁次長から各都道府県教育委員会教育長あて通知「埋蔵文化財の保護と発掘調査の円滑化等について」、以下「平成10年通知」という）。

2 埋蔵文化財包蔵地の範囲

平成10年通知　埋蔵文化財として扱うべき遺跡の範囲に関する原則と、その要素となる事項については、平成10年通知において示されている。

何を埋蔵文化財とするかについては、「埋蔵文化財として扱う範囲に関する原則」に即し、かつ「埋蔵文化財として扱う範囲の基準の要素」を総合的に勘案して、地域における遺跡の時代・種類・所在状況や地域的特性などを十分に考慮し、各都道府県教育委員会が一定の基準を作ることが望ましいとされている。

範囲に関する原則　埋蔵文化財として扱う遺跡の範囲に関する原則としては、平成10年通知に次の点が示されている。

- おおむね中世までに属する遺跡は、原則として対象とする。
- 近世に属する遺跡については、地域において必要なものを対象とすることができる。
- 近現代の遺跡については、地域においてとくに重要なものを対象とすることができる。

埋蔵文化財の範囲に関する要素　遺跡の範囲に関する要素には、以下の三つがある。

一つは、遺跡の時代と種類の要素である。集落遺跡・生産遺跡・祭祀遺跡・埋葬遺跡などの遺跡の種類は、その属する時代との組み合わせによって、埋蔵文化財の範囲に関する基準の基礎的な要

素をなす。

　二つめは、遺跡の所在する地域の歴史的特性である。地域の歴史や文化のありかたを特徴づける遺跡であるかどうかは、埋蔵文化財の範囲を定めるさいに補完的に考慮すべき要素である。

　三つめは、文献史料や絵図・民俗資料など、遺跡にかかわるほかの資料の有無、質・量の要素である。これらも、埋蔵文化財の範囲を定めるさいに補完的に考慮すべき要素となる。

　また、遺跡の時代や種類によっては、上記のほかに、遺跡の遺存状況や歴史的意味、遺跡から得られる情報量の要素を加え、埋蔵文化財として扱う範囲を基準化することも考えられる。

近世以降の遺跡の扱い　近世以降の遺跡は、文献史料や絵図などの資料が多く存在し、事前に遺跡の所在・性格が予想される場合が多く、地域における遺跡の意義をあらかじめ検討することが可能である。

　こうした遺跡には、現在の都市や集落、耕地に継承されて、地域社会の基盤をなすものも多く、地域住民の関心も概して高い。また、発掘調査を実施すると、石垣などの遺構が予想以上に良好に遺存していることもある。

　近年は、これら近世以降の遺跡についても、国民的な関心が高まりつつある。平成20年度には、「地域における歴史的風致の維持及び向上に関する法律」（通称「歴史まちづくり法」）が施行され、今後、近世以降の遺跡・文化財に関する保存と活用について、ますます注目されるようになることが予想される。

　こうしたことからも、各地方公共団体では、今日的な観点から、埋蔵文化財として扱う範囲について再検討し、適切な保護措置をとることが求められる。

3 把握と周知の具体的方法

A　埋蔵文化財の内容や性格の把握

埋蔵文化財の内容把握の必要性　埋蔵文化財の内容や性格などを的確に把握しておくことは、法律の対象として国民に保護を求める埋蔵文化財の所在・範囲などを提示するうえで欠かせない。また、それは、開発事業と埋蔵文化財の取扱いの調整にさいして、

- 現状保存を必要とする重要な遺跡の有無や範囲の確定
- 本発掘調査を要するかどうか、要する場合の範囲の特定
- 本発掘調査に要する期間・経費の見積り

などをおこなう場合に、適切な判断をするためにも不可欠である。埋蔵文化財の内容や性格の把握は、分布調査や試掘・確認調査、既往の発掘調査成果にもとづいておこなわなければならない。

B　分布調査

基本的な考え方　分布調査とは、地表面における遺物の散布状況や古墳・土塁・濠などの遺存地形を確認することによって、埋蔵文化財の有無を把握する調査である。これには、開発事業の対象となった区域を踏査する場合と、それとは関係なく実施する場合がある。

　そのさいには、地形の観察と地質・地形の形成過程をふまえて、各時代の生活や生業に適した立地を想定し、地形図・空中写真・地籍図・絵図などの資料を総合的に活用することも必要である。

　分布調査には制約が多く、それだけで遺跡の有無や範囲を完全に把握するのは難しい。とくに、地表に分布する遺物は、二次的な移動による場合もあり、必要に応じて、後述する試掘調査と組み合わせることが望ましい。

分布調査の方法　分布調査を実施するには、下草が生い茂って遺物分布の確認が困難な季節はできるだけ避ける。晩秋や早春のほか、積雪の少ない地域では冬季が最適である。

なお、分布調査は、民有地を対象とすることも多い。そうした場合は土地所有者に事前に連絡し、理解を得たうえで進めなければならない。

分布調査をおこなうさいは、地図（地形図）や筆記用具は必須であり、状況に応じてカメラも使用する。現地で得られた埋蔵文化財包蔵地の範囲や内容に関する情報は、その場で地図やノートなどに正確に記入する。

古墳・土塁・濠のように、地上に残る構築物については、写真撮影をおこなう。これらの現地で得られた情報は、遺跡地図や遺跡台帳を作成するための基礎資料であり、確実な整理と保管が必要である。

地図は、なるべく1/2,500や1/5,000の都市計画図など、大縮尺のものを複数準備し、台帳用と携行用に分けておく。水田・畑地などは一筆ずつ、起伏の大きい山地などの地形では尾根線や斜面、谷筋などに分けて、もれなく踏査し、確認した範囲と踏査の経路なども、地形図に記録するようにする。ただし、急斜面などでは、安全を優先し、無理のないように配慮する。複数の者が踏査するときは、事前に打ち合わせて、地区を分担するなど、計画的におこなうとともに、確認する要点を共有しておく。

踏査にさいしては、地表面に遺物が散布していないか、古墳などの構築物がないかに注意し、発見した場合は、その地点を地図に記入する。傾斜地中の平坦面など、遺跡の存在する可能性のある人工的な造成や改変が推測される地形については、とくに遺物や人工的な構築物が確認されなくても、注意深く観察し、所見を記しておく。

地表面に遺物が散布していないことは、遺跡が存在しないことを示すものではなく、むしろ、攪乱を受けていない良好な状態で遺跡が存在する場合もある。そういった意味でも、踏査では、遺物の散布だけでなく、周辺における遺跡のありかたや地形観察に十分注意を払う必要がある。

なお、地図に地点を記入する場合、従来は、周辺の特徴的な地形などから位置を判断することが多かったが、近年では、簡易型のGPSを用いて、経緯度や座標を割り出すこともできる。

埋蔵文化財包蔵地の決定　遺物の散布や構築物の存在が、あらたな埋蔵文化財包蔵地の発見となる場合や、これまで設定されている範囲の拡張につながる場合は、遺物や構築物の発見地点と周辺の地形を総合的に勘案して、どこまでを範囲とするかの検討が必要となる。

あらたに発見された埋蔵文化財包蔵地については、その場所の古くからの地名などをもとに命名することになるが、同一地方公共団体での名称の重複を避けるなど、命名方法の混乱が生じないよう、体系的な方針が求められる。

C　試掘・確認調査

基本的な考え方　地下に埋もれている埋蔵文化財について、その所在・範囲・内容などを把握するためには、地表面の観察だけでは不十分である。こうした場合には、部分的な発掘調査をおこなう必要がある。

平成10年通知などでは、埋蔵文化財の有無を確認するために部分的におこなう発掘調査を「試掘調査」、埋蔵文化財包蔵地の範囲・性格・内容などの概要までを把握するための部分的な発掘調査を「確認調査」、両方の目的で一連の調査をおこなう場合は、「試掘・確認調査」としている。

しかし、「試掘調査」と「確認調査」の具体的な方法と手法は大差がなく、また、多くの場合は一連の調査として実施されることから、本書では「試掘・確認調査」としてまとめて説明する。

なお、直接発掘することなく地下の状況を探る

物理探査などの手法も、遺構の有無を確認する方法として有効だが、地質や地形状況などによっては十分な成果が得られないこともあり、あらゆる条件下で使用するためには、さらなる開発・改良を進めることが必要である。

一般的に、開発事業との調整の初期段階においては、埋蔵文化財の有無が大きな問題となる。そして、次の段階において、現状保存を要する重要な遺跡の有無と範囲の決定、現状保存できない遺跡については、本発掘調査の範囲の決定やその遺跡の情報を記録するために必要な期間・経費などの正確な見積りが必要となる。

調査の計画と調査範囲　このため、具体的に試掘・確認調査を計画するさいには、個別の案件の状況をふまえつつ、地域的な特性や遺跡の立地・種類、あるいは開発事業の規模などを考慮して、目的とする情報や資料が効果的かつ効率的に得られるように、柔軟な判断にもとづき、調査面積や深さ、調査方法などを決定する。

また、自然科学分析の実施の必要性についても、試掘・確認調査のさいに検討しておく。

これまでの実績などによると、たとえば、台地上の比較的単純な遺跡では、開発予定地の範囲の10％について確認調査をおこなえば、本発掘調査の範囲の決定に必要な情報を得ることができるとされている。そこで多数の遺物が集中して出土した場合は、それ以上の掘り下げを中止し、本発掘調査で精査することとする。

本発掘調査の実施が見込まれるときには、発掘作業を要する範囲とそうでない範囲の検討、重機の搬入の可否、発掘事務所の設置の可否、排土置き場、発掘区を分割する必要性の有無など、作業条件の検討も必要となる。

試掘坑の選定と掘削方法　試掘・確認調査では、まず、分布調査の成果や地形などを考慮しながら、多くの情報をもっとも効率的に得ることができる試掘坑（トレンチ・グリッド）の設定場所を選定することから始める。

開発事業にともなう調査の場合は、事前に事業予定地の範囲を、図面と現地を対照しながら確認し、試掘坑の位置や作業期間・工程の計画を立てるとともに、掘削方法について、人力でおこなうか、重機を利用するか、人力と重機を併用するかを決定する。通常は、重機による表土掘削と、人力による遺構や遺物の確認作業を併用すると、もっとも効果的に多くの情報を得ることができる。

最初に遺構を確認した面よりも下層に別の遺構面が予想されるときは、遺構の空白地などでさらに深い試掘坑を設定し、その有無を確認する。

とくに、旧石器時代の遺跡は、縄文時代以後の遺物包含層や遺構検出面よりも深い土層中にあることが多い。このため、ほかの時代を対象とした発掘作業中にその存在があらたに確認され、それについての調査を加えなければならない場合、作業計画の大幅な変更を余儀なくされることがしばしばある。

こうした事態を回避するためには、近隣における遺跡の発掘調査成果などをもとに、対象地に旧石器時代の遺跡が存在する可能性の有無について確認し、その可能性があるときには、深掘りの試掘坑を設けて、旧石器時代の遺跡の有無を確認することも重要である。

遺構の詳細な情報や旧石器時代の遺跡の有無の確認が必要な場合は、人力での精査に切り替え、遺構検出（118頁）や旧石器時代の包含層の掘り下げ作業（123頁）に準じて実施する。そして、遺構の遺存状況を確認するため、必要に応じて、検出した遺構の半截（はんせつ）もおこなう。

ただし、試掘坑が深い場合など、安全上の問題があるときは、試掘坑内に入らず、重機で掘削した面を地上から観察するなどして、遺構、遺物の有無やそれらについてのデータを得る。

関係者への周知と留意点　試掘・確認調査の実施時には、土地所有者や事業者等に立会いを求

第Ⅲ章　発掘調査の準備と運営

め、事前に現地で開発予定範囲や土地境界などを確認する。そして、発掘作業の支障となる工作物や埋設管その他について、土地所有者などから情報を入手する。また、排土置き場や進入路、樹木の伐採、重機を使う場合は機種と大きさ、搬入路の設置などについても、土地所有者や事業者等をはじめ、周辺住民の理解も得るようにする。

当然のことながら、試掘・確認調査の実施にあたっても、記録保存調査と同様の安全管理をおこなう必要がある(63頁)。

抽出すべき情報　開発事業にともなう試掘・確認調査で遺構が確認された場合は、その内容や価値のほか、発掘調査経費を積算するうえで、発掘作業が必要な範囲、遺構面の数、遺構面までの深さ、遺構と遺物の分布範囲・密度、遺構の深さ、遺跡の時代・種類・性格などを確認するための情報を得る必要がある。

一方、遺構や遺物が確認されなかった場合は、人間の活動が困難な湿地などの地形か、あるいは後世の削平を受けた地形かなど、地形の形成要因に関する情報を得るように努め、今後、周辺で開発が生じたさいの参考となるように心がける。

記録としては、写真のほかに、簡単な試掘坑配置図や遺構・遺物の有無を記録した図（都市計画図や開発計画図に位置を記入したものなど）、土層断面図、試掘坑内の遺構図などを作成する。

遺物を取り上げる場合は、のちの本発掘調査で検出される遺構と照合できるようにし、どこから出土したものか混乱が生じないよう注意する。基盤層までの深さや層序も確認する必要があるが、それらは、検出した遺構を破壊しないように、遺構のない場所でおこなう。

D　埋蔵文化財包蔵地の周知化

周知の埋蔵文化財包蔵地の決定　周知の埋蔵文化財包蔵地は、市町村が分布調査などにより把握した範囲にもとづき、都道府県教育委員会が、関係市町村教育委員会との間で個別の遺跡の所在・範囲について必要な協議・調整をおこない、決定することとしている（平成10年通知）。

この決定は、埋蔵文化財を保存する範囲を決めるという点で、きわめて重要な行政上の措置であることを認識し、その手続きも公文書でおこなうなど、国民と地域住民に客観的に説明できる手法をとることが求められる。

周知の埋蔵文化財の資料化　都道府県教育委員会が決定した周知の埋蔵文化財包蔵地については、都道府県および市町村で、遺跡地図や遺跡台帳などに登載し、それぞれの地方公共団体の文化財保護部局などに常備して閲覧可能にするなど、周知を徹底する必要がある。

この場合、埋蔵文化財包蔵地の区域は、原則として、範囲を実線で明確に示す。また、遺跡地図などには、遺跡が完全に消滅している区域や、本来的に遺跡が存在しないことが明らかな区域、史

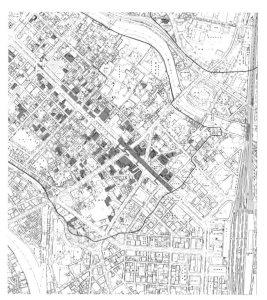

■　試掘・確認調査をおこなって遺跡がなかった所
■　試掘・確認調査で遺跡はあったが、計画変更して現状保存した所
■　試掘・確認調査で遺跡はあったが、記録保存調査をした所
─　周知の埋蔵文化財包蔵地

図46　既往の調査情報の集約例（福岡市）

跡に準じるような重要な遺跡の区域、周知の埋蔵文化財包蔵地とはされていないが、埋蔵文化財が所在する可能性のある区域、などをあわせて表示しておくことも、事業者等と文化財保護行政側の双方にとって有効なものと考えられる（図46）。

周知の埋蔵文化財包蔵地の更新　周知の埋蔵文化財包蔵地の所在地や範囲は、その決定後も、あらたな調査や開発事業の実施によって変動するものである。したがって、地方公共団体においては、常に最新の状況を把握するとともに、埋蔵文化財包蔵地の所在地や範囲を遅滞なく更新していく必要がある。

また、当然、都道府県と市町村が共有している資料も、周知の埋蔵文化財包蔵地に関する最新の状況を国民や地域住民に提示できるよう、適宜更新することが求められる。この場合、刊行物としての遺跡地図などは、広く配布する手段としては有効ではあるものの、常時、最新の情報を表示するには限界がある。そのため、表示内容を随時更新していくのに適した、加除訂正が可能な基本原図を用いることが望ましい。

そのためには、近年一般化しつつある、デジタルデータによる地図情報などの活用も効果的である。とくに、都市部などのように、試掘・確認調査を含む調査件数がきわめて多く、新しい知見がたえず加わってくるところでは、デジタルデータによる情報管理（図46）が有効であり、その導入が望まれる。

こうした情報管理は、従来の「遺跡カード」のデジタル化ともいえ、遺跡の取扱いを判断するうえで適切かつ効果的であるとともに、組織的な管理や情報の共有にも適した方法である。

くぼみとして残った遺構

寒冷な気候により沖積作用が少ない地域、とくに北海道の東部では、現在でも、竪穴建物の跡が地表面のくぼみとして認められる。しかも、その平面形から、円形は縄文時代から続縄文時代、方形は擦文時代、五角形はオホーツク時代と、おおよその年代比定も可能である。常呂遺跡（図47）や伊茶仁カリカリウス遺跡では、ともに約3,000棟の竪穴建物が知られており、それらが密集した光景は壮観である。

同様の事例は、寒冷地以外でも、腐植土があまり堆積しない丘陵上ではしばしば認められる。斐太遺跡（新潟県）では、弥生時代の竪穴建物だけでなく、それにともなう環濠までが、浅いくぼみとして遺存していた。妻木晩田遺跡（鳥取県）でも、標高約100mの丘陵上で弥生時代の竪穴建物がくぼみとして認識でき、これが現時点で最西端の確認例である。

竪穴建物がくぼみとして残る条件は地域や地形によって異なり、北海道東部以外では必ずしも多くないが、分布調査などにさいしては注意すべき視点である。

図47　くぼみに雪が残った**竪穴建物群**（常呂遺跡）

第2節
調査計画の策定と準備

1 調査計画

　発掘調査を計画的に、遺漏なく、そして安全に進めるため、着手に先立って調査計画を策定する。発掘作業と整理等作業をどのように進めるかがもっとも重要な点であるが、あわせて、作業中に発生することが予想される諸問題への対応や、作業環境の整備にも留意しなければならない。

　調査計画の策定にあたっては、対象となる遺跡の情報はもちろんのこと、周辺も含めた発掘区における法的規制をはじめ、発掘作業をおこなううえでの規制や条件を把握することが必要になる。ここでは、おもに前者について述べ、後者の詳細は次節で扱うことにする。

遺跡の把握と推定　遺跡情報として基本となるのは、分布調査や試掘・確認調査によって得られた遺跡の年代や性格、遺構面までの深さや遺構面の数、遺構の密度、遺物の種類と量などである。とりわけ、遺構面の深さや数は、作業の進め方や力点をどこにおくか、重機による掘削をどの深さまでおこなうか、また掘削時の発掘区壁面の角度をどうするか、といった点に大きくかかわる。そのため、情報が十分でないとみられる場合には、逐次、情報の補完に努めなければならない。

　このほか、周辺地域の発掘事例、工事立会の記録や過去の調査資料、地元での聞き取りや遺跡探査の成果なども、遺跡の性格の推定や理解に有効であり、可能なかぎり情報を集めるようにする。

　また、これらの情報は、整理等作業に対する見通しを立てるうえでも重要である。整理等作業に要する具体的な期間・経費などは、作業対象となる出土品や記録類の量が明らかにならないと算出しにくいものであるが、事業者等との調整段階でも、ある程度の見通しを示さなければならない。そのためにも、事前の情報収集は積極的かつ詳細におこなう必要がある。

計画の策定　事前に得られた情報と発掘区の面積を勘案して、必要となる作業量（日数）を見込み、作業期間の決定と割りふりをおこなう。これ

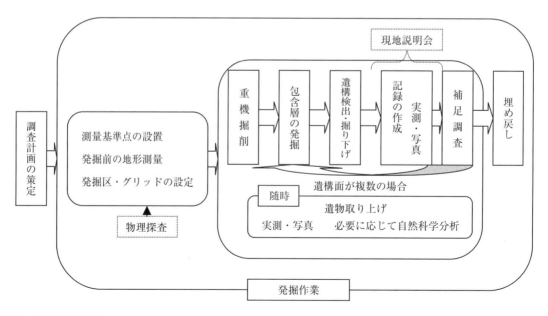

図48　発掘作業の流れ

は、各地域における積算基準にもとづいて実施することになる。

　計画は、機材の搬入や撤収作業も考慮して、余裕をもったものとし、現地説明会や調査指導委員会の開催時期もあらかじめ考慮する必要がある。また、埋め戻しまでおこなう場合や、発掘作業に並行して、整理等作業を一部おこなおうとする場合には、その期間や経費も十分に確保する。

　発掘調査は、こうして策定された計画と実際の進捗状況を照合しながら進めていくことになるが、その過程で重要な遺構の存在が明らかになることや、下層であらたに遺構面の存在が確認されるなど、予期しない要素が加わることもあり、計画を修正することが必要なときがある。こうした事態が生じた場合は、事業者等に対して早めに十分な説明をおこなわなければならない。

　なお、発掘作業の遂行にさいしては、さまざまな工夫が必要となる。たとえば、遺構密度が低いとみられる箇所から着手して、その部分の作業終了後はそこを排土置き場とする、あるいは遺構密度の高いところと低いところの両方に着手して作業進行上のバランスをとる、湧水が予想される部分は、冬季など降雨量の少ない時期の発掘区とする、などはその例である。このように、状況に応じた柔軟な対応が求められる。

　また、広い面積を発掘する場合、不必要に広い発掘区を一度に掘り下げると、維持・管理に多大な労力を要する。このため、地形や遺跡の広がり、遺構密度に応じた適切な面積を発掘する計画が必要となる。このほか、発掘区内で排土の移動をおこなうときは、以下のように、それを勘案して、地区割りと掘削順を決定する。

排土の計画　　排土の量は、掘削を要する深さと面積によって異なり、また、必要となる排土置き場の広さは、平地か傾斜地か、重機による排土の処理が可能かどうかで変わってくる。排土を発掘区外に搬出する、隣接地を借地して排土置き場とする、発掘対象地を分割して排土場所を確保する、などいくつかの方法があるが、いずれを用いるかは事前によく検討しておく必要がある。

　排土量が多いと予測される遺跡の発掘作業では、発掘区全体の写真撮影の支障にならないように、また、発掘区全体を撮影する場所として利用することも考慮して、その位置を決める。可能であれば、発掘区の北側が、遺跡全景の撮影の障害になるおそれが少なく、排土や大型機材の置き場として適当である。

　発掘区の近くに排土を置く場合には、すぐ脇に排土を高く積み上げると、発掘作業の支障となるばかりでなく、発掘区の壁が排土とともに崩落し、重大な事故を招くおそれがある。したがって、安全性に配慮し、発掘区の壁面から十分な間隔をあけて排土を置くようにする必要がある。また、全景撮影の時期や、あとでその下を発掘するさいの排土の移動、表土掘削などを考慮して、効率的に作業が進むような位置を選定する。

　なお、排土置き場を設けるにあたっては、周辺への影響に配慮し、排土が流出しないように、余裕のある敷地を確保する。さらに、風による飛散や降雨による流出を防止するため、シートで覆うなどの措置をとることもある。

　一方、排土を発掘区から離れた場所に搬出する場合は、運搬用道路の敷設が必要となることもある。また、発掘対象地の外へ搬出するときは、土壌検査が必要となる場合もある。この検査にはかなりの時間を要することがあるので、計画段階で工程をよく検討しておきたい。

　なお、住宅地などに近い発掘区で、重機を利用して排土処理などをおこなうときには、低騒音型指定のものを用いるなど、騒音やホコリの発生を防止するよう留意しなければならない。そして、作業の日時をあらかじめ周辺の住民に通知し、理解を求めることも必要である。

排水の計画　　沖積平野や丘陵裾部などを深く掘

第Ⅲ章　発掘調査の準備と運営

削する場合や、丘陵の広い面積を発掘する場合は、湧水や雨水などの排水処理が必要となることが多い。市街地では、土砂の沈殿槽や沈砂池を必ず設けるなどして、既存の生活水路や農業用水路に影響しないような排水処理計画を立てるとともに、事前に地元と協議し、了解を得ておく。

このほか、掘削が深くなる場合には、安全管理上、発掘区を矢板で囲むなどの措置が必要となるので、土層の状態や条件の似たほかの発掘事例を掌握しておくことが有効である。

現地状況の把握　遺跡をとりまく環境はさまざまであり、なかには、法的な規制により掘削が制限される場合や、何らかの条件が課せられる場合もある。そのため、作業計画の策定にあたっては、これらを的確に把握しておく必要がある。

また、法的な規制の有無にかかわらず、近隣の諸施設に損壊や影響を及ぼさないための措置を講じるのは当然のこととして、住民の生活を脅かすことのないよう、細心の注意を払わなければならない。そのためには、事前に地元や事業者等と協議を重ねると同時に、不測の事態に備えて連絡体制を整えておく必要がある。

とくに、発掘区と隣接地の境界、作業内容、重機や機材の搬入経路、排水方法、地下埋設物の有無などについての調整や確認、作業期間や時間の調整・周知などを怠ると、思わぬトラブルが生じる場合があるので、十分に注意する。

作業環境の整備　作業を円滑・安全に進めるためには、発掘事務所やトイレの設置、進入路・駐車場の確保などが必要となる。

次節に示すように、発掘事務所やトイレについては、関係法令が定めるところに準拠して、適切な規格のものを設置し、安全に作業を進める体制を整えなければならない。なお、作業期間や発掘区の位置にもよるが、発掘事務所には電気の供給があることが望ましい。また、消火器の設置などの防災措置を講じる必要がある。

2　機材の準備

発掘作業では多様な機材（道具）が使用され、対象となる地域や遺跡の種別に応じて、その内容や数量が変化する。機材には耐久財と消耗品の別があり、使用方法もさまざまだが、その多くは前もって準備しておくことが望ましい。

これらの機材は、使用段階や目的により、準備用具、掘削用具、記録用具、保護用具、排水用具、整理用具、安全衛生用具などに分けられるが、一つの用具が複数の段階で用いられることもある。ここでは代表的なものについて述べる。

A　準備用具

準備用具とは、主として発掘作業前の準備段階で用いられるものである。

発掘対象地が草木に覆われているときは、鋸、斧、鉈、鎌、根切鋏などが必要となる。草刈機は作業の効率化の点で有効である。これらの用具は鋭利な刃部をもつものが多いため、取扱いには注意を要する(図49)。

また、草木が密生している場合や、ゴミなどが投棄されている場合には、作業性と安全性の双方から、ゴミばさみやゴム手袋が必要である。

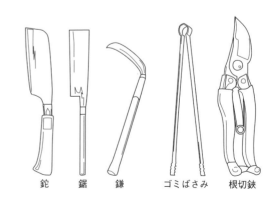

鉈　鋸　鎌　ゴミばさみ　根切鋏

図49　準備用具

B 掘削などにかかわる用具

掘削用具は、おもに発掘作業の中心となる土の掘削に使用される。ここでは、便宜上、運搬や清掃、選別などにかかわる用具も含めて記述する。

掘削には、遺跡の状況や作業計画、経費といった要素に応じて多様な用具が用いられるが、包含層や遺構確認面までの堆積土が厚い場合は、バックホウ（ドラグショベル）、ブルドーザー、不整地運搬車などの重機を利用することが一般的である。バックホウは、バケットの先端が平爪のものを用いる（図50）。

このほか、スコップ、鍬、ツルハシ（鶴嘴）、ジョレン（鋤簾）、移植ゴテ、草削り、竹ベラなどの土を掘削する用具や、掘った土を集めて運搬する箕、一輪車、ベルトコンベアー、また、遺構や遺物の周辺を清掃するための箒、筆、ブラシ、バケツなどが挙げられる（図51）。

これらは、発掘区の土質などに合わせて使い分ける。当然、各地の状況に合ったものを選択するのが望ましいが、より有効な用具があるにもかかわらず、導入していない例も見受けられるので、過去の習慣にとらわれない柔軟な発想での選択と試行が求められる。

掘削用具も、準備用具と同様、多くが刃部をもち、使用方法や置き方によっては事故が起きる危険性がある。そのため、作業従事者に使用方法をよく理解させ、注意を徹底する必要がある。

なお、微細な遺物の採取にはフルイを用いる。フルイの目は1種類ではなく、大きいものから小さなものまで何種類か準備したい（整理編75頁）。

C 記録用具

記録用具は、測量・実測用具と写真用具に大別できる（図52）。

測量・実測用具としては、まず測量機器としてレベル（水準儀）、トランシット（セオドライト、経緯儀）が挙げられる。近年では、後者の機能に測距機能を加えたトータルステーション（TS）が普及しており、測角以外の応用も進んでいる。

これらは、ともに三脚を必要とするほか、レベルには標尺（スタッフ）、トータルステーションに

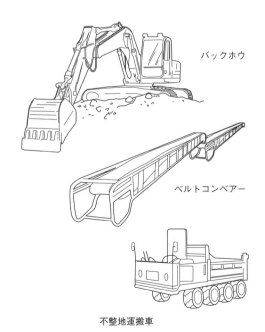

図50 重機

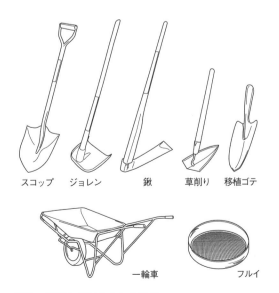

図51 掘削などにかかわる用具

は反射プリズムなどが必要であり、使用する機器や目的に合ったものを準備する。

また、基準点やグリッド杭の設定には、釘、杭、カケヤ、金槌などを用いる。

発掘区の設定や手作業による実測作業には、釘、水糸、間竿(けんざお)、巻尺、コンベックス、ピンポール、下げ振り(錘球)などが必要である。また、土層観察には標準土色帖を使用する。なお、遺構などの詳細を記録するさい、方眼状に水糸を張った網枠(取り枠)を使用するのも有効である。

記録媒体は、紙による記録用としては、方眼紙と画板、鉛筆・色鉛筆各種、定規、消しゴム、カッターナイフが基本的なものである。一方、電子平板などトータルステーションを用いたシステムの利用も進められており、特性をふまえたうえで導入を図りたい。

写真用具としては、カメラ本体、レンズ、三脚、ストロボ、露出計、レフ板、フィルムなどが挙げられる。また、ローリングタワーや脚立(きゃたつ)といった足場が必要な場合も多い。

近年は、記録用具として、トータルステーションやコンピューター、デジタルカメラなどの活用が積極的におこなわれており、有効な手段となっている。今後も、これらの利用はさらに進むとみ

られるが、その反面、電子機器は、衝撃や水、粉塵などに弱いものも多く、屋外での利用については対策と注意を要する。また、充電切れなどに備えて、予備のバッテリーや電源を確保しておくことが望ましい。

D 保護・排水用具

保護用具は、遺構や遺物の保護に用いるものである。発掘作業中に遺構や遺物が損傷・劣化するのを防止するためには、ビニールシートや蓆(むしろ)、土嚢(どのう)などが必要である。また、湧水や雨水の排水用具としては、水中ポンプ、バケツ、柄杓(ひしゃく)、スポンジなどがある(図53)。

排水ポンプは、電気式とエンジン式があり、常時水が湧く発掘区や雨水が溜まる状況では、前者を連続稼働させることが有効である。後者は出力の大きいものが多く、電気の配線が不要のため、機動性にすぐれるが、長期の稼働には向かない。逆に、乾燥が著しい場合は、散水用のホースやジョウロが必要な場合もある。

また、遺構を保存する場合は、再発掘に備えて、遺構面を砂などで覆ったのち埋め戻すのが望ましい。シートや蓆(むしろ)は、土中で劣化することや、水の浸透を妨げて問題を引き起こすことが多いの

図52 記録用具

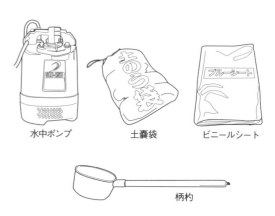

図53 保護・排水用具

で、再発掘までの期間がわずかな場合を除き、なるべく使用を避けるようにする。

E　整理用具

整理用具は、おもに遺物の取り上げや整理に用いるものである。

取り上げた遺物の一時的な保管と移動には、コンテナ、ポリ袋、ラベル、油性フェルトペンなどが必要である。

紙のラベルは、長期の保管による劣化や湿ったものの保管により、判読不能になるおそれがあるので、できるだけ耐水性と耐久性を備えたものを用いる。油性フェルトペンは、退色しにくい黒色インクを使うのが望ましい。

発掘作業と遺物の水洗・乾燥などの一時的な整理等作業を並行させる場合には、水洗作業用のバケツ、洗い桶、ブラシ、乾燥のための籠などが必要である。

金属製品や木製品など脆弱遺物の出土が予想されるときは、布などの包装材を準備しておくとよい。直接、脱脂綿で遺物を包むのは、繊維が遺物に絡んで破損や汚損の原因となる危険性があり、好ましくない。これを防ぐため、布か綿をガーゼなどの布ではさみ、縫ったものを用いる。

脆弱遺物は、バインダーやパラロイドを用いて補強することもある。ただ、これらの使用により、保存処理や自然科学分析が難しくなる場合や、分析データに影響を与える場合もあるので、自然科学分析の専門家と連携して、できるだけ慎重に作業を進めることが望ましい。

F　安全衛生用具

安全衛生用具は、作業の安全と衛生に関連するものである。

保護帽（ヘルメット）や安全ロープの準備はもちろんのこと、通行人や見学者などの事故を避けるうえで、ポールとロープなどによる柵やフェンスの設置が必要となる場合も多い。

井戸などの深い遺構や、有機物が堆積している遺構の掘り下げにさいしては、酸素欠乏症や硫化水素中毒などの危険を避けるため、酸素濃度計や硫化水素濃度計を携行し、空気の状態を確認する必要がある。

水道施設などが利用できないときは、飲料水や洗浄用の水を入れた水筒やタンクを用意する。また、ケガや病気に即応するための緊急薬品は常備し、連絡手段として携帯電話、トランシーバーなども備えておく。

これらは、直接、発掘作業に用いるものではないため、ほかの用具に比べて軽視されがちであるが、作業従事者の安全衛生管理は重要で、万一に備えた十分な準備が求められる。

G　その他の用具

このほか、上記の用具類の安定的な使用や、維持・管理のために用いる用具もある。

用具の整備に必要なものとしては、ペンチ、ニッパー、ドライバーなどの工具類、刃をもつ用具を整備するためのグラインダー、砥石や機械類の潤滑油があり、バッテリーなどの充電器も忘れないようにしたい。

発電機・配電盤は、ベルトコンベアーや電灯、ポンプ、その他の電気機器を用いるのに必要だが、電流・電圧の高いものも多いため、結線やアースの設置は確実におこなわなければならない。これらの作業は、資格が必要なものもあり、そうした場合は、必ず有資格者が作業を実施する。

調査にさいしては、これらの用具を一覧表にまとめ、作業従事者数に応じて必要な数量などを事前に把握しておくことが望ましい。また、用具の数量や現況をまとめておくと、発掘作業の途中や終了後の点検と不足分の補充にも便利である。

第3節
発掘作業の運営と安全管理

1 発掘作業の運営

　発掘作業を計画どおりに、かつ円滑・迅速に遂行するためには、体制の確保や作業の効率化、経費管理など、適切な発掘作業の運営と、発掘作業に必要な発掘事務所などの施設や、適切な安全衛生管理が求められる。

　そのため、発掘担当者には、専門的知識と技術・経験はもちろんのこと、発掘作業の全工程を適切に進行させる能力が要求される。また、調査組織は、作業量に応じて、上記のような発掘担当者の員数を確保し、相応の事務体制や財政基盤を備えるだけでなく、発掘調査のもつ公益性も十分に認識しておかなければならない。

A 組織・体制

　発掘作業全体の監理は地方公共団体がおこなうが、ここでは、個々の発掘作業における調査組織と発掘担当者の役割について述べる。

調査組織　調査組織は、常に当該地方公共団体の文化財保護部局と連絡をとり、情報の提供や調査方針などに関する協議をおこなう必要がある。また、調査対象となる遺跡についてはもとより、発掘経費をはじめとする諸条件を熟知した発掘担当者を配するだけではなく、調査の規模と内容に応じた適切な調査体制を構築する必要がある。

　発掘作業の実施期間中は、発掘担当者との連絡を密にして、常時、発掘作業の状況を把握するとともに、作業方法や経費の執行、作業の安全管理などを、適時把握しておかなければならない。

　とくに、重要な遺跡に関しては、第三者を含めた検討会の実施などをつうじて、調査の客観性と透明性の確保に努めると同時に、現地説明会の開催など、調査成果の公開・活用にも積極的に取り組む必要がある。

　また、発掘調査は報告書の刊行をもって完了することになるので、それにいたる一連の作業が適切かつ効率的に実施できる体制を組織し、必要な施設や設備を整えなければならない。

発掘担当者　発掘作業においては、実質的に、発掘担当者が作業の指揮・監督をおこなうことになる。そのため、発掘担当者は、専門職員としての知識のみならず、その監理・運営者としての資質も求められる。

　発掘作業では、通常、作業員・補助員（以下「作業員等」という。）など複数の人員と、重機をはじめとする車両や機器類を使用する。適切な作業の実施のためには、無理と無駄がなく安全な作業工程の構築、バランスのとれた人員配置とともに、発掘担当者の指示内容を、正確かつすみやかに伝達できる体制の構築が欠かせない。

　また、発掘作業は、作業員等の熟練度によって進捗状況に大きな違いが生じる場合があり、それが期間や経費にも影響を与える。したがって、発掘担当者には、個々の能力の把握と、作業内容に応じた適切な人員配置が求められる。

B 作業の効率化・迅速化

　記録保存調査の多くは、事業者等の経費負担により実施される。また、保存目的調査も、公費により実施される以上、常に効率性・迅速性に配慮し、費用対効果を意識・考慮しながら進める必要がある。

　効率的かつ迅速な作業の実施のためには、先に述べた適切な作業工程の構築と人員配置が重要だが、それ以外にも、記録作成の一部の外部委託やデジタル機器の導入などが考えられる。

　記録作成においては、空中写真測量に代表される、外部委託による遺構平面図の作成が幅広く定着しており、最近では、フィルムカメラやデジタルカメラを用いた土層図や遺物出土状況図の作成

なども一定の成果を上げている。ただし、これらは、委託先が発掘作業における記録作成のありかたについて一定の理解と知識をもっていることが必要であり、導入のさいには、実績審査をおこなうなどの手順をふまえるべきである。

なお、デジタル機器の導入に関しては、第Ⅵ章で触れているので、参照されたい(227・239頁)。

C 経費の管理

発掘調査の経費は、各都道府県などで作成している積算基準にもとづき算出されるが、地下に埋没しているという埋蔵文化財の性格上、試掘・確認調査などで得られた情報による積算額との間に増減が生じることがある。

そのため、経費については、定期的また作業工程ごとに常に管理しながら、適切な執行に努めなければならない。また、経費にかかわる不測の事態が生じたときは、すみやかに文化財保護部局と協議をおこない、事業者等との調整を図る。

D 出土品などの盗難防止

発掘作業においては、出土状態を確認するために遺構内などに残している出土品の盗難防止に努めなければならない。とくに、作業時間外や休日は、できるだけ発掘区に出土品を残さないように心がける。

また、出土品を発掘事務所や倉庫に保管する場合でも、常に施錠を確認するなど、その保管に万全を期す。作業に使用する機材についても、同様の注意が必要である。

2 安全管理

A 安全管理と関連法令

安全衛生への配慮　発掘調査では、その目的にかかわらず、安全衛生に関する法令を遵守しなければならない。とくに、発掘作業にはさまざまな危険がともなうことがあるため、関連法令の理解と適切な運用は、調査組織および発掘担当者に求められる基本事項である。

なお、調査組織がおこなうべき安全管理の範囲や内容は、作業員等の雇用形態などによって異なるが、どのような場合であれ、調査組織と発掘担当者は、作業の安全・衛生に関して一定の責任を負うことを自覚し、常に安全かつ衛生的な運営をおこなわなければならない。

労働安全衛生法・同施行令・規則　これらは、労働災害の防止のための危害防止基準の確立、責任体制の明確化および自主的活動の促進の措置を講じるなど、その防止に関する総合・計画的な対策を推進することにより、職場における労働者の安全と健康を確保するとともに、快適な職場環境の形成を促進することを目的として制定された法律である。そこには、安全・衛生に関する基本的な考えかたが示されている(以下、労働安全衛生法施行令を「令」、同規則を「則」と略記)。

また、地方公共団体や調査組織によっては、この法をもとに、独自に安全基準を策定しているところもあるので、発掘作業を実施する地域の安全管理の方法についても理解しておく必要がある。

場合により適用される法令など　発掘区の立地条件や環境によっては、労働安全衛生法以外の規制を受ける場合がある。

たとえば、風致地区条例など景観にかかわる条例の適用範囲内では、事前の許可が必要であり、鉄道の軌道に近接して発掘作業をおこなう場合などは、別途、条件が課せられる。また、建設工事現場内で発掘作業を実施するときは、工事側の安全管理体制下に組み込まれることも多い。

これらは、発掘作業の範囲や期間・経費にも影響を及ぼすので、できるだけ早い時期に関係機関に照会するとともに、十分な協議をおこなう必要がある。

B 安全管理体制

　安全な作業を実施するには、安全管理体制の構築が必須である。そのためには、安全・衛生管理者、安全衛生推進者など労働安全衛生に関する知識をもつ者が、作業員等に対する安全衛生教育を徹底するのはもちろんのこと、さまざまな作業工程での安全管理のほか、発掘区や発掘事務所などの施設の安全管理ができる体制を整備しなければならない。

　発掘担当者は、労働安全衛生法関連の法令・規則を遵守した手法をとり、作業員等に対して常に安全意識をもって作業にあたるよう、法令の目的と内容について認識させ、安全に対する意識を喚起することを心がける。

C 安全教育

留意事項の説明　調査組織は、発掘担当者や作業員等に対して、安全・衛生のための教育をおこなわなければならない。内容は作業員等の雇用形態によって異なるが、安全管理体制の説明、作業内容や手順、工程ごとの留意点の説明、健康管理や服装、それぞれの現場の条件にもとづいた留意事項の説明など、多岐に及ぶ。そのため、あらかじめ地方公共団体や調査組織で、安全・衛生のためのてびきを作成しておくことが望ましい。

服　装　服装は、できるだけ動きやすく、丈夫なものを選ぶことが基本である。発掘作業中に杭や釘、枝や石にひっかかったり、ベルトコンベアーに巻き込まれたりするような事故を防ぐため、袖や裾が広く開いたものや、金具が多くついた服装は避けなければならない。また、発掘作業は気候の影響を直接受けるので、気象条件に適した服装を心がける。

　このほか、保護帽（ヘルメット）の着用が法令で義務づけられている。また、場所によっては、安全衣や安全靴などの着用が義務づけられている場合もある。

通　勤　通勤では、事故を起こさず、事故に巻き込まれないよう常に心がけ、作業員等に対しても、日頃から交通安全意識向上のための教育をおこなう。また、発掘担当者・作業員等ともに、自動車やバイク・自転車など使用する交通手段の安全点検を怠らず、安全運転や適正な通勤経路を守るなど、安全な通勤に努める。

D 発掘作業における安全衛生管理

　発掘作業をおこなう遺跡の地形や地質はさまざまであり、環境も千差万別である。それによって、とるべき安全衛生管理の方法も異なり、調査組織は、事業者等と協議のうえ、調査計画とともに安全衛生管理計画を策定する必要がある。また、作業の進行によって、安全衛生管理計画の変更やあらたな措置を講じる必要が生じたときは、すみやかに対応しなければならない。

確認すべき事項　安全衛生管理計画を策定するためには、発掘の対象となる場所の諸条件を的確に把握する必要がある。確認すべきおもな点は、以下のとおりである。

○地形
○遺構面の深さと、それにいたるまでの土質
○湧水の有無
○地下埋設物の有無
○有害物質・危険物の有無
○害虫・害獣の生息の有無

　これらが作業に危険を及ぼすおそれがあるときは、あらかじめ適切な措置を講じる。

仮囲いと注意の喚起　発掘区には、第三者の立ち入りを制限するため、周囲を柵やフェンスなどで囲うとともに、立ち入りを禁じ、注意を喚起する標識を設置する。立地条件によっては、夜間でも発掘区の位置がわかる照明や反射プレートを設置することや、トレンチなどの開口部に、別途、柵などを設けて安全標識を置くこともある。

埋設物 地下埋設物の種類によっては、法令で掘削が制限されているものや、事前の届出・申請をおこなう必要があるもの、掘削のさいに管理者による立会を要するものなどがあるので、事前にその存在を的確に把握するとともに、必要な手続きについても理解しておく(則355条)。

また、埋設物の種類や埋設時期により、正確な位置が把握されていないこともあるので、埋設の可能性のある範囲については、とくに慎重に掘削し、万一破損した場合などに備えて、連絡・対処方法についても確認しておく。

有害物質 土中には、人体に悪影響を及ぼす可能性のある産業廃棄物などの物質がまれに含まれていることがある。これらの存在を事前に把握するのは困難な場合が多いが、存在を把握した時点で、すみやかに関係諸機関と以後の対応を協議しなければならない。

安全な作業環境の構築 調査組織は、作業員等に対して安全教育をおこなうだけでなく、安全な環境を提供する義務がある。具体的には、発掘事務所・トイレの設置や、そこから発掘区にいたる動線の整備、発掘区に降りるための階段の設置、深掘り部の明示とつまずきや転落防止措置の実施、作業道具の管理など多岐にわたる。また、現地説明会などで部外者を発掘区に立ち入らせる場合は、適切な順路を設定して、安全に配慮する。

掘削の基本 掘削面の高さが2m以上となる掘削作業は、掘削深度や土質に対する勾配が定められており、これに従わなければならない(表1・図55)。なお、ここでいう地山とは、考古学でいう地山とは異なり、現地表面以下の土のすべてを指している。

掘削面の高さが2m未満であっても、軟弱な土質では緩やかな勾配をとる必要がある。また、安全勾配を確保した場合でも、湧水や長期間の開口により壁面が崩落するおそれもあるので、発掘担当者は、亀裂の有無や崩落の危険性がないか、常に状態を確認しておく必要がある。

なお、掘削などに重機を用いる場合は、作業範囲内や作業路周辺への立ち入りを禁止し(則151条の9)、移動するさいは合図などをおこなって(則159条)、作業員等が重機に接触しないようにしなければならない(則158条)。

気象条件 発掘担当者は、大雪・大雨・強風・熱暑・落雷などにより、作業の実施について危険が予想されるときは、作業を中止する。また、落雷など発掘作業中の急激な気象変化に対処するため、気象情報の収集手段を確保し、避難場所についてもあらかじめ指定しておく。

健康管理 夏季や湿度の高い日に作業する場合には、日陰を設けて適時休息をとるとともに、水分と塩分、ミネラルを随時補給するなどして、熱中症予防に努める。また、それ以外の場合でも、作業員等がみずから健康管理に努めるとともに、各自の健康状態を把握できるような体制づくりも必要である。

なお、熱中症などの予防については、環境省の熱中症予防情報や大気汚染(光化学オキシダント)の注意報・警報ほかの情報の共有にも努め、発掘作業中も迅速に対処できるようにする。

E 個々の作業における安全衛生管理

深掘り時の留意点 井戸や貯蔵穴・濠などの極端に深い遺構の掘り下げにさいしては、転落防止の措置だけではなく、土砂崩壊や落盤を防止するため、法令の定めに従った発掘方法をとる。また、法に定める地山掘削や土止め支保工、隧道等の掘削(窯・横穴墓・横穴式石室など天井を残したまま作業をおこなうもの)など、作業主任者の選任が必要な作業では、有資格者を配置する必要がある(令6条9号・10号)。また、井戸などの深い遺構は、酸素の状態を把握し、酸欠防止に努めるとともに、深さに応じて地山を断ち割るなど、安全に対する十分な配慮が求められる。

第Ⅲ章　発掘調査の準備と運営

図54　安全に配慮した発掘作業

表1　掘削面の勾配と掘削面の高さ

地山の種類	掘削面の高さ	掘削面の勾配
岩盤又は堅い粘土からなる地山	5 m未満	90°
	5 m以上	75°
その他の地山	2 m未満	90°
	2 m以上5 m未満	75°
	5 m以上	60°

（則356条）

地山の種類	掘削面の高さや掘削面の勾配
砂からなる地山	5 m未満または35°以下
崩壊しやすい状態の地山	2 m未満または45°以下

（則357条）

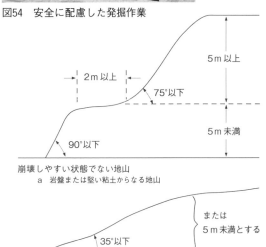
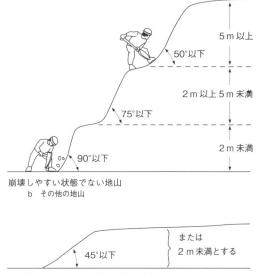

図55　掘削面の勾配

　一連の発掘作業が終了したのちは、井戸や貯蔵穴、規模の大きい溝などの深い遺構はすみやかに埋め戻すなどして、危険を回避する対策をとる。また、事業者等に発掘区を引き渡すさいにも、安全管理について協議する。

ベルトコンベアーの使用　ベルトコンベアーを使用するときは、丈夫な架台を用いて固定した状態で使用するとともに、接触あるいは巻き込みなどによる事故のないよう、十分に注意しなければならない。水中ポンプや発電機などと同様に、エンジンやプーリー部分に覆いがあることも確認しておく必要がある。また、重量物のため、移動のさいには細心の注意が必要である。

高所作業　高所からの写真撮影用に足場（ローリングタワー）を使用するにあたって、高さが5 mを超す場合には、足場組み立ての資格が必要となる（令6条15号、則566条）。また、高さが2 mを超える場所で作業するときは、作業床を設けて、墜落の危険を防止する措置を講じる。それが困難な場合は、防網を張り、安全ベルトを使用するな

どして、墜落防止を図らなければならない。なお、遺構の種類や規模によっては、高所作業車を導入して撮影することも効果的である。

F 発掘事務所など

管理と警備 発掘事務所については、火災の防止と、保管している出土品や発掘記録・機材の管理、盗難防止対策を徹底する。可能であれば、夜間や休日については警備委託をおこなうことが望ましい。短期的な発掘作業のために設置する発掘事務所など、警備の委託が困難な場合は、貴重な出土品や機材は、できるだけ安全な施設に保管するようにする。

発掘事務所では、劇薬や有毒ガスなどの有害な物品は使用してはならない。また、整理等作業で用いる接着剤や各種薬品など、刺激性・爆発性・引火性のあるものは、MSDS（化学物質等安全データシート）にもとづき、危険性や有害性を事前に調査し、必要な場合は換気をおこなうなどして、身体に影響がないように十分注意する。そして、ロッカーに保管して施錠し、管理を徹底する。

また、発掘事務所の倉庫などに出土品を収納する場合、積み上げ作業が2mを超えるときは、必ず発掘担当者（作業主任者）の指揮のもとに、作業員等に保護帽を着用させるなど、適切な指導をおこなわなければならない（令6条12号、職務については則429条）。

トイレ トイレは、作業期間の長さにかかわらず、必ず設置しなければならない。また、その衛生管理を怠らないようにする。

救急用具 救急用具や薬品は常備し、作業員等に使用方法と設置場所を周知する。

G 緊急時の対処・連絡体制

緊急連絡網 事故発生時に迅速な組織的対応ができるよう、緊急連絡網を整備しておく。そのため、消防署や救急病院などの連絡先は発掘事務所に明示するなど、作業に携わる複数の者が常に把握できる状態にしておく。

応急処置 ケガ人や急病人がでた場合は、医師の治療を受けるまでの間、状態を悪化させないように、応急処置を施さなければならない。

したがって、発掘担当者やその場に居合わせた者が、あわてずに正しく対処できるように、応急処置についての正確な知識をもち、その方法について十分に習熟しておくようにする。また、応急処置についてのマニュアルも常備する。

H 点検

定期点検 衛生管理者・安全衛生推進者など労働安全衛生に関する有資格者や、それと同等の知識をもつ者が、発掘区や事務所などの安全点検を定期的に実施し、安全衛生管理を徹底する。

日常点検 日常の安全点検については、あらかじめ、発掘作業安全衛生点検表（表2）や事務所用の整理等作業安全衛生点検表（表3）を作成しておき、その項目にしたがって点検を実施することが望ましい。

I その他の留意点

このほか、発掘作業に用いる機材の点検も欠かさないようにする。作業中の機材の扱いなどについても、刃部と柄との緩みがないことを確認し、刃部を上に向けて置かないなど、常に危険が生じないように心がける。

電気機器を用いる場合は、感電による事故を防止するため、漏電防止措置を講じるとともに、配線やコード類の損傷や老朽化の有無を点検する。

また、除草・伐採した草木の適切な処理や火災の防止などの安全管理も怠ってはならない。

第Ⅲ章　発掘調査の準備と運営

表2　発掘作業安全衛生点検表の例

発掘作業　安全衛生点検表

機関名　○○○○○○

遺跡名	担当者	点検年月日
遺跡		平成　　年　　月　　日

＊労災保険
- □ 加入手続きは終了しているか

＊安全衛生教育
- □ 作業開始前の教育はおこなったか
- □ 日常的に諸注意をおこなっているか

＊機　材
- □ 発掘機材の柄が抜けるおそれはないか
- □ その他の機材で破損のおそれのあるものはないか

＊発掘作業
- □ 発掘面の勾配・高さは安全か
- □ 土砂崩壊のおそれはないか
- □ 埋設物などによる危険はないか
- □ 保護帽は適切に使用しているか

＊横穴式石室・窯・横穴・石垣などの場合
- □ 落盤・肌落ちのおそれはないか
- □ 浮石が落下するおそれはないか
- □ 入口付近における土石崩壊のおそれはないか
- □ 入口付近における土石落下のおそれはないか

＊貯蔵穴・井戸などの場合
- □ 土砂崩壊のおそれはないか
- □ 土砂崩壊を防止する適切な措置を講じているか
- □ 落下防止の措置を講じているか

＊写真撮影台
- □ 機材は規格どおり揃っているか
- □ 地盤沈下のおそれはないか
- □ 1段目で、まず垂直・水平の確認をおこなったか
- □ 規定どおりの組み立て・解体をおこなっているか
- □ 保護帽は着用しているか
- □ 安全帯は必要ないか
- □ 2段以上組み立てたままで移動していないか

＊ベルトコンベアー・水中ポンプなど
- □ エンジンやプーリー部分の覆いはあるか
- □ 作動中に給油・清掃などをおこなっていないか
- □ 移動に十分な人員配置をおこなっているか
- □ 架台が倒れる心配はないか（ベルトコンベアー）

＊重　機
- □ バックホウ（ドラグショベル）の回転範囲に人はいないか
- □ ブルドーザーの稼働範囲に人はいないか

＊発掘作業における人員配置
- □ 安全衛生管理担当者を決めているか
- □ 作業人員は適正な数か
- □ 高齢者などに対する配慮はおこなわれているか

＊発掘作業における安全管理
- □ 柵・標識などの設置はおこなわれているか
- □ 発掘区内に機材の散乱および危険物はないか
- □ 貯蔵穴・井戸などの掘り下げで危険をともなうおそれのある場合、必要な措置を講じているか
- □ 危険な遺構は、発掘作業終了後に土砂崩壊・転落等の危険を防止するため、埋め戻したか

＊衛生管理
- □ トイレは設置してあるか
- □ 通路は確保されているか
- □ 飲料水に病気誘発のおそれはないか
- □ 応急処置のための救急薬品・用具はあるか

＊火災の防止
- □ 伐採した草木の焼却について規則を守ったか
- □ 延焼の危険性はないか
- □ 火気の注意は万全か
- □ 発掘事務所に消火器は設置されているか
- □ 燃料の保管は万全か

＊連絡体制
- □ 緊急の場合の連絡体制は整っているか

点検の結果	（注意・作業中止）の事項	所　見
□ 異常なし □ 注意 □ 作業中止 □		
		点検者〔　　　　　　〕

表3　整理等作業安全衛生点検表の例

整理等作業　安全衛生点検表

機関名　○○○○○○

遺跡名	担当者	点検年月日
遺跡		平成　年　月　日

整理等作業

☐ 安全衛生教育はおこなったか

☐ 遺物収納などの積み上げ作業は安全におこなわれているか

☐ 工作用ナイフ・彫刻刀などの使用は安全におこなわれているか

☐ 遺物など運搬中の物体の落下および衝突・転倒・転落の危険性はないか

☐ 保護帽が必要な場合に着用しているか

薬品などによる危険防止

☐ シンナー（アセトン）などの引火性・爆発性・発火性のあるものの保管は万全か

☐ 刺激性のある薬品・接着剤などの使用については、換気をおこない、身体に影響がないよう、配慮がおこなわれているか

☐ 刺激性のある薬品・接着剤を使用する場合、マスクを着用しているか

☐ 劇薬・有毒ガスを保管または使用していないか

点検の結果 ☐ 異常なし ☐ 注意 ☐ 作業中止 ☐	（注意・作業中止）の事項	所見 点検者〔　　　　　〕

第4節
測量基準点の設置

1 平面直角座標系と方眼北

　発掘作業では、対象となる場所や遺構・遺物の位置を正確かつ客観的に表示し、記録することが不可欠である。同時に、それらの位置情報は、広く関連分野を含めて共有できるものでなければならない。すべての公共測量の成果が平面直角座標系を用いてあらわされることから、発掘調査の記録もそれに準じることが原則となる。

平面直角座標系　球（正確には回転楕円体）に近い形状をもつ地球の表面を平面に投影するには、各種の方法があるが、いずれも距離や角の歪みは避けられない。

　日本では、そうした歪みを抑えた大縮尺図の作成に供するため、国土を19の座標系に分け、それぞれの座標系ごとに原点を設けて投影をおこなう平面直角座標系が広く用いられている（図56・表4）。なお、一般に、縮尺1/10,000以上のものを大縮尺

図56　平面直角座標系

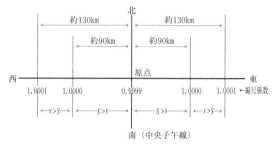

図57　原点からの東西距離と縮尺係数

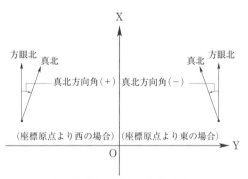

図58　方眼北と真北の関係

図という。1/100,000以下は小縮尺図、中間は中縮尺図とよぶが、「より大縮尺の地図」のように相対的な表現にも用いる。

　この座標系は、原点を通る子午線をX軸（縦軸）、原点を通りX軸と直交する線をY軸（横軸）とし、座標値は北および東に向かって増加する。地上の距離（球面距離）を地図上の距離（平面距離）に変換するための縮尺係数は、X軸上が0.9999、東西に約90km離れた位置で1.0000、約130km離れた位置で1.0001であり、地図の歪み（地上の距離と地図上の距離の差）が1/10,000（100mで1cm）を超えないような設計となっている（図57）。

　したがって、1/10,000以上の精度が要求される基準点測量では、縮尺係数による距離の補正が不可欠だが、それほど広大でない発掘区内では、

縮尺係数補正はおこなわないことも多い。

なお、世界的には、地球を経度6°ごとの60のゾーンに区分して同じ投影法を用いたUTM座標系が多用されるが、広範囲をカバーできる反面、地図の歪みは6/10,000以内と大きい。この原点を通る子午線上の縮尺係数は0.9996である。

方眼北と真北・磁北 平面直角座標系の方眼における縦線の上の方向を、**方眼北**（座標北、GN）とよぶ。一方、**真北**（TN）は地軸の北の方向である。各座標系の原点を通る子午線（X軸）上では、方眼北と真北が一致するが、それより東側では真北が方眼北の西（左）に、西側では東（右）に傾く（図58）。ただし、その差はさほど大きくなく、一般には、方眼北を真北に準じるものとして扱ってもとくに問題はない。

ちなみに、磁石の針が示す磁北（MN）は、場所や時間による変動が大きく、精度も望めないため、測量の基準とするのは支障がある。やむをえず磁

表4　平面直角座標系の適用区域

系番号	原点の経緯度	適用区域	系番号	原点の経緯度	適用区域
I	B = 33° 0′ 0″.0000 L = 129°30′ 0″.0000	長崎県および北方北緯32°南方北緯27°西方東経128°18′東方東経130°を境界線とする区域内（奄美群島は東経130°13′までを含む）にある鹿児島県所属のすべての島、小島、環礁および岩礁を含む。	XII	B = 44° 0′ 0″.0000 L = 142°15′ 0″.0000	札幌市、旭川市、稚内市、留萌市、美唄市、夕張市、岩見沢市、苫小牧市、室蘭市、士別市、名寄市、芦別市、赤平市、三笠市、滝川市、砂川市、江別市、千歳市、歌志内市、深川市、紋別市、富良野市、登別市、恵庭市、石狩支庁管内、網走支庁管内のうち紋別郡、上川支庁管内、宗谷支庁管内、日高支庁管内、胆振支庁管内（有珠郡および虻田郡を除く）、空知支庁管内、留萌支庁管内
II	B = 33 0 0.0000 L = 131 30 0.0000	福岡県、佐賀県、熊本県、大分県、宮崎県および第I系の区域内を除く鹿児島県			
III	B = 36 0 0.0000 L = 132 10 0.0000	山口県、島根県、広島県			
IV	B = 33 0 0.0000 L = 133 30 0.0000	香川県、愛媛県、徳島県、高知県	XIII	B = 44 0 0.0000 L = 144 15 0.0000	北見市、帯広市、釧路市、網走市、根室市、根室支庁管内、釧路支庁管内、網走支庁管内（紋別郡を除く）、十勝支庁管内
V	B = 36 0 0.0000 L = 134 20 0.0000	兵庫県、鳥取県、岡山県			
VI	B = 36 0 0.0000 L = 136 0 0.0000	京都府、大阪府、福井県、滋賀県、三重県、奈良県、和歌山県	XIV	B = 26 0 0.0000 L = 142 0 0.0000	東京都のうち北緯28°から南であり、かつ東経140°30′から東であり東経143°から西である区域
VII	B = 36 0 0.0000 L = 137 10 0.0000	石川県、富山県、岐阜県、愛知県	XV	B = 26 0 0.0000 L = 127 30 0.0000	沖縄県のうち東経126°から東であり、かつ東経130°から西である区域
VIII	B = 36 0 0.0000 L = 138 30 0.0000	新潟県、長野県、山梨県、静岡県			
IX	B = 36 0 0.0000 L = 139 50 0.0000	東京都（XIV系、XVIII系およびXIX系に規定する区域を除く）、福島県、栃木県、茨城県、埼玉県、千葉県、群馬県、神奈川県	XVI	B = 26 0 0.0000 L = 124 0 0.0000	沖縄県のうち東経126°から西である区域
			XVII	B = 26 0 0.0000 L = 131 0 0.0000	沖縄県のうち東経130°から東である区域
X	B = 40 0 0.0000 L = 140 50 0.0000	青森県、秋田県、山形県、岩手県、宮城県	XVIII	B = 26 0 0.0000 L = 136 0 0.0000	東京都のうち北緯28°から南であり、かつ東経140°30′から西である区域
XI	B = 44 0 0.0000 L = 140 15 0.0000	小樽市、函館市、伊達市、胆振支庁管内のうち有珠郡および虻田郡、檜山支庁管内、後志支庁管内、渡島支庁管内	XIX	B = 26 0 0.0000 L = 154 0 0.0000	東京都のうち北緯28°から南であり、かつ東経140°から東である区域

備考　1．座標系のX軸は、座標原点において子午線に一致する軸とし、真北に向かう値を正とする。座標系のY軸は、座標原点において座標系のX軸に直交する軸とし、真東に向かう値を正とする。
　　　2．座標系のX軸上における縮尺係数は、0.9999とする。
　　　3．座標系原点の座標値は、次のとおりとする。X＝0.000メートル　Y＝0.000メートル。

北による場合は、その時点の当該地域の偏角（真北に対する磁北の傾き）を用いて、真北に振りもどし、それを方向の基準とするほうがよい。

方向角と方位角　方眼北から右（時計）回りに測った角度を、方向角とよぶ。一方、方位角は、真北から右回りに測った角度をいう。方眼北に対して真北がなす角度が、真北方向角である（方向角＝方位角＋真北方向角）。

2　基準点測量と留意点

測量基準点の設置　発掘作業において地形測量を実施し、発掘区を設定して遺構や遺物の位置を記録するためには、通常、後視点を含む測量基準点を、近辺に2点以上設置する必要がある。発掘区をグリッドに分割する場合も、この基準点を用いておこなう。

これらは、水平位置の基準であると同時に、高さの基準としての役割も兼ねることが多いが、3級基準点や3級水準点以上の精度を確保するのが望ましい。

測量基準点は、発掘作業終了時まで、場合によってはそれ以降も使用可能なように、設置場所の選定には十分な注意を払う。なるべく発掘区の範囲外で広範囲の視通が確保できる位置を選ぶとともに、角測定の精度を保つため、点間距離が過度に短くならないように配慮する。なお、国土交通省公共測量作業規程では、3級基準点の新点間の距離は200mを標準とし、中間に節点を設ける場合の間隔は70m以上と規定されている。

基準点の形態は、通常、木やプラスチックの杭のほか、コンクリート釘（測量釘）、金属標などが用いられる。どれを選ぶにせよ、設置後は簡単に動かないような設置方法を工夫する。木杭の場合は、十分な太さをもち、座金（ワッシャー）をつけた細いコンクリート釘を上面に打ち込んだものが使いやすい。

基準点測量　基準点の設置後、その水平位置を求めるための基準点測量をおこなう。これには、国によって設置された三角点や電子基準点などの国家基準点や、公共測量で設置された公共基準点を既知点として使用することが多い。

現在では、基準点測量は、トータルステーション（TS）を用いたトラバース（多角）測量か、人工衛星からの電波信号を受信するGPS（汎地球または全地球測位システム）によるのが一般的である。後者では、通常、複数の点で長時間観測をおこなうスタティック（静的干渉測位）法か、多数の衛星を使用して作業能率を向上させた短縮（高速）スタティック法が用いられる。

ところで、三角点という名称が示すように、すべての測量の基礎となる基本測量として、古くは三角形の内角を測定する三角測量が用いられた。その後、光波測距儀の出現による測距精度の飛躍的向上にともなって、三角形の三辺の長さを測定する三辺測量へと移行し、現在はさらにGPS測量にとって代わられている。また、GPSで連続的に位置情報を観測する電子基準点も全国に約1,200点設置され、三角点や水準点と並ぶ永久標識として利用できるようになった。

外部委託時の注意事項　基準点の設置や測量を外部に委託する場合は、公共測量作業規程を使用するか、それに準じることを定めるなどして、必要な精度が保てるような方策をとる必要がある。また、作業地区と作業量（設置する基準点の級区分と点数）、納期および納入成果品、貸与・支給する物品や資料などを明記した特記仕様書を作成する（図59）。

とくにGPSを用いた測量は、外部への委託作業となることが多いが、どの場合でも、使用した既知点や記録類などの測量成果は、随時参照できるように整理しておく。

□□遺跡　3級基準点測量・3級水準測量　特記仕様書

（適用範囲）
第1条 この特記仕様書は、3級基準点測量・3級水準測量に適用する特記事項を示すものである。
（使用する規程等）
第2条 この作業に使用する規程等は、次に掲げるものとする。
　　（ア）○○市公共測量作業規程
　　（イ）○○市請負測量作業共通仕様書
2　納期　平成△△年△月△日
（作業地区および作業量等）
第3条 作業量は以下のとおりとし、作業地区は付図のとおりとする。
　　（ア）3級基準点設置：10点（いずれも3級水準点を兼ねる）
（納入する測量成果品等）
第4条 納入する測量成果品等は、以下のとおりとする。
　　（ア）測量成果簿：1冊
　　（イ）その他担当係員の指示するもの
（精度管理）
第5条 測量成果の精度確認のため、第2条の規定に準じた精度管理をおこない、精度管理表を提出するものとする。
（その他）
第6条 既知点に異常があった場合、その他作業遂行上疑義が生じた場合は、すみやかに担当係員に報告し、その処置について指示を受けるものとする。
（付図）

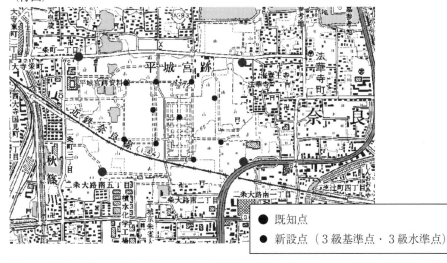

図59　基準点測量特記仕様書の例

第Ⅲ章　発掘調査の準備と運営

3　トラバース測量

A　トラバース測量の種類

ここでは、発掘担当者が実際に作業にあたることも可能なトラバース（多角）測量について簡単に説明する。トラバース測量とは、測点を折れ線状に配置し、各測点を結ぶ測線の長さと、隣り合う測線のなす角度（夾角）を測定して位置を決定する測量方法である（図60）。

開放トラバースは、ある既知点から出発して、どの既知点にも取りつけないものをいう。終点での誤差が確認できないため、精度の点検は不可能であり、かぎられた状況以外では用いられない。

閉合トラバースは、ある既知点を出発し、同じ点に取りつけるものをいう。角度の誤差（閉合差）は、多角形の内角または外角の和から検証できる。水平位置の閉合差も算出可能だが、距離に一定の割合で誤差を含む場合でも、相似形として閉合してしまうため、そうした誤差は点検できない。

結合トラバースは、ある既知点から出発し、別の既知点に取りつけるものをいう。角度、水平位置とも閉合差を確認でき、精度の点検と調整ができる。実用上、簡便で精度がよい。

トラバース網（多角網）は、複数の既知点から複数の路線をのばし、平均計算によって水平位置を決定するものをいう。単路線の結合トラバースに比べると一定の手間は要するが、精度が高く、広範囲に多くの基準点を設置する場合にはとくに有効である。

B　外業の手順

以下、トータルステーションを用いた実際の基準点測量について、結合トラバース測量の例を挙げて説明する。

選　点　まずおこなわなければならないのは、測点をどこに設けるかを決める選点作業である。トラバース路線は、なるべく二つの既知点を結ぶ最短経路に近づけ、測点の間隔に著しい不均等が生じないようにすることが精度上望ましい。選点の良否は、後続の作業に大きな影響を及ぼす。

測角と測距　つづいて、測点に木杭やコンクリート釘などの標識を設置したのち、測角・測距作業に移る。測点にトータルステーション、後視点と前視点に反射プリズムを据え、水平角（夾角）と水平距離を測定する。

かつては、角度の測定にトランシット（セオドライト）、距離の測定にスチールテープ（その後、単体の光波測距儀）が用いられた。現在では、トランシットに光波測距儀を組み込み、マイクロコンピューターで制御するトータルステーションが広く普及し、作業能率が著しく向上している。

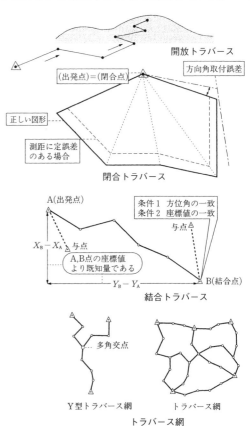

図60　トラバース測量の種類

これを使えば、角度と距離を同時測定して成果を自動的に記憶・計算し、座標を表示させることもできる。また、データコレクターなどの記憶媒体を介して、ほかのコンピューターやプロッター（自動製図機）などと組み合わせたシステムを構築することも容易である。

ちなみに、トータルステーションには、トランシットと同様、上盤と下盤の区別がない単軸型と、区別がある複軸型があるが、単軸型のほうが精度がよく、誤操作も防げる。

また、整準した状態で基盤から上の部分をとりはずし、別の基盤上に移動できるタイプ（着脱式）と、基盤の着脱が不可能なタイプがあるが、トラバース測量に使用する場合は、順次プリズムと置き換えていける着脱式が、作業能率の点で格段にすぐれている。

対回観測　測角作業は、正位（本来は鉛直目盛板に対して望遠鏡が右にある状態）と反位（同じく左にある状態）の両方でおこなう。通常は、まず正位で後視点を視準したのち、右（時計）回りで前視点を視準する。次に望遠鏡を反転させ、180°回した反位の状態で再度前視点を視準し、その後、左（逆時計）回りで後視点を視準する。

以上を1対回の観測といい、正位と反位におけるそれぞれの測定値の平均を測角成果とする。つづけて、反位のまま後視点、次に右回りで前視点を視準し、さらに望遠鏡を反転させた正位の状態で前視点、左回りで後視点を視準すれば、2対回の観測となる。

正反の観測をおこなってその平均値をとるのは、トータルステーションやトランシットがもつ視準軸誤差や水平軸誤差、視準軸の外心誤差などの器械誤差を消去するためである。鉛直軸誤差は消去できないので、別途調整が必要だが、正確な測角作業に正反の観測は欠くことができない。

以上の測角・測距作業を、出発点から各測点をへて終点までおこなえば、結合トラバース測量の外業は終了となる。

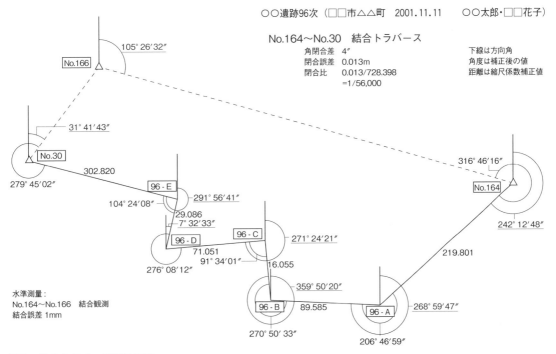

図61　結合トラバース測量の例

C　内業の手順

測量計算　次に、測量成果の計算方法と手順について簡単に述べる。近年は、コンピューターの普及により、手計算をおこなう機会は減少しているが、ここでは計算簿を用いた作業例を示す（図61・表5）。

出発点と終点の既知方向角の算出　結合トラバースの場合、出発点と終点にそれぞれ方向の基準となる既知点（出発点では後視点、終点では前視点）が存在するので、座標値からおのおのの方向角（α）を三角関数により算出する。

角閉合差の算出と調整　測定した夾角（β）の和を計算する（$\Sigma\beta$）。それに、出発点の既知方向角（α_a）を加え、終点の既知方向角（α_b）を引くと、180°の倍数にごく近い値となる。両者の差が角閉合差（$\Sigma\delta\beta$）である。測角誤差は角度の大小に関係しないので、角閉合差は各夾角に等分に配分して調整する。

各測線の方向角の算出　ある測点と前視点を結ぶ測線の方向角（α）は、前の（後視点から測点までの）方向角に、調整した夾角（β）を加え、180°を引くことによって計算できる（負の値になる場合は360°を加算）。最終的に、終点における方向角の計算値は、既知方向角（α_b）と一致することになる。

距離の補正　各測線の水平距離（S）は、必要に応じて補正をおこなう。これには、前述の縮尺係数補正のほか、気温・気圧による気象補正や基準面投影補正などがあり、トータルステーション内部で補正できるものもある。一般に影響が大きいのは縮尺係数と気象補正で、基準面投影補正は、標高が高い地域以外では省略しても問題がないことが多い。

緯距・経距の算出と調整　測線の水平距離（S）と方向角（α）により、各測点から前視点までの緯距（南北方向の距離、$S\cos\alpha$）と経距（東西方向の距離、$S\sin\alpha$）を計算する。次に、それらの合計（合緯距、合経距）を求め、出発点の座標（X_0, Y_0）に加算して、計算上の終点の座標（X'_i, Y'_i）を算出する。これから終点の既知座標（X_i, Y_i）を引いた値が、水平位置の閉合差（$\Sigma\delta x$, $\Sigma\delta y$）である。

また、南北および東西方向の閉合差から、その斜辺にあたる閉合誤差を求め、全測線長の和（ΣS）で割ったものが閉合比で、通常は、少なくとも、1/10,000以上の精度を保つ必要がある。トータルステーションによる測定距離には、距離に無関係な誤差と、距離に比例する誤差が含まれるので、この閉合差は、各測線の距離に応じた比例配分により調整することが多い。

座標計算　最後に座標計算をおこなう。X座標とY座標に分けて、それぞれ出発点の座標（X_0, Y_0）に順次、調整した緯距と経距を加えていき、各測点の座標を算出する。最終的に、終点における座標の計算値は、既知座標（X_i, Y_i）と一致することになる。

4　水準測量

A　水準測量の種類と方法

以上のような水平位置を求める測量とは別に、高さ（標高）を求めるためにおこなうのが、水準測量である。標高の基準は東京湾平均海面であり、日本水準原点の標高を24.4140mとしている。水準測量の既知点としては、国の基本測量による水準点や公共測量で設置された基準点が多く使用される。

直接水準測量と間接水準測量　GPS測量によるものを除くと、高低差（比高）を測定する方法には、レベル（水準儀）と標尺を用いて実施する直接水準測量と、距離と鉛直角から高低差を算出する間接水準測量がある。レベルは、定期的な調整さえおこなえば測定精度のよい器械だが、間接水準

III-4 測量基準点の設置

表5　トラバース測量の計算例

○○遺跡　96次　　**多角測量座標計算簿**　　No.

路線名（　　　）　　路線型　(結合)　閉合　開放　　日付 2001.11.11
自 No.164　至 No.30　　作業者 ○○・□□

測点	測線	夾角（β）/ δβ	方向角（α）	距離（S）	X / Δx / δx	Y / Δy / δy
	No.166—No.164	316°46'15"	105°26'32"	m	− 166,564.422 m	− 16,772.182 m
(No.164)	No.164—96-A	+ 1	242°12'48"	219.801	− 102,467 / + 3	− 194,456 / + 3
					− 166,666.886	− 16,966.635
		206°46'59"				
(96-A)	96-A—96-B	--	268°59'47"	89.585	− 1,569 / + 1	− 89,571 / + 1
					− 166,668.454	− 17,056.205
		270°50'32"				
(96-B)	96-B—96-C	+ 1	359°50'20"	16.055	+ 16,055 / --	− 0,045 / --
					− 166,652.399	− 17,056.250
		91°34'01"				
(96-C)	96-C—96-D	--	271°24'21"	71.051	+ 1,743 / + 1	− 71,030 / + 1
					− 166,650.655	− 17,127.279
		276°08'11"				
(96-D)	96-D—96-E	+ 1	7°32'33"	29.086	+ 28,834 / + 1	+ 3,818 / + 1
					− 166,621.821	− 17,123.461
		104°24'08"				
(96-E)	96-E—No.30	--	291°56'41"	302.820	+ 113,167 / + 4	− 280,879 / + 4
					− 166,508.650	− 17,404.336
		279°45'01"				
(No.30)	No.30—No.166	+ 1	31°41'43"	.	--	--

Σβ =	1546°15'07"	ΣS =	728.398 m	Σ(+) =		
+αa =	105 26 32	ds =	$\pm\sqrt{\delta x^2 + \delta y^2}$	Σ(−) =		
=	1651 41 39	=	± 0.013 m	ΣΔx, ΣΔy =	+ 55.763	− 632.163
−αb =	31 41 43	ds =	0.013	Xo, Yo =	− 166,564.422	− 16,772.182
=	1619 59 56	ΣS	728.398	X'i, Y'i =	− 166,508.659	− 17,404.345
−(n−)180° =	1620 00 00	=	1/ 56,000	Xi, Yi =	− 166,508.650	− 17,404.336
Σδβ =	−		4	Σδx, Σδy =	− 9	9

奈良文化財研究所

測量の場合、高い精度は望めない。ちなみに、三角点の標高は間接水準測量によるものであり（標高表示が小数点以下2桁以内）、高さの基準として使用するには、やや問題がある。

水準測量の路線　水準測量の路線としては、一般に、往復路線（既知点を出発して未知点との間を往復）、環状路線（既知点から環状に未知点をへて同じ点に回帰）、結合路線（既知点から別の既知点に結合）の3種類がある（図62）。

これらは、出発点や終点となる既知点で閉合誤差の確認と調整をおこなう。往復路線では往路と復路の平均をとり、環状路線と結合路線は測定距離に応じて誤差を比例配分する。このほか、既知点から複数の路線をのばして水準網をつくり、平均計算で標高を定める方法もある。

レベルと標尺　通常、直接水準測量で使用するレベルには、自動的に視準線を水平にするオートレベルと、測定のつど調整が必要な気泡管レベルがあり、作業能率は前者がまさる。また、専用の標尺と組み合わせて、高さと距離を自動的に読み取る電子レベル（デジタルレベル）もある。

標尺の材質は、木製、アルミニウム製のほか、グラスファイバー製やFRP（繊維強化プラスチック）製があるが、後者が軽量で取扱いにもすぐれる。なお、標尺の幅（太さ）は一定以上あったほうが視認しやすい。

測定時の留意点　測定にさいしては、レベルの視準軸誤差を少なくするため、後視点および前視点までの視準距離ができるだけ等しくなるようにするのが望ましい。

また、基準点測量の場合も同様だが、水準測量でも、成果は公的な記録として保存し、必要に応じて参照できるようにしておかなければならない。そのためには、共通の様式の観測手簿を用意し、記録方法を統一する必要がある。

B　水準測量の実際

外業と計算の手順　以下、往復路線を例にとって、水準測量の具体的な作業手順を示しておく（図63・表6）。

1) まず往路の観測をおこなう。後視点となる既知点に立てた標尺を読み、「後視（BS）」の欄にその数値を、m表記でmmの位（小数第三位）まで記入する。標尺は、前後に傾けて（ウェービング）目盛りの最小値を読むか、付属の気泡管を用いて垂直に立てたときの数値を読む。

2) 次に、前視点に標尺を立てて読み、1段下の行の「前視（FS）」の欄に記入する（前視が「移器点」と「中間点」に分かれている場合は、「移器点」の欄に記入）。

3) レベルを移動させ、2の前視点を後視点として標尺を読み、その数値を同じ行の「後視」の欄に記入する。以下、未知点に達するまで、同じ作業を繰り返す。

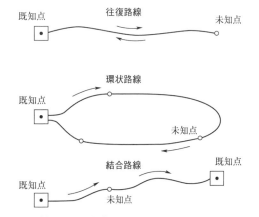

図62　水準測量の路線

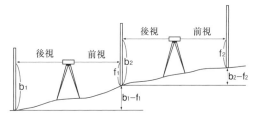

出発点と終点の高低差 = 後視合計 − 前視合計
$(b_1+b_2\cdots) - (f_1+f_2\cdots)$

図63　往復水準測量

III-4 測量基準点の設置

4) 後視と前視の合計をそれぞれ求め、両者の差を計算する。また、各測点で測定した「後視－前視」の値（高低差）を＋と－に分けて記入し、おのおのの合計と差を計算する。当然、この差は、「後視合計－前視合計」と一致しなければならない。

5) 往路観測の最後の前視点（未知点）を後視点として、復路の観測を実施する。往路の出発点となった既知点に達したのち、復路についても同様の計算をおこなう。往路と復路の閉合誤差が許容範囲にあれば、その平均をとって成果とし、許容範囲を超える場合は再測する。

表6　水準測量の手簿と計算例

				前視		高低差				
○○遺跡 124次　水準測量手簿　No.										
路線名（ Ⅰ ）　自 No.173 至 124-A・B				日付 2002年11月6日　路線型 一方向・(往復)・結合・環状　測器 Leica NA 828				天候 晴 軟風　観測者 ○○　標尺 □□		

測点	距離	後視	器械標高	前視 移器点	中間点	高低差 ＋	－	観測標高	補正	標高
No.173	0 m	1.388 m	m	m	m	m	m	m	— mm	79.416 m
節足1	40	0.419	.	2.862	.	.	1.474	77.942	−1	77.941
節足2	27	0.750	.	2.086	.	.	1.667	76.275	−1	76.274
124-A	36	1.561	.	1.201	.	.	0.451	75.824	−1	75.823
124-B	32	.	.	0.802	.	0.759	.	76.583	−1	76.582
計	135	4.118	.	6.951	.	0.759	3.592		—	
124-B	0	0.760	.	.	.	.	.	76.581	+1	76.582
124-A	32	1.273	.	1.519	.	.	0.759	75.822	+1	75.823
節足3	37	2.115	.	0.737	.	0.536	.	76.358	+1	76.359
節足4	28	2.883	.	0.502	.	1.613	.	77.971	+1	77.972
No.173	38	.	.	1.438	.	1.445	.	.	—	79.416
計	135	7.031	.	4.196	.	3.594	0.759			

往路：4.118 − 6.951 ＝ −2.833　　　0.759 − 3.592 ＝ −2.833
復路：7.031 − 4.196 ＝ 2.835　　　3.594 − 0.759 ＝ 2.835

奈良文化財研究所

世界測地系への移行

測量法の改正　近年、GPS測量の発達などにより、測地精度が著しく向上し、明治年間以来構築されてきた日本独自の測地系との齟齬が大きな問題となってきた。そのため、平成14（2002）年4月から改正測量法が施行されて、測量の基準がそれまでの日本測地系から世界標準である世界測地系へと移行し、基本測量や公共測量はすべてこれによることになった。

おもな変更点は、地球に近似する回転楕円体として、従来のベッセル楕円体に代えてGRS80（測地基準系1980）楕円体を採用したこと、空間上の位置の基準として、ITRF94系（国際地球基準座標系の1994年度版）を採用したことである。

そのさい、各平面直角座標系の原点の緯度・経度の数値（たとえば第Ⅵ系では北緯36°00′00″、東経136°00′00″）は変更しない方針としたので、原点の位置が南東方向へ大きくくずれることになった。結果として、同じ地点で比較すると、たとえば奈良近辺では、X座標で約＋350m、Y座標で約－260mのずれを生じ（緯度・経度の変化はそれぞれ約＋12″と約－10″）、しかも、この大きさは地域によって異なっている。

世界測地系への変換法　そこで、過去のさまざまな成果を世界測地系に変換する作業が不可欠となるが、そのためにはまず、従来の日本測地系の成果をもつ基準点の世界測地系座標を求める必要がある。これには、以下のような方法がある。

　A　電子基準点や三角点など、世界測地系に準拠した基準点を既知点として、これまでの基準点の再測量（改測）をおこなう。

　B　世界測地系に準拠した成果をもつ既知点と、過去に基準点を設置したさいの観測値を用いて、再計算（改算）する。

　C　国土地理院が提供する座標変換プログラム（TKY2JGD、ホームページからダウンロード可能）を用いて、座標変換をおこなう。

　D　地域ごとに基準点の一部の改測や改算をおこない、そこで得られた座標変位量をもとに、ほかの基準点の座標を変換する。

このうち、Aの改測がもっとも精度が高く、Bの改算がそれに次ぐ。以下、C、Dと精度は順次低下する。したがって、過去の基準点が現存する場合は、Aの改測か、少なくともBの改算をおこなうのが望ましい。CのTKY2JGDによる座標変換は、簡便ではあるが、高い精度は確保できず、地域によっては大きな誤差を生じる場合もある。

座標変位量の算出と座標変換例　奈良文化財研究所では、改正測量法の施行にあたって、座標変位量を把握するために、平城地域の22の3級（一部1級）基準点と、約20km離れた飛鳥藤原地域の55の3級（一部2級）基準点の改測・改算作業をおこなった。

その結果、両測地系間の座標変位量は、平均して平城地域がX座標で＋346.40m（標準偏差0.012m）、Y座標が－261.28m（同0.009m）、飛鳥藤原地域はX座標が＋346.52m（同0.031m）、Y座標で－261.57m（同0.023m）と、ともによくまとまっていた。これらの数値は、それぞれの地域における三角点の座標変位量ともほぼ合致する。そこで、小数第二位を四捨五入した数値（平城地域では＋346.4mと－261.3m）を座標変位量と認めることとし、過去の実測図などの成果は、これを用いて世界測地系に置き換えている。

したがって、通常の遺跡では、遺跡単位かそれを含む一定の範囲ごとに、基準点の改測ないし改算作業を実施して日本測地系座標との差を求め、機械的な変換（平行移動）をおこなえば、実用上十分であろう。ちなみに、改測や改算などの座標変換は公共測量と位置づけられており、成果の共有が可能である。

なお、平成14（2002）年の法改正では、高さの基準自体は変更されていない。最新の観測値にもとづき、全国同時平均計算で算出した標高値（2000年度平均成果）に改定し、北海道を本州と直接水準測量で結合するなど、いくつかの変更点はあるが、大きな変化はない。

第5節
発掘前の地形測量

1 地形測量の意義と手順

地形測量の意義　遺跡や遺構の現況を把握して本来の形状を推測し、調査計画を策定するためには、発掘作業に先立って地形測量をおこなうのが有効である。

とりわけ、古墳の墳丘や城館の濠・土塁など、地表面の起伏が遺構の形状を反映している遺跡や、発掘作業によって地形そのものが大きく改変を受けるような場合では、作業前の現地形の記録は不可欠な作業となる。また、土地区画や地物を入れた測量図を作成することで、有用な情報を盛り込めることも多い。

地形図の縮尺　この場合、十分な情報量を備えた1/1,000あるいは1/500以上の大縮尺の地図が利用可能であれば、それをもって上記の地形図に代えることができる。

一方、都市計画図（1/2,500）や事業者等が作成した各種の地形図では、遺構を反映する微地形や土地区画などの情報が入っていないこともあり、注意を要する。そうした場合は、適宜、補足測量を実施することになる。

通常、発掘作業に先立ち、発掘担当者が地形測量を実施するときは、縮尺を1/100や1/200程度とすることが多い。目的や遺跡の実態に合わせて、切りのよい縮尺を選ぶべきであろう。

地形測量の手順　地形測量をおこなうにあたっては、基本的に、前節で述べた測量基準点を使用する。ただし、見通しが悪いときは、測点（図根点）を追加する必要があり、その場合は、それらの測量基準点を用いて増設することとなる。

そして、トラバース（多角）測量やGPS測量などでそれぞれの水平位置と標高を定めたのち、測点に器械を設置し、地形や地物の図化をおこなうのが一般的な手順となる。

2 地形測量の方法

A　測量機器と作図法

さまざまな機器と方法　地形測量に使用する機器や方法にはいくつかの種類がある。

かつては、平板（およびレベル・標尺の組み合わせ）が長く地形測量の主役であったが、その後、トータルステーション（TS）やGPSの発達により、三次元座標（水平位置と標高）を簡単に測定できるようになった。

一方、空中写真を用いた写真測量も長い歴史をもち、現在も有効な手段として用いられている。また、近年は、三次元（3D）レーザースキャナーによる地形測量も急速に普及しつつある。

以下では、まず、現地で作図する場合の具体的な方法について述べる。

等高線の作図法　等高線を描く方法には、直接法と間接法の2種類がある。

直接法は、同じ高さとなる地点を探して、図上に位置を記入し、それぞれを等高線で結ぶ方式である。高さの測定には、一般にレベルを使用することが多い。等高線は実際に目視できるわけではないので、原図には、通常、単点との間をあけた

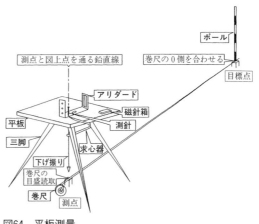

図64　平板測量

第Ⅲ章　発掘調査の準備と運営

一点鎖線で表記する。

　一方、間接法では、任意の単点の位置と高さを記録し、その数値をもとに現地の地形を観察しながら等高線を描く。間接法のほうが、作業能率や、等高線以外で必要な単点も同時に取得できる点でまさるが、直接法に比較すると、作図者の力量に負う部分が大きい。

平板測量とその現状　平板とアリダードを用いる平板測量は、機材が安価で方法も簡便なため、広く普及し、地形測量では長い間、主体的な役割を果たしてきた(図64)。

　この場合、通常、距離はエスロンテープなどで直接測定するか、レベルやトランシットないしアリダードのスタジア測量（垂直方向の目盛りの差から距離を算出する方法）で求めるが、いずれも精度は低い。そのため、レーザー測距機能を備えた電子アリダードも用いられている。

　しかし、アリダードの視準面と定規縁には30mm程度のずれが存在するので、これにより生じる外心誤差や視準誤差が、1/20など大縮尺の図面では無視できない。構造上、平板測量は精密な測量には耐えられず、精度を要しない1/100以下の小縮尺の図に限定して用いるのが適当である。

　ただし、アリダードや平板の生産がすでに中止され、平板による地形測量が公共測量作業規程から削除されたように、現状ではすでにその役割を終えつつある。

B　トータルステーション・GPSによる測量

　現在、平板測量に代わって地形測量の中心的な手段の一つとなっているのが、トータルステーションやGPSを用いる方法である。前者は電子平板と称されることもあるが、平板に代えて、トータルステーションやGPSにより、三次元座標を直接測定する。いずれも、平板とレベルを用いた測量に比べて機材と人員が少なくて済み、作業能率も向上する。

トータルステーションによる測量　トータルステーションを使った作業では、通常、まず測点に器械本体を据え、測点の三次元座標と、測点から望遠鏡中心までの器械高を入力する。そして、後視点に立てた反射プリズムを視準し、方向角または後視点の座標とプリズム高を入力したのち、測定作業に入る(図65)。作業の開始にあたっては、まず既知点を測定して、その値を既知の座標と比較・点検する必要がある。

　現地で作図する場合、測定成果は、器械の操作者から作図者に伝えればよく、互いの距離が離れたときの連絡には、トランシーバーなどを利用する。三次元座標の測定が可能な器械の特性を生かすためにも、等高線の作図は間接法によるのが望ましく、現地で作図する場合は、作図者が方眼紙などに単点の水平位置と高さを記入し、等高線ほかの描画をおこなう(図66)。

　この方式では、平板測量と異なって、作図者が常に地形の観察に適した場所で作業できるのも大きな利点である。また、反射プリズムを設置できないときでも、随時ノンプリズムモードに切り換えて視準し、測定することが可能である。

GPSによる測量　一方、GPSを使用する場合は、2台の受信機のうち1台を固定局（基地局）として測点に設置し、もう1台を移動局とするリアルタイムキネマティック（RTK）法か、ネットワーク型RTK法によるのが能率的である。後者

図65　トータルステーションによる地形測量

は、電子基準点のリアルタイム観測データと携帯電話を用いることで、受信機を移動局1台だけとするのを可能にした方式である。

作図者は、移動局に表示される三次元座標を見ながら、トータルステーションの場合と同様な作業をおこなう。ただし、GPSは、衛星の電波を受信するために上空が開けていることが必要で、樹木などの障害物が存在する状況では使用できないことがある。また、トータルステーションに比べると、機材も一般に高価である。

なお、ここでは現地における作図例を示したが、トータルステーションやGPSで取得したデータをもとに、コンピューターの図形処理機能を活用して作図することもできる。この場合、地図情報を座標データおよび属性データとして表現した、デジタル形式の数値地形図の作成も可能である。

ただし、単点の密度や測定範囲が十分でない場合は、実際の地形とかけ離れたものとなることがあり、地形表現の精度を上げるためには、測定する単点の数を増やす必要がある。

C 空中写真測量

一方、以上のような現地作業を主体とした方式とは別に、広範囲の地形図を作成する方法としては、空中写真測量が有効である。

測量の方法　地形測量に空中写真測量を用いる場合、一般的には、セスナ機やヘリコプターに搭載した航空カメラで、地上の標定点（対空標識）を写しこんだ垂直写真を、前後左右に重複させて撮影する。機材や撮影高度は、縮尺や必要な精度に応じて選択する。その後、ネガフィルムからポジフィルムを作成して図化をおこなう。

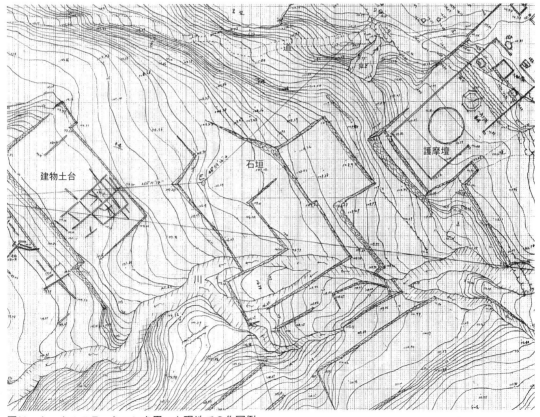

図66　トータルステーションを用いた現地での作図例

また、航空カメラにGPSおよびIMU（慣性計測装置）を装備し、撮影した数値写真から直接、数値地形図を作成するデジタル空中写真測量も実用化されている。これによれば、地上に標定点を設置する必要がない。さらに、フィルムカメラに代えて、航空写真測量用に開発されたデジタルカメラを使用する事例もとみに増加している。

長所と短所　空中写真測量の長所としては、このほかに、全面にわたってほぼ均一な精度が得られること、撮影が短時間で済むことなどが挙げられる。また、一定額以上の費用は要するものの、対象となる面積が広い場合は、地上測量に比べて経費が少なくて済む。

ただし、樹木などにより地表面が写真に写らない場合は、標高の精度が低下するため、補足的な測量を実施しなければならないことがある。

D　三次元（3D）レーザー測量

測量の方法　空中写真測量とは別に、近年めざましく普及しつつあるのが、レーザー光線で対象物をスキャンして、短時間に大量の三次元座標をもつ点群データを取得する、三次元（3D）レーザー（スキャナー）測量である。

レーザースキャナーには、地上型と航空機搭載型がある。地上型は高精度かつ高密度な測量に用いられ、航空機搭載型は広範囲を対象とした測量に適している。いずれも、地形測量の場合は、取得したデータからノイズや樹木などの不要なデータをコンピューター上で間引き、数値地形図を作成する。

航空レーザー測量　最近とくに注目されているのが、航空機搭載型レーザースキャナーに、前述のGPSとIMUを組み合わせた航空レーザー測量である。この方法によれば、空中写真測量よりも精度の高い数値地形図を作成することができる。

これには、樹木や建物などを含んだ数値表層モデル（DSM）と、それらを取り除いた大地だけの数値標高モデル（DEM）があり、国土地理院が提供している「数値地図5mメッシュ（標高）」は、5m間隔の方眼の中心点の標高を示した後者のデータである。現状では大都市周辺など収録範囲が限られているが、利用価値は高い(図67)。

また、上記以外に、地形を検討する手段として、合成開口レーダー（SAR）を搭載した人工衛星や航空機の情報を利用する事例も増加しつつある。これによれば、植生などによる影響を排除した地表を計測することが可能である。

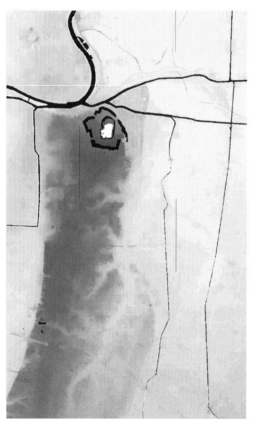

図67　航空レーザー測量による数値標高モデル

第6節
発掘区とグリッドの設定

1 目的と意義

発掘区とグリッド 調査計画にもとづき、発掘作業を実施する範囲である発掘区と、必要に応じてそれを分割して発掘する作業工程を決定する。発掘区の壁面は、遺構検出面の深さに応じた勾配をもつように注意し(66頁)、用地境界との間に一定の余裕をもたせる。

発掘区には、遺構および遺物の位置を記録するための基準や、包含層の遺物の取り上げ枠として用いるため、内部にグリッドを設定する。遺跡の範囲がおおむね推定できる場合には、グリッドは当該発掘区にとどまらず、遺跡全体を包括するように設定し、将来的にも調査成果を容易に対比・接続できるようにしておく。

グリッドの大きさ 現状では2mから10mまで、さまざまな大きさのグリッドが用いられている。これらは、遺跡や遺物の出土状況に応じて、さらに分割することも可能だが、遺物の分布を把握するためには、分割するグリッドの大きさが最大でも4mを超えないようにするのが望ましい。

都城や寺院など古代の遺跡では、柱間寸法の一つの規範でもあった10尺に相当する3mグリッドが古くから用いられており、実際、効果的に機能している例も多い。しかし、必ずしもそれにとらわれる必要はなく、遺跡・遺構の特性や、継続調査における成果の整合性など、条件に応じて適切な大きさのグリッドを選択すればよい。ただ、当然のことながら、同一の遺跡では同じ基準にもとづくことが求められる。

グリッドの方位 グリッドの方位は、実測などの後続作業を考慮すると、平面直角座標系に合わせるのがもっとも簡便である。

ただし、発掘区が著しく狭長で正方位に対して斜めになる場合や、遺構に安定した明確な軸線が存在する場合は、それに合わせたグリッドを設定するのも有効である。しかし、そのさいも、グリッドの基準となる点の平面直角座標値と座標系からの偏角を示し、位置関係の把握と平面直角座標系への換算が容易なようにする必要がある。

ちなみに、旧版『手びき』では、真北と並んで磁北を軸線とすることも認めているが、第4節で述べた理由から(71頁)、磁北を基準とするのは避けるべきである。

グリッド杭 グリッド杭は、グリッドの位置と大きさを示すためのものであり、これを用いて遺構や遺物の出土位置の概略を記録する。通常、グリッドの四隅に杭や金属のピンなどを打ち込むが、太い杭は遺構に損傷を与えるおそれがあるので、使用しないほうがよい。

なお、当初設置したグリッド杭を、周囲の土を柱状に残して、そのまま使いつづける例がしばしば見受けられる。しかし、このような方法は、結果的に未発掘部分を残し、写真をはじめとする記録の作成に支障をきたすばかりでなく、位置の精度自体も低下するので、避けるべきである。遺構の掘り下げや検出面の下降につれて、逐次打ち込んでいくのが実用的である。

そして、実測図の作成など、精度が要求される作業は、グリッド杭を使用するのではなく、別途そのための基線を設定しておこなうのが原則である(228頁)。グリッド杭を実測基準点としても用いるのであれば、掘り下げに応じて、そのつど再設置することが求められる。

2 標準的グリッドとその表示法

ここでは、あらたにグリッドを設定する場合や、既存のグリッドから置き換えたりする場合の一つの指針として、標準的なグリッド案を提示しておく(図68)。以下に示すのは一例にすぎない

が、これによれば、全国的に同じ基準で、平面直角座標系に対応した統一的な表記が可能となる。

基本理念　経緯度を用いると、北へいくほど長さが短くなり、グリッドも厳密には正方形とならないので、現在広く通用している平面直角座標系にもとづくものとする。日本にはそれが19系あり、原点がすべて異なるため、系ごとの表記とせざるをえない。都道府県や地域ごとにどの系を用いるかは、あらかじめ規定されている(70頁)。

また、座標以外を用いた独自の表記法をとると、平面直角座標系との変換が煩雑で錯誤も生じやすいので、座標値を基本とした表記とする。具体的には、座標系ごとに、まず1kmグリッドを設定し、その下に10mグリッド、さらにその下位に2mグリッドをおく方式とする。

座標系と1kmグリッドの表示　最初にどの座標系に属するかを表示する。この項目は、たとえば第Ⅵ系ならば「06」のように2桁表記とし、次の項目との間をスラッシュ(/)で区切る。

つづいて、X座標のkm未満を切り捨てる。座標値が－(マイナス)であれば原点より南に位置するため、頭に「S」(＋の場合は「N」)をつける。次に、Y座標のkm未満を切り捨てる。座標値が－であれば原点より西に位置するため、頭に「W」(＋の場合は「E」)をつける。数字はおのおの3桁表記とし、これによって、1kmグリッドは「S146W093」のようにあらわされる。次の項目との間はスラッシュで区切る。

km未満を切り捨てるため、原点に対してどの象限にあっても、1kmグリッドを表示する数値は、すべて原点に近いほうの角(第1象限にある場合は西南の角、第3象限では東北の角。ちなみに測量関係では、方向角の測り方と同じく、第1～4象限は時計回りの順)の座標となる。

10mグリッドの表示　次に、X座標の百の位と十の位、つづいてY座標の百の位と十の位を順に並べることにより、10mグリッドを表示する。この場合も、一の位を切り捨てることになるため、原点に近いほうの角が10mグリッドの名称となる。たとえば、先の1kmグリッドにつづいて、「7825」と表記することで、原点に近いほうの角のX座標が±146,780、Y座標が±93,250である10mグリッドが示される。

2mグリッドの表示　10mグリッドを縦横五つずつ、計25分割して設ける2mグリッドは、アルファベットのA～Yを用いてあらわす。横書きのアルファベットに合わせて、10mグリッドの西北の隅をAとして東(右)へ向かい、一つ南(下)の行に下がって、西端のFから同じように繰り返す。それぞれの2mグリッドを表示する点は、すべて西北の角とする。

これにより、10mグリッドを示す4桁の数字とアルファベット1文字で、たとえば「7825R」のように、1kmグリッドの中の2mグリッドはすべて表示することができる。また、遺物の取り上げ時など、どの2mグリッドに属するかが明らかでない場合は「Z」をあてる。「7825Z」とあれば、「7825」の10mグリッドの中には入るが、その中での位置は不明ということになる。

運用上の留意点　実際の運用にあたっては、座標系を示す必要は少なく、また、1km四方を超えない遺跡であれば、1kmグリッドの表示も基本的に不要な場合が多い。もちろん、記録としては残さなければならないが、実用上、それに代えて「○○遺跡第□次」のようなかたちで表記し、グリッド表示は「7825R」など、10m以下にとどめるのも効果的である。

なお、上記の方式でなく、最後の項目を座標の一の位まで並べた数字6桁の表記とすれば、3mや1mなど、m単位のどんなグリッドにも対応可能である。その場合、4桁の数字とアルファベットであれば2mグリッド、6桁の数字であれば、それ以外のグリッドと認識できることになる。

Ⅲ-6 発掘区とグリッドの設定

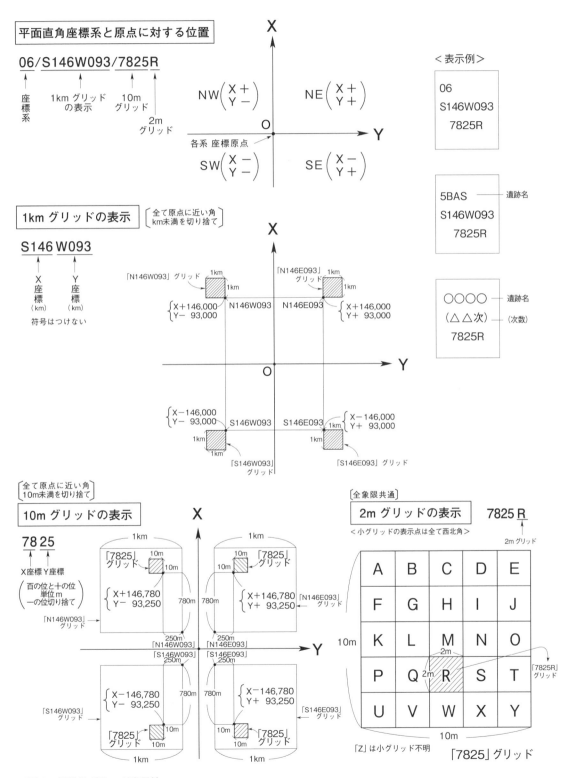

図68 標準的グリッド表示法

第7節
遺跡の探査

1 目的と意義

遺跡探査とは　発掘調査をおこなうさいには、遺跡について、できるだけ多くの情報を取得しておく必要がある。とくに、非破壊的手法による遺跡情報の取得は、遺跡を理解する有効な手段として活用することが望ましい。

現状を損なうことなく、地下に埋もれた遺跡を探る方法を、遺跡探査とよぶ。遺跡探査は、文化財探査の一部である。

遺跡探査の方法　遺跡探査にはさまざまな方法があるが、ここでは、地図および写真・画像の利用と物理的手法を用いた探査（物理探査）について述べる。前者は、遺跡を理解するうえで基礎的な情報収集の手段であり、積極的に利用したい。

物理探査は、「掘ればわかるのではないか」という理由から、活用が見送られていることも多い。しかし、遺跡の全域を発掘する機会はまれであり、遺跡の全体像を把握するためには、探査が有効な手段となる。また、試掘・確認調査における見落としを少なくし、期間や経費がかぎられる中で、もっとも効果的に発掘区を設定するうえでも、探査が果たす役割は大きい。したがって、今後、その利用を十分に検討する必要がある。

図69　丈量図の例

とくに、史跡の範囲確認や整備といった保存目的調査では、発掘による遺跡の現状改変を最小限にとどめるためにも、条件が整えば物理探査を導入することが求められる。

2 地図・写真・画像の利用

地形図の利用　地図は、遺跡の位置やその周辺の情報を知るうえで不可欠なものであり、これを用いて、遺跡の有無や範囲の推定、地割の検討などをおこなうことが可能である。

発掘調査では、1/2,500や1/5,000の国土基本図のほか、1/1,000など大縮尺の地図があれば、それを利用することが望ましい。これらが入手できないときや、広範囲の分布調査では、1/10,000や1/25,000の地形図も有効である。

等高線や河川などの自然地形が表現された地図を利用することで、遺跡周辺の微地形や旧地形の改変状況についても検討することができる。また、遺跡が存在する可能性の大小や、集落の範囲を推定するさいの手がかりともなる。

これらの地形図は、おもに空中写真測量の成果にもとづいて作成されており、都市部や草木が繁茂したところでは、正確な地形条件を反映していないおそれがある。そうした点に関しても、近年では、地物の除去処理や合成開口レーダー（SAR）による地表面情報の取得などにより、良好なデータが取得可能になったが、過度に信頼せず、検討のさいには現地との照合や修正が必要である。

過去の図の利用　中・近世の環濠集落や居館、都城や条里といった大規模な地割は、現在では地表からその痕跡が失われたとしても、過去の地形図や地籍図などに痕跡を残している例も多い。

また、本来の微地形がまったく失われているように見える場合でも、水路のような微水系の検討をつうじて、埋没した流路を推定し、古い地籍図

と現状の地形図を比較することで、過去の地形を復元できることがある。

地籍図は、耕地区画のみが示され、地盤高などの情報は含まないことが多いが、傾斜地の耕地区画は小さく、平坦地のそれは比較的大きいという傾向があり、微水系とともに検討することで、ある程度は旧地形を推定しうる。

なお、古い地籍図に存在する小字などが、過去の土地利用を反映している例もあるので、そうした字名の検討も有効である(図69)。

主題図の利用　表層地質図や土地利用図、土壌図などの主題図も、遺跡の立地条件や性格を想定し、発掘区における土層のありかたを予想するさいに有益なデータをもたらす(図70)。

数値地図の利用　地形情報として、近年は多種多様な数値地図が提供されている。

遺跡の立地や周辺環境を検討するうえで、数値標高モデル(DEM、84頁)は基礎となるデータである。国土地理院では、「数値地図50mメッシュ(標高)」をほぼ全国的に整備し、現在、大都市周辺を中心に「数値地図5mメッシュ(標高)」の整備を進めている。

「数値地図50mメッシュ(標高)」からは、大まかな地形の状況を知ることができる。また、地理情報システムなどを用いて、条件を設定し、地形を解析することも可能であり、遺跡の位置や立地を検討する有効な手段となる。

ただし、これらは、1/25,000地形図から、南北方向で1.5秒、東西方向で2.25秒間隔の標高を抽出したものであり、方眼の大きさは、厳密には一辺50mの正方形ではなく、場所によって変化するので、注意を要する。

「数値地図5mメッシュ(標高)」は、それに代わるものとして、地形図からではなく、航空レーザー測量(84頁)により、直接、樹木や建物を除いた標高情報を取得したものである。これを用いれば、より詳細な地形の検討も可能である。

そのほかにも、国土地理院では「細密数値情報(10mメッシュ土地利用)」や「数値地図5000(土地利用)」といったデータを整備・公開しており、利用可能な地域については積極的に使用したい。ただ、これらのデータは、作成方法や基図が異なっており、それぞれの特徴と限界を認識することが必要である。

空中写真や画像の利用　空中写真や人工衛星などから撮影した画像が、遺跡の性格を考えるうえで重要な情報を提供することもある。

人工衛星による画像の取得には、能動的な手法

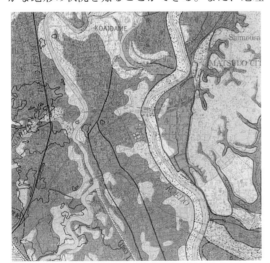

図70　**表層地質図の例**(東京東部低地)

図71　**空中写真による遺構の判読例**(井上長者館跡)

と受動的な手法がある。前者には合成開口レーダー（SAR）、後者には光学センサーによる可視光線や近赤外光線画像の判読などがある。

一方、セスナ機やヘリコプター、気球などで撮影した空中写真を判読し、地中の土壌やそれに起因する植生の違いから地中の状況を推測する研究も長い歴史があり、ソイルマークやクロップマークなどが知られている。

日本では、井上長者館跡（茨城県）で中世居館の方形区画があらわれており（図71）、西組遺跡（群馬県・古墳後期）では、複数の竪穴建物の存在が確認されている。

また、光学センサーも高解像度化が進んでおり、空中写真と同様に実用に供されている。可視光線だけでなく、さまざまな波長の情報が取得できるものも増えており、条件次第では埋没地形などの探査も可能である。

3 物理探査の利用

物理探査の種類　地中の状況を探知するには、振動や電波を地中に送り込み、反射や抵抗などの反応や、地中に存在する磁力を測定する、といった物理的な方法による探査が有効である。

物理探査にも、能動的な手法と受動的な手法がある。前者には、電気探査、地中レーダー（GPR）探査、電磁誘導探査（EM法）、弾性波探査があり、後者には磁気探査がある。

電気探査　大地の比抵抗の測定をつうじて、地下の構造を探査する方法である。電流を流す電極1対と電位を測定する電極1対を組み合わせておこなうことが多い。

電極の配置には、二極法、ウェンナー法、ダイポール・ダイポール法などがあり、それぞれ感度と効率性が異なるため、対象に応じて使い分ける。加曽利貝塚（千葉県・縄文中〜晩期）では、この方法で貝層や竪穴建物を確認した（図72）。

地中レーダー探査　電磁波を地中に送り、その反射をとらえることで、地中の状況を探る方法である。迅速で応用範囲が広く、集落遺跡などへの適用性が高い。

使用する周波数の違いにより、多様なアンテナが準備されており、電磁波の浸透力が高い低周波のものは、比較的深い部分までの探査が可能である。反面、解像力が高周波のものに比べて低い。このため、対象となる遺構の大きさや埋没深度に応じた選択が必要となる。

探査の結果は、土質の違いなどによる電磁波の伝搬速度の差や、境界面・異物による反射・散乱といった垂直方向の反射状況に示され、疑似的な断面画像として、地中の異常物の位置を検討することができる。また、近年では、これらを集積して時間ごとに並べ直し、地表からの深さに応じた

図72　電気探査による竪穴建物の確認（加曽利貝塚）

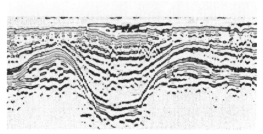

図73　地中レーダーによる竪穴建物の断面（西組遺跡）

反射の平面的な分布を表示する、タイムスライス法も活用されている。

先述の西組遺跡では、この方法により、竪穴建物の周堤および床面を確認し(図73)、良好な条件下では、遺構の配置や施設の細部を知りうることが実証された。また、下高橋官衙遺跡(福岡県・8～9世紀)では、正倉院を構成する総柱建物が明らかにされている(図74)。

これらの事例が示すように、今後も、探査手法の進展により、遺構の状況をさらに詳細に知ることが可能になるとみられる。

電磁誘導探査　人為的に磁界を発生させ、物質の電気伝導度に応じてできるあらたな磁場を測定する方法で、とくに金属の探査に有効である。この方法による探査としては、原の辻遺跡(長崎県・弥生前～後期)の例があり、水路と船着き場などが確認されている(図75)。

磁気探査　鉄類が磁化した磁気異常を測定する方法である。窯跡など熱残留磁気をもつ遺構では効果的だが、それ以外についての成功例は、日本ではごくかぎられる。一方、海外では、イタリアのローマ皇帝の別荘、オーストリアのローマ期の集落などで、数多くの成果が上げられている。

方法の選択　以上に挙げた各種の探査法は、土質や埋蔵物の物性によって異なる反応から、地中の状況を把握するものであり、想定される対象に適した方法の選択が必要となる。

また、複数の探査方法を組み合わせることで、地中の状況をより詳細に把握できるので、それぞれの特徴を理解し、目的とする情報を得るために最適な方法を計画的に導入することが望ましい。

物理探査の実際　探査にあたっては、方法に応じた測定機器が必要となる。現状では、大学や調査会社などに依頼するのが一般的だが、その場合でも、作業の効率化を図るために、具体的な作業内容についての知識をもっておきたい。

多くの物理探査、とくに機器を移動しておこなう地中レーダー探査や磁気探査では、繁茂する草木の伐採が必要である。その他の方法でも、作業能率を上げて良好な成果を確保するためには、で

図74　地中レーダーで確認した総柱建物(下高橋官衙遺跡)

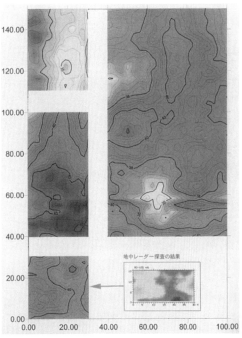

図75　電磁誘導探査で確認した船着き場(原の辻遺跡)

きるだけ障害物のない状態にする。また、電磁誘導探査や磁気探査では、金属片の存在が測定に大きな影響を与えるので、事前に空き缶などのゴミを除去しておく。

こうした準備が終わったのち、多くの場合は、位置を測定する手段として、エスロンテープなどを張る（図76）。

探査区域や測線の方向などは、対象に応じて選択するが、いずれにしても、地図や発掘調査成果との整合性も考慮して、測量をおこなう。測量に関しては、GPSやトータルステーションなどの機器の進歩と普及により、効率的で詳細な情報の取得が可能になりつつある。

なお、広範囲を対象とする探査では、平面直角座標系に準じるのが、成果の集約と比較の点でも便利である。

それぞれの物理探査は、地中の物性の違いをとらえる方法が異なり、また、土質や地下水の状況などが、結果に大きな影響を及ぼすことも多い。土壌などの環境や季節、天候が違えば、成果にも差が生じることを理解する必要がある。

物理探査は、明瞭な反射を期待できる古墳や、比較的強い熱残留磁気をもつ窯跡などで試みられることが多く、集落遺跡での実践例は多いとはいえない。しかし、遺跡の現状を大きく改変することなく、地中の情報を得る手段としての意義は大きく、今後、積極的な導入を検討したい。また、発掘区以外の遺跡の状況を把握する手段としても、大いに期待できる。

ただし、物理探査で得られる情報は、あくまでも物理的な性質の差であり、それらは、発掘作業で判断基準となる土の差違だけでなく、さまざまな要因による。また、地中における異常部分の存在を指摘することはできても、その性格や年代について知ることはできない。

このため、得られた情報については、個々の方法の特性と限界をふまえた判断が必要となる。また、その結果に関する検討は、試掘・確認調査といった実際の遺跡における検証とあわせておこなうことが望ましい。

図76 地中レーダー探査と測線

図77 電気探査の測線と測定

第Ⅳ章

土層の認識と表土・包含層の発掘

第1節
遺跡における土層の認識

1 土層とその構成物

A 地層と土層

地 層 地層は、さまざまな物質が流水・風・重力などの自然の営力で運搬され、層状に堆積したものを指し、自然堆積層とも、たんに層ともよばれる。地層は、地質学ではぐくまれた用語であり、1枚の層に対しても、複数の層の集まりに対しても使用される。

また、地質学の基礎分野である層序学(層位学)では、自然堆積層のほか、溶岩流や土石流、土壌や人為層などにも、厚さと水平方向に広がりをもつ地層としての見方が広く適用される。

土 層 考古学では、上述の広義の地層と同じものに対して、土層とよぶのが慣例である。すなわち、考古学の土層は、自然堆積層のほか、土壌や人為層、遺物包含層、遺構の埋土(覆土)を構成する層などを含む用語として用いられる。以下、本書では、日本考古学で広く通用している「土層」という用語を用いて説明する。

土壌学の土層 ただし、土壌学にも土層という用語がある。土壌学でいう土層は、一つの母岩や母材となった岩石や地層から、生成された土壌が分化することによって生じた層のことであり、土壌層位ともよばれている(115頁)。土壌層位は、考古学の土層とは異なる概念の用語であるので、混同しないように注意しなければならない。

B さまざまな土層

人為層 遺跡の土層のうち、搬入土(客土)層、廃棄物の集積層、作土(耕土)層などを、人為層という。土壌や自然堆積層のほか、人為層そのものも、別の人為層を構成する材料となる。

遺物包含層 遺物を含む層を指し、たんに包含層ともいう。遺構や遺物をともなう古土壌(土壌層位のA層、115頁)や、捨て場としての遺物集積層は、その代表的なものである。また、遺構との関連が強いと判断されるものを一次包含層、二次堆積によるものを二次包含層とする分類もある。

文化層 遺物包含層とほぼ同義だが、遺構をともなう層としての意味合いも含むことがある。

地山層 土木分野では、盛り土や崩壊土など、著しく変位したものを除く自然の地盤を、地山とよぶ。本書でも、掘削面の勾配や高さに関していう「地山」は、この意味である(65頁)。

一方、考古学では、それ以下に遺構や遺物が含まれない自然堆積層や岩盤を、地山層あるいは地山とよぶ。ただし、いわゆる地山層から旧石器が見つかることもあり、無遺物層の認定は必ずしも容易ではない。また、沖積地のように、堆積層が数多く重なる場合には、最下位の遺構面をつくる無遺物の堆積層に対して、「○○時代の地山」とよぶこともある。基盤層と同義である。

C 土層の構成物

砕屑物 自然界に普遍的にあり、地層中でもっとも多いのは、岩石や鉱物が壊れてできた礫・砂・泥などの砕屑物である。これらが固結したものが堆積岩で、たとえば砂が固結したものが砂岩である。火山が多い日本列島には、火山灰・軽石・スコリアなどのテフラ(降下火砕物)も多く、火山灰が固結したものが凝灰岩である。

動植物遺存体・有機物 木材や種実、貝殻、骨、歯、角などの動植物遺存体も、遺跡の土層や遺構埋土からしばしば見つかる。

地下水位の高い低湿地では、動植物遺存体は、酸化による分解から免れて保存されやすい。ある程度分解した植物遺存体の集合体である泥炭は、その例である。発掘当初の泥炭は鮮やかな褐色だが、空気に触れると酸化して黒くなる。枯死した

植物の黒色の素は、分解する過程でつくられる腐植酸である。泥炭が完全に分解して、材料の植物組織が識別できなくなったものが黒泥である。

泥炭の「炭」の字は、無煙炭・瀝青炭（せきせいたん）などの石炭の分類に由来するものであり、火を受けずに黒くなった植物遺存体を指すのではない。一方、焼けた炭は硬く緻密で、破断面には金属光沢があり、黒いだけの植物遺存体とは区別できる。

混入物（夾雑物）　人工遺物は、周囲の堆積物とは大きさも質も異なるが、同様に、何らかの営力で運ばれた堆積物としての側面をもつ。

したがって、遺物がなぜその場にあるのかを、堆積学的に検討することが重要である。遺物と後述するラミナ（葉層（ようそう））の接し方を観察するなど、現地における検討が十分でなければ、遺物の背景にある自然と人間社会のかかわりを見失う危険性がある。

化学成分・後成物質　元素やイオン、それらの化合物は、土層の堆積環境や堆積後の条件を推定する材料となる。その中で、色は化学成分や酸化還元条件をよく反映する。また、土層形成後に、泥や腐植物質、化学成分などが、浸透水や地下水により移動して土層中に沈殿した二次生成物（後成物質）は、土層の一次堆積物や土層そのものと見誤りやすいので、注意を要する（116頁）。

2 土層の区分

A 堆積物の分類

層相　土層は、その堆積環境を反映して、構成物・粒度・粒子組成・岩質・堆積構造・含有化

表7　砕屑物の粒度区分

粒径	ミリメートル	砕屑物		集合物	
φ-8	256 mm	巨礫	boulder gravel	礫	gravel
φ-6	64	大礫	cobble gravel	礫岩	conglomerate
φ-2	4	中礫	pebble gravel		
φ-1	2	細礫	granule gravel		
φ 0	1 mm	極粗（粒）砂	very coarse sand		
φ 1	1/2(0.5)	粗（粒）砂	coarse sand	砂	sand
φ 2	1/4(0.25)	中（粒）砂	medium sand	砂岩	sandstone
φ 3	1/8(0.125)	細（粒）砂	fine sand		
φ 4	1/16(0.0625)	微粒（極細粒）砂	very fine sand		
φ 5	1/32(0.0313)	粗粒シルト	coarse silt		
φ 6	1/64(0.0156)	中粒シルト	medium silt	シルト	silt
φ 7	1/128(0.0078)	細粒シルト	fine silt	シルト岩	siltstone
φ 8	1/256(0.0039)	微粒（極細粒）シルト	very fine silt	泥 mud	泥岩 mudstone
		粘土	clay	粘土岩	claystone

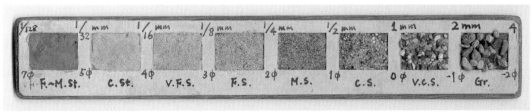

JIS規格の標準フルイにかけた試料を、ベニア板に貼った厚紙の四角い窓に接着剤で貼りつけたもの。（20.7×3.3cm）
試料は右から、細礫、極粗粒砂、粗粒砂、中粒砂、細粒砂、極細粒砂、粗粒シルト、中粒以下のシルト。

図78　粒度標本の製作例

石・化学組成・固結度・含水量・色など、さまざまな特徴を示す。こうした特徴や広がり、上下関係を総合的にとらえた土層の特徴が、層相（堆積相）である。そのうち、粒度・粒子組成・岩質など、層相の主要な特徴である堆積物の岩石学的な特徴を、地質学では岩相（がんそう）とよぶ。

堆積物の分類基準　土層は、堆積物の特徴や性質を基準に分類する。しかし、水分を十分含み、指で押さえればくぼむ、粘性土や粘質土とよばれる堆積物は、乾燥すると収縮して硬くなり、もとのようによぶことは難しい。また、還元状態にある青色の砂は、空気に触れれば、色の素である水酸化鉄が酸化鉄に変化して、褐色となる。

このように変化しやすい含水量・硬さ・色などは、分類の基準には適していない。そこで、堆積物は、変化の小さい共通の性質である岩相、とくに堆積粒子の粒径によって分類する。

堆積粒子の分け方　堆積粒子の粒径は、ウェントワースの方法により粒度区分する。各粒度階は自然界に豊富な砕屑物を用いて、礫、砂、シルト、粘土に区分する。シルトと粘土をあわせた粒度が泥である。礫・砂・シルトは、さらに4〜5段階に細分する（表7）。

一般に、肉眼では極細粒砂以上を見分けられるが、慣れれば、極粗粒シルトも区別することができる。現地で粒度を調べるには、粒度標本と比較しながら、視覚や指先の触覚で確かめる（図78）。肉眼では区別できないごく小さい粒子でも、適度に湿った粘土分の多い堆積物では、親指と人差し指で粘土紐をよることができる。また、シルトは奥歯で噛めばシャリシャリし、粘土は下唇の裏に塗り、鋭敏な舌先で探ってもあくまでヌルヌルしているなど、歯や舌先の感覚を利用して判定する方法もある。

礫のうち、軟らかい粘土やシルトなどの未固結砕屑物からなるものを、偽礫（ぎれき）とよぶ。偽礫は、自然営力のほか、人為的にも形成される。土層中で目立つため、遺構埋土や盛り土の由来の推定など、人間の活動の把握に重要な役割を果たす。ブロック土、粘土塊などのようにもよばれる。

なお、砕屑物とは成因が異なる火砕物は、64㎜以上を火山岩塊、64〜2㎜を火山礫、2〜1/16㎜を粗粒火山灰、1/16㎜以下を細粒火山灰とよび分ける。また、農学や土質工学の分野では、基準粒径や表現が上述の砕屑物と異なっているので、混用してはならない。

B　土層区分の原理

層序　土層（地層）の上下の重なりを、層序という。考古学でいう層位は、地質学の層準とも同義であり、重なり合った土層中の特定の面や層を指す場合に用いる。

層序区分は、発掘作業の各段階で、土層や遺構の年代と先後関係の確定、人為層の識別や掘削深度の判断などをおこなううえで重要である。自然科学分析においても、試料の採取層位の確かさが、分析結果を生かすための条件であり、異なる分野の分析成果を総合化するさいの柱は層序である。

したがって、発掘作業では、層序関係と、遺構や遺物の層位を正確に把握し、記録する必要がある。遺跡の土層を区分して対比し、遺跡の時間軸である層序を確立する作業は、層序学の原理にしたがっておこなう。

層序区分の基本　層序区分は、土層のおもな特徴である堆積粒子の粒度と組成、堆積構造などの違いにもとづくのが基本である。

層序を区分するさいの最小単位は、上限と下限を層理面にはさまれた、単層とよばれる土層である。層理面は、堆積粒子の物質や粒径、配列、堆積構造の違いにより認識される境界面である。層序は、この層理面を基準として区分する。単層の中にも、ラミナとよぶ薄い層があるが、これは層序区分の基準にはしない（図79）。

層理面とラミナ面の見分け方　層理面とラミナ

の堆積面（ラミナ面）は、土層断面ではともに縞模様や筋に見える。そのうち、層理面は、一般にその上下で堆積粒子の粒径が異なるため、明瞭で連続性がよく、水成層では水平か水平に近い。これに対して、ラミナ面は、同じような堆積粒子からなる単層内の粒子配列であり、程度の差はあれ、ほとんどが層理面に斜交する。

また、層理面は、単層のおもな構成物が植物遺存体などの有機物である場合でも、有機物の種類や形状、大きさの差違などによって認識できる。

風化火山灰層（いわゆるローム層）や、同程度の粒径の砂粒子からなる風成砂層では、層理面を見つけ出すことが難しいが、古土壌や人為層があれば、上面は層理面（過去の安定した地面）として認識できる。ただし、土壌層位は単層の重なりと誤認しやすいため、土色に頼らずに明瞭な面を見つけることを心がける。

人為層中の層理面（生活面・遺構面）も、上下の堆積物の違いで認識しやすい。ただ、客土作業中の一時的な客土面（ラミナ面）も、その上に異質な堆積物が積まれた場合は明瞭に見えることがあるので、層理面と誤認しないよう、堆積構造や遺構面を確認しながら認定する必要がある。

表8 遺跡にかかわる土層のおもな生成環境

山地・丘陵		火山	台地・段丘・平野		河川	天井川
		氷河				三角州
		岩石地				湖沼・湿地
		崩壊地・地すべり地				火山灰台地
		洞窟（洞穴）				砂丘
		草原・牧草地				農耕地
		農耕地				造成地
		斜面・谷	沿岸			海岸扇状地
台地・段丘・平野	河川	扇状地				海成段丘
		網状河川		海浜		砂州・砂嘴
		蛇行河川				後浜〜沖浜・浜堤
		河成段丘				干潟
		自然堤防				埋立地・干拓地
		氾濫原	浅海			湾
		後背湿地				礁・堆

C　自然堆積層と人為層の把握

遺構の埋没原因　遺構や遺物包含層が地下に埋もれる主要な原因は二つある。一つは、沖積地や火山灰地の遺跡のように、頻繁な堆積作用により埋もれてしまう場合である。それらの堆積物の運搬は、主として河川・波・風などの自然の営力による。もう一つは、台地上の遺跡など、尾根を削り、谷を埋めて土地を造成した人間の労働力が、自然の浸食作用にまさった場合であり、その堆積物の運搬は、もっぱら人為による。

自然の作用による堆積物と人為による堆積物とには、粒度組成や堆積構造の違いがあるので、これをもとに土層の成因（堆積環境）を把握することができる（表8）。

D　自然堆積層の特徴

自然堆積層には、堆積物の運搬営力と堆積場の環境条件の違いにより、それぞれ特有の規則的な堆積現象が見られる。以下に例示しておく。

河川成層　河床に堆積した砂層には、流れの方向に平行な断面を観察すると、一般に、上流から下流へ傾くラミナ（前置葉理）が見られる（図80）。前置葉理は、溝の機能時の堆積層にも観察できる（図版6-1・2）。

洪水堆積層　遺跡で見られる自然堆積層の多く

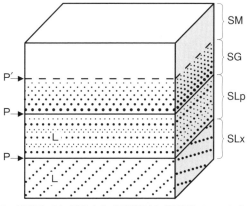

P：層理面、P′：漸移する（不明瞭な）層理面、L：ラミナ、SM：塊状層理の単層、SG：級化層理の単層、SLp：平行ラミナのある単層、SLx：斜交ラミナのある単層

図79　単層とラミナの関係

は、洪水により運ばれたものである。

蛇行河川の攻撃斜面（凹岸）側では、岸から崩落した堆積物の偽礫が砂礫層に混じることがあり、攻撃斜面の外側の自然堤防では、しばしば、下から上に向かって堆積粒子の粒径が粗くなる逆級化構造を示す洪水堆積層と、泥層が積み重なっている。一方、寄洲（凸岸）側では、浮遊した砂泥が堆積し、下位層から上位層へ粗粒〜細粒に変化する上方細粒化を示す。

また、氾濫原では、堤防決壊であふれた濁流の水位低下にともない、おもに砂泥が堆積して平行ラミナが発達し、植物遺存体を豊富に含む。

風成層　風で運ばれた砂質の堆積層は、一般に極細粒砂から中粒砂が主体で、刷毛で掃いたような細かな平行ラミナが観察されることが多い。礫は風で運ばれることはなく、河川成層のように、砂層と礫層が互層になることはない。シルトは風塵となって舞い上がるため、多量のシルトが降下すると、無層理で塊状のシルト層ができる。

火山灰層　いわゆるローム層は、テフラのほか、黄砂や風塵となって再移動したテフラ堆積物が混じり合って堆積・風化したもので、塊状の風成シルト層に比べていくぶん成層している。この中に火山灰層や軽石層、スコリア層などのテフラ層がはさまれると、層序関係がより明確になる。

テフラには、それを特徴づける鉱物が含まれているので、野外における同定では、ルーペを用いて鉱物組成や鉱物ごとの特徴を観察する。

土石流　多量の堆積物が水との混合物として運ばれた土石流堆積物は、流水や風で運ばれてできた堆積層とは異なって、分級（淘汰ともいう。粒径の揃い具合）が著しく悪く、成層せずに逆級化構造をともなうことが多い。また、河川成層のような、逐次的に形成されるラミナはない。しかし、土石流の土層の粒度・粒子組成・岩質などは、人為層や生物攪乱を受けた層などと似ており、狭い範囲での観察では誤認することがある。

E　人為層の特徴

人為層は、一般に、構成物の種類の不揃いや分級の悪さ、偽礫の多さなどによって、自然堆積層と区別できる。

搬入土（客土）層　別の場所で掘り出された堆積物が運搬・搬入され、埋め立てや盛り土、整地、版築などの行為によって形成された層であり、偽礫が多いのが特徴である。

客土は、不良作土の改良や地盤改良を目的として、ほかの場所から運び入れられた堆積物と、その運搬行為を指す農業や土木建築の用語である。盛り土層や整地層の中にも、一時的な生活痕跡が残されている場合があるので、注意を要する。

廃棄物の集積層　貝塚の貝層や谷の堆積物のほか、本来の機能を失って遺物が投棄された土坑の埋土などのように、廃棄された遺物が結果として集積した層である。自然堆積層ほど分級はよくないが、多少とも重力と流水の影響を受けて、ラミナ構造が認められる。廃棄の中断や降雨を示す、分級のよい自然堆積層をはさむこともある。

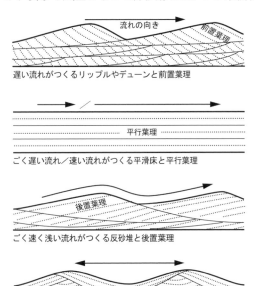

図80　流れや波でできる水底面の形状とラミナ

作土（耕土）層　下位層を耕すことによって作られるため、分級は悪いが、均質に混じり合っている。耕作期間が短いと、混じり具合も不均質であり、下位層堆積物の偽礫が認められる。

相対的に粘土分が多い水田の作土は、畑の作土より浸透性が悪く、薄い泥層が上面を覆っていることが多い。これらは、灌漑期や降雨期に冠水したさいに、混濁水の中の泥が堆積したものである（図版7-3・4）。

なお、作土層直下の層は、たんに床土や鋤床層のようによばれることも多い。しかし、どのような層にも歴史性があるので、土層名や層序番号を与え、基本層序に組み入れるべきである。

F　古土壌の特徴

地層中の古土壌は、暗色帯（黒色帯・ブラックバンド）ともよばれ、動植物遺存体に由来する有機物（腐植物質）のため、周囲の層より暗い色調を呈する。また、植物の根や地下茎、土壌動物の活動などによって攪乱され、分級が悪いことが多い。さらに、団粒構造や柱状構造などの自然堆積層にはない土壌独特の構造をもっている（116頁）。

なお、暗色帯という用語は、黒泥土や微細な植物遺存体の集積層、これらの二次堆積層などに対しても用いられる。

3　土層の観察と記録

A　層序区分の手順と留意点

層序区分は、おおむね、土層観察用トレンチの掘り下げ、発掘区の壁面の整形、土層と遺構埋土の観察、層序区分と土層の命名、基本層序の組み立ての順でおこなう。

土層観察用トレンチ　平面的な掘り下げに先立って、まず土層観察用トレンチを掘る。これは、調査の見通しを得る手段である層序区分と、土層の成因把握のための作業である。

土層観察用トレンチは、狭い発掘区では外周に設定するだけでもよいが、発掘区が広い場合や沖積地などでは、包含層の分布を把握しやすいように、地形の傾斜方向や包含層がのびる方向、それらと直交する方向にも設定することが望ましい。とくに広大な発掘区では、事前にテストピットを掘削して、層序の概要を把握することもある。

土層観察用トレンチは、排水溝も兼ねる場合が多く、ポンプの位置も考慮して配置する。掘り下げは人力により、平面調査に生かせるように、遺構や遺物の層位と出土状況を把握しつつおこなう。土層観察には、攪乱などの壁面も利用する。

観察面の大きさ　層序の把握は調査の進行に影響するので、断面を観察する壁面は、危険のない範囲で、高さと広さを十分に保つように努める。そのため、土層観察用トレンチやテストピットも、発掘担当者がその中に入って壁面を無理なく観察できる大きさと深さを確保する。

なお、土層観察用トレンチが浅く狭いと、層序の全体像が把握できず、遺構の性格を正しく認識できない場合や、掘り下げに時間がかかる場合があるので、トレンチの規模は適正なものとすることが必要である。1枚1枚の土層が厚い沖積地でも、次の遺構面が土層断面で確認できるだけの深さは確保しておきたい。

壁面の整形　断面を観察する壁面は、できるか

図81　土層の観察と記録

ぎり平らに整形し、層理や葉理（ラミナ構造）などが明瞭に見えるようにする。整形には、鎌や草削り、縁を刃状に加工した移植ゴテ、ナイフ、パレットナイフなど、切れ味のよい道具を用いる。また、砂の葉理を浮き立たせるためには、湿った砂層では壁面に水を叩きつけるようにかけ、乾燥した砂層では手箒（てぼうき）で軽く掃くとよい。

土層の観察　つづいて、層序区分のため、土層断面の観察をおこなう。層理面とラミナ面を区別し、堆積構造や土層の成因を検討する。

写真撮影　土層は、発掘作業の終了後には観察ができなくなるので、補助手段として、報告書の図版用写真とは別に、断面をカラー写真で撮影しておく。メモ代わりであれば、デジタル写真でよい。そのさい、壁面の全体と部分の連続写真は必ず撮り、必要に応じて、遺構や堆積構造の細部も近接・接写撮影する。スケールは必ず写し込む。

この作業は、通常、壁面を削った直後におこなうが、土層図（土層断面図）作成後に撮影せざるをえない場合は、壁面に引いた線を消した状態でも撮影する。線があると、それに影響されて、客観的な情報が得られないからである。

遺構埋土の観察　大規模な遺構の埋土、たとえば周濠内の堆積層や作土層などは、発掘区の基本層序の一つに組み入れることができる。また、小規模の遺構であっても、埋土構成物の種類から層位を判定できる場合がある。遺構の埋土は、個々の遺構が形成・機能したのちに廃棄され、埋没していった過程を反映しているので、それぞれの特徴をとらえられるように、詳しく観察する。

土層観察用畦の設定　一般に、土層観察用の畦（あぜ）（ベルト）は、地区割りに沿って設定することが多い。しかし、土層がのびる方向と地区割りが著しく斜交するときは、土層観察用トレンチと同様に、発掘区の一部に、土層がのびる方向やそれに直交する方向に畦を設定することで、土層の特徴を把握しやすくなることがある。これらは、発掘区と平行しない河川や、傾斜地などの微地形、道路、町割などの場合にとくに有効である。

B　土層の命名方法

層序番号と土層名　遺跡の発掘作業では、掘り下げる土層の上位層から下位層へ、順に第1層、第2層と、発掘区ごとの層序番号をつけて層名とするのが実用的である。あとで土層が細分できた場合は、枝番号を付す。層名が決まったのち、壁面に層名ラベルを貼りつけておくと、一目でどの層かがわかりやすくなる（図81）。

土層名の記述　土層名は、層の特徴をもっともよく示す粒度や粒子組成にもとづき、「含」混入物＋色＋副たる砕屑物（または有機物）「質」＋主たる砕屑物（または有機物）の順で表記する。「質」の代わりに、同義の「混じり」を用いてもよい。

砕屑物の構成比は、副たる砕屑物の少ないほうを前に、多いほうを後にして「・」で並列するが、少ないほうを「混じり」として「△△混じり○○質」と表記することもある。また、礫がごく少量（5％未満）の場合は、「わずかに礫質（混じり）」とする（112頁）。

上記の方法で遺跡の土層名を示すと、たとえば自然堆積層は「灰色砂質シルト層、含貝化石青灰色粘土質砂層、黒褐色ミズゴケ泥炭層」、古土壌は「黒褐色腐植質シルト層、含土器暗褐色泥質粗粒砂層」、人為層は「オリーブ褐色細礫・（混じり）砂質シルト層、黄褐色砂質シルト偽礫と灰色粘土偽礫が混在する偽礫層で、基質は灰黄色砂質シルト」のように記述できる。

また、混入物や後成物質は、修飾句として最初に掲げ、「弥生土器を含む青灰色粘土層、炭酸第一鉄の結核を産する灰色シルト質粘土層」などと記述すればよい。

C　土層図による記録

土層図は、土層のもっとも基本的で不可欠な調

査記録の一つであり、層序断面図と層相断面図の2種類の表現法がある（図82・91）。

作図位置と縮尺　土層図は、地形の傾斜や土層観察用畦の位置、攪乱などの諸条件を考慮して、直交する2面以上の断面について作図するのが望ましい。複数の図を作成できないときは、土層がのびる方向に直交する断面を優先させる。縮尺は1/20を標準とし、必要に応じて、1/10や1/5などのより大縮尺の図を作成する（236頁）。

層の境界　壁面で観察した土層断面情報の中から、層理、葉理、割れ目、変形構造、遺構の輪郭や内部構造など、肉眼でとらえられる境界を、ナイフなどの先の尖った道具でなぞる。

丸釘は線に鋭さがなく、移植ゴテは微妙な曲線が引けないので、適当ではない。線を引きにくい砂層などの場合は、目印として屈曲点に竹串や箸を刺すのも有効である。ただ、鉛直線と層の境界の交点などに竹串を細かく刺すのは、時間の浪費になるため避ける。

明瞭な層理は、もれなく把握して線を引く。しかし、葉理は途中から追えないことがある。たとえば、単層内で砂が泥に側方変化する場合、砂の葉理は泥の中に尖滅して追えず、古土壌内の遺構面も追跡しがたい。

また、遺構の境界については必ずなぞるが、目視できる層の境界のすべてを細かくなぞる必要はない。おもな層理や葉理が追えれば、ほかはスケッチすればよい（図82）。

描画線の太さと種類　実測にあたっては、層の境界の状況に応じて、明瞭な層理は太い実線、葉理は細い実線、漸移して不明瞭な境界は破線、のように描き分ける。境界が追いにくくなれば、途中から破線にし、追えなくなれば線は描かない。また、掘り下げた底面は一点鎖線で表現する。

観察結果の記述　観察結果を必ず記述する。図中の観察位置に直接書き込むと読みにくくなる場合は、引き出し線を用いて、図の外に記述する。そのさい、定型句などに略号を使うと、記録の時間が節約できる（110頁）。

細かい部分は、拡大した図やスケッチを添えて記述する。また、層相は変化するのが常であり、層に番号をつけて、図外に土層名を一覧表示するだけでは十分とはいえず、側方や上方への層相変化も記録するように心がける。

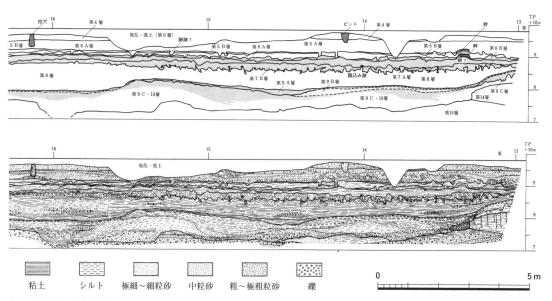

図82　層序断面図（上）と層相断面図（下）の例（部分）

第Ⅳ章　土層の認識と表土・包含層の発掘

　また、基本層序の堆積物の試料を、攪乱のない状態で10cm角程度採取しておけば、室内整理の段階で見直すことができ、より精度の高い記録ができる。その運搬や保管にあたっては、試料のブロックを乾燥させないよう注意する。また、土層断面の転写も、観察記録を補完する方法として有効である。ただし、これらは、明確な目的意識をもち、必要に応じておこなうべきである。

基盤層　遺構の形成には、基盤層の性質が深くかかわっている。たとえば、井戸の底には透水層があり、ドングリピットは、滞水する岩盤に掘られることはない。そこで、基盤層が砂礫層なのか、粘土層なのか、泥炭層なのか、岩盤なのか、なども必ず記録する。

土色と標準土色帖　土色は、マンセル表色系に準じた標準土色帖を用いて、色相、明度、彩度の3属性であらわす。たとえば、ミズゴケ泥炭の色

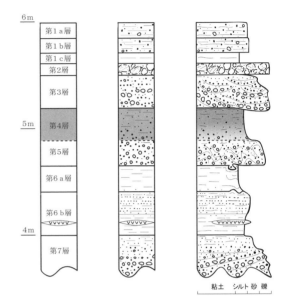

図83　柱状図

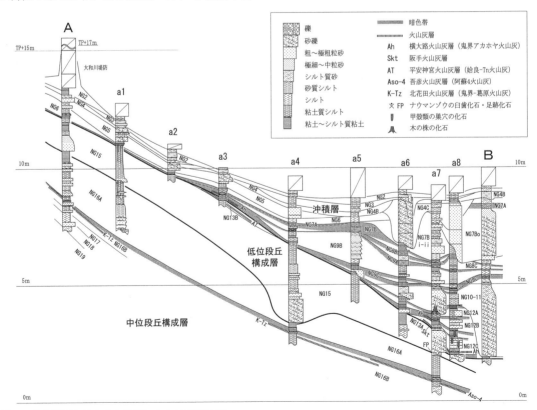

図84　火山灰層と暗色帯を鍵層にした柱状対比図

は、「暗褐色7.5YR3/3」のように表記する。土色帖の使用場所は、むらのない明るい光線の下がよいが、強い直射日光を当てながらの使用は、色片が変色するので避ける。

　土色の判定には、新鮮な壁面から、先の細いヘラなどで少量の試料を取り、指で軽く押さえたのち、色片に触れない程度に接近させて、同じ色の色片を探す。同じ試料でも、湿った試料（湿土）と乾いた試料（乾土）では、一般に、色相・明度・彩度とも、後者のほうがやや高い。

　還元状態の試料が空気に触れると、瞬時に酸化して、青灰色から褐色へと著しく変化する。このようなときは、新鮮な面から最初に採取した試料で、土色の目安をつけておき、再度、その面を削って採り直した試料で、目安周辺の色片からすばやく判定する。また、酸化後の色も記録するのが望ましい。斑紋のあるものや盛り土などでは、基色と沈殿物の色をそれぞれ記録する。

　なお、標準土色帖の詳しい使用方法については、土色帖に解説があるので、参照されたい。

柱状図　柱状図は、ある地点の土層の情報を、柱状に示した図である（図83）。層序と層厚、層名を示すもの（左）、粒度を描画したもの（中）、粒度に応じて柱状の片側を凸凹させ、粒度変化と堆積構造を把握しやすくしたもの（右）がある。

　土層図が壁面の土層の重なりを詳細に示すのに対して、複数の地点の柱状図を横に並べた柱状対比図は、層厚の増減や不連続、層相の水平・垂直方向の変化などを視覚的に表現できる（図84）。

D　基本層序の組み立て

基本層序　発掘作業を計画的かつ効率的に進めるうえで、発掘区に分布する土層の重なりや広がりを把握することは不可欠の作業であり、基本層序は、発掘作業のできるだけ早い段階で把握しなければならない。遺跡に時間軸を与えるこの作業が、基本層序の組み立てである。

　これには、発掘区の一つの地点に見られる土層の重なりをもって基本層序とする方法もある。しかし、その地点に分布しない土層が見つかれば、改めて組み直す必要が生じる。そこで、基本層序は、発掘区で観察しうるすべての土層の上下関係を把握して組み立てるのが望ましい。

　そのためには、発掘の初期の段階で、土層観察用トレンチなどにより、土層を把握しておく作業が重要になる（99頁）。連続して土層を観察できないときは、対比の鍵になる土層を見つけ出して、層序を組み立てることになる。

　基本層序に組み入れた層序番号は、上位層から下位層へ、新しいものから古いものへと、順序よくつけるのを原則とする。

基本層序図（基本層序表）　基本層序が組み立てられたら、土層と遺構や遺物の関係を、図や表にまとめておく。発掘調査の成果がまだ整理しきれていない発掘作業中や作業終了直後では、基本層序図（基本層序表）のもっとも単純なものである土層と遺構の関係図でよい（図85）。

　基本層序図は、報告書作成のさいにも活用するが、近接地で頻繁に調査がおこなわれ、広範囲の層序が把握されている場合は、たとえば長原遺跡（大阪府・旧石器時代～近世）の「長原9Cⅲ層」のように、土層名に遺跡名を冠して、地域や遺跡の層序名とすることもある。

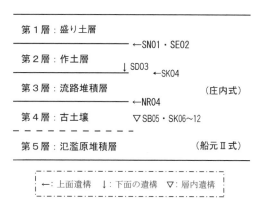

図85　土層と遺構の関係図

第2節
表土の掘削と包含層の発掘

1 表土の掘削

表　土　表土は、一般に、地殻表層にある有機質の土壌や作土（耕土）層、岩盤の風化残留物などを指す。

　通常の遺跡の発掘では、現代の整地層や盛り土層、作土層については、表土と同様に扱い、調査の対象とはしない。

バックホウによる掘削　表土の掘削にあたっては、期間や経費の節約のため、重機の搬入が可能であれば、バックホウ（ドラグショベル）を用いるのが望ましい。ただし、重機が沈下するような軟弱な地盤や、走行や作業に障害のある急斜面、障害物によりバックホウのアームの旋回が困難な場所などは、このかぎりではない。

　バックホウを使用するさいは、遺構面および包含層の保護のため、バケットの爪を必ず平爪とする（図86）。

後退しながらの掘削　表土の掘削にさいしては、発掘担当者が必ず立会い、バックホウのオペレーターに適切な指示をおこなう。

　バックホウの特性上、掘削は後退しながらおこなうこととなるので、基本的に発掘区の端から後退しつつ、排土置き場を考慮しながら、順次掘削する。遺構面および包含層を傷めることがないよう、一度掘削した場所にバックホウを進入させてはならない。

　したがって、バックホウによる掘削は、アームが届かない範囲では再度掘削することができないので、掘り残し部分のないように、計画的かつ着実に進める必要がある。

掘削深度　重機掘削は、原則として、遺構面の数cm程度上までで終了し、それより下の遺構面までの薄い表土の掘削や遺構面の検出は、人力でおこなう。包含層がある場合にも、包含層の数cm程度上までで重機掘削を終了し、包含層中の遺物を破砕・散逸させないように努める。

慎重で安全な掘削　掘削にさいして、事前の試掘・確認調査のデータや、近隣に過去の発掘調査事例があるときは、それらを参照して、表土の掘削深度を予測しつつ進める。

　ただし、遺構面までの深さや土質、包含層の存在などが把握されている場合でも、その状況には遺跡内でも差違があるので、慎重に掘削する必要がある。

　遺構面や包含層までの深さなどについて、事前の情報がないときは、バックホウで薄く慎重に掘削を進め、適宜、発掘担当者がスコップなどを用いて遺構面や包含層上面までを試掘し、その深さを確認しながら作業する。

　また、発掘区内に攪乱などがある場合は、これをあらかじめ重機で掘削して、土層断面を観察することも有効である。ただし、攪乱はかなり深い場合があるので、安全な掘削深度にとどめるように心がける。

　いずれにしても、バックホウを使用する表土掘削では、安全に対する細心の注意が必要である。掘削面の勾配などについては、第Ⅲ章（66頁）を参照されたい。

図86　平爪のバックホウによる表土掘削

2 包含層の発掘

A 基本的な掘り下げ方法

表土を掘削したのちは、人力で掘り下げるのを原則とする。前節で述べた土層観察用トレンチの掘り下げ後、平面的には以下のような掘り下げ方法がある（図87）。

層位掘り 単層単位で掘り、層理面で遺構検出する、基本的な方法である。スコップを立てて掘る。遺構を検出するには、下限の層理面の1〜2cm上で止め、薄く残した層は移植ゴテなどで掘るのが望ましい。スコップやジョレンなどの大きな道具で遺構面まで掘り下げる場合は、本来の遺構面も削り込んでしまうおそれがあるので、より慎重に作業を進めなければならない。

ラミナ掘り 足跡や投石の着弾痕など、遺構面の精密な観察が必要な場合に、単層内のラミナ（葉層）を剥ぐように掘り、断面でラミナ変形を確認しつつ痕跡を掘り出す方法である。微細な起伏を掘り出すため、移植ゴテや竹ベラ、筆などの小さい道具を用いて、小範囲ごとに慎重におこなう。

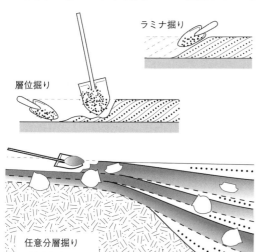

図87 層位掘り・ラミナ掘り・任意分層掘り

う。剥いだ堆積物を掃除機で吸引するなどして、面を乱さないようにする工夫も必要である。

任意分層掘り 低地に分布する、広範囲に連続した自然堆積層をはさむ複数枚の古土壌は、台地上に移行すると、1枚の古土壌に収斂することがしばしばある（図105）。任意分層掘りは、このように収斂した古土壌を、低地の古土壌の層厚比に応じて掘り分ける方法である。

台地上と低地では、古土壌の生成速度にある程度の相関があるので、想定される層理面ごとの層位掘りに近似した発掘をおこなうことができる。そのさいにはスコップを横にし、剥ぎ取るようにして掘り進める。

B 各層の掘り下げ方法

自然堆積層 層位掘りを基本とし、層理面で遺構検出する。状況によっては、部分的にラミナ掘りをおこなうこともある。

古土壌 埋没した古土壌は、任意分層掘りにより掘り分けるのを基本とする。

広い発掘区では、やむをえず、古土壌を除去してから遺構を検出することもあるが、そうした場合には、古土壌の下限より深い部分にまで掘り込まれている遺構しか検出できないこと、層内に収まる浅い遺構は壊され、異なる遺構の遺物が包含遺物として一括されてしまうことを承知しておく必要がある。したがって、埋没古土壌としての包含層を、遺構面上に二次的に堆積した遺物包含層と同一視してはならない。

人為層 層位掘りで掘り進めることができる。部分的にラミナ掘りをおこなうこともある。

C 包含層の掘り下げ

包含層といっても、遺跡の立地する地理的条件や、過去から現在までの時間の経過や環境の変化によって、その様相はさまざまである。

一般的に、台地上に形成された遺跡では、層の

収斂と堆積物の流出が複合して、遺物包含層は比較的薄い傾向がある。一方、斜面地や低地に形成されたものは、層厚が厚く、自然堆積層をはさんで複数の包含層に分かれ、層ごとに検出できることもある。

遺物量や密度などは、遺構密度や時代によっても異なり、遺跡ごとの差が大きい。

遺物・遺構・遺跡の把握　包含層は、人力で掘り下げるが、それらは、土層観察用トレンチの壁面と発掘面の観察により、層の広がりを立体的に把握するとともに、遺物の年代や数量、出土状態などに留意しつつ進める。

これによって、遺物が遺構にともなうものかどうかをはじめ、遺跡の種類や性格、検出が予想される建物の年代や密度などについても、詳細な情報を得ることができる。また、以後の作業工程をより的確に組み立て、効率的な発掘作業をおこなうことも可能となる。

なお、台地の斜面や低地では、包含層の重なりが多いため、複数の遺構面を混乱なく把握しておかなければならない。

遺物集中箇所　包含層を掘り下げる過程で、遺物が一定範囲に集中するときや、完形品・大型破片・石製品などの特徴的な遺物が集中するとき、あるいは装身具や祭祀具などの特殊な遺物がまとまって出土するときなどは、遺構の形状が明確に認識できなくても、その部分が遺構の埋土に相当する可能性がある。また、包含層中に遺構面が存在することもある。このため、遺構の存在が推定できる場合は、のちの調査に備えて、遺物を残すなどの手段を講じることもある。

ただし、遺物を残したままにすると、その下部の遺構検出の妨げになり、遺物の下に残した土柱状の部分が壊れて遺物の位置が変わることや、紛失してしまうこともある。そこで、できるだけ早く遺構の有無などを判断し、遺物の取扱いを決めるよう心がける。

遺物の出土位置の把握　出土した遺物は、単層ごとの取り上げが基本となる。出土位置を把握するには、いくつかの方法がある。たとえば、出土状態が散漫で、遺構との関連が薄いと判断したときには、10m単位など、比較的大きなグリッド単位での取り上げも可能である。

逆に、遺構が密集して、包含層か遺構埋土かを判断しがたい場合や、遺構にともなわない遺物が多量に出土する場合もある。こうしたときには、1〜2m単位など、上記のグリッドをさらに細かく区分した小グリッド単位で取り上げる。それにより、作業期間や経費などとの調整を図りつつ、後続する発掘作業における遺構出土遺物との関係が把握できる精度の確保に努める。

なお、遺構との関係が明らかとなった場合は、調査方法を遺構の掘り下げに切り替えるなど、適切な対応を心がける。

旧石器時代の包含層掘り下げ　旧石器時代についても、単層ごとの掘り下げを基本とするが、同一土層中で、遺物の垂直的な出土位置のピークが複数見られることがあり、各遺物がどのピークから出土したものかを確認する必要がある。

このため、遺物の出土状況をずれなく投影できるような土層断面が近接して存在しないときは、土層観察用畔（ベルト）を遺物集中部の中央に通るように設定し、垂直的な出土位置を確認しながら作業を進める。土層観察用畔の土層断面は、作業の進行に合わせて、逐次図化する。

精査の作業手順には、以下の二通りがある。

まず一つは、遺物をすぐには取り上げずに、遺物番号などを書いた小札とともに、竹串などで出土した場所に固定し、そこを土柱状に残して周囲の掘り下げを進め、遺物の出土がある程度まとまった状態で、三次元座標（水平位置と高さ）の記録と写真撮影をおこなう方法である。

これによれば、集中出土の状態を写真撮影できる反面、土柱に隠れた部分の調査ができず、集中

出土地点の全体像の把握に時間がかかることがある。また、土柱部を未発掘のまま残し、取り上げまでに時間が経過することから、その間に遺物を紛失してしまうおそれもある。

もう一つは、遺物が出土した場合は、ただちに出土位置の三次元座標を記録し、遺物出土状況の写真を撮影したのちは、すみやかに遺物を取り上げ、出土位置に遺物に代わるピンなどを挿して、掘り下げていく方法である。土柱は作らず、ピンは掘り下げにしたがって挿し込んでいく。

これによれば、遺物の出土地点をすばやく把握できるうえに、遺物の検出し残しや紛失も避けられる。その反面、集中出土状態の臨場感をもった写真の撮影は難しくなる。

このように、ともに一長一短があるので、状況に応じて選択し、組み合わせることが望ましい。

遺物分布の把握　遺物分布を平面と垂直方向の両面で詳細に把握する手段として、出土遺物のドットマップを作成し、取り上げる方法がある。出土状況から共伴関係や同時期性を明らかにしたり、遺構間の接合関係から集落の実態や空間利用のありかたを把握したりすることなどを目的に、実践されてきた方法である。

旧石器時代の遺跡では、遺構が遺存していることがまれであり、石器集中出土地点の抽出や、接合資料、個体別資料、遺物の出土位置などの分析をつうじて、はじめて遺跡の規模と性格、構造、年代などが把握されることになる。このため、検出できた遺物については、可能なかぎり、出土位置の三次元座標をはじめとする情報を記録するのを基本とする。

また、石器の集積など、遺物の出土状況がとくに重要な意味をもつと判断されたときは、1/20や1/10の縮尺の詳細図も作成する。なお、炭化物集中出土地点では、炭化物の三次元座標を記録することを原則とするが、密集して点としての認識ができない場合は、その分布範囲についての三次元座標を記録する。

ドットマップは、包含層中の検出できなかった遺構の存在を、遺物分布状況から把握しようとする試みとしても進められてきた。また、トータルステーションなどを導入して、その作成の省力化を図る方法も普及している。

しかし、ともすれば、ドットマップの作成自体が目的化し、本来の明確な目的や問題意識をもたないまま、作業工程として機械的におこなう例も散見される。それらは、時間と経費の浪費につながるうえに成果も期待できず、慎むべきである。

一般的には、ドットマップの作成に代わり、小グリッド単位で層ごとに取り上げる効率的な方法でも、有効な情報を得られることが多い。どのような遺物の取り上げ方法を用いるかは、遺跡の性格や調査の目的、全体の進行計画、期間と経費を総合的に検討する中で、最大の効果を上げることを念頭において選択する。

そして、いずれの場合でも、取り上げた遺物やそのデータについては、発掘作業中だけでなく、整理等作業においても十分な検討を加え、有効な情報を引き出すことが求められる。

遺構判定にかかわる留意点　包含層を発掘する過程では、遺構との関係に常に留意する。

たとえば、近年、竪穴建物にともなう周堤（138頁）の確認例が増えているが、降灰や洪水などで短期間に埋没した場合を除くと、通常は検出が難しい。しかし、包含層の中に、周囲とは異なる土が帯状あるいは環状にめぐるなどの面的な広がりが確認されるときは、周堤の存在を想定し、遺物も分けて取り上げる。

また、掘り込みが浅い遺構や、掘り込みをもたない平地建物（192頁）などは、包含層と遺構面との境が把握しにくいため、遺物の出土状態や土質の変化にとくに注意する。

砂礫層掘り下げ時の留意点　層厚の厚い砂礫層では、その最下部と最上部から遺物が多く出土す

第Ⅳ章　土層の認識と表土・包含層の発掘

ることがある。最下部の遺物は、多くの場合、砂礫層の堆積前にあった地面（下位層の上限の層理面）に存在したものが流され、砂礫層の堆積初期に二次堆積したものであるが、砂礫層最上部の遺物については、別の成因が考えられる。それは、砂礫層堆積後の離水した地面に人間が持ち込んだ遺物が、雨や風、凍結と融解、動植物による攪乱などで、二次的に砂礫層に紛れ込んだ可能性である。このため、遺物の周囲に生活面や遺構がないかどうか、意識して観察する必要がある。

D　遺構面と遺構埋土の着目点

遺構の層位（層準）　遺構面を、遺構検出面の上下関係により、第1遺構面、第2遺構面のようによぶ場合がある。しかし、検出面が同じであっても、遺構が属する層位は異なることがあるので、混乱しないように注意しなければならない。

　遺構の層位は、遺構面である層理面と上下の層、および遺構埋土との層序関係にもとづき、以下のように整理してよび分ける（図88）。

　ここでは、便宜上、土層の上限の層理面（上面）は、遺構が形成された当時の地表が埋没したものとみなし、本来の面が多少削られていても、基本的にはそれに準じたものとして扱う。

　x層上面の遺構Aは、基盤層（x層）と遺構埋土（z層）、これらを覆う層（y層）の三者が区別できる場合の遺構で、台地や段丘上の一つの層理面でしばしば見られる検出状況である。

　同じ上面の遺構でも、z層とy層が一連の場合あるいは区分できない場合、たとえば沖積地の氾濫堆積層や土石流、人為による客土で一度に埋まった遺構Bは、y層が堆積する直前まで機能していたと推定できる遺構である。

　遺構Bと似ているが、x層とy層の間にk層がはさまれていることが明らかな場合の遺構Cは、x層上面で検出したとしても、x層上面ではなく、k層上面の遺構と判定できる。

　同じく、遺構Bと似るが、y層が作土層の場合、遺構Dはx層上面の遺構とはいえない。このような遺構Dは、作土層（y層）の上面で使用した鋤や鍬などの耕具の先端が、作土層を越えてx層に達したものである。下位層上面の層理面は、上位層下面の層理面でもあるので、y層に属する遺構Dは、y層下面の遺構とよぶことができる。

　生物攪乱を受ける土壌の上面でつくられ、同じ土壌で埋没した遺構Eは、古土壌（y層）と遺構埋土（z層）である古土壌（y層再堆積層）を識別して掘り下げるのが容易ではない。

　そのため、やむをえず、質の異なる下位のx層上面まで掘り下げて検出作業をおこなうことが多いが、これもx層上面の遺構とはいえない。遺構Eは、y層内の遺構とよぶことができ、y層（古

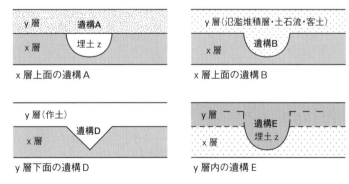
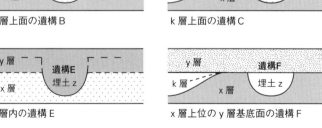

図88　遺構面と遺構の関係

土壌)内で遺構が見え出した時点で、本来の遺構面の確認に努める必要がある。

また、基本層序が確立し、広範囲に土層対比がおこなえるようになると、時期幅がある遺構Aの層位認定には、x層とy層の間にはさまれ、遺構検出地点には分布しないk層との層序関係を考慮する必要が出てくる。

そのような遺構Fは、上面の遺構Aと区別して、x層上位のy層基底面の遺構とよぶ。遺構の層位は、x層上面～k層上面までの可能性があり、遺構埋土や出土遺物、k層包含遺物を詳細に比較して層位を決定する。

加工面と機能面　多くの遺構には、その遺構が作られたときの面と、機能していたときの面がある。前者を加工面、後者を機能面とよぶ。

一般に、人為的な遺構は、作ることよりも、使用することを目的としており、発掘作業では、まず機能面の検出が求められる。

加工面と機能面には、通常、加工時や機能時に形成された人為層や自然堆積層をともなう。以下、竪穴建物と作土層を例に説明する(図89)。

竪穴建物の竪穴部底面は、基盤層を掘りくぼめた加工面である。加工面を覆う貼床や周堤の盛り土が加工時に形成された層で、その上面の人間が生活した床面が、機能面である。竪穴建物には、しばしば複数の床面をともなうことがあるが、こうした場合は、おのおのの床面が機能面であり、床面を構成する各整地層(貼床)は、それぞれ機能時の人為層である。

一方、水田や畑では、作土層の上面が機能面、作土層の下面が加工面となる。先に述べたように、加工面は、作土層上面で使用された耕具の先端が達してできた耕作痕が集合したものである。通常の耕起深度が作土層の層厚になり、層厚を超えて下位層を深くえぐった耕作痕は、作土層下面の遺構となる。

遺構廃棄後の層　遺構埋土には、遺構の機能が失われ、廃棄されたのちに堆積した層がしばしば認められる。こうした廃棄後の層にも、自然堆積層と人為層の両者がある。

洪水堆積層・泥流・土石流・火山灰層のように、自然の営力が遺構を一度に埋め立てた場合や、人間が客土した場合は、しばしば浸食や削平をともなうが、一般に、機能時の埋土層と廃棄後の層は明確に区別できる。

一方、古墳の盛り土や竪穴建物の周堤など、周囲より高い部分の堆積物が、雨や雪解け水、風などで徐々に浸食され、周濠や竪穴に再堆積した場合は、機能時の人為層や自然堆積層と廃棄後の堆積層は酷似することが多く、区別は必ずしも容易ではない。斜面の細かな流痕や、斜面堆積したラミナ、遺物の出土状況などを手がかりに、丁寧に観察して判定することが求められる。

なお、廃棄後の堆積層に含まれる遺物は、下位層の遊離遺物や後世の遺物であり、本来の遺構の機能時にともなう遺物とは区別する。

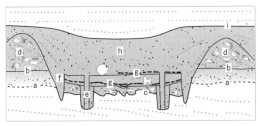

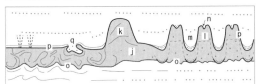

上図:竪穴建物と古土壌:a.自然堆積層と古土壌の漸移、b.竪穴建物構築前の生活面、c.加工面および加工時形成層(竪穴の掘削)、d.盛り土(竪穴建物の周堤)、e.柱穴、f.壁際溝、g.機能面(遺構面・竪穴建物の床面)および機能時堆積層(土器・炭の薄層をともなう)、h.古土壌堆積物(竪穴建物廃絶後の堆積)、i.古土壌の上面(明瞭な層理面)
下図:作土層:j.作土層、k.畦畔、l.畝、m.畝間、n.種まき溝、o.加工面、p.機能面、q.足跡

図89　加工面と機能面

第Ⅳ章　土層の認識と表土・包含層の発掘

層相断面図

層相断面図とは　層序断面図に土層の構成物や堆積構造を描き加えたものが、層相断面図である。層相を視覚的に把握でき、より多くの情報を盛り込むことができる（図91）。

構成物の描画　ただし、構成物を描くさいに、構成物で線が埋もれてしまうのは描き過ぎであり、また図面全体を埋めつくす必要はない。

1/20の縮尺では、大礫以上の礫は、球形度や円磨度に応じて形状を描く。それより小さい径の礫は、形状の雰囲気がわかればよい。未固結の偽礫は破線で囲む。砂は点であらわし、粗い砂は力強い点で、細かい砂は繊細な点で描くようにする。指先で粒子が感じられる粗粒～中粒シルトは横破線で描き、それより小さなシルトや粘土は描かなくてよい。

泥炭層や黒色粘土層も、黒いからといって黒く塗りつぶさず、堆積構造が書きこめるように、暗色部には細い線で斜線を入れる。泥炭層は右落ち斜線、古土壌A層や黒ボクは左落ち斜線など、各地域に分布する土層の種類に応じて工夫するとよい。後成物質は、堆積物と区別するために、xやvなどの適当な記号を用いるか、色鉛筆で塗り分ける。火山灰研究の分野では、テフラの図化に独特の記号を用いるが、実測作業の段階では、記号化せずに、形状や粒度を描くよう心がける。

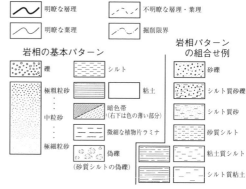

図90　層相断面図の表現方法

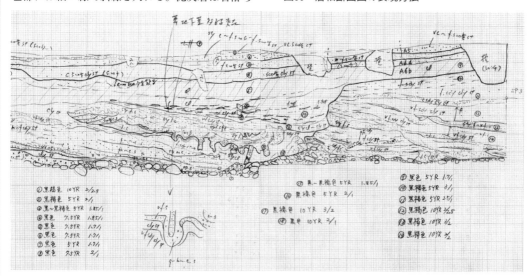

礫/礫質：grv/grvy，細礫/細礫質：gr/gry，砂/砂質：s/sdy，シルト/シルト質：st/sty，粘土/粘土質：cl/cly，泥/泥質：md/mdy，極粗粒/粗粒/中粒/細粒/極細粒：vc./c./m./f./vf.、葉理/層理：lamina/bedding，平行/斜交：para/x，平板型/トラフ型：plana/traph，正級化/逆級化：↑N./↑R.、上方細粒化/上方粗粒化：↑F./↑C.、泥炭/泥炭質：peat/peaty，火山灰：ash，スコリア：sc，軽石（パミス）：pm，褐鉄鉱（リモナイト）：Lm，マンガン：Mn，炭酸第一鉄（菱鉄鉱・シデライト）：Sider，藍鉄鉱（ヴィヴィアナイト）：Vv

図91　層相断面図と記載略号の例

◆ 土層をより深く理解するために

A 地層の重なりと対比

層序学　層相の研究をもとに、堆積年代の新旧を基準として地層を区分し、対比する地質学の一分野が、層序学（層位学）である。これは、考古学でよぶ土層についても基本的に適用できるので、ここでは地質学の基礎知識について解説する。

層理面とラミナ面の成因　単層の上と下の境界である層理面は、成因的に、堆積の小休止や堆積条件の急激な変化を意味している。これに対して、単層の内部にあるラミナ（葉層）は、粒子を運搬する流れに生じる渦の規則的な流速変化でできる、堆積粒子の配列構造である。ラミナをもつ構造を葉理（ラミネーション）、その堆積面をラミナ面（葉理面）という。ラミナ面が示す水底面や地面は、後続の粒子が堆積するたびに更新されるため、その存続時間は、層理面に比べて相対的に短い。なお、厚さが1cmよりも薄い単層をラミナとよぶこともある。

整合と不整合　単層どうしの重なりは整合である。しかし、層理面は堆積の小休止期を示すので、整合に重なる地層であっても、小さな時間的間隙が多数介在している。層序は、堆積と無堆積を繰り返して累積するとともに、さまざまな程度の浸食作用を受けた結果が残ったものである（図92）。

上下に重なる二つの地層の間に介在する、大きな堆積間隙を不整合という（図93）。典型的な例は、地下深部から地上に現れた花崗岩や片麻岩の上に新しい地層が堆積したものや（同図a）、海底で堆積した地層が隆起して陸上で浸食されたのち、その面を新しい地層が覆ったものである（同図b）。遺跡の調査では、同図cのように、大きな削り込みが見られることがあるが、その面を側方へ追跡すると、整合に重なる単層間の層理面につながっていて、不整合とよぶにはふさわしくない場合が少なからずあるので、注意を要する。同図dは、岩相上はほとんど変化がない海洋底の地層の間に、化石層序から見て不整合が推定されるものであり、地上では通常見られない。

地層の対比　遠く隔たった地域の地層や層相の異なる地層が、同じ年代にできたことを明らかにすることを、「地層を対比する」という。標準化石（後述）や、それに相当する遺物を最初の手がかりに、以下の地質学の二つの古典的法則にもとづいておこなわれる。

地層累重の法則　「相重なる二つの地層のうち、本来、上位にある地層は、下位にある地層より新しい」という、ニコラウス・ステノが1669年に地層の重なりに時間概念を認識した、地質学の公理というべき根本法則である。ただし、この適用には、留意しなければならない点がある。一つは、単層以上の地層にあてはまるものであって、単層内のラミナには原則として適用できないこと、もう一つは、地層が二次的に変位・変形する前の状態にあてはまるものであって、堆積後に褶曲して倒伏した地層や、人為的な攪乱を受けた地層などには適用できないことである。

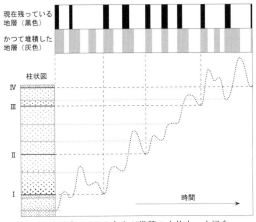

図92　かつて堆積した地層と残っている地層

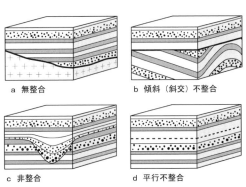

図93　不整合の基本的な形態

第Ⅳ章　土層の認識と表土・包含層の発掘

地層同定の法則　「一つの地層には、その地層に特有の化石を含んでおり、その化石は、その上の地層にも下の地層にも含まれていない」という、ウィリアム・スミスが1790年にまとめた法則である。ここでいう化石とは、ある年代にかぎって産出し、しかも地理的に広い分布をもつ標準化石のことであり、層準を示すという意味で、示準化石ともよばれる。ただし、二次化石（誘導化石）や遊離遺物とよばれる、古い地層から洗い出されて新しい地層の中に再堆積したものもあるので、かぎられた数の化石や遺物の年代観だけで地層の年代が決まるわけではない。

鍵層　地層を対比するさいには、火山灰層のように、広範囲に、かつ短時間に堆積して、野外で識別しやすい特徴をもつ地層が役立つ。こうした地層を、鍵層という（図84）。

　地層の対比は、火山灰層の下底面のように、ある一瞬の「時面」を比較するように思われがちである。しかし、それはまれな例で、通常は、ある幅をもった時間を比較している。地層に含まれる化石や遺物は、それらが存続した時間を内在しているからである。

B　堆積粒子の組み合わせ

礫と基質　礫層の礫と礫の間を埋める砂や泥のように、粗い粒子間隙を充填する細かい粒子を基質という。礫と礫が接して、その間を砂の基質が埋めている例は河川堆積物、大きな礫が泥の基質の中に点在している例は土石流である。

礫の形状と円磨度　ものさしで測れる程度の粗い礫は、形状と円磨の程度でよび分ける（図94・95）。

分級度　粒子の粒径が揃っていることを、「分級（淘汰）がよい」という。長期間に長距離を運ばれた堆積物は、一般に分級がよい。たとえば、中粒砂や細粒砂が圧倒的に多い海浜の砂には、礫やシルトは含まれな

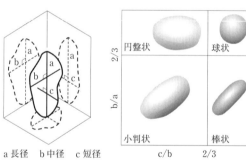
図94　礫の形状分類

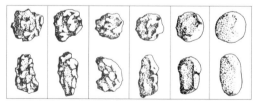
図95　円磨の程度による礫の分類

図96　分級度の区分

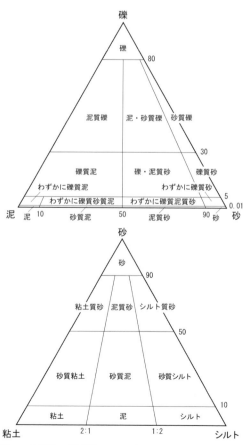
図97　砕屑物の構成比による分類

いという特徴がある。分級が悪いものには、運搬距離が短いものや、土石流や地すべり堆積物などの例がある。古土壌や人為層も分級が悪いことが多い（図96）。

堆積粒子の構成比　混じり合った堆積粒子の割合により、図97のようによび分ける。図の二つの三角ダイアグラムは、上が礫を含む場合、下は含まない場合である。上のダイアグラムでは、シルト・粘土は一括して泥としているが、下のダイアグラムを参考にして、シルトと粘土の比でよび分けることもできる。

C　粒子の挙動と堆積構造

粒子の挙動　静水中では、粗い粒子が細かい粒子より速く沈降する。流水中では、粒子の形状と粒径に応じて、転動、滑動、躍動（跳動）、浮流して運ばれ、流速が減少すれば、粗い粒子がより速く堆積する。しかし、一度堆積したのち、もっとも遅い流速で再移動する粒子は細粒砂であり、細かい粘土粒子は容易には浸食されない。洪水にあった水田面が浸食されずに残っていることが多いのは、このためである（図98）。

堆積構造　堆積層には、ラミナや層理面がつくる堆積時の構造がある。以下の例は、遺跡でもしばしば観察される現象であり、堆積環境の推定に役立つ。

級化層理　単層の底から上に向かって堆積粒子の粒径が細かくなる正級化層理は、河川の運搬営力が徐々に減衰するときや、火砕物が地上に降り積もったときにつくられる。反対の逆級化層理は、洪水の増水時や、発泡空隙の大きい軽石が水面に降下して、水底に堆積したときなどに見られる（図版6-4）。

上方細粒化・上方粗粒化　累重する堆積層の構成粒子が、下位層から上位層へ向かって粗粒から細粒に変化する上方細粒化は、水面の上昇時や運搬営力の減衰時に形成される。一方、上方粗粒化は、水面の降下時や運搬営力の増大時に形成される。

平行葉理・斜交葉理・斜交層理　層理面に平行なラミナをもつ構造が平行葉理、層理面に斜交するラミナをもつ構造が斜交葉理、層理面が斜交する単層の重なりが斜交層理である（図99）。

河床のうねり模様　斜交層理の形態は、河床のうねり模様と連動している。流成（カレント）リップルとよぶ、波長が数cm～数十cmのうねり模様では、リップルの波頭が直線的な場合の堆積構造は平板型（プラナー型）斜交層理、波頭が立体的に屈曲する場合はトラフ型斜交層理である。斜交層理には、下流側に傾斜する前置葉理が顕著にできる。流速が増加すると、波長が数十m規模へと変化していき、速い流れでは平行葉理

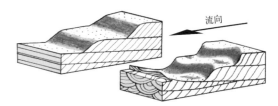

図99　板状斜交層理（左）とトラフ型斜交層理（右）

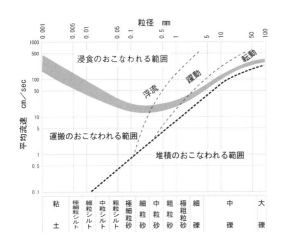

図98　運搬・堆積・浸食の関係

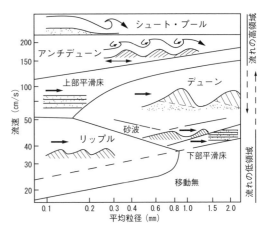

図100　河床の形態と粒径・流速の関係

をもつ平滑床となり、さらに速い流れでは、上流側に傾斜する後置葉理をもつ反砂堆（アンチデューン）が形成される（図80・100、図版6-1・2）。

覆瓦構造（インブリケーション）　礫の多い河原には、扁平な礫が上流側に傾斜して折り重なる覆瓦構造ができる。これは、礫が洪水流に対して抵抗の少ない状態で安定したものである。波が寄せては返す海岸や湖岸では、礫は海側や湖側へ傾斜する。

波成リップル　海岸や湖岸では、波の振動流で波成（ウェーブ）リップルができる。波成リップルの線状の波頭は、一般に岸に平行する（図80、図版6-3）。

流痕　水底には、流水により、しばしば遺構にも似た流痕とよぶ浸食構造ができる。流痕には、渦流が水底を直接えぐった削痕と、貝殻や礫などが引きずられて水底をこすった物痕がある。

D　堆積後の変形構造

物理的作用による変形　堆積層を変形させる物理的要因には、乾燥、凍結、荷重、地震動、重力などがある。これらによってできる変形には、泥が収縮してできる干割れ（乾裂）、凍結割れ目、凍上、構造土、凍結擾乱、ボール・ピロー構造などの荷重痕、コンボルート葉理、液状化、噴砂、断層、スランプ構造、地すべりなどがある（図101、図版6-5・6、7-1・2）。

動物や根による攪乱　モグラやアリ、ミミズ、セミや甲虫の幼虫など、土壌中に生きる動物により、地表には無数の小穴が掘られ、表層は攪拌される。

地中に植物の根が張ると、堆積構造は変形し、やがて壊される。木が枯れて根が腐ると、その空洞を周囲の堆積物が埋めていく。木が倒れると、根は跳ね上がって、土層を大きく攪乱する。そのさいに、当時の地表の遺物が下層に紛れ込むことがあるので、倒木痕の時期決定は慎重におこなわなければならない。

図103には、倒木による攪乱を模式的に示した。倒木痕の断面は、右側の壁がえぐられているのに対し、左側の壁には変形がない。底には、土層堆積物からなる

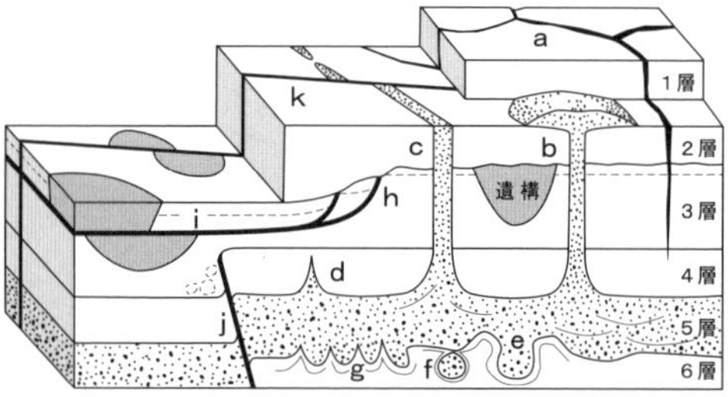

a.割れ目、b.砂脈と地面の噴砂丘、c.砂脈（噴砂丘が削剥）、d.砂脈（噴砂が地面まで未到達）、e.荷重痕、f.ボール・ピロー構造、g.フレーム構造、h.正断層、i.水平断層、j.逆断層、k.横ずれ断層（左ずれ）

図101　堆積後の物理的作用による変形

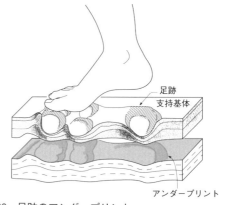

図102　足跡のアンダープリント

図103　倒木による土層の攪乱

Ⅳ-◆ 土層をより深く理解するために

偽礫が散在する。左側の根は、木が倒れたときに、地中から引き抜かれるか引きちぎられて、明瞭な境界面が形成されたが、倒れた右側の根は、地中に根づいたまま枯死し、徐々に地層を変形させたものである。

足跡 変形構造として身近な足跡は、静的な足形とは異なり、運動の結果であることに留意して調査する。一つの足跡は、足が地面や水底面（支持基体）に着いたときの着地痕、足の裏全体が体重を支えたときの支持痕、足が支持基体を後方に蹴り、前方に抜き上げたときの離脱痕に分解できる。その中で、もっともよく足の形と大きさを写しているのは支持痕である。

アンダープリント 図102は、水田などの軟らかい粘土層を覆う薄い砂層の上面に踏み込んだ、ヒトの足跡の模式図である。砂層上面の足跡には五指や土踏まずがくっきりと残るが、このような足跡が洪水砂でさらに覆われると、発掘作業では砂層の中の生活面に気づかずに、下の粘土層上面で足跡を検出してしまうことがしばしばある。こうした、本来の生活面より下位にできる、足跡に近似したくぼみは、アンダープリントとよばれる。アンダープリントは、形状があいまいで、大きさも一回り大きくなるほか、生活面を誤認させる原因にもなるので、注意を要する。

E 土壌の構成

土壌の生成 土壌は、自然堆積層や岩石が壊れた無機物（砕屑物）と、動植物遺体が腐敗分解してできた有機物（腐植物質）が、生物の働きによって混合した自然体である。土壌の生成には、岩石・地質、生物、気候、地形、時間、人為が複合的に関与する。また、土壌は、地表に生成されて、自然堆積層や岩石にはない植物が育成する肥沃度をもつために、過去の人間活動とも深くかかわっている。

湿潤な日本列島では、黒ボク土を生成したススキやササなどのイネ科草原は、縄文時代以降の火入れや刈り取りなどによる継続的な森林破壊によって維持されたといわれる。これは、人為が土壌生成にかかわった歴史的に重要な事例である。田畑の土壌（作土）も、耕起・耕耘、灌漑、施肥などの人為により作られたものである。本章の第1・2節で述べたように、遺構や遺物

をともなう遺物包含層として、とくに注目されるのは、埋没古土壌である。

土壌層位 岩石に植物が根を張り、有機物が蓄積され出すと、無機的な母材から土壌が生成されはじめる。そして、土色、腐植や礫の状態、硬さ、土性、構造、水分状態、根の分布などに違いが生じて上下方向に分化し、土壌層位が形成される。土層の分化は、堆積作用でも岩石の変質作用でもない独特の作用で、植物と地中動物、微生物の活動や代謝物の付加と分解、風化作用、水の作用が複雑にからみ合って生じる。

土壌層位は、上位から、土壌動物の攪乱を受けて腐植に富む暗色のA層、A層から溶脱してきた酸化鉄などの物質が集積するB層、土壌の母材としての非固結のC層、母岩としての固結したR層が重なり、A層の上には、落葉や枯枝が腐って堆積したO層、A層の下部には、ポドゾール化作用により漂白されたE層などが区分される。また、それぞれの土壌層位は、副記号を用いて細分される（図104）。

本章の冒頭で述べたように、土壌学で用いる土層は土壌層位のことである。土壌層位のA・B・C層の形成はほぼ同時に進行し、それぞれの境界は漸移的である。したがって、時間の経過とともに下位から上位へ

O層：落葉・枯枝が腐って堆積した層。

A層：腐植に富み、粗しょうで屑粒～粒状構造が発達、生物（植物根、微生物、地中動物）の活動が最も活発に行われる層。粘土や各種化学成分は溶脱されやすい。ポドゾール性土ではこの下部が漂白される（漂白層：E）。

AB層：腐植をある程度含み、やや粗しょうで粒状構造。B層との漸移層。

BA層：腐植をわずかに含み、やや緻密。暗褐色で一般に亜角塊状構造。A層との漸移層。

B層：腐植をほとんど含まず、酸化鉄のため明褐色、緻密、粘質で角塊状構造発達。A層から溶脱してきた物質はこの層に集積する。

BC層：やや淡色で構造の発達が悪い。C層との漸移層。

C層：岩石がある程度風化し、粗しょうになった淡色、角礫状の層（母材）。無構造（壁状または単粒状）。

R層：岩石の組織を残した硬い弱風化部分。

図104 土壌層位の模式図

第Ⅳ章　土層の認識と表土・包含層の発掘

累積する地層とは本質的に異なるものであり、両者の境界は一致せずに斜交するのが常である。

累積土壌　しかし、土壌の上にあらたな砕屑物やテフラが堆積し、それらが母材となって新しい土壌が生成されるといった、土壌生成作用と堆積作用が交互に生じると、地層や火山灰層と土壌が累重して、地層累重の法則が成立することになる。土壌学的には、このような土壌と自然堆積層の重なりを、累積土壌という。累積土壌は、沖積層や風化火山灰層（いわゆるローム層）など、沖積平野や火山灰地では普通に見られるものであり、土壌（A層）とその母材である堆積層（C層）を一組として区分される（図105）。

土色　土壌の色を決定するのは、おもに無機物の鉄化合物と有機物の腐植である。新鮮な堆積物の色は、それを構成する鉱物の色が混じりあって認識されるが、土壌の色は、鉄化合物と有機物が鉱物の表面を被覆する程度により、さまざまに変化する。たとえば、還元状態の二価鉄は青色、酸化・脱水された三価鉄は赤色、その中間の含水酸化鉄は黄褐〜黄色である。強還元状態で酸化鉄が乏しいと灰色になる。また、腐植含量が多いと暗くなり、さらに多いと黒くなる。

土壌の構造　土壌の構造には、根の作用や割れ目の発達などの機械的要因で細かく砕けてできた板状構造や柱状構造、土壌生物の代謝などの、おもに生物的要因による粒状構造や屑粒状構造（団粒構造）、無構造の壁状構造や単粒状構造などがある（図106）。

後成物質　微量元素やイオンなどの化学成分が、浸透水や地下水により移動して、地層中に二次的に沈殿したものを、後成物質（後生物質）という。これらは、堆積物や地層そのものと見誤りやすいが、次のような例は、遺跡でもしばしば観察される。

管状斑鉄・高師小僧　割れ目や根痕の孔隙には、水（液相）と空気（気相）が含まれ、浸透水によって運ばれた粘土や腐植、含水酸化物などが沈殿する。還元溶脱した鉄が根痕の孔隙で酸化沈殿したものが管状斑鉄で、これが発達してノジュール（団塊・結核）になったものが高師小僧である。

酸化鉄・マンガン集積層　灌漑水田の作土中では、湛水下で微生物が有機物を分解するさいに、酸素が消費されて酸化鉄や酸化マンガンが還元溶脱し、床土の下位で酸化沈殿する。鉄は管状や層状の斑鉄として沈殿し、湛水と落水が繰り返されると、鉄より還元されやすく酸化しにくいマンガンは、鉄の下位に沈殿する（図版7-5）。

遺跡の調査では、水田作土の下層にできた層状斑鉄を単層と見誤って、畦畔が同じ平面位置にある水田が重複すると報告した例や、鉄盤層のために遺構を見失った例などがあり、注意を要する。

藍鉄鉱　鉄とリンの化合物で、新鮮な断面では灰色の斑点状や糸根状の斑紋が、酸化すると鮮やかな青〜青藍色に変わる。透明の槍尖状結晶として析出することもある。骨や植物片や貝殻などに析出するほか、排水不良で有機質の堆積物中にできやすい（図版7-6）。

炭酸第一鉄（菱鉄鉱）　灰白色の数mm〜数cmの不定型なノジュールとして、低湿地の水田作土のような排水不良で有機質の還元的堆積物中に析出する。タニシなどの貝殻を核とすることもある。空気に触れると酸化し、褐〜黒褐色の褐鉄鉱に変わる。

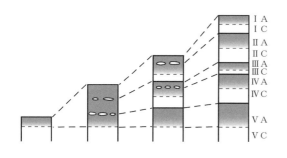

図105　単一土壌（左端）と累積土壌の水平変化

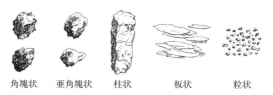

図106　土壌の構造

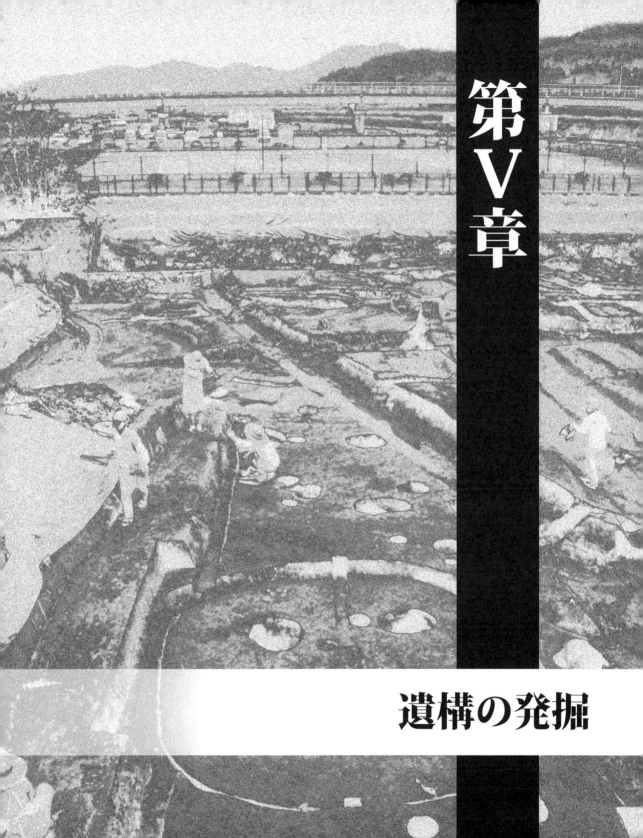

第V章

遺構の発掘

第1節
遺構検出の方法

1 遺構検出の手順と方法

遺構検出とは　表土や包含層などを除去したのちに、遺構面を精査し、遺構の所在や遺構の規模、平面形態などを明らかにする工程を、遺構検出という。この作業は、遺跡の形成過程や遺跡の特質・性格の理解と密接にかかわる。また、その精度は、発掘作業全体の進行や効率に影響を及ぼすとともに、調査の成果自体を左右する。

したがって、遺構検出作業に着手するまでに、周辺の発掘調査や試掘・確認調査の成果を検討し、検出される可能性の高い遺構・遺物や遺構埋土などの情報を把握しておくことが必要である。その一方で、予断を排し、あらゆる可能性を念頭におきながら、慎重に遺構検出作業を進めなければならない。

遺構検出の手順　通常、遺構検出作業は次のような手順で進める。

1) 遺構面を覆う包含層を薄く削り取るように掘り下げる。
2) 土の違いを見きわめて、遺構の所在や遺構の輪郭を確定し、その平面規模・形態をとらえる。
3) 重複する遺構の先後関係、遺構の層位的な位置関係を把握し、時間的変遷を推測する。
4) 遺構配置や先後関係の検討のため、遺構概略図を作成し、遺構掘り下げの計画を立てる。

遺構埋土の区別　竪穴建物や土坑、溝など、地面を掘り下げた遺構は、廃絶後に埋没した状態で検出されることが一般的である。そのため、こうした遺構内には、周辺の土とは色調や粒度、硬さ、混入物（石器・土器などの遺物、砂礫、炭化物ほか）の異なる埋土が堆積する。とりわけ、遺構が自然に埋没し、かつ埋没までに一定以上の期間を要した場合、その埋土は周囲の土と明らかに異なることが多い。

これに対して、柱掘方のように、地面を掘り下げてすぐに埋め戻した遺構では、必ずしも、埋土自体が周囲の土と明瞭な違いを示すとはかぎらない。しかし、基本的に、掘削した土が埋め戻されて大小のブロック状をなすことなどから、周囲の土との区別が可能である。

ただし、遺構面の土の色調や質によっては、遺構の埋土を識別することが難しいときもしばしばある。また、遺構の重複が著しい場合は、遺構どうしの境界や先後関係の確定が容易でないこともある。そのため、周辺における同様の遺跡の発掘担当者に現地で助言を求めたり、複数の発掘担当者で検討したりしながら遺構検出を進め、正確さと客観性を保つ必要がある。

遺構の輪郭確定　表土掘削や包含層の掘り下げによって、遺構面よりやや上まで達しているので（104頁）、遺構の検出作業は、ジョレン・移植ゴテ・草削りなどによって、遺構面を覆う残りの包含層を丁寧に削り取り、遺構の内外で異なる土の境界をたどって、平面的に輪郭を確定することを基本とする。そして、遺構の分布や性格を大局的に把握しつつ、細部を検討していくのが望ましい（図107）。

作業にさいして、遺構面が乾燥して土の違いを観察しにくい場合は、散水して湿らせ、検出作業の開始までシートで覆うなど、できるだけ条件を

図107　遺構検出作業

整える工夫をする。また、逆に湧水が激しいときは、発掘区の壁ぎわに排水溝を掘削して、ポンプで排水する。

なお、旧石器時代の遺跡では、通常、遺物がある程度の上下の差をもって出土するため、石器の出土に注意しながら掘り下げ、遺物が出土しはじめた段階や、断面で確認できた遺構の掘り込み面に達した時点で、漸次、均等な厚さで土を除去し、遺物や遺構を精査する。また、炉など火を使った痕跡については、物理探査などの手法で被熱の有無を確認することもある。

遺構の先後関係　遺構が重複している場合は、輪郭線が連続しているほうが新しく、とぎれるほうが古い。この原則にもとづき、遺構の綿密な平面観察によって先後関係を決定する（図108）。

遺構間の重複関係がない場合でも、遺構の平面的な形態・規模の特徴から、その種類や時期について、ある程度推測できることもある。また、鍵層となる火山灰や焼土などが、遺構内に堆積したり、埋土に混入したりしているときは、その遺構の時期や併存関係を決定できることがあるので、遺構埋土の平面的な観察も欠かせない。

遺構の層位的位置づけ　遺構検出のさいには、実際に遺構検出作業をおこなう面が、本来の遺構面と一致するかを確認する必要がある。後世の耕作などで当時の生活面が削られた場合はもちろん、遺構埋土とそれ以外の土との区別が難しく、遺構面を少し掘り下げた段階でようやく遺構が確認できることも少なくないからである。

図108　重複する遺構の先後関係

また、遺構がどの層から構築され、遺構面の上をどのような堆積物が覆っているかは、遺跡の立地や形成過程を考えるうえで重要な情報である。降下火山灰層などの鍵層がみられる場合は、遺構面とそうした土層との上下関係から、遺構の先後関係を把握できる。

そのため、発掘区の壁の土層や遺構埋土を覆う包含層などを観察し、遺構面あるいは実際に遺構を検出した面（以下「遺構検出面」と表記）と、その上下の土層との関係を示す土層図を作成するとともに、写真や文章などで記録する。

こうした作業をつうじて、前述した遺構面あるいは遺構検出面が、どの層の上面ないしは下面に形成されたものか（108頁）、検出された遺構がどの面に属するかを判断することも、遺構検出時の重要な作業である。

整地の痕跡　建物の造営などのため、地形を改変し、人為的に地盤を造成することを、一般に整地という。この整地には、地面を平坦にする場合と、傾斜や段差をつける場合とがある。それには、地面を掘削してならす切り土と、土を盛ってならす盛り土があり、しばしば、掘削した土を盛り土に利用するかたちで、両者が併用される。

こうした整地は、寺院や官衙などで見られることが多いが、集落遺跡でも、規模や範囲の大小はあれ、開発や建物の建築に先立って、何らかの整地がおこなわれた可能性を考慮すべきであろう。

整地の痕跡は整地層として把握されることが多い。しかし、集落の拡張などにより整地が繰り返されることや、1回の整地が複数の工程からなることもある。そのため、整地の時期や回数の特定には、整地層の平面的な範囲も含めて、慎重な発掘作業と総合的な分析が必要となる。

また、竪穴建物を建てるさいに、その掘削土で隣接する古い竪穴のくぼみを埋め、平坦にした状況が確認される例もあるように、遺構が広義の整地作業にともなって埋められていることもある。

第Ⅴ章　遺構の発掘

　整地は、広範囲なものはもちろん、個々の建物などにともなう部分的なものであっても、集落の形成や変遷の節目と対応する可能性が高い。したがって、整地層を的確に検出できれば、遺構・遺物の時期区分の指標としても活用できる。

地表面に構築された遺構　包含層や自然堆積層に遺構面が覆われている場合には、旧地表上に土や石などを積み上げた構造物が保存されていることもある。そのような遺構では、土層観察用畦を設定し、上面を覆う包含層などと遺構との関係を土層断面でも観察したうえで、遺構面上の土を剥ぎ取りながら検出する、という方法をとる。

遺構検出時の遺物の取り上げ　遺構検出の作業によって遺物が露出した場合、遺構にともなうものについては、すぐさま取り上げるのではなく、それが含まれている遺構や層位を把握したのちに取り上げるのが基本である。そして、人為的な埋納物などの場合は、その出土状態や位置なども記録する。遺構にともなわないものは、遺構面を覆う包含層の中での層位に留意しながら、包含層の発掘（106頁）に準じて取り上げる。

2 複数の遺構面の発掘

発掘作業の手順　平野や自然堤防上の遺跡では、遺構面の上を河川堆積物などが覆い、その上面が別の遺構面となっていることも多い。そうした発掘では、上に位置する遺構面の遺構検出と遺構掘り下げをおこない、写真や図面などの記録作成が完了したのち、下位の遺構面までの間の包含層や堆積層を除去して、遺構の検出と掘り下げの工程を繰り返すことになる。

　図109は、平安京内に位置する烏丸綾小路遺跡（京都府）の土層図である。この遺跡では、弥生時代から江戸時代にいたる複数の遺構面を確認した。その多くは平安京造営後の複数回の整地によって形成されたものであり、遺構と基盤層との関係を明瞭に把握できる事例である。

　最下層にあたる弥生時代の遺構面は地山面にあたる。その上に厚さ10cm程度の整地をおこなったものが、平安時代の遺構面である。さらに、その上には鎌倉〜室町時代にかけてのたびかさなる整地層が認められる。最上層にあたる江戸時代の整地層は、炭や焼土を含む砂泥層である。

　このように複数の遺構面が形成される場合でも、場所によっては遺構面の間の土層が消滅し、時期の異なる遺構が同一面で検出されることもしばしばある。また、遺構面の間の包含層なども、場所により、厚さや色調、土質など一様ではない。

　検出した遺構のすべてについて、検出面を覆う土層、遺構埋土、基盤となる土層を一連の土層図として記録することは不可能に近いが、主要な遺構については、観察によって、遺構面や層位との関係を確認する必要がある。

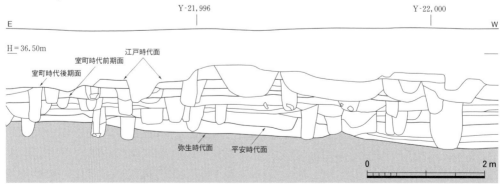

図109　複数の遺構面（烏丸綾小路遺跡）

遺構面の数の確認　遺構面の数は、発掘作業の期間や経費とも大きく関係する。そのため、事前の試掘・確認調査などにより、遺構面の数について正確な情報を得ておく必要がある。

ただし、試掘・確認調査では掘削範囲が限定されるため、上位の遺構面と下位の遺構面との間の包含層などの厚さや傾斜までは確定できないことが多い。その場合は、発掘区の周囲に設けた排水溝を利用するか、あるいは上位の遺構面の発掘作業完了後にサブトレンチを設定するなどして、下位の遺構面との境界を把握したのちに、包含層などを除去することになる。

なお、下位の遺構面を発掘するには、当然、上位の遺構面の発掘作業の完了が前提となり、必然的にその破壊をともなう。このため、保存目的調査においては、調査の目的を考慮して、発掘対象とする遺構面と、保存すべき遺構面を決定する必要がある。

3　重複する遺構の検出

作業の手順　継続的な居住など、長期間にわたって人間が活動した遺跡では、同じ場所に時期の異なる遺構が重複することが多い。また、遺構面に占める遺構の密度が高くなればなるほど、平面全体をとどめる遺構は少なく、一部しか把握できない遺構が多くなり、検出作業は難しくなる。

仁右衛門畑遺跡（福岡県・弥生〜中世）は、遺構が複雑に重複した例である（図110）。図示した地点では、おもに古墳時代中期後半から奈良時代のカマドをもつ方形の竪穴建物と、弥生時代の円形ないし楕円形の竪穴建物や土坑が、高い密度で重複して検出された。

このうち、煙道の突出した奈良時代のカマド付き竪穴建物がもっとも新しく、熱を受けて赤色に変色したカマドの煙道部の検出は比較的容易であった。そこで、遺構検出作業では、この煙道部を中心としたカマドの重複関係と方形竪穴建物の直線的な壁に注目して、まず、最新期のカマド付き竪穴建物の輪郭と先後関係を確定した。

一方、弥生時代の遺構は、それ以後の遺構の重複により、断片的にしか確認できなかった。そのため、古墳時代以降の竪穴建物を完掘したのちに、その壁や床面に見えてくる輪郭も総合的に観察しながら、再度、遺構検出を実施した。

このように遺構が重複する場合には、新しいものから古いものへと順に遺構を検出し、先後関係を確認していくことが理想的である。そのさいには、埋土の色調や粒度、硬さ、混入物の微妙な差を総合的に判断して、輪郭を確定していく。何度も遺構検出作業をおこない、輪郭線を確認する試行錯誤を繰り返すため、多くの労力と時間を要することになるが、実際の発掘作業ではしばしば遭遇する状況である。

重複関係の確定が難しい場合　しかし、重複が著しいときや、埋土の色調などの差が不明瞭なときは、平面的には輪郭や先後関係を容易に確定し

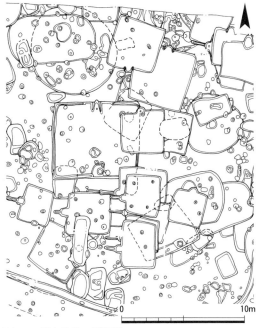

図110　竪穴建物の重複例（仁右衛門畑遺跡）

がたいこともある。そうした場合には、遺構の重複が予想される位置を横断するようにサブトレンチを設定し、トレンチの壁面の土層観察により遺構の断面を確認して、そこから平面的に輪郭や先後関係を把握していく方法もある。

ただし、サブトレンチによって、遺構の壁が失われて図化や写真撮影ができなくなったり、サブトレンチ掘り下げ時の出土遺物がどの遺構に属するかが確定できなくなったりすることもある。また、サブトレンチの位置は、必ずしも遺構の主軸に平行・直交するとはかぎらない。したがって、サブトレンチはむやみに設けるのではなく、その設定は慎重かつ計画的におこなう必要がある。

もちろん、サブトレンチを入れずに、攪乱部や新しい遺構を途中まで掘り下げたのち、それらの壁面の土層を観察することで、遺構の先後関係や輪郭を確定することも有効である。

一方、遺構の重複が著しいときは、必要に応じて遺物を取り上げながら、輪郭が明瞭になるまで水平に徐々に掘り下げることもある。その場合は、遺構の範囲が確定したのち、どの遺物がどの遺構のどの層位に属するかの分析が可能なように、グリッドごとか、あるいはドットマップなどで出土位置を記録しながら取り上げる。ただし、これらは、あくまでも遺構面や遺構検出面で遺構の輪郭が確定できない場合の補完的手段である。

遺構検出作業と遺構の時期区分　遺構の時期は、層位や遺構の形態、出土遺物など複数の情報を総合して決定する。しかし、遺構検出時に露出した遺物によって、遺構のおおよその時期を推測できることもある。また、どの遺跡にもあてはまるわけではないが、時期の近接する遺構は、類似した埋土をともなう傾向がある。

これらの情報や遺構の重複関係、平面的な形態と配置などを勘案すれば、検出段階でも遺構の時期区分や、さらには時期ごとの遺跡の大まかな性格が推定できることも少なくない。そうした場合、以後の発掘作業は、推定を検証あるいは修正するかたちで進めていくことになる。

4 遺構掘り下げの準備

遺構カードと遺構概略図の作成　遺構検出作業と並行して、遺構カードなどの略測図と発掘区の遺構概略図（246頁）を作成する。

これによって、遺構の配置や先後関係などを整理し、次の遺構掘り下げ作業を効率的におこなうことができる。したがって、当然のことながら、それらの作成に必要なグリッド杭などの設置（85頁）は、遺構検出作業の開始までに完了させておく必要がある。

発掘計画の再検討　遺構検出の結果、遺構の位置や種類、規模が確定すると、遺構掘り下げの順序や写真撮影・図面作成などの作業工程をより具体的に計画できるようになる。この段階で、発掘作業前に立案した全体計画に無理がないかどうか再検討し、必要があればその後の作業工程を見直す。また、自然科学分析を要する可能性のある遺構や遺物が検出された場合は、専門家の参加や助言を得られるような措置を講じる。

なお、遺構検出後、遺構の掘り下げ開始までの期間が長くあく場合には、遺構検出面や検出した遺構の浸食や乾燥を防ぐために、シートで覆うなどの保護策をとる。

また、保存目的調査では、掘り下げる遺構や掘り下げの範囲を最小限にしつつ、目的とする情報を得られるようにする。そのため、遺構検出作業で遺構の配置や先後関係などを明確にしたのち、どの遺構をどれだけ発掘すれば所期の目的を達成できるか、一方では、どの遺構、どの範囲を保存すべきかという観点から、発掘作業の計画を再検討することになる。

第2節
遺構の掘り下げと遺物の取り上げ

1 遺構の掘り下げ

遺構の掘り下げとは　平面的に検出した遺構の埋土を除去し、遺構の壁や床などの機能面や加工面（109頁）という人間活動と関係のある面を検出しながら、遺構の形成から埋没にいたるまでの時間の経過を逆に遡る作業を、遺構の掘り下げという。これは、遺跡における人間の生活の諸側面や、遺跡の形成過程を理解するためのもっとも基礎的な考古学的情報を得る工程である。

層ごとの掘り下げ　人間活動の痕跡は、遺構埋土の層理面やラミナ面上に残されることがあるので、遺構の掘り下げでは、そうした面を順次検出するとともに、遺物の出土状況を確認しながら、層ごとに遺物を取り上げる。この掘り下げによって遺構を完掘してしまえば、二度とそれらの情報を得ることはできない。したがって、遺構の掘り下げは、そのことを十分認識して慎重におこなう必要がある。

時間経過の再構成　遺構内の人間活動の痕跡について、保存状態の良好な竪穴建物を例にとってみよう。人間の生活した面は、廃絶後に堆積した埋土の下面に層理面として保存され、炉、踏み固められた痕跡、生活を示す遺物などから、床面という機能面として認定できる。床面下の貼床土の下面は、竪穴掘削時の掘方という加工面に相当する。また、遺構廃絶後の埋土の堆積も、下層から上層への時間の経過を反映している。

複数の遺構におけるこのような時間の経過をつなぎ合わせることにより、遺跡の形成から廃絶にいたる過程を再構成することが可能となる。

2 埋土の観察と記録

埋土観察の重要性　遺構掘り下げの工程では、遺構の主軸に直交・平行する線に沿ってできるだけ垂直に掘り下げた面で、埋土などの土層を観察し、必要な記録を作成することが一般的である（図111）。遺構内の土層観察は、層理面、ラミナ面の境界を確定するとともに、それぞれの層の成因と堆積過程の理解に努めること、そして遺構の重複関係や平面形に誤りがないか検証することに主たる目的がある。また、土層観察によって、たとえば貼床を廃絶後の埋土と誤認して掘り過ぎるのを防ぐことができる。

この土層観察結果を図化することで、加工面・機能面の有無や、埋土が自然堆積か人為的な埋め戻しかという埋没の過程を、1枚の図面として示すことが可能となる。また、腐朽して土壌化した木材の痕跡や人工的な積み土など、平面的に掘り下げていくだけでは識別しにくい遺物や構造物の確認も期待される。

したがって、埋土の土層を観察・記録せずに遺構を掘り下げてしまうことは、発掘成果の検証を

図111　遺構の掘り下げ作業

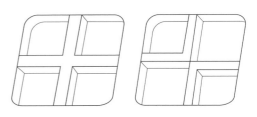

図112　十字形畦と四分法

第Ⅴ章　遺構の発掘

不可能にするばかりでなく、多くの重要な情報を失うことになるので、慎まなければならない。

土層観察用畦の設定　土層観察用畦(ベルト)の設定方法は、十字形に畦を残す方法と四分法が代表的なものである(図112)。

十字形畦の長所は、遺構を横断する土層を同一方向から観察し、図化できることにある。その反面、畦の交点に土層観察と図化ができない部分が残るので、その直下に炉などの重要遺構があっても、すぐには存在に気づかない場合が生じるといった欠点もある。

一方、畦を互い違いにした四分法では、つながった土層図を完成させるためには、片方の図を反転させる作業を要する。ただ、断面の交点まで一連のものとして土層図を作成でき、交点の直下にある遺構も確認しやすいという利点がある。

畦を残す前に、畦の設定位置に沿って、細い幅のサブトレンチを入れ、竪穴建物では床面までの深さや埋土、床面下の掘方の有無などをあらかじめ確認することもある。これは、とくに、遺構埋土と貼床、遺構の掘り込まれた地山や包含層などとの区別が難しいときに有効である。

ただし、一度に地山まで掘り下げると、床面など重要な情報を失うおそれがあるので、サブトレンチを設定する場合も、各層の形成過程を検討しながら徐々に掘り下げるのが望ましい。

また、細長い遺構では、長軸方向の土層観察用畦を最後まで残しておくと、作業を妨げることになるので、遺構を平面的に4分割して、土層観察と記録作成ののち、1/4ずつ掘り下げていく方法をとることもある。

一方、小さな柱穴などでは、半截してその断面の土層を観察するしかないが、その場合も機械的に半截するのではなく、柱痕跡や柱抜取穴の有無など、遺構上面でも十分に埋土の状況を精査・観察し、記録をとるなどの作業が必要となる。

A　完掘したのち、埋め戻した竪穴建物。
B　平面検出をおこなっただけの竪穴建物。
C　平面検出後、遺存状態や年代を確認するために、サブトレンチを入れただけの竪穴建物。
D　床面構造を確認するため、土層観察用畦を残して掘り下げた竪穴建物。

[註] Aは当初、記録保存調査がおこなわれた竪穴建物。B〜Dは保存が決定し、保存目的調査に切り替えた竪穴建物。

図113　竪穴建物のさまざまな発掘方法 (妻木晩田遺跡)

土層観察用畔の除去　遺構内の畔は、長期間残しておくと、遺構の平面図作成や写真撮影の妨げになることが多い。そのため、埋土の観察や畔の位置図・土層図などの記録作成の完了後は、すみやかに取りはずすことを原則とする。

ただし、発掘区を横断するような溝の土層観察用畔は、その位置や幅を工夫することによって、発掘作業の終了直前まで残しておき、各種の作業のための通路として使用することもできる。

保存目的調査　なお、保存目的調査では、将来の検証や再発掘のため、土層観察用畔を撤去せず、そのまま埋め戻すことが一般的である。したがって、そうした場合は、畔の崩落が生じないような配慮も必要である。

ここでは、記録保存を目的とした発掘調査の途中で現状保存が決まり、整備・活用を前提とした保存目的調査に切り替えた妻木晩田遺跡（鳥取県・弥生後期）の発掘区の事例を示しておく（図113）。

3　掘り下げの方法と留意点

基本的な掘り下げ方法　遺構埋土の掘り下げは、上方に堆積している土層から1層ずつ除去していくことを基本とする。

実際の作業では、移植ゴテなどの小型の道具で少しずつ掘り下げ、土層観察用畔に見える層理面やラミナ面と掘り下げる埋土の色・質・硬さ・混入物などの違いを比較しながら、面を検出していくことになる。埋土と検出した面の関係を観察するためにも、掘り上げた土は逐次除去し、清掃して、土の微妙な違いを見きわめるようにする。

また、掘り下げにともなって遺物が出土した場合は、それらがどの層に属し、どのような過程で埋没したかを出土状況から確認し、必要に応じて写真や図面などの記録を作成する。細かい遺物を露出させるときには、竹ベラや刷毛など、より小型の道具を用いることもある。

もちろん、誤って掘り過ぎることもありうるし、層および面の機能と形成過程について複数の解釈が提起され、発掘作業中に結論が出せないこともある。そうした点も日誌などに記録し、整理等作業時に参照する。

重複する遺構の掘り下げ　遺構に重複がある場合は、まず新しい遺構を掘り下げ、記録したのちに、先行する遺構を掘り下げるのが原則である。

しかしながら、重複する遺構の時期が近接するなど、先後関係そのものが重要な場合には、掘り下げる前に、複数の遺構にまたがるサブトレンチを設定し、先後関係を示す土層図を作成することもある。また、先後関係が不確実なときは、サブトレンチを入れて、土層観察用の壁面を残しながら掘り下げることにより、遺構検出段階で考えられたいくつかの可能性を土層断面でも検証していく方法をとる。

ただし、サブトレンチや畔の方向は、遺構の主軸に平行・直交する方向とは一致しないことも多いので、それらの設定にさいしては、範囲をかぎるなどの工夫が必要である（図114-2）。

また、遺構の輪郭や先後関係を確定するためのサブトレンチの設定は、実測図や写真として残すべき機能面・加工面の一部を、トレンチによって除去してしまうことになるので、最小限にとどめるのが望ましい。

土手を残した掘り下げ　一方、遺構が重複する場合に、新しい遺構の外側の古い遺構の埋土を土手状（リング状）に掘り残す方法もある（図114-5）。こうした土手を残すことにより、遺跡の全景写真でも遺構間の先後関係を示すことができ、さらには1回の写真測量や実測作業で、時期の異なる遺構を1枚の平面図に表現することも可能となる。

その反面、この方法では、土手を残すことで土層観察が妨げられるほか、土手の下の発掘が後回しになるため、その部分が最後まで図化できない、発掘作業期間が長引くと土手が崩れやすい、

第Ⅴ章　遺構の発掘

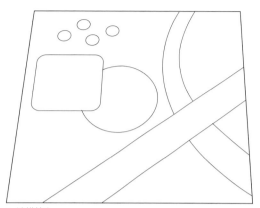

1　遺構検出
　遺構の重複関係と埋土の状況などを記録する略測図を作成する。

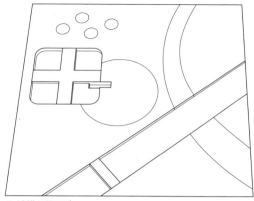

2　遺構の段下げ
　土層観察用畦を残して、新しい遺構を一段掘り下げる。このとき、古い遺構をそれより浅く掘り下げれば、遺構の重複関係の表示が可能となる。

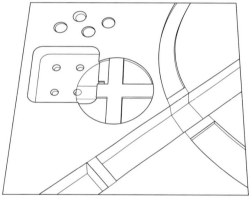

3　新しい遺構の掘り下げ
　新しい遺構を掘り下げて、古い遺構の輪郭を確認し、土層観察用畦を設定する。
　遺構の時期が判明する場合は時期ごとに掘り下げる。

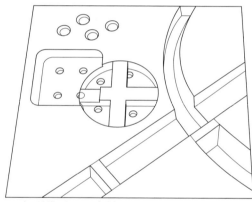

4　古い遺構の掘り下げ（a）
　土層観察用畦を残して、古い遺構を掘り下げる。

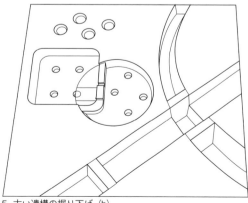

5　古い遺構の掘り下げ（b）
　新しい遺構の輪郭を土手状に残し、4と同様に古い遺構を掘り下げたのち、畦を除去する。

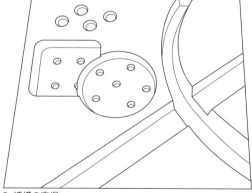

6　遺構の完掘
　畦や土手を除去して遺構を完掘する。さらに古い遺構がある場合は、3〜6の作業を繰り返す。

図114　時期の異なる遺構の発掘手順

といった問題点もある。

段下げ　掘立柱建物の場合は、遺構を検出した段階がもっとも機能面に近い。このため、柱掘方や柱痕跡、柱抜取穴を掘り下げる前に、それらの有無や重複関係を遺構カード（246頁）などの略測図に記録し、場合により写真撮影もおこなう。

ついで、新しい遺構は深く、古い遺構はそれより浅くなるように、遺構の新旧の順に段差をつけて浅く掘り下げる。通常、主たる記録の作成は、この段下げの状態でおこなう。

そして、その後、必要に応じて、半截や四分法などを用いつつ、掘方底面まで掘り下げ、加工面を出す（185頁）。

こうした段下げによる方法は、遺構の重複関係を立体的に示すことが可能であり、保存される遺跡の場合には、掘立柱建物以外の重複した遺構の発掘作業手順としても適用することができる。

図面作成・写真撮影　以上のように、遺構の重複の著しい遺跡では、掘り下げにいくつかの工程をともなう。それに応じて、遺構に重複のない場合よりも図面作成や写真撮影の回数が増加し、労力と時間が必要となる。

したがって、確認調査段階、遺構検出段階で得られた遺構の性格、遺構の重複の程度、遺構の時期のまとまりなどの情報を総合して、写真撮影や図化の計画を決め、それに応じた適切な掘り下げの方法を選択することになる。

発掘作業の展開　ここでは、時期の異なる遺構が重複して検出された場合の具体的な発掘作業の流れを示す。これには、次の二つの作業の流れが考えられる（図114）。

一つは、遺構検出ののち、まず新しい遺構を完掘して、実測と写真撮影を完了したのちに、古い遺構を完掘し、その実測や写真撮影をおこなう、1→（2）→3→4→6の流れである。これによれば、遺構を時代や時期ごとに分けて記録できるという利点がある。しかし、遺構検出段階で、すべての遺構を時代や時期ごとに区分できるとはかぎらず、また、あらかじめ写真撮影や実測の回数を見越して作業計画を立てることが容易でない、という問題点もある。

もう一つは、新しい遺構の輪郭を土手で残し、古い遺構も掘り下げて、写真撮影や実測をおこない、最後に土手を取りはずすなどして記録を補足する、1→（2）→3→5→6の流れである。これによれば、5の時点で一度に全景写真の撮影と平面実測をおこなうことが可能であり、写真測量にも都合がよい。しかし、その写真に土手で隠れた部分が生じることは避けられず、また時期の異なる遺構が1枚におさまるため、活用しにくいという問題も残る。

もちろん、実際の発掘作業では、例示したように明快な時期区分ができることはまれである。検出遺構が3時期以上に区分されることや、近接した時期の遺構の間に著しい重複があるなど、より複雑な様相を呈することも多い。したがって、遺跡の状況と調査の目的を考慮し、遺構のありかたや発掘作業の進捗（しんちょく）状況に応じて、上記の二つの流れを使い分けるか、組み合わせるなどして、作業を進めていくことも必要である。

掘り下げの留意点　記録保存調査では、それが発掘調査の唯一の機会であり、発掘作業後には遺構が失われてしまうことが多いので、人間の活動の痕跡を徹底的に抽出する必要がある。このため、最終的にすべての機能面・加工面を露出させ、記録することが原則となる。

また、遺構の掘り下げが完了した部分には、雨水などによる浸食を防ぐための措置を講じる。しかし、いかなる保護措置を施しても、遺構の損傷や浸食は時間の経過に比例して進行するので、個別遺構の写真撮影や図化は、掘り下げの完了後、すみやかにおこなうように心がける。

一方、保存目的調査では、まず調査目的を明確にすることが求められる。そして、その目的達成

のために遺構の掘り下げをおこなう場合は、遺構の保存や将来の再発掘による検証を考慮して、掘り下げる対象や範囲を必要最小限にとどめつつ、成果を上げるように努める。そして、所期の目的を達成したのちには、適切な方法ですみやかに埋め戻し、遺構の損傷を防ぐための保護措置に万全を期さなければならない。

遺構の掘り下げは、発掘作業の中でもっとも大きな比重を占める。そのさいには、複数の遺構で同時に作業をおこなうこともあるし、遺物の取り上げや掘り下げの完了した遺構の写真撮影や図化などを並行して進めることもある。

したがって、できるだけ複数の発掘担当者を配置することが望ましい。そうした体制を組めない場合は、発掘担当者が一人でも、写真撮影や図面作成などと並行して、遺構掘り下げの指揮・監督や遺構細部の観察ができるように、調査計画の策定段階で余裕のある工程を組むようにする。

4 遺物の取り上げ

遺物取り上げの原則　遺物は、いったん取り上げてしまうと、出土位置や層位など、遺跡・遺構との本来的な関係が失われる。そのため、取り上げの前に出土状況や層位との関係を観察し、床面に据え置かれたものか、遺構の堆積途中で投棄されたものか、包含層や遺構が崩壊・流出して再堆積したものか、などの来歴を考え、必要な記録を作成したのち、取り上げる。

珍しい遺物が出土したからといって、十分な観察・記録もせずに取り上げることは慎まなければならない。なお、金属製品は、周辺に広がる錆などから、その出土を予測できる場合がある。また、鉄製品は、柄の木質などが残っていることもあるので、すぐに取り上げずに周辺を精査する。

出土状況の記録　遺物の出土状況の違いに応じて、その記録と取り上げの方法や時期も異なる。

たとえば、遺構の底面に据え置かれた遺物は、遺構の機能や人間活動と密接に関連するため、出土状況を図化する必要がある。

旧石器の場合は、インプリント（土に残された遺物の雌型）をはじめ、主軸方向や伏角などが遺物の埋没過程や埋没後の移動などを示す指標となるので、それらについても必要に応じて記録をとる。また、こうした遺物は微小なものが多く、降雨や霜柱、日照による土の乾燥、あるいは作業員等の踏みつけなどによって、本来の出土位置から容易に移動してしまう。そのため、出土位置の三次元情報の取得と遺物の取り上げは、遺物が出土した日のうちにおこなうことが望ましい。

建築部材など大型の部材は、当初の状態を保ったまま出土することはまれで、流路に廃棄されたり、堰やしがらみ、井戸枠などに転用されたりした状態で出土することが多い。また、転用する時点であらたな加工を施すこともある。

そうした転用後の加工や使用痕と、転用前の情報とを識別するうえで、出土状態の把握は重要な意味をもつ。しかし、部材をすぐさま発掘現場から取り上げてしまうと、出土したときの上下関係や向き、部材相互の位置関係がわからなくなってしまうことが多く、重要な情報が失われかねない。したがって、まずは出土状態を十分に観察し、転用などの状況が見られる場合は、実測図や写真などの記録をとったうえで取り上げる。

写真は、図面と同じく、その遺物が据え置かれているなど、出土状況が意味をもつ場合に撮影する。ただし、旧石器時代の遺跡では、石器集中出土地点ごとの写真と、おもな遺物に関しては単体の写真が必要である。出土状況の写真には、土層断面が写りこむように配慮する。

ドットマップの作成　遺構の重複がとくに著しいときや、遺構の形態・輪郭が確定しにくいとき、あるいは、輪郭の描けない微小な土器片や石器片が、遺構の性格や時期の決定に関係すると考

えられる場合には、遺物について出土位置の三次元情報を記録し、ドットマップを作成する方法が有効なこともある。

図115は、柿原Ⅰ遺跡（福岡県・縄文早期）の土器分布のドットマップである。この遺跡では、縄文時代早期の遺構は確認できなかったが、B2グリッドやB4グリッド付近など、いくつかの土器集中出土地点があり、遺構の存在が推測された。また、押型文土器と厚手無文土器の分布範囲が異なり、両者に時期差が存在することも予想された。このように、ドットマップによる遺物分布と土器などの型式分類とを対照することによって、遺跡の時期区分や形成過程解明の糸口が得られることもある。

旧石器時代の遺跡では、遺構の輪郭をとらえがたいことが多い。石器集中出土地点は包含層とは同一視できず、遺構の可能性を念頭においた発掘が必要である。たとえば、そこが石器製作跡かどうかは、接合資料の抽出などによって、整理等作業中に解明されることが多い。そのため、ドットマップの作成が不可欠である。

また、玉製作や鉄製品製作にかかわる遺構では、製作工程や工房の規模などの復元のために、微小な副産物まで含めた遺物の出土状況を記録したドットマップを作成するのが有効である。

ただ、ドットマップに関しては、発掘作業中に認識できなかった事実の抽出を可能にするという効果が確かに期待される反面、その分析結果が歴史的意義の解明に十分つながっていない場合もある。したがって、たんなる位置の記録としてではなく、遺跡を理解するためにデータをどのように利用するのか、その意義づけを認識しながら、費用対効果も考慮して取り上げ方法を選択し、のちの報告書作成を含む整理等作業に生かしていく必要がある。

遺物取り上げの留意点　遺物は、出土状態のまま長期間露出しておくと、風化や劣化が進行する。また、微細な遺物については紛失してしまうおそれもある。そのため、遺物の保存さらには盗難にも留意し、出土状況の観察・記録作成ののち、すみやかに取り上げる。

建築部材などは、通常、水漬け状態で発見されることもあって、非常に重く、もろいため、発掘

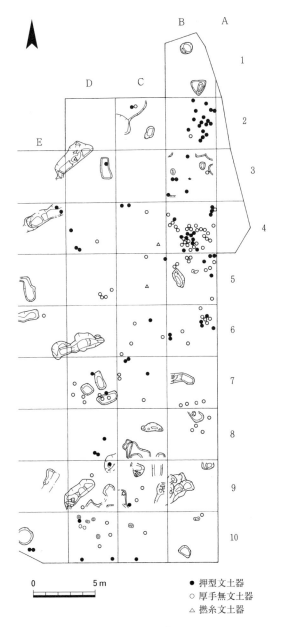

図115　土器分布のドットマップ（柿原Ⅰ遺跡）

第Ⅴ章　遺構の発掘

作業や取り上げのさいに傷や圧痕がつきやすい。こうした傷も、取り上げてしばらくすると、部材にもともと施された加工や使用痕と見分けがつかなくなってしまうことがあるので、取り上げ作業にはとくに注意を払う必要がある。

意図的な配置が認められない遺構埋土中の遺物は、出土状況を観察したのち、層ごとに取り上げる。玉類や種子類などの微細な遺物は、層単位でまとまりを把握したうえで、周囲の埋土ごと取り上げたのちに、洗浄しながら採取する。

石器製作跡など、微細な遺物が多数含まれている場合には、遺物集中出土地点を中心とする範囲の排土を水洗選別し、微細な遺物を回収する。

このとき、たとえば対象範囲を40cm〜1m程度の方眼で区分し、各区画内の排土を一定の層厚ごとに回収するなどして、選別された遺物が埋蔵されていた地点のおおよその水平・垂直位置を確認できるようにする。これにより、遺物集中出土地点の範囲や、その中でも遺物密度がとくに高い箇所を抽出でき、遺跡の理解に必要な情報を得ることが可能となる(図116)。

また、脆弱な木製品や金属製品など、現地で応急的な保存処理を加えないと取り上げができない場合は、強化剤を塗布するなどの応急処理を施したのち、土ごと取り上げる(274頁)。

ラベルの記載　取り上げた遺物は、遺跡名、発掘区、出土遺構、層位、取り上げ日などの必要情報を記入したラベル(図117)を添え、ビニール袋や整理箱などに入れて持ち帰る。

同じ遺構や層位から複数の種別の遺物が出土した場合には、発掘の時点で種別ごとに分別して取り上げ、それぞれにラベルを添付する方法と、各種の遺物をまずはひとまとめにして取り上げ、それを入れた整理箱やビニール袋などにラベルを入れる方法とがある。後者の場合、同一内容のラベルを遺物の種別の数だけ作成して入れておくと、のちの分別作業を効率的におこなえる。

ラベルは、湿気を含んだ遺物と接することもあるので、マイラーベースなど耐水性・耐久性のある材質のものに、退色しにくい黒色の油性フェルトペンで記入する(61頁)。

このラベルの記載事項が出土遺物に注記され、接合・復元などの整理等作業を進める単位の指標となり、報告書作成や遺物の保管においても欠かせない情報となる。

したがって、出土遺物の取り上げやラベルの記載は、調査の目的や遺跡の性格を考慮しつつ、整理等作業と収蔵後の活用も見通して、体系的に進める必要がある。

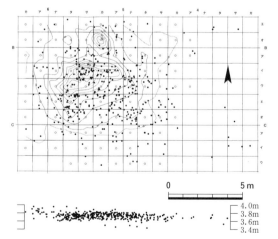

発掘区を1mメッシュで区分し、排土を2mmの目のフルイで水洗選別し、その結果を等密度分布図にしたもの。

図116　石器分布のドットマップ（長原遺跡）

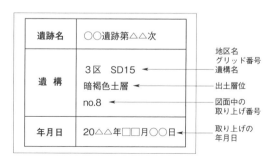

図117　ラベルの記載例

第3節
竪穴建物

1 建築構造

A 定義

竪穴建物とは 地表を掘り下げて床面をつくった建物を、竪穴建物とよぶ。屋根は掘立柱で支えるのが一般的だが、床面が地表より下に位置することから、掘立柱建物と区別されている。

これらの建物については、「竪穴住居」という名称が長く用いられてきた。しかし、すべてが住居であったわけではなく、工房など、居住施設以外のものも存在する。そのため、掘立柱建物や礎石建物などの用語との対応関係も考慮して、竪穴建物とよぶこととする。

外国では、後期旧石器時代からすでに、竪穴構造とみられる建物の事例があるが、日本では縄文時代から存在し、地域差はあるものの、古代まで普遍的に認められる。

その後、古代末までにはしだいに姿を消すが、中世に入っても、鎌倉周辺や東北などでは検出例があり、「方形竪穴建築」や「方形竪穴建物」などとよばれている。また、近世や近代でも、小屋として使用された例がある。

B 竪穴建物の分類

竪穴部・地表部と上屋部 竪穴建物は、半地下部分の「竪穴部」と、その外側の地表部分の「地表部」、上部構造部分の「上屋部」に大別できる。

伏屋式と壁立式 竪穴建物は、主として上屋部の外観から、伏屋式と壁立式に分けられる。伏屋式は、屋根の下端が地面に達し、軒下空間がない構造である。一方の壁立式は、屋根と地面の間に壁をもつ形態で、軒下空間をもつ。

屋根形式 屋根を葺く材料（屋根葺材）は、茅（ススキやチガヤ）、葦、藁などを利用した草葺のほか、樹皮を用いたもの（樹皮葺）、垂木上に下地をつくったのち、土をかぶせるもの（土屋根・土葺）があり、大型動物の皮を用いた獣皮葺も想定される。屋根形式は、切妻造、寄棟造、入母屋造、宝形造などが想定できる（163頁）。

伏屋式の竪穴建物の復元例は、代表的なものとして、大塚遺跡（神奈川県・弥生中期）の例がある（図118）。また伏屋式で土屋根の例は、北代遺跡（富山県・縄文中期）（図119）や御所野遺跡（岩手県・縄文中期）などにある。

伏屋式で土屋根の竪穴建物は、外観が土饅頭状

図118　茅葺の伏屋式竪穴建物の復元例（大塚遺跡）

図119　土屋根の伏屋式竪穴建物の復元例（北代遺跡）

図120　土屋根・茅葺の伏屋式竪穴建物の復元例（中筋遺跡）

第Ⅴ章 遺構の発掘

を呈するが、中筋遺跡（群馬県・古墳後期）（図120）では、茅の下地の上に土を置き、さらにその上に茅を厚く葺いていたことが判明した。この場合、外観は茅葺と同様になる。

　壁立式の竪穴建物の復元例は、三内丸山遺跡（図121）や飛山城跡（栃木県・9世紀）にある。これらの上部構造は、掘立柱建物に通じる部分が多いと考えられる。

C　上屋部の構造

テント構造　竪穴建物にかぎらず、建物として成立するもっとも簡単な上屋部の構造は、テント構造であろう。3本ないし4本の骨組みとなる柱を頂部で束ね、周囲に屋根傾斜面の骨組みとなる垂木を配して、屋根を葺く構造である。

　三里塚遺跡の例（千葉県・縄文早期）（図122）は、竪穴床面に3基の柱穴をもち、上記の構造を推定させる。この場合の垂木下端は、竪穴外周に配されていたのだろう。

伏屋式　屋根を形成する垂木を、竪穴壁ぎわや竪穴の周縁部に配する構造をもつ。竪穴の規模が大きくなるにしたがって、垂木も長くなるため、水平材（桁あるいは梁）を置いて垂木の途中を支持するか、この位置で垂木を継ぐ必要が生じる。この桁や梁などの構造材を支持するため、竪穴内に主柱を立てたと考えられる（図123）。

　垂木の上端部を竪穴の中央部で一つにまとめると、宝形造の屋根となる。また、屋根頂部の水平材（棟木）に垂木を架け、垂木を二方向に葺き降ろせば、切妻造屋根となり、妻側（棟木と直交する方向の側面）にも棟木位置まで垂木をのばせば、寄棟造となる。一方、妻側の垂木を屋根頂部までのばさず、部分的に屋根の途中で止めれば、入母屋造となる。

　棟木を支持する方法としては、主柱上の梁の上に叉首（合掌）を組んで、その交点にのせる方法のほか、梁の上に短い垂直材（束）を立てる方法、棟木を地面から立てた柱（棟持柱）で直接支持する方法、地上からのばした長い叉首で支持する方法など、多様な構造が推定される。これらは、掘

図121　壁立式竪穴建物の復元模型（三内丸山遺跡）

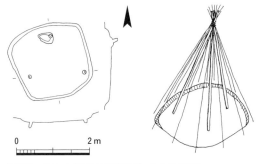

図122　テント構造の竪穴建物（三里塚遺跡）

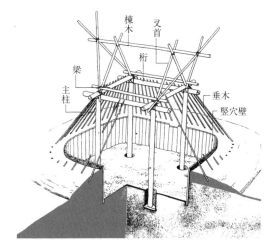

図123　伏屋式竪穴建物の構造

立柱建物の上部構造と大きく変わらない。

垂木下端の位置は、竪穴壁の下部や上部、周堤の上部や基部などに想定できる。垂木下端が、竪穴壁ぎわの床面や周堤内側に位置する場合は、竪穴内部への雨水の浸入を防ぐため、屋根は地表面と連続させた土屋根の可能性が高い。

実際の遺構から上屋部構造を推定するには、主柱の数や位置だけでなく、時期や地域を考慮しつつ、竪穴諸施設との関連など、さまざまな要因をふまえて検討しなければならない。ここでは、模式的な構造形式を取り上げる（図124）。

竪穴部に主柱がない場合は、その外側に垂木や叉首などを配したと考えられる。屋根形式が宝形造になるか、それとも寄棟造や入母屋造になるか、すなわち棟木をもつかどうかは、竪穴の規模や形状から判断する。先述のように、宝形造ではテント構造のように垂木上端が一つにまとめられ、棟木をもつ寄棟造・入母屋造では、棟木を支持するために、地表部に叉首などのやや太い材を立てたと考えられる。

主柱2本が竪穴部の中央付近にある場合は、棟持柱と推定される。屋根形式は、主柱（棟持柱）と竪穴壁との位置関係にもよるが、ある程度の距離があれば寄棟造か入母屋造、竪穴壁に近接するときは切妻造の可能性があろう。

なお、主柱が3本以上でも、棟想定位置で直線上に並ぶものは、棟持柱と判断される。

主柱が4本以上ある場合は、それらで梁や桁を支持し、梁の上に叉首を組んで棟木を受け、垂木を配したと考えられる。

主柱4本のときは、ロの字形に梁と桁を架け、主柱5本のときは、宝形造の屋根のほかに、棟木の一端を寄棟造、もう一端を切妻造とする屋根形式が想定される（163頁）。

竪穴部の平面が円形に近く、宝形造が想定できる場合は、主柱6本のものでは梁をキの字状に、8本のものは井桁状に組み、それぞれの梁端部で叉首を受けたと想定される。このときの叉首頂部は、現存する法隆寺東院夢殿（奈良県・8世紀前半）などの八角堂の屋根頂部と同様に、太く短い束の側面に叉首を挿す構造が想定できる。

一方、竪穴部が細長く、棟木をもつと想定できる場合は、不動堂遺跡（富山県・縄文中期）の竪穴建物の構造模式図（図125）のように、柱上に桁や梁を組み、それをつなげた構造となるだろう。

なお、丘陵斜面に建つ竪穴建物では、竪穴の平

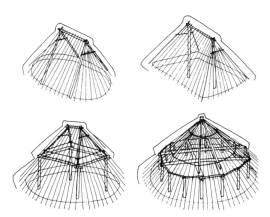

図124 竪穴建物の架構

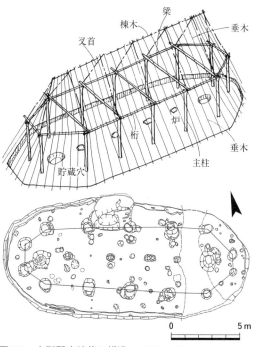

図125 大型竪穴建物の構造（不動堂遺跡）

面がU字形を呈し、斜面下方には竪穴壁が検出されないことがある。こうした場合、斜面下方の竪穴部の遺構が失われた可能性が考えられるが、状況によっては、大原D遺跡（福岡県・縄文草創期）の復元案（図126）のように、斜面下方側を切妻屋根とした、いわば人工の洞窟のような半円形状の建物を想定することもできる。

壁立式の上屋部構造　壁立式の建物は、垂木を地面まで葺き降ろさず、屋根と地面の間に壁をもつ。竪穴壁ぎわに比較的密に配した柱群が壁状となるもののほか、地表部に柱をもち、そこに壁が立つ場合も壁立式になる。

なお、竪穴壁ぎわの柱穴とは別に、床面に主柱穴をもつ場合は、屋根を含む上屋部の荷重は主柱が受ける。このときの竪穴壁ぎわの柱は、壁をつくるための下地であり、壁体に屋根などの重量はかからない。

今城遺跡例（茨城県・縄文早期）（図127）では、長方形の竪穴の壁ぎわに多数の柱穴をもつほか、竪穴の四隅付近に4基の主柱穴をもつ。その構造は、主柱の頂部を桁や梁でつないだ上に又首を架けて棟木を支持し、棟木から桁に垂木を葺き降ろした寄棟造と推定されている。壁は、竪穴壁ぎわの柱穴から主柱上の桁に向かって、やや斜めに立てかけたものと考えられる。

主柱穴がなく、竪穴壁ぎわの柱穴だけがある場合は、その柱群の間に蔓や縄などを編みつけて下地とした壁をつくり、その壁で上屋部の重量を支えたとみられる。上屋部は、柱の頂部をつないだ桁の上に梁を架けて又首を組み、棟木から桁に垂木を葺き降ろした構造と推定される。

下五反田遺跡の方形の竪穴部をもつ焼失竪穴建

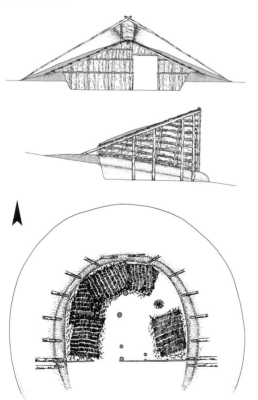

図126　斜面に構築された竪穴建物の復元（大原D遺跡）

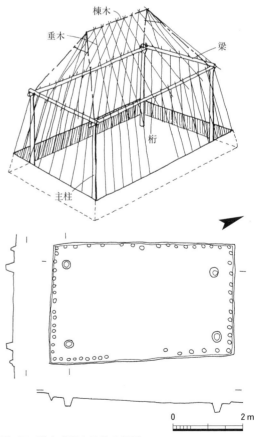

図127　壁立式竪穴建物の架構（今城遺跡）

物（滋賀県・7世紀後半）（図128）では、主柱穴も竪穴壁ぎわの柱穴もないが、埋土中や床面から多量に出土したスサ入りの焼土塊を土壁の崩落土と解釈し、壁立式と認定している。竪穴壁の延長上に土壁を立ち上げ、壁全体で上屋部構造の重量を支持する、いわゆる「大壁建物」の構造と同じである。

また、関東を中心として検出されている地表部に柱をもつ古代の竪穴建物は、地表部の柱がなす平面形や、それらの柱どうしの間隔は整然としていないが、建築構造的には掘立柱建物（平地建物）と変わらないと考えられる。

土屋根と細部の構造　中筋遺跡や黒井峯遺跡（群馬県・古墳後期）などでは、榛名山の二ッ岳形成期の噴火による軽石で埋没した竪穴建物が発見されており、土屋根の構造が明らかになった。中筋遺跡で判明した土屋根のつくり方は、以下のとおりである。

まず、竪穴部より50cmほど外側の地表部に、垂木を約30cm間隔で並べる。垂木の径は約10cmである。その上に、茅を垂木と直交方向に置き、さらに平行方向にも茅を置いて、屋根下地とする。つづいて、垂木を固定させるために、竪穴を掘った土を垂木下端部に盛って、周堤をつくる。そして、屋根下地の上に、約10cmの厚さで土をのせ

る。この上に、茅を多量に置いて茅葺とする。したがって、外観は茅葺と変わらない。

また、中筋遺跡や黒井峯遺跡では、倒壊した建物の屋根から柱が突き抜けた状況がみられることから、桁や梁を柱と縄で結んでいた構造が復元されている。

竪穴建物の細部構造やその変遷については、焼失建物に遺存する部材や、出土した建築部材などから判明することもある。

部材に穴をあける技術や、精巧な仕口をつくる技術は、すでに縄文時代中期には存在し、少なくとも弥生時代中〜後期には広範な地域で用いられていたと考えられる。現在のところ、竪穴建物に特有な建築技法は確認されず、技術面については、掘立柱建物とあわせて考えるべきであろう。しかし、具体像の解明は今後の発掘調査の成果に待つところが大きい。

特殊な竪穴建物　鎌倉周辺や東北地方で検出例のある「方形竪穴建築」や「方形竪穴建物」などとよばれている中世の竪穴建物は、竪穴が方形で、竪穴壁ぎわに柱穴をもつものである。

このうち、鎌倉周辺で検出される特徴的な例は、方形の竪穴の壁ぎわに、土台とよぶ水平材をまわし、その上に柱を立てて板壁と床をつくるもので、いわば竪穴に土台建物を落とし込んだ構造

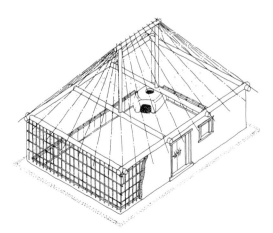

図128　壁立式竪穴建物の構造（下五反田遺跡）

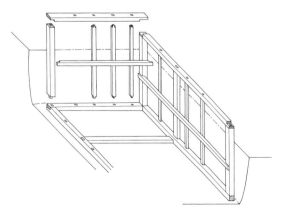

図129　特殊な方形竪穴建物の下部構造

第Ⅴ章　遺構の発掘

となっている（図129）。

　中世の民家建築はほとんど現存せず、これらの遺構の上部構造を検討するには、絵巻物や文献史料なども参照しなければならない。現状では、掘立柱建物（平地建物）に準じた構造とみて大過ないと想定されている。

2　竪穴部・地表部の属性

A　竪穴建物の構成要素

竪穴建物の遺構　竪穴部・地表部の遺構は、建物自体を構成する要素と、炉などの生活行動のための施設に大別できる。前者には、竪穴壁、床面、柱穴、礎石、周堤、竪穴外ピット、外周溝(がいしゅうこう)などがある（図130）。

竪穴の平面形　竪穴部の主体をなす半地下のくぼみを、竪穴とよぶ。竪穴の平面形は、縄文時代以来、円形や楕円形、方形、長方形、六角形など、時代や地域によりさまざまだが、弥生時代から古墳時代前期では隅丸方形、古墳時代後期以降は、方形に近い長方形のものがもっとも多い。

　ただし、竪穴の平面の遺存状態は、地形の状況によっても異なる。たとえば、斜面に設けられた竪穴建物では、本来は円形のものでも半円形状に遺存している場合があり、注意を要する。

竪穴の規模　竪穴の大きさは、長軸長または一辺が6mまでのものが一般的である。小さいものでも長軸長は2m以上あり、大型のものでは10mを超える。

　竪穴の深さは、当時の地表面が失われて本来の深さを把握できないことが多いが、50cm程度までの例が多い。したがって、検出した竪穴の深さは、旧地表のおよその削平度合いを知る手がかりにもなる。ただし、深いものでは1.5〜2mを超える例も見られるので、周辺の遺跡の発掘成果なども勘案して、総合的に判断する。

竪穴壁　竪穴部の壁面（機能面）を、竪穴壁とよぶ。ただし、掘方壁面をそのまま竪穴壁とする場合は、加工面が機能面になる。

　地山を掘削した掘方の壁面には、土や粘土を貼りつけて機能面とする場合がある。これを貼壁(はりかべ)という。貼壁の目的としては、地山の崩壊防止のほか、竪穴内への水の浸入や、モグラ・ミミズ・アリなどの侵入の防止などが想定される。

　また、竪穴壁の崩落を防ぐために、竪穴壁を覆った板材や網代(あじろ)の痕跡などが検出されることもある。さらに、竪穴壁に沿って石積が設けられた例も散見される。

床面　竪穴底部の生活面を、床面とよぶ。通常、地山を掘り下げたままのものと、掘方を掘削

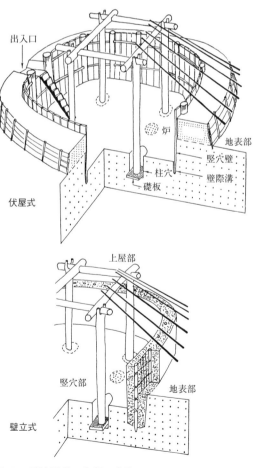

図130　竪穴建物の各部の名称

したのちに貼床をするものに大別されるが、床面の部分により、両者を使い分けることもある。

また、床面は土間だけでなく、床板や敷物が敷かれていた場合もあり、縄文時代の柄鏡形建物（えかがみ）（143頁）や中世の竪穴建物などでは、石を敷いたものも見られる。

床面には、硬化した面が認められることがある。これらは、人による頻繁な踏み固めに起因するものと、床面構築時に叩き締めたものとがある。前者は、屋内での人の動きや活動の「場」を考える手がかりとなる。

柱　穴　通常、上屋部を支える柱は、掘立柱が多い。この柱位置に遺存する柱掘方・柱痕跡・柱抜取穴・柱切取穴などを、総称して柱穴とよぶ。

このうち、上屋部を支持する柱を立てた、比較的規模の大きな柱穴を主柱穴とよぶ。それに対して、竪穴壁ぎわに配されるような小型の柱穴は、竪穴壁の保護用か、壁立式の壁下地となる柱を立てた穴の可能性がある。柱の下には、礎板（図130）や根石などを置く場合もある。

礎　石　カマドをもつ竪穴建物では、礎石建ちの柱をともなう例があり、礎石建ちと掘立柱を併用するものもある。今のところ、報告例は群馬県・山梨県・長野県・岐阜県にかぎられるが、それ以外の地域にも存在する可能性がある。

礎石は、床面上に礎石を直接置くものと、据付掘方をともなうものとがある。後者では、礎石の周囲に根石を配した例も見られる。

壁際溝　竪穴壁沿いの床面に掘られた溝を、壁際溝（壁溝）（かべぎわみぞ）とよぶ。一般に、幅は10〜30cm、深さは5〜20cm程度である。

壁際溝には、竪穴建物が機能しているときに溝として露出していたものと、竪穴壁の崩落を防ぐための壁押さえの板材や板壁（羽目板）（はめいた）・網代の据付掘方、あるいはそれらを受ける土台の木材の据付掘方として掘られたものがある。

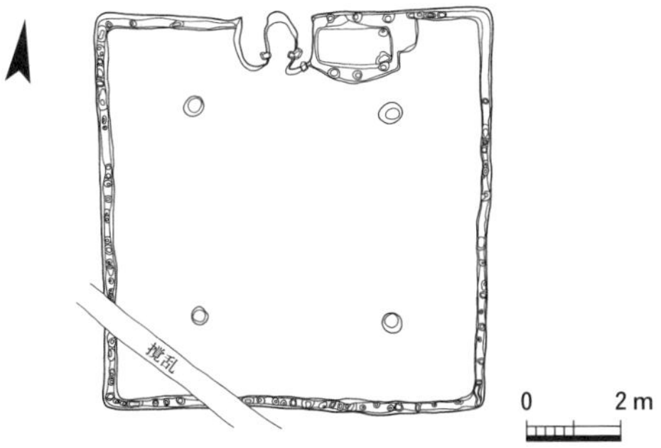

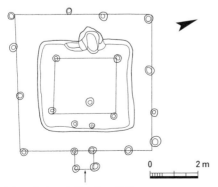

図131　壁際溝内の小ピット（橋場遺跡）

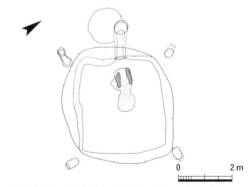

図133　叉首穴とみられる竪穴外ピット（砂子遺跡）

図132　地表部の柱穴と廂状出入口施設（和田西遺跡）

図134　周堤（八尾南遺跡）

第Ⅴ章　遺構の発掘

竪穴床面に柱穴が見られず、建物規模が小型化する古代・中世の竪穴建物の壁際溝の多くは、後者と考えるのが妥当である。

また、橋場遺跡例（東京都・7世紀）（図131）のように、壁際溝の底面に小ピットが認められる場合、そのピットは、壁立式の壁下地材を埋め込んだ穴か、竪穴壁を覆う壁板を固定するための柱掘方や杭穴と考えられる。

竪穴外ピット　竪穴の外側の地表部に検出される穴を、総称して竪穴外ピットとよぶ。和田西遺跡例（東京都・8世紀）（図132）のように、柱穴や垂木穴・垂木受けピットとみられるもの、砂子遺跡例（青森県・9世紀）（図133）のように、叉首穴とみられるものなどがある。垂木穴の場合はピットの径が総じて小さく、相互の間隔も狭い。

周　堤　竪穴部の外周には、八尾南遺跡例（大阪府・弥生後期）のように、周堤とよばれる土手状の高まりが検出されることがある（図134）。雨水の浸入を防ぐため、竪穴を掘った土などを盛って、外周に堤状にめぐらしたもので、幅は1〜5mとさまざまである。

周堤は、必ずしも竪穴壁上端に近接してつくられるとはかぎらず、竪穴壁の上端と周堤の間に平坦部を設けたものもある。

外周溝　地表部側には、しばしば周堤の外側をめぐるように、溝が掘られることがあり、それらを外周溝とよぶ。護岸を施したものもある。

平面形は円形や方形を呈し、上端の幅は1〜2m台のものが多い。弥生時代から古墳時代前期までの低地遺跡での報告例が目立つことから、除湿がおもな役割と考えられるが、丘陵部から検出されることもある。

外周溝は、登呂遺跡例（静岡県・弥生後期）（図136）や下老子笹川遺跡例（富山県・弥生後期）などのように、外周溝の内側の地表面に盛り土して周堤をつくり、周堤の内側を竪穴壁のように利用して、竪穴建物と同様な伏屋式の上屋部を建てる平地建物にも認められる。

当時の地表が深く削られていると、周堤や竪穴が検出できず、竪穴建物なのか平地建物であったのか、区別が難しい（192頁）。

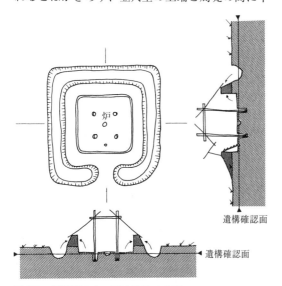

図135　外周溝をもつ竪穴建物の復元

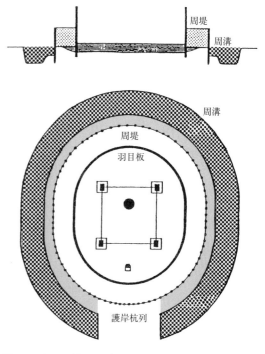

図136　床面を掘り下げない竪穴状建物（登呂遺跡）

B 生活行動のための施設

竪穴部の諸遺構のうち、生活のために設けられた施設には、炉、カマド、貯蔵穴、梯子穴、階段、張り出し、ベッド状施設、棚状施設、ロクロピット、床面小溝、排水溝などがある。

炉 竪穴の床面に設けられた、煮炊きや照明用あるいは工房などの火を使用する作業用施設である。カマドが出現する以前の竪穴建物に一般的に認められ、それ以降の竪穴建物でも散見される。

炉には、地床炉、石囲炉、土器埋設炉、土器囲炉（土器片囲炉）、粘土床炉（火皿炉）、石床炉など、さまざまな種類がある。炉の直径や長軸長は50cm～1mほどのものが多い。

地床炉は、床面を掘りくぼめて火床としたもので、縄文時代から古代まで普遍的にみられる。

石囲炉は、扁平な石材で周囲を縁取りした炉で、宿東遺跡例（埼玉県・縄文中期）のように、内部に土器を設置したものも多い。これらの土器は炉体土器とよばれている（図137）。

土器埋設炉は、縄文時代に特有の、土器を据え置き、炉として用いたものである。通常は、土器の胴部以下を打ち欠いた1個体分が据えつけられているが、複数の個体を設置したものもある。

土器囲炉は、石の代わりに土器片で縁取りした炉である。石囲炉と同様に、内部に土器が設置されたものも多い。

粘土床炉は、穴を掘って粘土を充填し、その上面を燃焼部とする。

石床炉は、浅い掘方の中に扁平な円礫を据え置いて燃焼部とする。

このほかに、弥生時代から古墳時代中期までは枕状の石（枕石）を据えた炉や、枕石の代わりに土器片を用いた炉の例もある。

また、新潟県から福島県以北では、縄文時代中期末から後期にかけて、小反遺跡例（山形県・縄

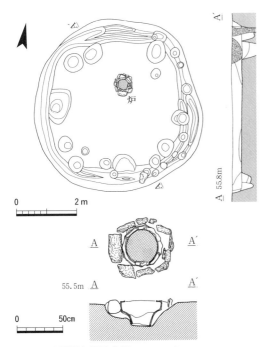

図137 石囲炉と炉体土器（宿東遺跡）

図138 複式炉（小反遺跡）

図139 中央ピット（妻木晩田遺跡）

文中期）（図138）のように、複式炉とよばれる独特な炉が発達した。

なお、北海道の擦文文化（8～13世紀頃）に属する竪穴建物を除き、カマドをもつ竪穴建物に炉が認められるときは、小鍛冶など手工業生産のために設けられた場合が多い。

中央ピット　弥生時代の北陸から中国地方を中心として、主柱穴に囲まれた床面に「中央ピット」とよばれる施設をもつものがある。

妻木晩田遺跡例（鳥取県・弥生後期）では、長軸長0.2～1.2m、深さ0.1～1.0mほどのピットの周囲に、蓋受けと考えられる浅い掘り込みや、土手状の高まりをともなう（図139）。ピット内に灰が詰まっている例があることから、灰を利用した炉（灰穴炉）とする説があるが、中央ピットから竪穴の屋外に排水溝がのびている例もあり、排水や湿気抜きの役割も想定されている。

カマド　おもに竪穴部の壁に造りつけられた煮炊き用の施設で、古墳時代初頭から九州北部や近畿でわずかに見られるが、5世紀以降、主要な調理施設として広範囲に伝播する。

カマドの構造は、煙道が長く、屋外に排煙するものと、屋内に煙出しがあり、屋内を燻していたものが存在する（図140）。

カマドの構築材としては、粘土、黒ボク土、石、土器、瓦などが使用され、地山削り出しの袖や、地山を刳り抜いた煙道が造られるなど、同じ地域や同一遺跡内においても比較的多様である。ただし、掛口の高さは、おおむね40cm程度であったようである。

棚状施設　棚状施設（図141）とは、カマドをもつ竪穴建物の竪穴壁に接してつくられた屋内施設のうち、地山の掘り残しや盛り土などにより、モノを置くための壇状の空間を設けたものである。カマド脇に設けた例が大部分を占める。現在のところ、本州と九州に報告例がある。

床面からの高さ（図141-a）は5～50cm、奥行（同-b）は25～50cmのものが多く、棚状施設上面から竪穴壁上端までの高さ（同-c）は5～10cm程度の例が多い。

棚状施設は、上面に置かれていた遺物から見て、調理具や食器類など、おもに食生活関係の道具類の置き場として利用されたと思われるが、祭祀に使用したらしい遺物の出土例も散見される。

貯蔵穴　床面に掘られた土坑で、上端の長軸長は50～150cm、深さは70cmまでの例が多い。

縄文時代では平面が円形のものが多く、一般的には、食糧貯蔵用とみられる。弥生時代以降は平面が隅丸方形のものが目立ち、炭化した蓋や木枠の発見例や、貯蔵穴の縁まわりに蓋受けとみられる浅い掘り込みが認められることから、多くの場合、水などを貯めた木枠や曲物の据付掘方であっ

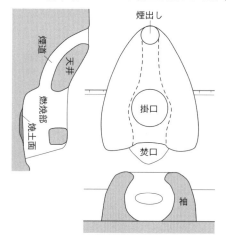

図140　カマドの構造

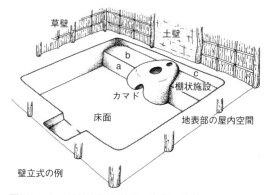

図141　カマド付き竪穴建物の各部の名称

たと考えられる。また、弥生時代後期から古墳時代後期には、貯蔵穴の周囲に、盛り土による低い土手をめぐらしたものがある。なお、古代を中心とした時期の、カマド脇にある深さ5〜20cmほどの浅い穴は、甕据付穴とみられる。

出入口関係施設　　出入口として用いた梯子を据えつけた穴を、梯子穴とよぶ。竪穴壁付近でしばしば検出され、根元を床面に埋め込んで固定するため、一つの穴が斜めに掘り下げられている。このほか、二つの穴が並ぶ例にも、梯子や斜めにかけた歩板(あゆみいた)の根元を、左右で固定したと考えられるものがある。

竪穴部への昇降施設である階段には、1段のものと、2段以上の踏面(ふみづら)と蹴上(けあげ)をともなうものがある。踏面の幅は20〜140cm程度である。地山を掘り込んで削り出したもの、竪穴壁ぎわに盛り土したもの、その両者を併用したものが存在する。

張り出し　　竪穴壁の一辺が一部、凸状に外側へ張り出すものと、竪穴外ピット列の一部が凸状に突出するもの(図132)がある。

前者では、張り出した部分に、盛り土や木製の階段などが設けられていた可能性もある。また、その部分に長方形の土坑(貯蔵穴)が設けられていた古墳時代後期の事例もある。一方、中世の「方形竪穴建築」や「方形竪穴建物跡」では、張り出し部がスロープ状を呈している例がある。

ベッド状施設　　床面から10〜20cmの段差をもつ平坦面を、ベッド状施設とよぶ。野方(のかた)遺跡例(福岡県・弥生後期)(図142)のように、壁ぎわにあり、幅150cm以上、奥行50〜100cm程度の広さをもつ。縄文時代から古墳時代まで、ほぼ全国的に認められるが、古代になると激減する。

構築方法は、地山を掘り残すことで竪穴中央部の床面と段差を設けるものと、平坦な竪穴床面を構築してから、その上に盛り土により段差を設けるものに大別される。

床面小溝　　大篠塚(おおしのづか)遺跡例(千葉県・古墳前期)(図143)のように、床面の一部に掘られた溝状遺構を、床面小溝とよぶ。基本的には、床板を載せる転ばし根太(ころばしねだ)などの据付掘方と考えられている。

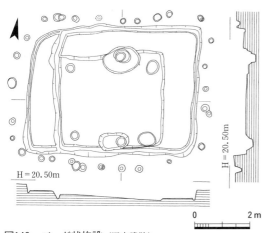

図142　ベッド状施設（野方遺跡）

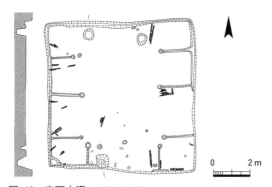

図143　床面小溝（大篠塚遺跡）

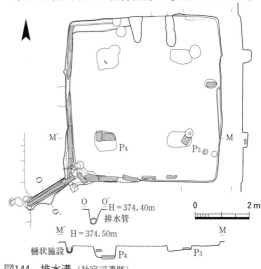

図144　排水溝（社宮司遺跡）

幅10〜20cm程度のものが一般的である。

排水溝　竪穴建物から外部に向かってのびる溝である。方形竪穴の隅部分の壁際溝から外に向かうものが一般的である。

社宮司遺跡（長野県・8世紀）では、竪穴外へのびた木樋の排水管が検出され、竪穴建物の脇にある大溝に連結していたことが明らかとなった（図144）。西日本の弥生時代から古墳時代の竪穴建物では、床面中央や竪穴壁ぎわの土坑から排水溝がのびるものや、周堤の下にトンネルを掘り、壁際溝から排水できるようにしたものがある。

排水溝は、古代では工房跡での発見例が目立つことから、日常生活にともなう排水ではなく、手工業にともなう作業過程で生じた汚水などの処理用であった可能性がある。

埋甕　東日本の縄文時代の竪穴建物では、出入口部と推定される床面に、深鉢形土器を埋設する場合がある。これらは埋甕とよばれ、典型例として、屋代遺跡群（長野県・縄文中〜後期）（図145）がある。かつては、埋設土器全般を埋甕と称していたが、近年では限定的に使用するようになってきている。通常、乳幼児などの埋葬が想定されているが、それを確認した例はない。

工房関係施設　工房として用いられた竪穴建物では、床面にロクロを据えつけた穴（ロクロピット）が見られることがあり、玉作り工房などでは連結ピットの検出例もある（218頁）。

C　埋没過程のくぼみの利用

竪穴建物では、構築時・生活時・廃絶時だけでなく、廃絶後の埋没過程も調査対象となる。

竪穴建物廃絶後、埋没途中のくぼみの埋土から、焼土をともなう祭祀関連遺物がまとまって出土することがある。また、完形の土器や大型の土器片が並べ置かれた例もある。このほか、和田・百草遺跡群の例（東京都・古墳前期）（図146）では、土器が入れ子状になって出土している。

これらは、竪穴建物の廃絶後のくぼみを利用して、祭祀などの行為がなされたことを物語る。

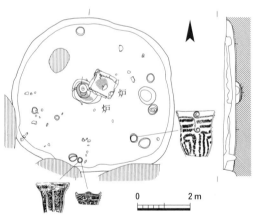

図145　埋甕の検出状況（屋代遺跡群）

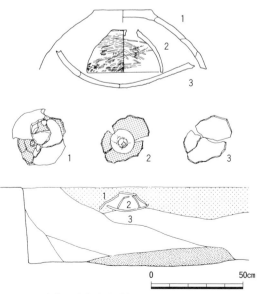

図146　埋土中の遺物出土状態（和田・百草遺跡群）

柄鏡形竪穴建物

柄鏡形建物とは　坂東山遺跡例（埼玉県・縄文後期）（図147）のように、通常の竪穴建物に、出入口と想定される長方形や方形の張り出しが付設されたものを、柄鏡に類似した平面形から、柄鏡形竪穴建物とよぶ。このうち、床面に石が敷かれたものを、とくに柄鏡形敷石建物とよぶ。

　従来は「柄鏡形住居」とよばれてきたが、居住施設とは限定できないので、本書ではこの呼称に統一する。また、集落内に数棟しか存在しないため、通常の居住施設ではないとする見解もある。縄文時代中期末から後期中頃に、東北南部から関東・中部にかけて分布する。

最初の発見と史跡指定　大正13（1924）年、現在の東京都町田市高ヶ坂に位置する牢場、稲荷山、八幡平の3遺跡で敷石遺構が発見された。翌年には、後藤守一による発掘がおこなわれ、日本ではじめて建物遺構であることが確認されたため、大正15（1926）年に、3遺跡をあわせて「高ヶ坂石器時代遺跡」として史跡指定された（図148）。竪穴建物研究の出発点として学史的に重要なだけでなく、縄文時代の遺跡では最初の史跡であり、埋蔵文化財保護の歴史をふりかえるうえでも不可欠な遺跡である。

構　造　柱穴は壁に沿って多数存在するが、敷石建物の場合は、床面に敷かれた石の間に柱穴が掘られ、柱穴間に石が縁石のように埋設されたものや、石垣のように積み上げられたものもある。また、石囲炉の近くや張り出し部に土器を埋設した例や、張り出しとの境界に門を想定させる一対の柱穴をもつ例も見られる。このほか、地表部にも柱穴がめぐることがあり、周辺部の発掘にも注意を払いたい。なお、敷石には石皿や台石などが転用される例も多く、それらの取り上げにさいしては十分な注意を要する。

土層観察用畦の設定

敷石除去後の状態

図147　柄鏡形竪穴建物の発掘（坂東山遺跡）

図148　柄鏡形竪穴建物の最初の確認例（八幡平遺跡）

第Ⅴ章　遺構の発掘

3 竪穴部・地表部の発掘手順

A　床面までの掘り下げ

竪穴の検出　竪穴建物は、焼失した炭化材や水漬けになった部材などを除き、有機質の上屋部が遺存することは少ない。通常は、地下を掘り下げた竪穴部を検出することで認識される。

竪穴建物を含めた発掘の一般的な手順は、本章第1・2節を参照されたい。

ただし、遺構検出段階での竪穴建物の識別は、ほかの遺構との重複が著しいときなど、平面の形状のみではそれと判断できないことも多く、注意を要する。

竪穴建物の埋土には、土器をはじめとする遺物や炭化物、焼土、粘土など、人間活動に由来する混入物が認められるのが通例である。それらが認められないときは、地すべりや地震による自然地形の変形痕跡、自然堆積層の凹凸、植物痕跡などにあたる可能性も念頭におく必要がある。したがって、遺構の平面を検出した段階で、まず埋土の観察を十分におこなう。

埋土中の遺物の記録　竪穴建物の埋土は、土層観察用畦を残し、層位ごとに遺物を取り上げながら掘り下げる。

壁ぎわ付近の、床面よりも少し上の埋土から、完形やそれに近い状態の土器が重なって出土する場合は、竪穴壁近くに置いてあった道具類が、竪穴廃絶後の埋没過程で落ち込んだものと推定される。また、先述のように、竪穴廃絶後の埋没過程で、祭祀がおこなわれることもある。

したがって、床面から離れた上方の埋土中の遺物であっても、完形の土器や大型の土器片、特殊な遺物が出土したさいには、すぐに取り上げずに出土状況を観察する。そして、人為が加わった状況が認められたときなどは、必要に応じて、水平位置や高さ、出土状況を記録する。

竪穴建物の計測　竪穴建物は、竪穴部のみが検出されることが一般的なので、平面規模については、竪穴壁の上端間の長軸長と短軸長を計測する（図149）。このとき、縄文時代の柄鏡形建物にみられるような張り出しや、竪穴壁の外側に掘り込まれたカマド煙道部などは除外する。竪穴部の深さは、遺構検出面から床面までを計測する。貼床がある場合は、その厚さも測る。なお、地表部から周堤が検出された場合は、その幅と現存高を計測する。

柱穴については掘立柱建物の項（171頁）、壁際溝・排水溝・外周溝などは溝の項（201頁）を参照されたい。

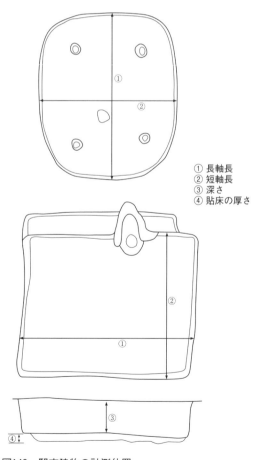

① 長軸長
② 短軸長
③ 深さ
④ 貼床の厚さ

図149　竪穴建物の計測位置

B 竪穴部機能面の発掘

竪穴壁 貼壁は、竪穴壁ぎわの崩落土と誤解される場合もあるので、サブトレンチなどで竪穴壁の構造を把握してから検出する。

また、竪穴壁からは、垂木穴や、壁面を掘り込んだ横穴状の貯蔵穴が検出されることもあるため、壁面の詳細な観察をおこなう。

床面 床面の貼床には、黒ボク土中に竪穴を掘り込んで、黒ボク土で貼床したものなど、その認定が困難な場合もある。こうしたときには、まず土層観察用畦に沿ってサブトレンチを加工面まで掘り下げ、床面を識別するのも有効である。

また、床面に粘土や砂・礫などのまとまりが認められるときは、床面の舗装や作業の痕跡であることもあるので、記録作成をおこなう。なお、床面の硬度についても記録しておく。

柱穴 柱穴の掘り下げは、基本的には、後述する掘立柱建物における柱穴の発掘手順（183頁）に従う。柱穴を半截するさいには、柱が垂直に立てられているか、内転びなどがみられないかにも留意する。また、半截しても土層観察が不可能な小型の柱穴の場合は、外側まで含めた断ち割りをおこない、断面観察をする。

貼床をともなう竪穴建物では、地山を掘削した段階や、床面をあらかたならした段階で柱掘方を掘り、柱を立てたのち、貼床をすることが多い。下寺田遺跡例（東京都・8世紀）は、その好例である（図150-a）。この場合、貼床面（機能面）で確認できるのは、柱痕跡または柱抜取穴であり、貼床を剥がした竪穴の掘方底面か、それをならした土の上面で、はじめて柱掘方が判明する。

したがって、通常は、まず貼床面で柱痕跡または柱抜取穴の平面を段下げし、竪穴建物の機能面の図化と写真撮影をおこなうという手順をとる。

そして、貼床面で柱掘方が確認できる場合（同-b）は、貼床を施したのちに柱が立て替えられた可能性を考慮して作業を進める。

なお、柱掘方内や柱抜取穴の中に、土器などの遺物を埋納していることもあるので、出土遺物にも注意を払う。

礎石 礎石建ちの場合は、据付掘方や根石の有無を確認する。据付掘方をもたず、床面上に置かれただけの礎石は、竪穴中に混入した石や、持ち込まれた石との識別がつきにくいことが多い。また、石混じりの地山に床面があるときも同様である。したがって、床面で石を検出した場合は、機械的に除去せず、礎石の可能性を考慮し、配列に規則性が認められるかどうかも検討する。

また、礎石については、加工の有無を観察するとともに、石の産出地を明らかにするために、石材の調査もおこなうことが望ましい。

壁際溝 壁際溝の検出にあたっては、溝埋土の状況や、底面における小ピットの有無などにも注意を払い、溝として機能したのか、壁材などの据付掘方や抜取痕跡なのかを判断する。後者の場合は、据えつけられた壁材などがどういう種類のもので、どのように据えつけられていたのか、という点についても情報を収集する。

また、壁際溝の検出では、竪穴壁や床面、貯蔵穴、盛り土された出入口施設、カマドなどとの重複関係を把握することも必要である。

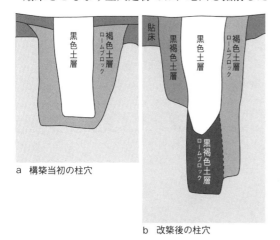

図150 貼床と柱穴の関係（下寺田遺跡）
a 構築当初の柱穴
b 改築後の柱穴

C 竪穴部における生活施設の発掘

炉 炉の発掘では、土層観察用畦で埋土の土層を観察しながら、慎重に掘り下げる。炉は竪穴建物の主軸上に位置することが多いので、竪穴建物の発掘にさいしては、あらかじめ炉の位置を想定して土層観察用畦を設定する。

炉を検出した場合、まず、検出状態を写真や詳細図などで記録する。たとえば石床炉では、設置された石の被熱や赤変の状態、煤やタールなどの付着物の状況を観察する。石囲炉には、石斧や石皿、磨石などの破損品が縁石として再利用されていることがあるので、注意を要する。そうした石器や石製品が用いられているときは、図に注記し、遺物として取り上げる。

また、石囲炉や枕石を据えた炉では、縁石などの構築石材がほかの竪穴建物での再利用などのために運び出され、欠落していることもある。そうした場合は、石の抜取痕跡も検出し、記録する。土器は、時期を決定する資料となりうるので、必要に応じて出土状況を記録する。

次に、長軸方向に沿って半截し、断面を観察して記録をとる。

土器埋設炉の発掘では、土器内の埋土を半截するさいに、外側の埋土との土質の違いを記録する。これは、土器の設置方法や使用状況を明らかにするうえで欠かせない作業である。その後、埋土を除去し、土器を取り上げる前の状態で、炉の全体写真や土器の個別写真を撮影しておく。

最後に、炉の構築材を除去して、掘方面まで掘り下げる。また、必要に応じて断ち割り、被熱の範囲などを記録しておくのが望ましい。

土器埋設炉の土器を取り上げるときには、設置状況を把握するため、場合によっては周囲を大きく掘り下げて、その状況を記録する。複式炉についても、通常は土器が設置されているので、発掘方法はこれと共通する。

なお、炉の埋土からは、微細遺物や動植物遺存体の残骸を採取できることがしばしばあるため、試料を採取して、フローテーション法により遺物の選別などをおこなうことが望ましい（整理編76頁）。また、鍛冶などの手工業生産のために設けられた炉では、埋土をフルイにかけて、鉄滓片などの発見に努める（整理編75頁）。

カマド カマドの発掘手順については、別に示した（148頁）。なお、竪穴部の埋土とカマドの埋土との関係を把握するためには、竪穴部とカマドの土層とを一連で観察できる土層観察用畦を設定するのも有効である。したがって、土層観察用畦の位置は、竪穴部やカマドの遺存状態などに応じて決定すべきである。

記録保存調査では、最終的に焼土面（機能面）下の掘方まで掘り下げる。それにより、カマド構築にともなう杭跡や、石をカマドに用いるために加工した石屑が発見されることもある。

また、武蔵国分寺跡例（東京都・10世紀末〜11世紀初め）（図151）のように、土器が埋納されたものや、銭貨が埋納された例もまれにあるので、注意を要する。このほか、カマド構築にかかわる祭祀をうかがわせる例も存在する。庄作遺跡（千葉県・8世紀）からは「竈神」と墨書された土師器杯が出土しており、カマド祭祀を示す事例として貴重である。

図151 カマドの下に埋納された土器群（武蔵国分寺跡）

カマド内から出土する遺物については、支脚類（石製・土製・土器転用など）や甕などが使用時の状況を示しているのか、カマド廃絶にあたって祭祀行為が見られないか、などについて観察し、記録をとりながら取り上げる。「カマド内出土」として一括して取り上げてしまうと、そうした情報が失われることになる。

また、武蔵国府関連遺跡で検出された竪穴建物のように、袖や焚口天井架構材として、土器が転用された例（東京都・8世紀）（図152）や、石材などが用いられた例がある。これらも、カマドの構造を知るうえで重要な資料であり、詳細図（平面図と断面図、状況により見通しを加える）や写真が必要である。

カマドの埋土中から出土する遺物には、カマド祭祀にともない、カマドをふさぐために土器や石などを入れ込んだものや、馬場遺跡例（千葉県・8世紀末～9世紀前半）のように土器を置いたもの（図153）などが目立つ。

さらに、カマド掘方から出土した遺物には、祭祀にともなう可能性のある例が存在する。それらは、必ずしも完形の土器やそれに近い個体とはかぎらないので、微小な遺物にも注意を払う。

基本的には、カマド内に混入したことが明らかな遺物を除いて、第三者の検証に耐えうる記録をとらなければならない。

棚状施設 棚状施設の上面から竪穴壁の上端までの高さは、5～10cmと低いものが多いので、竪穴の埋土を機械的に掘り下げると、棚状施設の存在自体がわからなくなってしまう場合もあり、注意を要する。また、竪穴壁に接して、盛り土により設けた棚状施設では、埋土との識別が難しいものも多い。

そうした対策として、カマドをもつ竪穴建物の場合、竪穴中央部から掘り下げを開始するのではなく、まず、カマドが構築されている壁面に直交した方向の竪穴壁ぎわを床面まで掘り下げて、その土層断面を観察するのも有効である。そして、十字形畦を残すか、四分法を用いて、棚状施設の有無を確認しつつ、掘り下げを進める。

貯蔵穴 発掘の手順は土坑（194頁）に準じるが、貯蔵穴にかぶせた蓋が上面に遺存している場合や、縁まわりに、蓋受けとみられる浅い掘り込みや、土手状の高まりが残る場合もあるので、穴の周囲も注意深く観察する。

また、カマド脇にある、甕据付穴と推定される浅い穴には、下面に甕の底部が遺存していることもあり、注意を要する。明確な掘方がなくても、置かれていた甕や内容物の重みで、床面がくぼんでいる場合もあるので、カマド脇などの床面の詳細な観察が必要である。

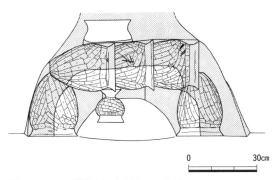

図152 カマド構築材に転用された土器（武蔵国府関連遺跡）

図153 カマド祭祀の例（馬場遺跡）

カマドの発掘手順

　カマドは、煙道の長短や構造、袖の構築用材など、多様なものがあり、それぞれの状況に応じた発掘が必要である。以下に一般的な発掘手順を例示する。

カマドの検出　竪穴部の諸施設の検出段階では、カマドは土饅頭状に残して掘るが、精査段階では、まず、原位置から動いている天井などの構築材を取り除く(図154)。また、地山を刳り抜いた煙道がつくられている場合には、地表部に残る煙出しも確認する。そして、この段階で、平面図や写真による記録をとることが望ましい(図155-1)。

土層観察面の設定　カマドの長軸側(a–a′)に土層観察用畦を設け、短軸側(b–b′)にも両袖部を横断するかたちで、最低1ヵ所は土層観察面を設ける。短軸側には、カマドの形状に応じて、煙道部などに適宜観察面を追加設定する(c–c′)(同-2)。

燃焼部の掘り下げ　a–a′の土層観察用畦を残し、袖内壁・焼土面を確認しながら、焚口から燃焼部にかけてb–b′まで掘り下げる(同-3)。そのさい、燃焼部の焼土面まで掘り下げ、そこから袖の内側を追いかけていくのがわかりやすい。その後、b–b′の燃焼部の土層断面図を作成し、必要に応じて写真を撮影する。このとき、掛口の甕、焼土面の支脚、焚口の炭化材などに留意する。

煙道部の掘り下げ　a–a′の土層観察用畦を残して、燃焼部の残りと煙道を掘り下げる(同-4)。必要があれば、まずc–c′まで掘り下げ、その短軸面の土層を記録する。そして、全体を掘り下げた段階で、a–a′の土層断面を実測図と写真で記録する。

カマドの機能面の検出と記録　a–a′の土層観察用畦を除去し(同-5・6)、袖部や燃焼部などの平面実測と写真撮影をおこなう。このとき、燃焼部の焼土面の範囲や袖構築部の遺存範囲、カマド内の被熱による変色範囲なども記録する。また、天井部が遺存する場合は、その平面図と焚口側からの立面図も作成する。原位置に残る甕や支脚などは、記録作成後に取り上げる。

カマド掘方の調査　記録保存調査では、加工面であるカマドの掘方まで完掘する。

　この場合、まず、a–a′の位置に土層観察用畦をあらたに設置し、b–b′の土層観察面まで袖部を断ち割るとともに、焼土面とその下部の構築土(カマド部分の貼床)を掘方面まで掘り下げる(同-7)。そして、a–a′、b–b′の土層断面を先の土層図に追加して記録する。袖部の断ち割りで芯材や補強材が確認されれば、その構築状況なども観察・記録する。

　次に、a–a′の土層観察用畦を残し、袖部を除去しながら、焼土面の残りと煙道やその左右袖部の下部掘方を掘り下げる(同-8)。そして、a–a′の土層断面図を追加記録する。このさい、必要があれば、まずc–c′まで掘り下げ、その土層断面図を追加記入する。

　最後に、a–a′の土層観察用畦を除去して、カマド全体の掘方を検出し、平面図の作成と写真撮影をおこなう(同-9)。また、地山を刳り抜いた煙道がある場合には、最終段階でその断ち割り調査もおこない、横断面図と縦断面図を作成する。後者は、a–a′の土層断面図に追加記入するかたちにするとよい。

図154　カマドの掘り下げ(吹屋恵久保遺跡)

Ⅴ-3 竪穴建物

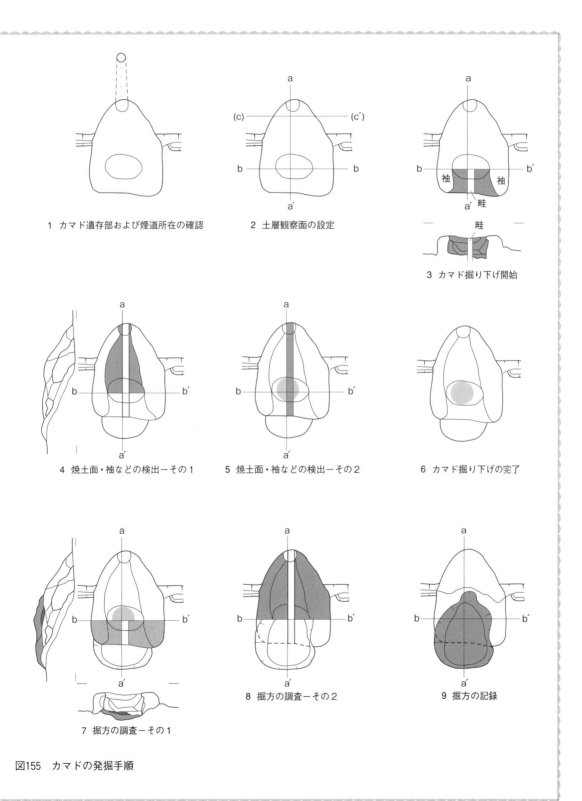

図155　カマドの発掘手順

貯蔵穴は、平面を観察して記録をとったのち、長軸方向に半截し、土層断面図を作成する。

貯蔵穴内から出土する完形またはそれに近い土器には、青木北原遺跡例（茨城県・古墳中期）のように、本来は貯蔵穴の周囲や蓋の上に置いてあった個体が、埋没過程で内部に転落したと思われるものがある（図156）。

出入口関係施設　梯子穴の発掘は、掘立柱建物の柱穴の発掘手順に準じておこなう（183頁）。斜めに掘られているものについては、竪穴床面や壁面に対する傾斜角度がわかるような断面図を作成する。

階段は、竪穴壁ぎわの踏み固められた痕跡が、検出時の目安になることが多い。しかし、削り出したものにせよ、盛り土によるものにせよ、その存在を念頭におかないと、検出が難しい遺構である。平面図の作成と写真撮影をおこなったのち、竪穴壁に直交する方向で半截し、構築土の断面図を作成する。

埋甕　埋甕は、土器を埋設するための掘り込みが、土器の大きさとほぼ等しいものが一般的である。このため、検出状況の写真撮影後に周囲を断ち割り、その掘方を確認する。埋設された土器には平縁深鉢形土器が用いられることが多い。扁平な石をかぶせた状態で発見される例もあり、何らかの方法で蓋がされていた可能性がある。

したがって、埋甕内の埋土を半截して観察するさいには、竪穴建物の埋土との比較検討が必要である。また、土器内部には、微細遺物などが含まれることもあるため、埋土の分析や水洗選別も、必要に応じておこなう。

床面上の遺物の記録　竪穴の床面上、とくに炉や貯蔵穴の周囲やカマド脇などの壁ぎわからは、生活用具類などが残された状態で出土することが多い。こうした遺物には、建物が使われていたときの生活状況を示すもの、廃絶時の祭祀のありかたを示すもの、上屋部にあったものが落下した状況を示すものなどがあり、それらを詳細に観察することが求められる。

そして、完形やそれに近い土器類、石皿・台石などの石製品、玉類などの特殊遺物類については、水平位置と高さを、詳細図・ドットマップや出土状況写真などにより記録する。

D　地表部の発掘

竪穴壁から外側の少なくとも4mほどの範囲では、竪穴外ピット、周堤、外周溝などの地表部の遺構の存在を考慮した精査が必要である。

竪穴外ピット　竪穴外ピットは、上屋部の構造を推定するうえで重要な手がかりとなる。竪穴外ピットが検出された場合は、掘立柱建物の柱穴の発掘手順に準じて掘り下げる。そして、それらのピットの配置や竪穴部との関係を検討し、地表部の柱穴（図132）、垂木を突き刺した穴、垂木留めの杭穴、叉首穴（図133）などのいずれにあたるかを識別し、記録する。

また、竪穴床面の柱穴と同様に、穴が垂直に掘られているか、内傾しているかにより、上屋部の構造が推定できることもあるので、その観察と記録もおろそかにしてはならない。

周堤　丘陵や台地上の遺跡では、耕作など後世の土地利用により、旧地表面が削られているこ

図156　貯蔵穴出土の土器（青木北原遺跡）

とが多いため、周堤の検出は難しい。ただし、火山灰や軽石あるいは洪水砂などで、生活面が残されたまま埋没した遺跡では、周堤を検出できる可能性がある。

また、多雪地帯や山間部の土地開発頻度の低い地域では、周堤とみられる高まりが遺存していることもあり、表土掘削前に、地形測量をおこなうなど、事前の作業が必要となる。

識別しにくい周堤の場合でも、土層観察用トレンチの土層観察などによって明らかになることもあり、また、竪穴壁ぎわの埋土の特徴から、周堤の存在を推定できることもある。

周堤を検出したときは、竪穴部の写真撮影と平面図作成を終えたのち、竪穴の掘り下げ当初に設定した土層観察用畦に沿って断ち割りをおこない、周堤の構築土を観察・記録する。

外周溝　外周溝が検出されれば、竪穴壁と周堤の位置関係を把握することが可能となり、竪穴建物の上屋部の構造を考える手がかりも得られるので、周堤とともにその検出に努める。周溝の発掘手順は、溝（203頁）に準じる。

遺構面の削平が激しい遺跡では、外周溝だけが検出されることもある。とくに、外周溝が方形にめぐるものでは、竪穴建物か平地建物、方形周溝墓のいずれか、識別しにくくなるので、注意が必要である（157頁）。

E　竪穴部掘方の発掘

竪穴の掘削方法や諸施設の構築順序、貼床下の施設や下層遺構の有無などを確認するには、掘方底面（加工面）まで掘り下げる必要がある。

発掘の手順　貼床や貼壁を除去するにあたっては、竪穴の掘り下げ当初に設定した土層観察用畦と同じ位置に、貼床などの土層観察用畦を残し、掘方面まで掘り下げたのち、土層図を合成する。ついで、土層観察用畦を除去して掘方を完掘し、写真撮影と平面図作成をおこなう。

貼床を除去するさいには、貼床土に混入した遺物のほか、竪穴構築時の祭祀にともなうとみられる遺物が出土することもある。真田・北金目遺跡群の例（神奈川県・8世紀）では、床面下の掘方の四隅から神功開宝4枚が出土している。

そうした遺物については、とくに掘方底面に置かれたものかどうかなど、出土状況の詳細な観察が不可欠である。

F　保存目的調査の方法

目的に応じた掘り下げ　保存目的調査では、遺構の保存と将来的な検証を前提として、遺構の掘り下げは必要最低限とするのが原則である。竪穴建物も例外ではなく、対象となる建物からどの程度の情報を抽出する必要があるかによって、掘り下げの方法や範囲は異なる。

すなわち、建物の平面形や大きさを確認する目的であれば、平面の検出のみにとどめ、建物であるかどうかを確認する目的であれば、最低限の部分的な掘り下げにとどめるなど、目的に合致した方法をとることが求められる。

時期や構造の把握　建物の時期や構造の把握を目的とする場合は、ある程度の掘り下げをおこなわなければならないことがある。そのさいの掘り下げ方法には、部分的なトレンチ発掘のほか、平面的に4分割する十字形の土層観察用畦を残す方法、四分法などがある。

建物を4分割する場合は、機械的に掘り下げるのではなく、まず1/4だけを掘り下げ、その後は必要に応じて、対向もしくは隣接する1/4区画どうし、つまり全体の1/2を掘り下げる。

また、柱穴や貯蔵穴などを掘り下げる範囲や方法も、十分な検討をおこなったうえで決定する必要がある。

なお、これらの作業の途中でも、目的が達成されれば、その以上の掘り下げを中止して保存の措置を講じる。

第Ⅴ章　遺構の発掘

4　焼失竪穴建物

A　内包されている情報

建築構造の推定　焼失した竪穴建物には、通常の竪穴建物に比べて、はるかに多くの情報が内包されており、より多くの目的意識をもった、緻密な発掘が必要となる。

建築部材が炭化して良好に残るものでは、各部材の形状や位置関係などを検討することによって、建物の構造や外観についての情報を抽出することができる。

また、木製品や繊維質の編物容器、敷物、食料となった動植物遺存体など、有機質の遺物も炭化して遺存していることがある。そして、これらの炭化材や焼土、遺物の出土状態と相互の関係を詳細に観察・記録することで、建物内部の空間利用についても推定できる場合がある。

建物廃棄と火災原因　なお、建築部材や遺物の遺存状況と埋土の堆積状況を観察し、その相互の関係を読みとることにより、建物が構築-使用-廃棄のどの時点で焼失したか、すなわち、使用中に起きた自然災害や失火によるのか、あるいは廃棄のさいに意図的に焼却したものか、といった火災原因を特定する作業も欠かせない。

図157　壁板材の出土状況（御所野遺跡）

B　炭化材の種類と特徴

建築部材の種類　建築部材には、柱のほか、梁、桁、棟木などの水平材や叉首などの斜材からなる骨組材、木舞などの壁材、垂木などの屋根組材などがある。それらは、材の形状、出土層位、方向、配列などから識別することができる。

骨組材　柱、桁、梁、叉首、棟木などの骨組材が炭化して形をとどめる例は、それほど多くないが、縄文時代や古墳時代の竪穴建物には、柱が直立した状態で出土した例がある。しかも、柱の太さや加工痕だけでなく、年輪まで観察できるものもある。通常、梁・桁・棟の材は垂木に直交し、叉首はやや角度を異にした太めの材として認識できるが、中途で折れて落下したものが多い。

屋根組材　屋根組材でもっとも良好に残ることが多いのは、垂木である。とくに、弥生時代以降の土屋根の竪穴建物では、竪穴部の中心部から壁ぎわに向かって、放射状に連続して残っているものがある。そうした例では、板状の加工材を20㎝程度の間隔で並べて、その上に小枝や樹皮、茅、笹類などをのせて下地とし、さらに土をのせることが多い。

茅は、縄文時代の出土例は少ないが、弥生時代以降は多く見られるようになる。ただし、妻木晩田遺跡のように、縦に敷いた上に、横に重ねた状態を示す例が多い。それらは、茅葺ではなく、土屋根の下地として葺かれたものである。こうした例は古墳時代にもあり、東北北部では、古代の竪穴建物でも見られる。

そのほか、樹皮や獣皮も屋根葺材として想定されるが、良好な状態での確認例はほとんどない。

壁材　竪穴壁を割板で覆うものは、御所野遺跡例のように、縄文時代からある（図157）。縦に並べることが多いが、近内中村遺跡例（岩手県・縄文晩期）のように、横に組んで、杭で押さえたものもある。また、炭化して、壁に貼りついた状態

焼失竪穴建物の炭化材

御所野遺跡（岩手県・縄文中期）の竪穴建物の1棟は、竪穴の平面が8.4×6.8m、深さ最大0.7mのやや大型の建物で、炭化材が大量に残存していた（図158）。

竪穴部の埋土は1層から3層に区分でき、1層は黒色土、2層は黒褐色土、3層は褐色土系のローム質土で、3層は上層のa層と下層のb層に細分される。出土した炭化材は、1～2層のものをA群、3層のものをB群、床上のものをC群として区分した。

A群の炭化材には小片が多く、擂鉢状になったくぼみに散在していた。B群は大型の材が多く、中央部ではやや浮いているが、壁寄りで厚くなる。3a・3b層に対応し、上下で重なっているものが多い。C群は竪穴部のほぼ中央部に集中し、方向が不定で、しかも割れたものが多い。

このほか、3層の上面や3層の中、さらに床上には、焼土が堆積していた。以上の炭化材と焼土、竪穴内の埋土の状況からみて、3層は屋根にのっていた土と竪穴の周堤にあたると考えられる。

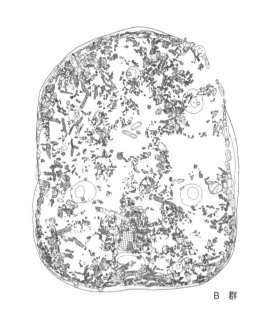
B群

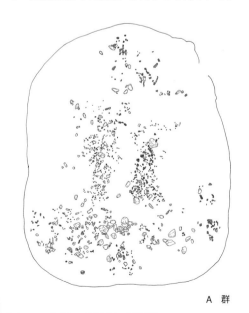
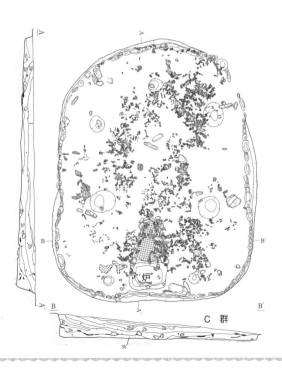
A群　　　C群

図158　層ごとの炭化材の記録例（御所野遺跡）

第V章　遺構の発掘

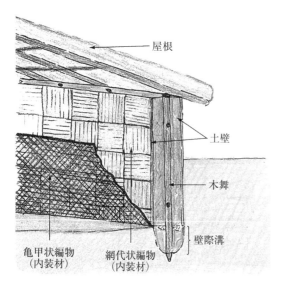

図159　土壁をもつ建物の復元

で残ったものや、竪穴の内側に、傾いたまま立っていた例もある。

このように壁材が遺存している場合は、平面図だけではなく、立面図も作成する必要がある。壁そのものが焼けている場合も、焼土範囲は立面図で表現する。

なお、壁立式の竪穴建物でも、亀川遺跡例（大阪府・古墳中〜後期）のように、土壁を用いるものがある（図160）。また、おもに弥生時代以降の例で、木舞を心材として、スサ入りの粘土を厚さ10cmほどに塗り、その両面を葦や編物、あるいは板で覆った例もある。こうした土壁が焼失した場合は、竪穴内では粘土塊として発見される。

図161　網代編みの床材（茅野遺跡）

図160　土壁をもつ建物の発掘例（亀川遺跡）

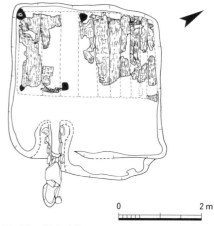

図162　床板が残る竪穴建物（五庵Ⅰ遺跡）

敷物・床材　茅野遺跡（群馬県・縄文晩期）では、網代編みの敷物が出土している（図161）。灰とともに炭化物がまとまっており、床面に敷かれた編物ではないかと考えられている。

古代では、敷かれた板材が、炭化したまま残っている例もあり、五庵Ⅰ遺跡（岩手県・10世紀）では、転ばし根太の上にのせた床板が出土している（図162）。

一方、ほとんど原形をとどめない、きわめて保存状態の悪い炭化材が出土する場合もある。その場合でも、繊維の方向を図化することにより、貴重な情報が得られることが多い。

その他の材　炉の上の屋根裏や火棚に置かれたものが、そのまま落下して残った例もある。中道遺跡（新潟県・縄文中期）では、床面上1.5㎡の範囲で500粒以上のトチの実が発見されている。出土状態から、編籠に入れて屋根裏に貯蔵されていたものが、火災により落下したと考えられている。同じく藤内遺跡（長野県・縄文中期）でも、炉の上から、井桁に組んだ状態の炭化材が出土しており、落下した火棚と推定されている。

C 発掘の方法

遺構検出　焼失した竪穴建物かどうかは、遺構検出の段階で、埋土中の炭化物や焼土の有無により確認できることが多い。なかには、竪穴壁に沿って、炭化材や焼土がまとまって検出されるものもある。そうした場合は、壁ぎわの垂木尻や壁板などがそのまま残っている可能性もあり、慎重に掘り下げる必要がある。

焼失竪穴建物であることを確認したときには、検出面の層位や遺構の平面形とともに、埋土の平面分布図を作成し、その中に、炭化材や焼土の分布状況も記録しておく。これらが、検出面の層位から当時の生活面や竪穴の本来の深さを推定する資料となり、層ごとに掘り下げるさいの手がかりが得られる。

掘り下げ　掘り下げの方法は、通常の竪穴建物と基本的に変わらないが、炭化材などは、ただちに取り上げるのでなく、出土層位や分布状態の確認に努め、一括遺物と確認できたときなどは、必要に応じて出土状況図を作成する。焼土や炭化物、あるいは灰などが広く分布している場合は、その範囲を写真や平面図で記録するとともに、断面図も作成しながら掘り下げる。

埋土中に炭化した種子や穀類などが含まれるときは、位置と層位を記録して取り上げるが、大量に分布する場合は、その範囲を記録し、層ごとに埋土と一緒に取り上げる。分布範囲が広く、しかも場所によって量にばらつきがあるときは、小単位のグリッドを設定して、グリッド単位で取り上げておくと、整理等作業に有効である。

遺物の種類と出土状態から、火災原因を特定できることもあるため、遺物の出土状況を示す図も必要である。

炭化材の観察と図化　焼失建物から出土する炭化材の大半は建築部材である。炭化材は、まず、木、樹皮、草、竹などの素材を識別する。木材の場合は、加工痕の有無を確認する。加工が認められるときは、心持ち材（丸太）、分割材、板材に区別し、平面図と断面図を作成する。縮尺は通常、1/10とし、細部まで表現する。状況によっては、さらに大縮尺の詳細図が必要なこともある。

遺物と炭化材の取り上げ　土器などの遺物は、図化や写真撮影が終了したのち、炭化材・焼土との関係や出土層位を再確認しつつ取り上げる。土屋根の竪穴建物が焼失した場合、焼失実験では、中央部の柱に囲まれた内側部分の屋根だけが最初に落ち、その後、周堤が崩れ落ちた結果、屋根にのっていた土とその下地が逆転した。このような状況では、棚などに置かれた遺物が、屋根土の上から出土することも当然考えられる。

炭化材の出土状態はさまざまであり、状況によって取り上げの対象や方法も異なるが、保存状態

のよい炭化材が重なって出土することもある。そのさいには、材の大きさだけなく、重なり状況についても観察・記録してから取り上げる。その場合には、十分な観察ができるように、可能なかぎり全部取り上げたいが、少なくとも加工痕のあるものは優先的に取り上げ、詳細図を作成する。また、取り上げられない場合も、炭化材の形態や断面の詳細図は作成しておく。

炭化材を取り上げるさいには、樹種同定や年代測定の分析試料も、必要に応じて採取する。

なお、加工痕のある建築部材や敷物などは、強化処理をしてから取り上げる。敷物などは土ごと取り上げることになる。

床面の発掘　炭化材やその他の遺物を取り上げたのち、床面で柱穴や壁際溝、床面小溝など、床にともなう施設を発掘する。焼失竪穴建物の場合、床面が焼けて変色することや、還元状態となって黒ずむこともある。そうした情報も、柱穴の位置や貼床の範囲などと同様に記録する。

自然科学分析　焼失竪穴建物ならではの効果的な自然科学分析として、放射性炭素年代測定、樹種同定、プラント・オパール分析（土屋根の検証）、土壌の重鉱物分析（土屋根の検証）、土壌の微細構造分析（敷物など）がある。

このうち、樹種同定はできるだけ数多くの材について実施するのが望ましいが、経費の問題もあるので、選別が必要となってくる。その場合は、個々の材を材質、形態、寸法、加工痕などによって分類するとともに、可能であれば、部材ごとに仕分けしてから、グループごとに分析対象を選別して実施するのが効果的である。

竪穴建物と埋葬

縄文時代中期後半に、奥東京湾沿岸地域では、貝層に保護されて、竪穴建物内部から人骨が発見されることがある。それらは、竪穴部を埋葬場所として利用したもので、廃屋墓とよばれている。遺骸には、竪穴部の壁寄りに埋葬されたものや、頭部に土器をかぶせた、いわゆる鉢かぶりの状態で発見された例がある。

学史上では、成人男女各2体と子供1体の骨が見つかった姥山貝塚（千葉県・縄文中期）の例が著名である。ここでは、草刈遺跡（千葉県・縄文中期）の廃屋墓を図示しておく（図163）。

集落内での廃屋墓の空間的な位置や人骨の出土状態、土坑墓との関係などから、埋葬された人物の親族関係を推定しようとする試みがある。また、人骨からは、個人の性別・年齢・健康状態とともに、血縁関係も明らかにできる可能性がある。

竪穴内に埋葬されていても、遺骸が残っていない場合は、具体的な状況を把握することが難しいが、竪穴部から伏甕が発見される例などは、廃屋墓の可能性を示唆するものであり、発掘では遺物の出土状態に十分注意を払う必要がある。

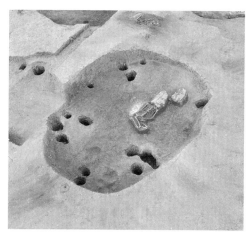

図163　廃屋墓（草刈遺跡）

周溝をもつ建物

建物としての認識　発掘作業で方形周溝状の遺構を検出することがある。これらは、埋葬施設が確認できない場合も、削平によるものとみて、「方形周溝墓」とされてきた。しかし、周溝の内側に建物が存在したことが北陸で指摘され、それを受けて、関東で調査と研究が深められた。近年では、近畿や九州でも建物としての例が確認され、こうした形態の建物が存在したという認識は定着しつつある。

豊島馬場遺跡（東京都・古墳前期）では、100基以上の「方形周溝墓」群とされていたものが、検討の結果、方形周溝墓は10基程度で、残りは建物と考えられるようになった。発掘区内には井戸や掘立柱建物も存在し、居住域と墓域が併存したとみられている（図164）。このように、関東では、集落構造の再検討も積極的に進められている。

遺構と遺物の特徴　方形周溝墓と周溝をもつ建物の違いを列挙すると、以下のようになる。

方形周溝墓では、埋葬施設が検出されるか、まったく何も検出されない。それに対して、周溝をもつ建物では、主柱穴となるピットや炉、貯蔵穴といった施設が検出される。

また、周溝をもつ建物の場合、方形周溝墓に比べて、総体的に周溝の幅は狭く、浅い。かつ、一辺の中央に通路部分を掘り残したものが多い。

さらに、方形周溝墓では、底部穿孔壺をはじめ葬送儀礼に使われた土器が、周溝をもつ建物では、生活に使われた土器が出土する。両者は器種構成が異なり、関東の場合、前者では壺の比率が高く、後者では壺とともに甕の比率も高いことが指摘されている。

このほか、方形周溝墓では、基本的に方台部の重複はなく、群構成が認められるが、周溝をもつ建物では重複関係が確認されることがある。

今後の課題　周溝をもつ建物の周溝は、低地での除湿の機能を果たしたと推定されてきたが、近年では、丘陵部での検出例もある。また、これまで、この種の遺構は、住居あるいは墓と考えられてきたが、区画内に柱穴や炉などの建物関連施設が認められないもの、形態上は方形周溝墓のように見えるが、遺物をまったくともなわないものなど、評価の難しい例も存在する。一方、一つの集落で、周溝をもつ建物と、周溝をともなわない建物が併存する遺跡もある。そうした事実をどう評価するのか、今後さらに検討を要しよう。

このように、周溝をもつ建物の調査研究は、あらたな段階に入ったといえる。以上のような点をふまえつつ、過去の調査成果について再検討するとともに、問題点を意識した発掘調査の実施が求められる。

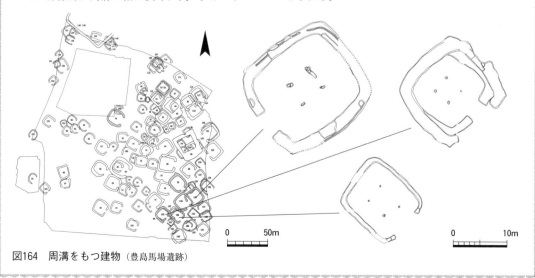

図164　周溝をもつ建物（豊島馬場遺跡）

第4節
掘立柱建物

1 上部構造

A 定義

掘立柱建物とは 掘立柱建物は、地面を掘った穴の中に建物の軸部となる柱の根元を入れ、そのまわりの空隙を埋め戻して柱を固定した、軸組構造の建物である。

竪穴建物の場合も、柱の大半はこの工法で立てられているが、掘立柱建物の床面が、通常は地表面ないしそれより高い位置にあるのに対して、竪穴建物は、地面を掘り下げて床面をつくるという点で、掘立柱建物とは区別している。

掘立柱建物は、縄文時代前期中頃には確実に出現しており、これらは方形（長方形）柱穴列ともよばれている。昨今の集落遺跡の調査例からすると、阿久遺跡（長野県・縄文前期）や中野谷松原遺跡（群馬県・縄文前期）、西田遺跡（岩手県・縄文中期）などでは、集落内で竪穴建物と掘立柱建物とが併存する様相が見られる。したがって、弥生時代以降はもちろん、縄文時代の集落においても、掘立柱建物は決して特殊な遺構ではなく、竪穴建物とともに、少なからず存在した可能性を想定しておく必要がある。

掘立柱建物は、近畿の集落では、住居や倉庫などの建物構造として、7世紀には普遍化する。西日本の集落では、8世紀以降、広範に採用されるようになり、東日本の集落でも、8世紀以降には、竪穴建物とともに掘立柱建物も多数造営されはじめ、中世には住居として一般的になる。

掘立柱建物は、地域や建物の種類によって存続時期に差はあるものの、近世まで住居として一般に用いられてきた建物構造であり、現代でも簡易な建物には採用されることがある。

掘立柱建物の特性 掘立柱建物の最大の特性は、柱が自立することである。このため、建物上部は、細く軽い材料でつくることが可能であり、太い柱に重い材料をのせて柱を安定させる礎石建物とは異なる構造や仕様であったと考えられる。反面、柱の根元を地中に埋めるために、柱が腐朽するなどして傷みやすい欠点がある。

B 建物の平面と基本構造

建物の平面形 掘立柱建物の柱の並び方は、正方形や長方形をなすものばかりではない。円形や台形、胴張りとでも称するべき平面形のほか、五角形・六角形（亀甲形）といった多角形を呈するものもある（図165）。また、通常の建物とは考えにくい、平行四辺形などの歪んだ平面形をもつ例も散見される。

このような遺構がいかなる上部構造をともなう

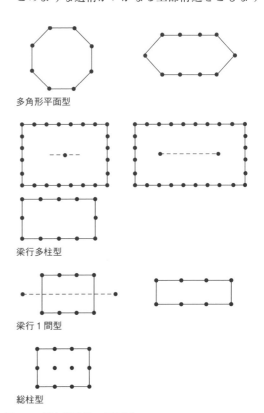

図165 掘立柱建物の平面形

建物なのか、どの程度までの歪みであれば建物として認識できるかは、一概にいえない。まずは、柱穴（柱）群を同一建物のものと認定してよいかどうかを遺構に即して検討する。

また、類例を調べ、時代や地域による特徴などを把握することも欠かせない。たとえば、縄文時代では、4本柱で柱間が等間隔の小規模な方形建物や、多数の柱で構成される長方形建物などがあり、後～晩期では亀甲形の建物や半截した材を円形に配した建物などがみられる。また、中世では、方形（長方形）平面を基本形としているが、一部が突出した平面形を呈する建物も多い。

間という単位　建物の規模は、通常、柱と柱のあいだの数を「間」という単位であらわす。たとえば、柱6本が直線的に並ぶ場合は5間となる。この間は、尺貫法の1間＝6尺（京間では6尺5寸）などといった実長ではないことに注意する必要がある。ただし、四角形平面でない建物の場合は、間の表記法は用いない。

柱と柱、あるいは柱痕跡と柱痕跡の中心をむすぶ実長を柱間寸法といい、メートル法を用いてあらわす。7世紀以降に用いられた「尺」は、大尺と小尺の区別があり、また時代によっても若干の長短があるため（整理編119頁）、実長を示す単位としては適していないからである。

このような、時代ごとあるいは地域ごとの基準尺度を「造営尺」または「単位尺」という。ちなみに、7世紀以降の建物は、約30cmの尺を用いて造られたものが多いので、0.5尺ごとに10尺程度までの実長を把握しておくと便利である。

テント構造　平面形だけでなく、建物の上部構造も時代や地域によって異なるとみられるが、建物として成立するもっとも簡単な構造は、テント式の構造であろう。3本ないし4本の骨組みとなる柱を頂部で束ね、周囲に屋根傾斜面の骨組みとなる垂木を配して、屋根を葺く構造である。

三里塚遺跡の竪穴建物の例（千葉県・縄文早期）では、床面に柱を立てた柱穴3基があり、上記のテント構造を推定させる（132頁図122）。この単純な構造は、掘立柱建物にも用いられたと考えられる。

こうした三脚構造を二つ並べて、頂部を水平材（棟木）でつなぐと、屋根の基本構造（小屋組）となり、柱を立てずに、地面に直接これらを組めば、伏屋式の建物ができあがる。また、これらを柱で持ち上げたものが、アイヌの建物に見られる三脚（ケツンニ）構法である（図166）。柱で持ち上げて、垂木を架けるためには、梁や桁といった水平材が必要になってくる。

長方形平面の上部構造　長方形平面の建物は、一般的には長軸方向を桁行、短軸方向を梁行という。ただし、後述するような廂がつく建物では、廂を除いた身舎の規模で考える（図167）。そして、建物の長軸（棟と平行）方向の側面を、平あるいは平側、短軸（棟と直交）方向の側面を、妻あるいは妻側とよぶ。

桁行3間・梁行2間で内部に柱や束柱の立たない建物を例にとると、妻側を除き、2本の柱を柱

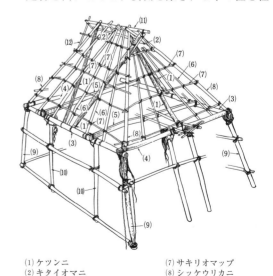

(1) ケツンニ
(2) キタイオマニ
(3) ソベシニ
(4) ソエトモツエプ
(5) ウマンギ（イテメニ）
(6) リカニ
(7) サキリオマップ
(8) シッケウリカニ
(9) シッケウイクシベ
(10) イクシベ
(11) キタイラリニ
(12) ポンリカニ

図166　アイヌの建物の三脚構法

第V章　遺構の発掘

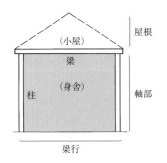

建物の「ユニット」と空間としての「身舎」

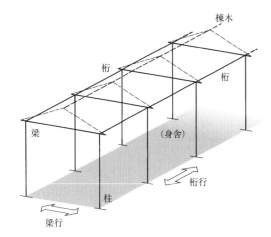

建物の基本構造と平面としての「身舎」

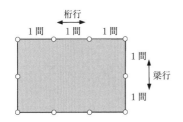

「桁行3間・梁行2間」の平面

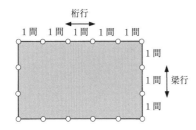

「桁行5間・梁行3間」の平面

図167　建物の基本構造

間2間分隔てて立て、その上に水平材を架け渡した鳥居状の構造が、建物の1フレームとなる。これを適当な間隔で4フレーム並べ、それらを水平材でつなげば、基本的な建物の骨格ができあがる。これを軸組とよぶ。

軸組の上には、小屋組と称する、屋根をかけるための構造材を組む。1フレームにおいて柱頂をつなぐ水平材を梁といい、フレームどうしをつなぐ水平材のうち、柱位置の材を桁（側桁）、屋根の頂部の材を棟木とよぶ。また、屋根の斜面をつくる部材を垂木という。この垂木を棟木から桁に架け渡し、通常は桁より外までのばして、いわゆる軒先をつくる。棟から桁までの距離が長い場合は、垂木を継いだりするために、その中間にも各フレームをつなぐ水平材を入れることがあるが、この材を母屋桁と称する。

棟木や母屋桁を受けるには、梁上に垂直材（束）を立てたり、水平材を重ねたりする（二重梁）ほか、叉首あるいは合掌とよぶ斜材（前述のテント構造はこの一種）を二等辺三角形に組むなど、いくつかの方法がある。

身舎と廂　以上のような構造の場合、桁行方向にフレームを連続させれば、回廊や僧房のような長大な建物であっても建てることが可能である。しかし、梁行方向に拡大しようとすると、梁は1本の木材から造るため、おのずからその長さには限界がある。

そこで、軒先をのばしてその先端付近に柱を立て、内部空間を広げる方法がある。このとき、平側にあらたに付加した桁行3間・梁行1間の空間を廂（庇）、拡張する前の桁行3間・梁行2間の空間を身舎とよぶ（図168）。

同様に、もう一方の平側にも廂を設ければ、建物全体の梁行は4間となり、さらに軒先をのばして廂の外側にもう一つ廂（孫廂）を設ければ、梁行が5間になる。

ただし、この方法だと軒先は低くなり、軒先の

高さを確保しようとすると、身舎の柱を長くしなければならない。同時に、棟の高さも高くなるので、廂をいくつもつけ加えることはできない。

廂は、妻側や身舎の一部だけに設けられる場合もある。また、中世の建物では、平側や妻側の一部に張り出しをもつ建物も多い。

無廂建物

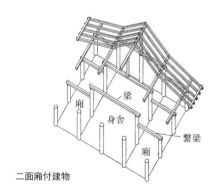

二面廂付建物

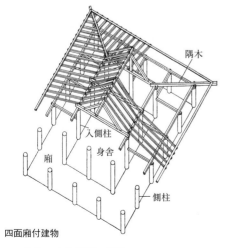

四面廂付建物

図168　身舎・廂と屋根の構造

側柱と入側柱　建物の上部構造を支持する柱のうち、外周部にめぐる柱を側柱とよぶ。また、主として廂をもつ建物の場合、側柱より1列内側にめぐる柱を入側柱とよぶ。

なお、廂以外には、屋内に柱や束柱などの柱がなく、建物の外回りだけ、額縁状に軸組の柱が配置されている建物を、側柱建物と仮称する。

建物規模の表記　長方形平面をなす建物の1面だけに廂がつく場合を一面廂（片廂）、2面につく場合を二面廂（両廂）、4面につく場合を四面廂とよぶ。そして身舎の桁行柱間と廂の数から、三間一面、三間四面などという。このような建物規模表記法を間面記法といい、平安時代以来使われてきた。たとえば、三間一面の建物は、廂が平側にあれば、桁行3間・梁行3間となり、三間四面の建物は桁行5間・梁行4間になる。このとき、身舎の梁行規模は示さないのが通例である。古代の建物は、通常、身舎の梁行が2間のため、省略してきたからである。

間面記法は、平面規模とともに建物構造も表現しやすいという特徴がある。ただし、中世の建物にしばしば見られるような、身舎と廂からなる構造をとらない建物には適用できない。

また、たとえば桁行3間・梁行2間の身舎の正面と背面（平側）にそれぞれ廂がつく建物は、間面記法では三間二面となるが、これだけでは建物のどの面に廂がつくかが明らかでない。この場合、建物全体では桁行3間・梁行4間となり、梁行の間数のほうが大きくなる。

したがって、建物の平面規模を間数で示すには、「3×4間（三間二面）」のように、まず、廂などを含んだ総間数を桁行、梁行の順で記し、必要に応じて間面記法の表記を加える方法もある。

柱配置と柱筋の通り　冒頭で述べたように、建物の平面形には各種の形態があるが、平面がおおむね整った形でも、柱が縦横に整然と配置されるものばかりとはかぎらない。たとえば、四角形平

第Ⅴ章 遺構の発掘

面の建物で、対向する側柱が変則的な位置にある場合や、柱間数が異なる場合のほか、廂の柱の位置が身舎の柱と揃わない例、廂が建物の1面全体でなく、部分的に設けられる例もある。

1棟の建物として組み合う柱列の柱痕跡（柱）が直線的に揃うものを、「柱筋の通りがよい」という。官衙と異なり、集落では柱筋の通りの悪い建物が少なくない。また、柱配置とも関連するが、桁行の柱筋は通りがよいものの、梁行の対向する柱筋は通りがよくない例、あるいはその逆の例などが散見される。

折置組と京呂組 柱根元において柱筋の通りがよくない建物でも、桁や梁ののる柱頂部で通りがよければ、上部構造には支障がない。このとき、柱は鉛直方向に立つのではなく、やや傾くことになる。また、桁行の柱筋が通る場合は、桁行方向の水平材（桁）が柱頂にのることを示すものと考えられる。すると、柱上に架かる桁と梁の上下関係、すなわち桁上に梁がのるか、梁上に桁がのるかが問題になる。

柱上に梁を置き、その上に桁を架ける構法を、近世民家では折置組とよぶ（図169）。この場合、長方形平面の相対する辺の柱位置はほぼ対応する。これに対して、柱上に桁をおいて柱筋をつなぎ、その上に梁を架ける構法を京呂組という。この構法では長方形平面の相対する辺の柱位置を揃える必要がなく、いわば自由に柱を配することができる。対辺の柱間数が異なる建物遺構は、この構法によっていた可能性が高い。

ところで、廂の柱は、古代以降の礎石建物では、身舎の柱筋と揃えて、繋梁とよばれる水平材でつながれる。一方、掘立柱建物では柱が自立するため、必ずしも繋梁を架ける必要はないので、廂の柱は身舎と柱筋が揃わないこともある。

棟持柱 先述のように、棟木を支持するには、叉首や束などいくつかの方法があるが、棟木を直接支持するための柱を立てることもある。これを棟持柱という。そのさい、棟持柱を梁の架かる位置に立てると、梁がじゃまになって柱が棟まで達しないので、通常は柱筋をはずして立てる。このため、平面で建物の両妻の柱筋より外側に立つ柱

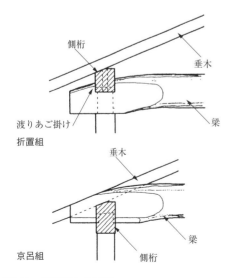

図169 折置組と京呂組

図170 独立棟持柱（池上曽根遺跡）

は、棟持柱の可能性がある。

棟持柱は、建物本体との位置関係によって、妻よりも外側に立つものを独立棟持柱、屋内に立つものを屋内棟持柱とよんでいる。妻の柱筋中央に立つ柱には、棟持柱となる可能性があるものも含まれるが、屋内棟持柱との併用など、ほかの要素から判断すべきであろう。

独立棟持柱の実例は、奈良時代以来の形態を伝える伊勢神宮の内宮・外宮の正殿などに見られ、弥生時代の絵画土器などに表現されているものもある。また、実際の発掘例としては、池上曽根遺跡（大阪府・弥生中期）（図170）や伊勢遺跡（滋賀県・弥生後期）などがある。

独立棟持柱をもつ掘立柱建物の性格については、伊勢神宮との親近性などから、神聖な建物と解釈されることもある。しかし、性格を特定するためには、集落内における立地や、併存する建物・溝といったほかの遺構との関係、出土遺物など、遺跡全体の総合的な検討が欠かせない。

なお、独立棟持柱をもつ建物に似た形状を呈するものとして、平面が六角形や亀甲形をなす建物がある。この場合、妻位置からの距離を勘案し、棟持柱とともに、寄棟造の屋根とするための柱の可能性も視野に入れて検討する。

間仕切　建物内部を複数の部屋に分割する施設を間仕切とよび、間仕切をつくるための柱を間仕切柱と仮称する。これらは、上部構造を支持する柱でない場合が多く、通常は柱穴が建物の側柱などより小さい（図171）。

C　屋根と壁の構造

屋根形式の種類　屋根の形式には、切妻造、寄棟造、入母屋造、宝形造などがある（図172）。切妻造は棟と直交する2方向に葺き降ろした2面の屋根からなり、もっとも単純な形式である。寄棟造は、棟から四方に葺き降ろした4面の屋根からなる。また、寄棟の棟をつくらず、屋根頂部が1点に集まるものを、宝形造とよぶ。入母屋造は、寄棟造の上半部を切妻造にした形態である。

間面記法を適用できる古代の建物では、平面から屋根形式をある程度把握できる。廂のない身舎のみの建物は、一般的には切妻造となる。一面廂（片廂）や身舎の平側二面に廂（二面廂）をもつ建物も、やはり切妻造となる。また、身舎の妻側に廂をもつ場合は、片流れの屋根を差しかけること

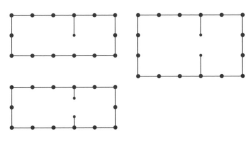

図171　間仕切のおもな類型

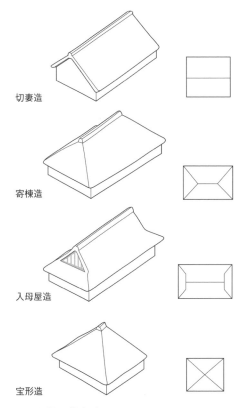

図172　屋根の基本形

このほかにも、特徴的な平面形から屋根形式を推定することが可能な例もある。たとえば、独立棟持柱をもつ遺構は、構造的にみて切妻造となる。しかし、それが独立棟持柱ではなく、亀甲形の平面を構成する柱である場合は、寄棟造の屋根となる。また、四角形の平面でも、独立棟持柱がなく、屋内棟持柱が妻側に寄っている場合は、寄棟造となる可能性がある。

　このように、似た平面であっても屋根形式が異なることがあるし、違った平面でも同じ屋根形式になる場合もあり、平面形から屋根形式を復元するさいには慎重を要する。

　なお、こうした屋根形式の推定にあたっては、後述する雨落溝や雨垂れ痕跡などの遺構が有力な情報を提供することも多い。

屋根葺材　掘立柱建物の屋根葺材としては、茅（ススキやチガヤ）、葦、藁などを利用した草葺のほか、板、樹皮、瓦、大型動物の獣皮などが想定されている。

　草葺は、もっとも普遍的なものと考えられるが、近世以前の具体的な葺き方はほとんど明らかになっていない。現存する民家などから知られる茅葺の屋根構法は、叉首に直交させて母屋桁を配し、そこに垂木を架ける。さらに、垂木に直交させて木舞とよぶ細い横材を並べ、その上に茅を葺き流す構造である。津島遺跡（岡山県・弥生後期）や青谷上寺地遺跡（鳥取県・弥生後期）では、屋根下地とみられる部材が発見されている。屋根頂部の棟部分には、さまざまな方法を用いて防水対策を施さなければならない。

　板葺に関しては、『年中行事絵巻』や『一遍上人絵伝』など中世の絵巻物に比較的多く描かれており（図173）、地域や社会階層を越えて普及していたと考えられる。ただし、飛鳥板蓋宮という「板葺」を美称とする宮殿が7世紀中頃に現れるように、板は7世紀以前にはかなり限定された屋根葺材だったとみられる。

　板葺は、まばらに配した垂木に、直交する細い木舞を打ち、その上に長板を葺き降ろして、この長板に直交する押縁で板を押さえ、さらに棒状の材で押縁を固定するという構造である。

　長板で葺き流す形態でなく、短い板を重ねて葺くものに、柿葺と栩葺がある。柿葺の板は、厚さ3mm程度、栩葺はそれよりも厚く、1〜2cm程度である。現在ではサワラ材を使う。

　樹皮葺で有名なのは、檜の皮を葺く檜皮葺だが、宮殿や寺院、邸宅など、かぎられた施設の建物に用いられたと推定される。ただし、樹皮自体は伐採した木からも得られるので、山間部では、杉皮などが屋根葺材や屋根下地として使用されていた可能性がある。また、藁の存在を想定しにくい縄文時代の掘立柱建物では、樹皮や茅が用いられたと想像される。

　瓦葺は、中世までの集落では、仏教施設などの一部を除いて、ほとんど用いられていない。

図173　絵巻物に見られる板葺

壁の種類と構造　壁の構造としては、草壁、板壁、土壁があるが、考古学的に知ることができた例は少ない。

草壁は、黒井峯遺跡（群馬県・古墳後期）で、掘立柱建物（平地建物）の事例が判明している。その構造は、柱を30cm間隔で立て並べ、横桟も同程度の間隔で結びつけて骨組みを作り、茅を縦方向に葺いたもので、壁の厚さは30cm程度と推定されている。中世の絵巻物にも茅壁が描かれた民家があり、普遍的に用いられたと考えられる。

板壁は、登呂遺跡（静岡県・弥生後期）から、両端を凹形の仕口とする板材が数枚並んで発見されており、高床倉庫の壁材と推定される。木材を楔で割って板を得る技術は、少なくとも弥生時代にはあるが、それを建物の壁材としてどれだけ使用したかは不明な点が多い。

土壁は、割材など棒状の材を縦横に縄や蔓で編みつけた木舞下地に、スサ入り粘土を表裏両面から塗った構造である。スサは、稲の茎を10cm以下の長さに切ったもので、壁のひび割れ防止のために加えられる。

土壁は、その素材自体が身近であるにもかかわらず、建物が焼けて壁土が焼土化したり固まったりしないかぎり、スサ自体が腐食してしまうので、遺存しにくい。このため、確認できないことが多いが、掘立柱建物では草壁について多用されたと考えられる。土壁をともなう建物遺構や土壁の遺物は、山田寺（奈良県・7世紀）や前期難波宮跡（大阪府・7世紀）などで確認されており、現存する建物では法隆寺金堂などの例がある。

D　床構造

床の分類　床には、土座、平地床、揚床、高床などがある。

土座は、地面に席などを敷くか、民家例にみられるような籾殻を敷いた上に席を延べるものである。平地床は、地表面に床板を受ける丸太などの根太を並べ（転ばし根太）、その上に板や簀子などを敷いて床をつくるもので、篠竹を敷き詰めて床にし、その上に編物を敷いたものもある。揚床は、平地床よりも床面が若干高いが、床下を生活空間としてほとんど利用できないもの、高床は、床下を生活空間として利用可能なものである。

このほかに、床面の一部が壇状に高くなっているベッド状施設や、床面の一部が地表面よりくぼんでいる半地下床などもある。

柱の根入れ（地表下に埋め込まれた部分）の深さは、一般的には地上の柱高にある程度対応しており、平地床や揚床では浅く、高床建物では深い。弥生時代の高床建物には、梁行1間の側柱建物と同一平面をもつ場合があるが、この根入れの深さが高床と判断する手がかりの一つとなる。

高床と推定できる建物でも、床上に壁をもつ、いわゆる高床倉庫と、床上には壁がない、屋根倉とよぶ形態になる場合が想定できる。登呂遺跡の高床倉庫は、出土した壁板材や山木遺跡（静岡県・弥生後期）出土の柱材などを参照して、前者に復元されている。一方、先述の池上曽根遺跡などの独立棟持柱をもつ大型掘立柱建物は、出土した絵画土器などから、屋根倉形式の高床建物に復元されている（図170）。

床張りをともなう建物には、このような梁行1間の側柱で床構造を支持する高床建物のほか、内側に床を支持する柱をともなう総柱建物や床束建物がある。

総柱建物　通常、建物内部の各柱筋の交点にも

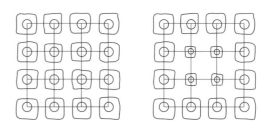

図174　総柱建物の類型

第Ⅴ章 遺構の発掘

柱が配置されていて、側柱と屋内柱の規模が同等か大きな差のないものを、総柱建物とよぶ（図174）。ただし、側柱とは並ばない位置に棟通りの柱が設けられている例もまれにある。

集落内の総柱建物のほとんどは、高床倉庫と推定されている。こうした高床建物は、側柱を含めたすべての柱が床面下までしかのびずに高床を支える構造や、周囲の柱が通し柱として軒までのびて屋根を支え、内部の柱は高床のみを支える構造などが考えられている。この場合、屋根を支える柱を主柱、高床のみを支える柱を束柱とよび分ける。5世紀代には、鳴滝遺跡（和歌山県・古墳中期）や法円坂遺跡（大阪府・古墳中期）で検出されている総柱建物などのように、側桁・母屋桁・棟木をそれぞれ直接支える通し柱があったとされる例もある。

このように、総柱建物の多くは高床建築とみられるが、総柱建物でも柱が細い例では、後述する床束建物と似た構造をとっていた場合もあろうし、また、太い束柱をともなっていても、建物の性格や機能上、楼閣のような建物と推測すべき例もある。したがって、ほかの建物群との位置関係や立地などを勘案し、総合的に検討する必要がある。なお、門の建築にも総柱の平面形式になるものがあるが、通常は総柱建物とはよばない。

ところで、平安時代後期に出現し、中世に特徴的な建物構造として普及する、平面の大きな建物も、総柱の柱配置を示す。これらの例では、建物規模に比して、全体として柱が細いのが一般的である。また、時期が下るにしたがい、屋内柱が省略される傾向がある。こうした建物では、屋内の柱は床束である場合と通し柱である場合があり、建物構造の復元にあたっては、古代以前とは異なった構造を念頭におく必要がある。

床束建物 総柱建物と柱配置が似るが、屋内の柱が総柱建物の束柱に比べて格段に細い建物もある。この床を支えたとみられる柱を床束とよび、床束をともなう建物を床束建物とよぶ。床束の配置には、各柱筋の交点に配置されたものや、柱筋にのらないものなど、いくつかの種類がある。

床束建物は、地表面から離れた上方に床を張るという点では、総柱の高床建物と共通する。しかし、床束の規模からみて、多くの場合、高床倉庫に代表される高い床や、重い荷重を支える床構造は考えがたく、揚床構造のものが多いと推定できる。この場合、高床になるか揚床になるかは、柱の太さや根入れの深さ、柱の地下部分に施された技法などによって判断する。

床の建築構造 土座や平地床は、床を支える柱をともなわないので、生活面が削平されると、ほ

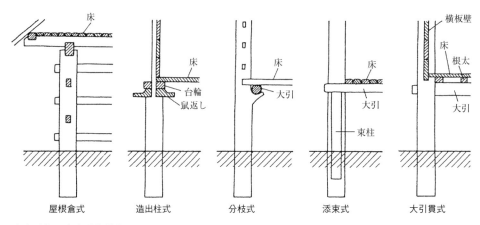

図175　弥生時代の高床建築構造

とんど痕跡を残さない。

一方、高床あるいは揚床をつくるためには、水平材を適当な間隔に渡したうえで床板を張らなければならない。この床板を受ける水平材を、大引とよぶ。大引と床板を支持するには、いくつかの方法があるが、床板と大引は直交するので、床板の張り方と大引の渡し方には密接な関係がある。なお、時代が下って床板が薄くなると、大引の上に比較的密に渡した、やや小さな断面の根太という部材で床板を受けるようになる。

高床・揚床の構法　出土建築部材や現存建築などから知られる高床や揚床の構法には、以下のような形式がある（図175）。

大引貫式は、通し柱の梁行方向に貫通孔を設け、大引を柱に柄差しとするか、貫通させて床材を受ける形式である。桜町遺跡（富山県・縄文中期）や上小紋遺跡（島根県・弥生後期）などの出土柱材に例がみられる。

造出柱式は、側柱の床高より上の断面をやや細く造り出し、そこに上から鼠返しや台輪を落とし込んで、その上に床板を組む形式である。台輪は大引の役割を果たす材で、梁行方向に架け渡す。登呂遺跡や山木遺跡の出土部材に例がある。

分枝式は、通し柱の中央部に、自然木のＹ字形の枝分かれ部分（又木）を残して大引受けとする形式で、山木遺跡や那珂久平遺跡（福岡県・弥生後期）に例がある。

屋根倉式は、柱を貫などで固定し、その頂部に大引を渡して屋根倉をつくる形式で、有年原田中遺跡（兵庫県・弥生後期）や古照遺跡（愛媛県・古墳前期）に出土例がある。

添束式は、上部構造を支持する主柱の脇に束を立てて、大引を支持する形式で、古代では一般的に見られる床構造である（図176）。床束式と併用して、側柱に近接して設けられる添束の柱穴は浅い。法隆寺東院伝法堂（奈良県・8世紀）の前身建物や、隈・西小田遺跡（福岡県・弥生中期）などの例がある。

床束式は、床束の頂部で大引を支持する形式で、添束と併用する場合もある。古代の宮殿や官衙建築を中心に確認されている。先述のように、床束は、柱筋に揃えるものと揃えないものがあるが、いずれも桁行方向に大引を渡して、梁行方向に床板を張ったと推定される。床板を張るためには、側柱ぎわにも大引が必要だが、添束を併用しない例では、法隆寺伝法堂のように、側柱に打ち込んだ栓で接続させるもののほか、側柱の側面に大引を釘などで打ちつける場合もあったと考えられる。

束柱式は、総柱建物のうち、束柱の頂部を台輪

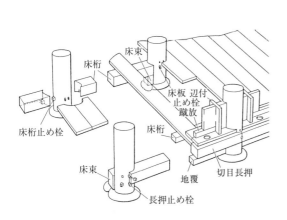

図176　添束式の床構造

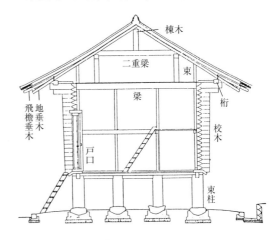

図177　束柱式の建物

第V章　遺構の発掘

でつないでステージ状の台をつくり、その上に板や、唐招提寺宝蔵（奈良県・8世紀）のような断面三角形の校木とよぶ材を組んだり（図177）、地面から立つ柱とは別の柱を立てたりして、屋根をかける形式である。日本に現存する建築では、校木を重ねた校倉造や、春日大社宝庫（奈良県・14世紀）のように、校木を板におきかえた板倉、法隆寺綱封蔵（奈良県・平安）のような土壁構造の倉庫建築がある。東大寺正倉院宝庫（奈良県・8世紀）や法隆寺綱封蔵は、このような倉庫建築を2棟ならべて一体の屋根をかけた、双倉とよばれる形態をもつ。

竪穴付掘立柱建物　床面または床面の一部が竪穴状にくぼめられた建物を、竪穴付掘立柱建物という。竪穴は、掘立柱建物の内部もしくは掘立柱建物を囲むように設けられている。竪穴付掘立柱建物には、厩舎と考えられる吉野ヶ里遺跡例（佐賀県・古代）や上浜田遺跡例（神奈川県・中世）（図178）、鍛冶工房の可能性がある栄町遺跡例（東京都・古代～中世）、風呂遺構と想定されている梅原胡摩堂遺跡例（富山県・中世、図179）など、多様な性格のものがある。

E　建物の外周に立つ柱列

建物周囲の柱穴列　古代の建物を中心に、建物本体の周囲あるいは建物本体外側の一部に、本体の柱と平行に柱を配することがある。こうした柱穴を「外周柱穴列」と仮称する。建物本体と柱筋を揃えるものとそうでないものがあり、柱穴の大きさも、建物本体の柱穴と同じかやや小型のものと、格段に小型のものがある。

　この外周柱穴列の上部構造としては、建物本体と一体型の廂、非一体型の廂、裳階とよばれる屋根、仮設の土廂、床張りの縁、建物の軒先が垂れ下がるのを防ぐ軒支柱のほか、建物周囲に設けた

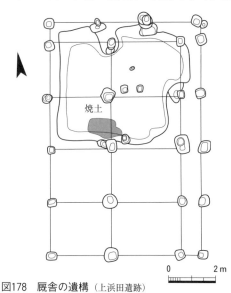

図178　厩舎の遺構（上浜田遺跡）

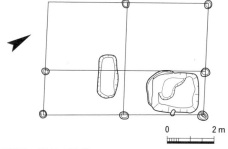

図179　風呂の遺構（梅原胡摩堂遺跡）

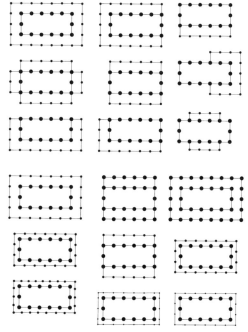

図180　外周柱穴列

塀や柵などが想定される(図180)。どの形式になるかを判断するには、遺構の注意深い観察とともに、遺跡における当該建物の立地・性格・用途などの検討が必要となる。

2 柱穴の構成と属性

A 柱穴を構成する要素

柱穴 掘立柱の柱位置に遺存する穴を柱穴と総称する。ほとんどの柱穴は、下記のような遺構から構成されており、発掘ではそれらを識別し、各種の情報を抽出する必要がある。

柱掘方 柱を立てるために掘り込まれた穴や溝状の掘削坑を、柱掘方という (図181)。また、柱を立てて埋め戻した柱掘方内の土を、柱掘方埋土とよぶ。

柱抜取穴・柱切取穴 掘立柱建物は、柱の地表近くの部分が水分や微生物の繁殖で腐りやすいため、耐久年数はかぎられる。そのため、古くなった建物の撤去やあらたな建物への建て替え、柱材の転用あるいは耕地化などにともなう障害物除去のため、柱は抜き取られたり、少し掘り下げたところで切断されたりしていることが多い。

柱を抜き取るために掘った穴を、柱抜取穴といい、柱を切断するために掘り下げた穴を、柱切取穴とよぶ。これらの穴には、自然に埋まったものもあろうが、通常は人為的に埋め戻されており、その充塡土を、それぞれ柱抜取穴埋土、柱切取穴埋土とよぶ。

柱痕跡 柱が根元近くで切断されるか焼失した場合、あるいは立ったまま放置された場合は、柱の根元の部分が地中で腐り、柱掘方埋土や柱切取穴埋土とは異なる土質の柱状の痕跡、または空洞や締まりのない粘土で充塡された柱状の痕跡となることが多い。

また、柱抜取穴を柱の底部まで掘り下げず、中途まで掘って柱を上方に引き抜いた場合にも、柱の立っていた部分に別の土などが入り込み、柱状の痕跡が柱掘方の下部に残ることが多い。

軟弱地盤では、柱掘方の底面に、柱が自重や建物の荷重によって沈下したくぼみが検出される場合もある。このとき、柱直下の土層のラミナに、たわみなどが観察されることもある(図182)。

以上のような柱状の痕跡を、柱痕跡という。

柱の当たり 柱状をなす柱痕跡が見つからないときでも、柱の自重と建物の荷重が柱にかかって生じた圧痕や変色した部分が、柱掘方の底面に残

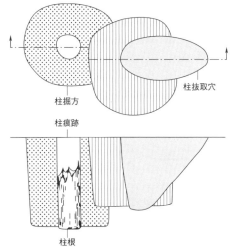

図181 柱穴の模式図

図182 柱直下のラミナのたわみ (長原遺跡)

っていることがある。これを、柱の当たりという。こうした柱の当たりも、柱位置を把握するうえで重要な遺構である。

柱根 柱が切断された場合や、柱がそのまま放置された場合は、柱の根元そのものが遺存していることもある。この、地中に遺存した柱の根元を、柱根とよぶ。とくに、地下水位が高いところでは、柱根が検出されることが少なくない。

このほか、柱根には、火災で炭化したものや、腐食防止のため、柱の地下部分が火で焼かれ、残ったものなどもある。

B 柱掘方の属性

壺掘りと布掘り 柱掘方には、主柱1本ずつを立てた柱掘方と、主柱を2本以上立てるために、ひとつづきで掘られた柱掘方とがある。前者を壺掘り柱掘方、後者を布掘り柱掘方とよぶ。ただし、一つの壺掘り柱掘方内に、主柱と床束（添束）、あるいは2本の柱を近接させて一緒に立てている例もまれにある。

平面形と向き 壺掘り柱掘方の平面形には、円形、楕円形、方形、隅丸方形、長方形、不整形などがある。集落では、円形または不整形の柱掘方をともなう例が多い。方形の柱掘方は、7世紀頃から普及するようになる。

柱掘方が方形を呈するものでは、多くの場合、掘方の辺が、桁行あるいは梁行方向と平行する向きに掘られる傾向がある。こうした例では、柱掘方の辺の向きによって、その建物の柱穴列がのびる方向を推定できる。

一方、個々の柱掘方がまちまちな方向に掘られている例もある。また、多功南原遺跡（栃木県・8～9世紀）、三ツ木遺跡例（群馬県・8世紀）のように、隅柱の柱掘方の辺が、建物の軸線に対して約45°振れた方向に掘られているものや、隅柱掘方がL字形を呈するものも散見されるので、注意を要する（図183）。

布掘り柱掘方には、長い帯状の平面を呈するもの、ロの字状やL字状のもの、隣り合う2本の柱を立てた長方形をなすものなどがある。それらには、桁行方向の柱筋を布掘りした例や、梁行方向の柱筋を布掘りした例、側柱筋を額縁状に布掘りした例などがある。

1棟の建物では、壺掘り柱掘方の場合、ほぼ同じ形状の柱掘方で構成されていることが多いが、

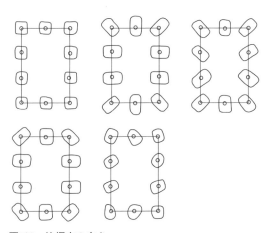

図183 柱掘方の向き

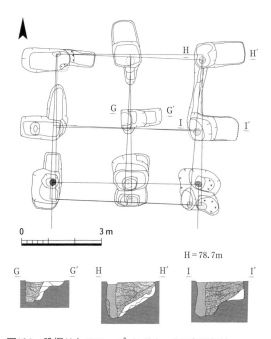

図184 段掘りとスロープ（上神主・茂原官衙遺跡）

柱掘方の形状が不統一なものもある。とくに布掘り柱掘方は、方形や円形の壺掘り柱掘方と併用されていることが少なくない。柱下部が固定される掘立柱建物で、柱掘方を布掘りする理由は明確でない。こうした場合、建築学的知見をふまえ、建設過程を復元的に考えるように努めたい。

断面形　壺掘り柱掘方では、方形またはやや逆台形状の断面を呈するものが一般的である。このほか、擂鉢状の断面をもつもの、柱位置だけをさらに一段掘り下げたもの、一辺を斜めに掘り下げたものもある。また、上神主・茂原官衙遺跡例（栃木県・8世紀）のように、階段状に掘り下げたものも見られる（図184）。

このうち、柱掘方底面から柱位置だけがさらに段掘りされている例は、柱が沈下した状態と紛らわしいので、注意を要する。断面がスロープ状または階段状を呈する長方形掘方には、桁行柱筋に直交する方向に掘られたものと、平行する方向に掘られたものとがある。

布掘り柱掘方の長軸方向の縦断面では、底面が平らな溝状を呈するもの、溝状に掘ってさらに柱位置を壺掘りするもの、溝状に掘っていったん埋め戻したのちに柱位置を壺掘りするもの、などの種類がある（図185）。

これらの柱掘方の断面形は、柱掘方の掘削方法を反映しており、立柱の方法や掘削作業量の省力化、建物構造の一端などを探る手がかりとなる。たとえば、弥生時代の大型建物には、掘方の一辺がスロープ状か階段状となる長方形掘方をともなう例がある。これは、柱掘方に柱を斜めに滑り落とすようにして入れ、反対側から引き起こして立てる工法がとられたことを示している。そこから、長大な柱を用いた高床の建物であった可能性が考えられる。

平面規模　検出面における柱掘方の大きさを、平面規模とよぶ。円形の柱掘方の場合は直径、方形の場合は長辺と短辺、楕円形の場合は長径と短径の長さを測る。不整形などの場合には、さしわたしの最大と最小の長さを測る。

集落遺跡における建物の柱掘方平面規模は、直径や辺長が数十cmから1mを超えるものまで、さまざまである。一般に、柱掘方の平面規模は柱掘方の深さと相関があり、平面規模の差は、土木作業量の違いを示すとともに、柱の太さや長さの違いを反映していることが多い。したがって、柱掘

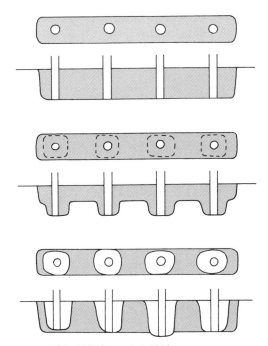

図185　布掘り柱掘方のおもな類型

図186　身舎廂非一体型の片廂建物（平城宮跡復元建物）

方の平面規模は、建物の構造や格式を推測する手がかりの一つともなる。

　入側柱（身舎）の掘方より側柱（廂柱）の掘方のほうが明らかに小型である場合は、身舎の屋根を廂まで葺き降ろさず、廂の屋根が身舎の屋根とは別に設けられた建物であったと推定される（図186）。また、床束建物の床束の柱掘方は、主柱の掘方に比べて小型である。このほか、総柱建物のうち、屋内の柱掘方が側柱の柱掘方よりやや小型の例は、側柱が通し柱として桁を支持する構造であった可能性が高い。

　ただし、中世集落では、柱掘方の平面規模は、全般的に径20〜40cmの小型で円形のものが多い。また、各時代をつうじて、柱掘方の規模と柱規模との比率は、建物の種類によって異なることがある点も念頭におく必要がある。

柱掘方の深さ　柱掘方の検出面と柱掘方底面の高低差を、柱掘方深さとよぶ。

　通し柱の地上の柱高は、通常、柱の根入れの深さと相関があると考えられている。そして、旧地表面が残る場合など、遺存状況がよい柱穴では、一般的に、柱掘方深さの3倍前後を平屋建物の地上柱高、4〜5倍を高床建物の地上柱高とみなして大過ない、とする説もある。

　ただし、根入れの深さは、妻側中央柱、隅柱、その他の側柱など、建物の部位によって違う場合や、建物の規模などによって異なることもある。また、同じ側柱筋でも、柱によって違いがあることもある。たとえば、黒井峯遺跡の高床倉庫では、根入れの深さが9〜53cm、40〜86cm、18〜75cmなど、柱ごと、また建物ごとに大きなばらつきが見られる。

　上記の例は、柱掘方径が数十cmで、桁行6m未満の小規模な建物であり、その場合でも、根入れの平均値は45〜70cmほどになる。したがって、小規模な建物でも、主柱を立てるには、通常、50cm以上の根入れが必要であったとみてよい。

　実際には、遺構検出面が、当時の地表面や床面より低い面であることが多く、遺存している柱掘方の深さから、ただちに柱の地上高を推測することはできない。しかし、逆に、遺存している柱掘方の深さは、造営時の地表面や床面の削平の度合いを知る有力な手がかりになる。たとえば、柱掘方の深さが平均して10cm程度しか遺存していない建物であれば、当初の地表面あるいは床面は、遺構検出面より40cm以上高かった可能性が高いといえる。

　また、柱筋間や柱穴間での柱掘方の深さの異同は、建物の上部構造を復元する資料ともなる。前述のように、側柱と入側柱、総柱建物の側柱と内部の束柱、床束建物の主柱と床束など、柱掘方の平面規模が異なる場合には、深さにも差があることが多い。柱穴が原状をとどめていなくても、柱掘方の深さの相対的な差にそうした柱高の違いが反映されていることが多く、そこから建物構造を復元する情報が得られる。

　また、平坦地で検出された同時期の建物で、柱掘方の深さに大幅な差が見られる場合には、地上の柱高に差があったと考えられ、建物の構造や格式、機能の違いを反映している可能性がある。

　柱掘方の底面の標高は、土木作業工程や柱材の調達のありかた、あるいは旧地形などを知る資料ともなりうる。

　たとえば、遺構検出面が傾斜していても、柱掘方の底面の標高が同じであれば、水平に近い平坦面を造成してから柱掘方が掘り込まれ、後世に削平を受けた可能性が高い。一方、各柱掘方の底面の標高が傾斜に沿った状態になっていれば、立柱前に整地などをすることなく、傾斜地のまま柱掘方が掘削されたことを意味すると考えられる。

　また、同じ建物の側柱どうしで、柱掘方の底面の標高に大きなばらつきがある場合には、長さの異なる柱材を使用し、その長短に合わせて掘方を掘ったか、あるいは掘削作業に統制がとれていな

かったことをうかがわせる。

このように、柱掘方の深さからも多くの情報を得ることができる。

柱掘方埋土　柱掘方の埋土は、竪穴建物の竪穴部を充塡している土とは異なり、通常はすべて人為的に埋め戻された土であり、その埋め方にも土木作業などの情報が含まれている。

柱掘方は、掘削のさいに掘り上げた土で埋め戻すのが一般的であるが、土質の違う土を交互に突き固めたり、礫を入れ込んだりすることもある。また、伊勢遺跡の大型掘立柱建物のように、相対する側柱列どうしで柱掘方の埋土が異なっているものもある。このほか、柱掘方埋土に焼土・壁土・炭化物や火山灰、土器などの遺物が混入する場合もある。

こうした埋め方や埋土の特徴が、同じ建物を構成する柱穴や同時造営の建物群を抽出する鍵になることも多く、また土木工法や作業集団の違いなどを推定する手がかりとなることもある。

C　柱抜取穴・柱切取穴・柱痕跡・柱根の属性

柱抜取穴・柱切取穴の形状　柱抜取穴や柱切取穴の平面には、柱の底部に向かって一方向から斜めに掘り下げた不整楕円形を呈するもの、柱の周囲を掘り下げた不整円形や不整形を呈するものなどがある。また、一つの柱掘方に立てられた主柱と床束など、2本の柱が同時に抜き取られている場合もまれにある。

こうした抜き取りの方法や方向の違いは、抜き取り作業が強い指示のもとにおこなわれたかどうか、などの違いを反映している可能性がある。

いずれにしても、柱抜取穴は、建て替えや柱の再利用といった建物の変遷や土木工法などの情報を内包する遺構である。

柱の平面形　集落の建物の柱は、円柱（丸柱）が多数を占めている。しかし、チカモリ遺跡（石川県・縄文晩期）の円形建物に見られるような半截

の丸太材（図187）、川合遺跡（静岡県・弥生後期～古墳前期）の梁行1間の高床建物に用いられているような角材（図188）、極楽寺ヒビキ遺跡（奈良県・古墳中期）の床張り建物（34頁図31－建物1）で検出されたような長方形断面のごひら角材（図189）、あるいは割板材を用いたものも知られている。このうち、ごひら角材による柱は、古代以降の事例はきわめてまれである。

柱痕跡の平面形は、柱根が遺存していない場合

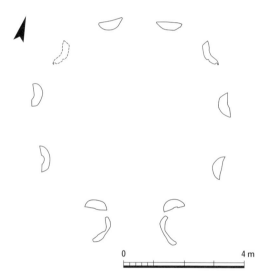

図187　半截丸太材の柱 （チカモリ遺跡）

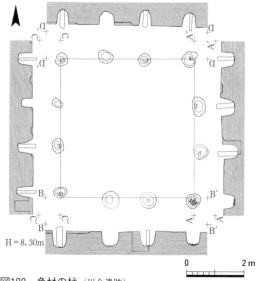

図188　角材の柱 （川合遺跡）

でも柱の形状や太さなどを知りうる情報源であり、できるだけ柱の原形を確認する必要がある。また、角材・ごひら角材や半截丸太材では、建物の柱筋に対して、柱がどの方向を向けて立てられているかにも注意を払う。ただし、柱痕跡の形状は、遺存状況などに左右されて、必ずしも柱の原状をとどめてはいない場合がある。

柱の規模　検出面における柱痕跡の直径あるいは辺長を柱痕跡の規模、柱根の原形をとどめる部分の直径や辺長を柱根の規模とよぶ。

これらは、建物の種類や柱位置によっても異なる。柱径は、前述した柱掘方規模と同じく、柱の地上部分の長短と相関があると考えられており、その規模の差には建物の上部構造の違いが反映されている可能性がある。一般的には、太い柱をともなう建物には、細い柱の建物より相対的に背丈の高いものや、重い荷重がかかる構造・機能をともなうものが多かったと推定することができる。

一方、各柱の柱径が近似するか不揃いかという点は、杣で選択されて一括製材された柱材か、伐採・加工された材が寄せ集められたのかなど、柱材の調達のありかたを探る資料ともなりうる。

また、柱径が判明すれば、木割（柱間に対する柱径の比率）の情報を得ることができる。木割は、古代より前では比率が大きい（柱間のわりに柱径が太い）ものが多く、古代以降とそれより前とでは技術体系の違いが見られるとされている。こうした建築技術体系の一端を探るうえでも、柱痕跡の規模は重要な意味をもつ。

柱痕跡の断面形　柱痕跡の断面観察は、柱の根入れの深さを確認するだけでなく、柱材の調達・加工や立柱の方法などを検討するためにも重要である。

たとえば、柱痕跡の底が平坦か尖っているかによって、柱材の加工程度が判明する。また、柱痕跡底面の高さは柱掘方底面と一致するのが一般的であるが、底面にまで及んでいない場合もある。後者の場合には、柱掘方の掘削作業と柱の製材や立柱作業に一貫性がなかったこと、あるいは予定の長さの柱材が調達できなかったこと、別の建物の柱を再利用したこと、などの事情を推測することもできる。

柱痕跡が底面より深くなっている場合には、沈下した場合のほか、半打ち込み式の立柱方法が採用された可能性がある。後者では、柱根や柱痕跡の先端が杭先状に尖る。

通常、柱は垂直に立てられる。しかし、側柱を内側にやや傾斜させて立てる、内転びという技法が採用されている建物もまれにある。また、妻側から梁行長ほど離れた位置にある独立棟持柱に

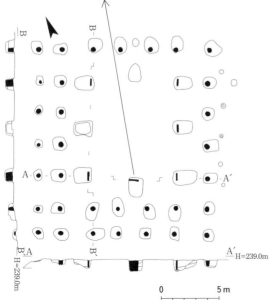

図189　ごひら角材の柱（極楽寺ヒビキ遺跡）

も、建物本体側に傾斜して立てられたものがある。こうした例では、その傾斜角度が建物の高さを推定する手がかりとなる。

傾斜した柱痕跡や柱根の中には、災害などによって倒れた状況を示す場合もあり、その傾斜方向によって、倒壊の営力が働いた方向も推定できる。また、歪んだ柱材を使った建物の場合、柱痕跡が歪みの状況を示すことも考えられる。

柱痕跡の位置 柱痕跡や柱当たりの位置は、建物の柱間寸法の計測や、柱筋の通り具合などを調べるうえで欠かせない情報である。

集落の建物では、1棟の建物として組み合う各柱痕跡が直線上に並ばない例が少なくない。それらは、歪んだ柱を用いていたためか、不揃いの位置にある柱頂部を桁でつなぐ構造であったことを意味するのか、判断が難しい場合が多い。しかし、いずれにしても、建物造営時の計画性の度合いや立柱の方法、建築部材の加工精度や質、建物の上部構造などを検討する重要な情報となる。

なお、柱痕跡は、柱掘方の平面の中ほどで検出される例が多いが、柱掘方の壁ぎわ近くに位置することも少なくない。とくに、一辺がスロープ状に斜めに掘り下げられた長方形の柱掘方の場合には、スロープとは反対側の壁寄りで柱痕跡が観察される例が目立つ。

E 掘立柱の基礎固め

基礎固め 掘立柱は、一般的には、柱掘方の底面にじかに立てられ、周囲を埋め戻すことによって固定される。しかし、低湿地など軟弱地盤では、沈下防止のために、各種の基礎固めや柱の根固めをおこなっていることも多い（図190）。

基礎固めには、柱掘方の基底部にこぶし大ほどの石（栗石）を詰め込んだり敷いたりする方法

a 礎板（1枚）（船野遺跡）

b 礎板（複数）（井ゲタ遺跡）

c 枕木（川寄吉原遺跡）

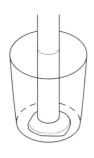
d 地下式礎石

e 根石（割石）（井ゲタ遺跡）

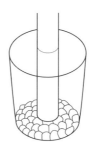
f 根石（栗石）

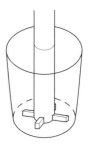
g 腕木

図190 根固めの種類

第V章　遺構の発掘

や、粘土で地固めする方法などがある。

こうした基礎固めには、柱上端の高さ調整のために掘方底部を埋め戻して高くしたと考えられる場合もあるので、それぞれの柱掘方や柱痕跡の底面の標高を全体的に比較することが必要となる。

礎板・枕木　掘立柱の下には、沈下の防止や柱上端の高さを揃えるために、木材を据え置く場合がある。この、柱の下にかませた板材を礎板、丸太・半丸太・角材などの横材を枕木とよぶ。

礎板を敷く工法は、青田遺跡（新潟県・縄文晩期）で知られるように、低湿地では縄文時代から採用されていた。礎板には、一枚板を敷く場合が多いが、船野遺跡（佐賀県・弥生中期）例のように、板を二重に敷くもの（図190-a）や、井ゲタ遺跡（佐賀県・弥生中期）例のように、複数の板状の材をかませるもの（図190-b）もある。

布掘り柱掘方のうち、長軸方向の底面が平坦な例の中には、細長い板を礎板として底面に据え置き、その上に複数の柱を立てた、筏地業とよばれる基礎構造をともなうものがあることも知られている。

枕木上に柱をのせるさいには、川寄吉原遺跡例（佐賀県・弥生後期）のように、柱底面に繰り込みを入れてかませることもある（図190-c）。

地下式礎石・根石　掘立柱の下には、礎板の代わりに石を据え置く場合もある。こうした石（図190-d）を、地下式礎石（礎盤石）とよぶ。これらは、人頭大の自然石や割石が用いられることが多い。井ゲタ遺跡例のように、小ぶりな割石をいくつか並べて、礎板と同様の機能をもたせているものもある（図190-e）。

また、柱下部に、こぶし大ほどの石（栗石）を複数据え置いたり詰め込んだりしたものを、根石とよぶ（図190-f）。

腕木・貫・根巻石・地中梁　柱の根元を固定して沈下を防ぐには、柱の根元に柄穴や貫穴を穿って腕木（図190-g）や貫を差し込む技法や、柱の周囲に栗石などを詰める技法もある。後者の栗石を、根巻石という。根巻石には、柱を埋め立てる前に、柱位置に仮組みするさいの柱固定用として置かれた可能性も考えられる。

このほかに、2本の掘立柱の根入れ部分を横材で連結して根固めする、地中梁の工法がある。深さが柱掘方の中位以下に達するような柱筋溝状遺構（後述）には、こうした地中梁を設けたものが含まれている可能性もある。

3　掘立柱建物にともなう遺構

A　柱間装置

柱間装置とは、柱と柱の間の壁や扉・窓といった設備を指し、立柱後に設けられる。

地覆据付・抜取痕跡　柱間の最下部に据え置かれた横木を、地覆とよぶ。地覆を置く場合の柱間

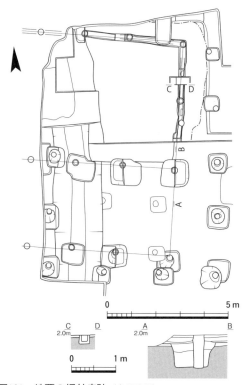

図191　地覆の据付痕跡（赤井遺跡）

装置は、窓となることもあるが、少なくとも地覆上は壁になる。地覆には、地表面（床面）に石や瓦を並べ置いた上に据え置くもの、地覆を直接床面に接するように設置するもの、溝状の据付掘方を掘って地覆の下部を埋め込むものがある。

溝状の据付掘方の場合は、柱掘方より幅が狭く、通常、柱痕跡や柱推定位置をつなぐかたちで掘られている。これらを、柱筋溝状遺構とよぶ。

赤井遺跡の建物（宮城県・8世紀前半～中頃）はその好例であり、身舎の東と北の側柱筋上で、地覆の痕跡が検出されている（図191）。地覆材は20cm弱の角材で、据付掘方として、横断面が幅30cm前後、深さ25cmほどの長方形を呈する柱筋溝状遺構をともなっている。

なお、柱筋溝状遺構には、地覆抜取痕跡にあたるものもある。

壁材据付・抜取痕跡　柱筋溝状遺構は、壁板材などの下端部を直接埋め立てたり、抜き取ったりした痕跡である場合もある。

穴太遺跡例（滋賀県・8世紀）では、柱筋溝状遺構内に、縦板壁のクリ材の底部（厚さ3～5cm、幅20cm）が遺存していた（図192）。

また、払田柵跡（秋田県・9～10世紀）では、身舎の柱痕跡のやや外側を額縁状にめぐる溝状遺構が検出されている（図193）。上面幅30～50cm、下面幅10～30cm、深さ20cm前後のこの溝状遺構からは、厚さ2～3cmの板の痕跡も確認されており、それらが柱外側に付設された壁材の据付痕跡または抜取痕跡であったことがわかる。

このように、壁材下端を埋め込む方式の板壁には、柱筋に取りつけたものと、柱筋の外側にめぐらせたものとがある。

間　柱　間柱は、広義には、主柱以外の、柱間装置を設けるさいに立てる補助的な柱をいう。地覆上に立てられる場合もあるが、柱筋溝状遺構内や中小の壺掘り柱掘方内に埋め立てられることもある。後者については、柱穴の平面規模や深さ、柱痕跡の径などにおける主柱との差違を確認する必要がある。

図192　縦板壁の痕跡（穴太遺跡）

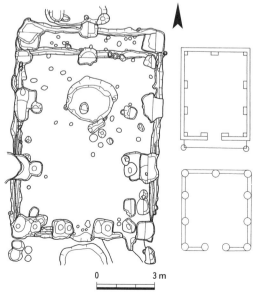

図193　柱の外側をめぐる壁材据付痕跡（払田柵跡）

間柱が検出されれば、その部分に土壁や扉がつく可能性がある。なお、こうした土壁をともなう建物では、スサ入り粘土などの壁体片が出土することもある。

柱間装置の遺構と出入口　上記のような地覆・壁材・間柱の据付痕跡や抜取痕跡は、壁の構造や出入口・吹放ちの位置を推定する有力な資料となる。先述の払田柵跡の例では、妻側中央部で溝がとぎれた部分があり、出入口と考えられる。

B　雨落溝・雨垂れ痕跡

雨落溝　屋根から流れ落ちる雨水の排水処理を主目的として掘削された溝を、雨落溝とよぶ。雨落溝には石や板などで護岸したものもあるが、集落の建物では素掘溝の例が知られている。

雨落溝の配置　雨落溝には、建物の四周を方形周溝状にめぐるもの、平側にのみ存在するもの、三方に設けるものなどがある。こうした雨落溝のめぐらし方から、屋根構造を推定できる場合もある。ただし、切妻形式の屋根でも四周に雨落溝がめぐる例があるように、必ずしも屋根構造と対応するとはかぎらず、建物周辺の排水処理も意図して設けられた場合もある。

雨落溝では、ある柱間に対応する位置がとぎれていることがある。壇の越遺跡例（宮城県・8世紀）では、四周に雨落溝がめぐっているが、南妻側の中央間では溝がとぎれており、南妻側に出入口があったらしい（図194）。このように、雨落溝の状況から建物の出入口を推定できる場合もある。ただし、地形などを勘案し、その位置で溝がとぎれても雨水処理に問題がないかを確認したうえで判断することが必要である。

雨落溝の規模　従来知られる雨落溝の幅には、0.2〜1.5mまでのばらつきがあるが、素掘溝の場合は、幅が数十cmから1m程度のものが多い。

深さは、地表面の削平の度合いによって異なるが、ほぼ旧地表面をとどめている多賀城跡の例では30cm程度であり、素掘溝では深さ30cm前後かそれ以下が一般的であったとみてよい。

雨垂れ痕跡　一方、とくに雨落溝は設けず、軒先の雨垂れ位置に石敷や瓦敷を施して対処した例もある。そうした施設を設けない建物では、軒先位置に雨垂れ痕跡が検出される場合もある。

この雨垂れ痕跡には、雨垂れが地表を掘り起こして溝状のくぼみを形成したものや、砂のごく薄い帯状堆積をなすものがある。前者には、黒井峯遺跡の6世紀の壁建ち建物の例があり、幅30〜50cm、深さ1〜2cmの浅い溝状痕跡を呈している。雨垂れ痕跡の位置は、屋根形式と対応する。

軒の出　雨落溝や雨垂れ痕跡と側柱との心々間距離から、建物の軒の出を知ることができる。

軒の出は、屋根構造などと密接に関わっており、建物の上部構造を探るうえで重要な情報である。それによって建物の格式を推測することもできる。また、近接する建物どうしが併存しうるかどうかを判断する資料ともなる。

C　床

土　間　掘立柱建物の床には、前述のように、土間、平地床、揚床、高床がある（165頁）。また、畜舎や湯屋などでは、床面がわずかにくぼんだ例や、一部を竪穴建物のように半地下床とした例も知られている。

図194　雨落溝（壇の越遺跡）

低基壇 基壇は、寺院や官衙の礎石建物に多くみられるが、集落でも、穴太遺跡の土台建ち建物（滋賀県・6世紀後半～7世紀初め）のように、高さ15cm前後の低い基壇が検出された例がある。

掘立柱建物では基壇の検出例は少ないが、同じ標高の地表面で検出された同時期の建物間で、柱掘方の深さに大きな差がある場合には、基壇の存在が推定されることもある。また、赤井遺跡の例では、立柱後に建物部分を粘土で整地し、周囲よりやや高い土間床をつくっている。民家では、そうした低基壇の端に砌石を並べた例もある。

床面上の遺構 床面で検出される遺構としては、カマドや炉の痕跡、鍛冶遺構などがある。

また、一乗谷朝倉氏遺跡例（福井県・16世紀）のように、甕据付穴をともなうこともある（図195）。それらの穴は、酒などを貯蔵・醸造する甕を据え置くために掘られたもので、何基かが列を揃えて並んでいることが多い。通常、甕の底部に合わせて掘られた浅い半球状の形状をなしており、穴の内部に甕底部の破片が遺存している場合も少なくない。

D　建物外周の柱穴

建物外周の柱穴 掘立柱建物は、柱が方形ないし円形状に並んで、1棟の建物を構成するものが大多数を占めるが、その外側にも、建物の一部を構成する柱や、関連施設の柱が設けられている場合がある。これには、前述したような屋外独立棟持柱や縁、変則的な廂、軒支柱などのほか、足場や梯子、塀などがある。

足場穴 大型建物の造営作業や解体作業などでは、作業用の足場が組まれることがある。足場の柱は掘立柱であることが多く、その柱穴を足場穴とよぶ。

足場の柱には、通常、細い材が用いられるので、足場穴は、建物の主柱や縁束の柱掘方に比べて小規模であるのが一般的である。そのため、ともすれば見逃されやすい。

足場穴は、建物外周では、主柱と対応する位置や、柱間中央外側にあたる位置などにあり、屋内に存在する場合もある。足場穴の配置には一定の規則性がみられるが、主柱列に比べると、柱筋の通りが悪く、柱間寸法にも不揃いの部分があることが多い。

梯子穴 高床や揚床の建物には、梯子を据えつけた梯子穴や、階段を据えつけた穴がともなうこともある。その中には、階段のササラ桁の根本を埋め込んだ穴のように、斜め方向にのびる木材痕跡が認められる例もある。この斜め材の角度は、床面の高さを推定する手がかりとなる。

梯子穴などの位置から、建物への出入口もわかる。家形埴輪の出入口などを参照すると、古墳時代中期までは妻入が多い。それ以降は平入が多くなる傾向がある。

塀 建物の外側にある柱穴列には、建物の目隠しや、敷地を区画する掘立柱塀や柵の例もある。

E　祭祀土坑

地鎮祭祀遺構 古代以降の掘立柱建物や、複数の掘立柱建物で構成される宅地では、柱穴以外の土坑から土器や銭貨・鏡などが発見されることが少なくない。これらは、建物の造営にさいしての地鎮的な祭祀や、宅地の安寧を祈る祭祀にともなうものと考えられている。

図195　甕据付穴（一乗谷朝倉氏遺跡）

第Ⅴ章　遺構の発掘

4　掘立柱建物の発掘手順

A　遺構平面の検出

面的発掘　掘立柱建物は、個々の柱穴などの集合体であり、柱穴の並び方によって建物の平面構造や規模が判明する。それらの建物を構成する柱穴群を検出するため、面的な発掘をおこなう。

幅の狭いトレンチ発掘では、掘立柱建物が存在したとしても、トレンチが柱穴と柱穴との間を縫うかたちになってしまい、柱穴を見逃す可能性がある。こうした遺構の検出漏れを少なくするために、条件が許すかぎり、幅3m以上のトレンチを入れることが望ましい。掘立柱建物では、柱間寸法が3mを超える例はまれなため、掘立柱建物が存在するのであれば、遺構検出面で最低3m幅の発掘区を確保することにより、いずれかの柱穴がトレンチにかかる確率が高くなるからである。

柱掘方の平面精査　個々の柱穴の検出作業では、柱掘方・柱抜取穴・柱痕跡など、柱穴の構成要素をまず平面観察によって峻別する。掘立柱建物の構造や改築のありかたなどを復元するうえで、これらの有無がきわめて重要な情報となるためである。検出方法は、他の遺構と同様である。

柱痕跡の検出　柱が放置されたり、切り取られたりした建物では、柱掘方の内部に柱痕跡が残る。柱痕跡の土質は、柱掘方埋土などに比べて、粘土分の度合いが高く、色調も暗いことが多い。ただし、柱が引き抜かれた場合でも、下部に遺存する柱痕跡では、建物床面の化粧土や基壇土とみられる土、焼失した建物の壁土・焼土や炭化物などが混入していることもある。

柱痕跡や柱根の周囲には、柱の根腐れを防止するために巻きつけた根巻粘土や、添木などの痕跡が残っている可能性もあるので、柱痕跡の埋土を観察するさいには、そうした装置の有無についても念頭におく必要がある。

柱抜取穴・切取穴の検出　平面観察で柱痕跡が認められない柱穴では、計画変更で柱が立てられなかったものなど、特殊な場合を除けば、柱抜取穴か柱切取穴が存在するはずである。逆に、柱抜取穴や柱切取穴が検出されなかった柱掘方内には、通常、柱痕跡が残っていることになる。

ただし、柱抜取穴が柱掘方より大きく掘られたものでは、上面では柱穴全体が柱抜取穴に覆われて、柱掘方や柱痕跡を確認できない場合もある。したがって、柱穴に穴の重複関係がまったく確認できないときには、その柱穴は、柱抜取穴あるいは柱を立てずに埋め戻した柱掘方と考えられることになる。

柱抜取穴や柱切取穴を検出するさいには、一つの柱掘方に立てられた主柱と床束など、2本の柱

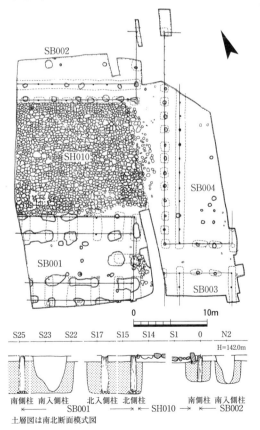

図196　柱穴と整地層（稲淵川西遺跡）

が同時に抜き取られている場合もしばしばあるので、そうした可能性も念頭におき、詳細に観察する必要がある。

柱抜取穴と柱切取穴は、上面観察では、そのいずれであるのかを識別しがたいものがほとんどであり、最終的には断面観察などによって確認する。また、柱抜取穴や柱切取穴は、重複して掘られた別の柱掘方と紛らわしいこともあるため、遺構検出ではそれらを峻別する作業も欠かせない。

なお、稲淵川西遺跡例（奈良県・7世紀）のように、立柱後に盛り土で整地して床面を構築したものや、基壇築成をおこなったものでは、整地土や基壇土が遺存していれば、その上面では柱掘方は見えず、柱抜取穴か柱切取穴または柱痕跡だけが検出されることになる（図196）。この場合、柱抜取穴などを不整形の柱掘方や土坑などと誤認するおそれもあるので、注意を要する。

先後関係の精査　柱穴の検出作業において、複数の柱穴どうしやほかの遺構との間で重複関係があるときには、その先後関係を平面的に識別する。柱掘方が方形や円形を基調とする柱穴で、平面が不整形や歪んだ形を呈しているものや一部が突出するものは、複数の柱穴などが重複している可能性も考え、慎重な平面観察をおこなう。

そうした作業をおこなっても、重複する柱穴の先後関係や柱切取穴・柱痕跡などの構成要素をどうしても識別できないとき、あるいはそれらが不明瞭なときには、個々の柱穴の内部や重複している柱穴群の内部全体を、平面的に薄く削り下げてから、再度平面観察すると、柱痕跡などの構成要素を明瞭に識別できることが少なくない。

また、それらの作業を数回繰り返しても、平面では、先後関係や柱穴の構成要素の識別が判然としない場合には、状況に応じて、柱穴内に細く浅いサブトレンチを入れ、その断面を観察することによって確認する方法もある。あるいは、やむをえず柱穴半分をさらに深く掘り下げ、その掘り下げ面や断面の観察によって柱痕跡などを確認する方法をとることもある。

建物にともなう遺構の平面検出　旧地表面があまり削平されていない遺跡では、屋内と屋外の地表面の土質や硬化の度合いなどを比較することで、土間を識別できる場合がある。そうした例では、屋内の利用状況を復元するため、必要に応じて、屋内床面の硬化の度合いなども調査する。

旧地表面が残っている遺跡や削平の度合いが少ない遺跡では、建物床面の土座の蓆など、敷物の圧痕や、平地床にともなう転ばし根太などの痕跡が残っていることもある。したがって、遺構検出のさいに、その面を削り込んでしまわないように注意し、こうした痕跡が検出された場合は、竪穴建物の床面発掘の方法を参照し、詳細な観察と記録の作成をおこなう。

また、掘立柱建物の内部や、掘立柱建物を囲むようなかたちで竪穴状の落ち込みが見つかったときは、竪穴付掘立柱建物である可能性を考えて発掘する。この種の建物の竪穴には、床面が浅いものやスロープ状を呈するものもあり、検出のさいに削れば削るほど、竪穴の範囲が縮小して不整形に変化し、ついには竪穴部分すべてが消滅してしまうこともあるので、注意を要する。こうした場合、竪穴が確認された早い段階で、細いサブトレンチを入れ、土層断面から竪穴壁や床面を確認する方法もある。

なお、掘立柱建物と竪穴が一体のものであるか、土坑や竪穴建物との重複なのかといった検討はもちろんのこと、竪穴の位置や形状、さらには埋土の内容物にも留意する。場合によっては、土壌分析や珪酸化石分析、尿酸・脂肪酸分析などの自然科学分析も実施する。

一方、低基壇をともなう掘立柱建物では、建物部分における整地層の広がりや、地山を削り出した高まりによって、基壇と確認できる可能性があるため、遺構検出時には、そうした土質の違いや

わずかな高まりにも注意を払う。

　床面には、カマドや炉の痕跡、鍛冶遺構などが遺存していることもある。これらの検出作業は、竪穴建物の床面の発掘方法に準拠しておこなう。また、甕据付穴をともなう場合、平面では、円形の柱掘方をもつ総柱建物や、棚状施設に似た状況を示すこともあるので注意する。

　旧地表面がよく残る遺跡では、柱間装置の遺構が、柱筋にのびる石列や溝状遺構あるいは小型の柱穴として、痕跡をとどめることもある。柱と柱をつなぐ柱筋溝状遺構を検出したさいには、地覆材の痕跡の有無を確認するとともに、柱掘方や柱抜取穴との重複関係にも留意して精査する。また、削平されて残りにくい雨垂れ痕跡も見逃さない、注意深い観察が求められる。

　集落遺跡でも、大型掘立柱建物には足場が設けられていた可能性があり、建物外周の小規模な柱穴列、あるいは建物内部の小ピットの有無にも気を配る。

　遺構検出では、主柱穴以外のこうしたわずかな痕跡も見落とさない精査が求められる。

平面構造の追究　柱穴群の検出作業においては、常に建物の平面構造を推定しながら進める必要がある。すなわち、すでに検出されている柱穴群のありかたから、それらを組み込む建物平面の全体構造を推測し、今、建物のどの部分を検出しているのかを考える。また、建物の上部構造に関する知識を豊かにしておくことも必要である。そして、建物平面の全体像を明らかにするためには、次にどの場所で柱穴の有無などを確認したらよいか、建物として柱穴の過不足がないかなどを考えつつ検出作業を進める。

　ただし、建物の平面構造を推測するさい、一つの復元案だけにとらわれることは危険であり、まずは考えられるあらゆる案を念頭におき、柱穴の検出状況に応じて、仮説の絞り込みや修正をおこないながら、柔軟に検証していく必要がある。

遺構概略図の作成　柱穴の検出作業にさいしては、発掘作業と並行して、柱穴の形状、重複関係、土質、堆積状況、出土遺物などの観察状況を遺構カードなどに記録し、1/100程度の全体の遺構概略図を作成する(246頁)。そして、その図面上でも建物の平面形を推定しながら発掘していくのが効果的である。

　とくに、多数の柱穴が重複して検出された場合には、遺構概略図上で、建物ごとに、それを構成する柱穴群を色分けして区別し、次に柱穴の存在が想定される位置などを把握して検出作業を進めると、誤りや見落としが少なくなる。

同一建物の柱穴群の抽出　集落遺跡では、時期を異にした多数の柱穴が検出されることもある。これらの柱穴群から各建物を構成する柱穴群を抽出することは容易でないが、同じ面から掘り込まれている柱穴群（多くの場合は同一遺構面で検出された柱穴群）から、柱掘方の大きさ・形状・向き、埋土の色調・質や混入物など、個々の柱穴の諸属性の特徴や類似性を見きわめながら、組み合う柱穴群を抽出する。

　通常は、長方形に並ぶなど、規則的な位置関係にある柱穴群が、1棟の建物と認識される。このとき、同時に柱間寸法も計測し、その規則性や造営尺の特徴なども勘案しながら作業を進める。

　ただし、柱穴が掘られた地山の土質が場所によって異なる場合や、柱穴がほかの遺構に重複して掘られている場合には、同じ建物の柱穴でも、埋土の色調や質などが一様でないこともある。

　また、長方形の建物であっても、側柱などの柱穴列が必ずしも一直線上に並んでいるとはかぎらない。胴張り状に並ぶものや、一部が柱筋から少しずれた位置にあるものもあるほか、廂が変則的に取りつく建物、平面が円形や亀甲形を呈する建物などもある。

　したがって、建物を構成する柱穴群の抽出にあたっては、遺構の年代や地域差も考慮した総合的

な見地から、変則的な平面形の建物であった可能性も考慮して、柔軟に検討する。ただし、そうした変則的な平面形を推定する場合は、それを構成する柱穴自体について、同じ建物を構成する他の柱穴と共通した属性や同時性が認められるかどうか、慎重な観察による裏づけを要する。さもなければ、恣意的な復元になりかねない。

このような建物をまとめる作業では、原則として、検出された柱穴すべてが、何らかの施設を構成するものとして位置づけられるような建物平面を追究する必要がある。小型の柱穴が多数検出されることが多い中世集落などでは、それらの柱穴群から、すぐさま複数棟の建物平面を識別してまとめることは容易でないが、柱穴の諸特徴を考慮しつつ、組み合う柱穴群をできるかぎり抽出・識別する努力を怠ってはならない。

なお、柱穴群から個々の建物を認識するこうした作業は、机上の図面操作ではなく、発掘作業中に、実際に柱穴を確認しながらおこなうことが原則である。発掘作業終了後に、図面上で柱穴を結んで建物をまとめるだけでは、柱穴でないピットや時期を異にする柱穴も、同じ建物を構成する柱穴と誤認してしまう危険性が増すからである。

B 柱穴の段下げ

柱穴群検出後の掘り下げ　柱穴の掘り下げは、原則として、柱穴の構成要素を平面的に確認したのちにおこなう。重複した建物の場合には、個々の柱穴部分で確認した先後関係などが、場所によって逆転しているというような矛盾がないか、再確認したのちに掘り下げる。

また、同じ発掘区内では、できるだけ、その建物を構成する柱穴群全体を平面的に検出し終えてから、掘り下げにかかるようにする。個々の柱穴を検出するたびに掘り下げてしまうと、柱掘方埋土の状況などを同一条件下で比較検討することが困難になり、同じ建物を構成する柱穴群の抽出に支障をきたす場合が少なくないためである。

柱穴検出後の掘り下げでは、ただちに底面まで掘り抜いてしまうことや、いきなり深く半截してしまうことは避けなければならない。そうした方法では、柱抜取穴や柱痕跡、あるいは重複する柱穴の先後関係など、多くの情報を抽出せずに失うことになるからである。

そのため、最初は数cm掘り下げるにとどめる。このとき、一段掘り下げた部分の埋土の情報は失

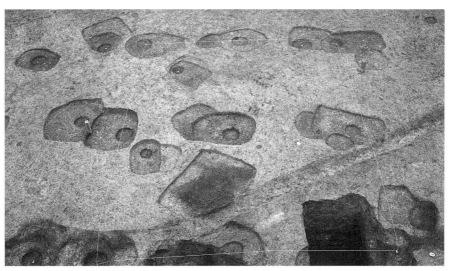

図197　柱穴の段下げ（正直C遺跡）

第Ⅴ章　遺構の発掘

われることになるので、状況によっては、平面の半分をまず段下げし、少し掘り下げた部分の土層断面観察や記録作成などをおこなったのちに、残りの半分を段下げする、というような慎重な作業工程を要する場合もある。

なお、柱掘方や柱抜取穴がごく浅く、その内部を平均的に数cm掘り下げてしまうと埋土が失われてしまう場合には、柱掘方の縁辺部だけを段下げして輪郭がわかるようにし、中央部は凸レンズ状に掘り残しておくこともある。

遺構間に段差をつけた掘り分け　柱穴どうしの重複関係や、柱穴を構成する柱掘方・柱抜取穴・柱痕跡などについては、平面の記録を作成する必要があるので、掘り下げにあたっては、それらの遺構間に段差をつけて掘り分けるとわかりやすい（図197）。こうした掘り分けは、後で重複関係などを再検討するさいにも有効である。

柱穴の深さが浅く、段差をつけた掘り分けができないときには、重複する遺構の輪郭部分を土手状（リング状）に掘り残し、各遺構を浅く掘り下げる方法をとるしかないこともある。しかし、土手状をなす部分は本来存在しないので、そうした例外的な場合以外では、土手状に掘り残す方法は避け、段差で先後関係を示すのが望ましい。

段下げの方法　重複する柱穴間に段差をつけて掘り下げるときは、一番新しい遺構がもっとも深く、一番古い遺構がもっとも浅くなるように掘り下げる。また、柱痕跡や柱抜取穴は、柱掘方より一段深く掘り下げる。このように段差をつけて掘り分けておくと、先後関係が明瞭となり、実測図などの記録をとるうえでも効果的である。

ただし、この段階では、新しい遺構であっても、また柱痕跡や柱抜取穴であっても、底面まで掘り下げてはならない。先後関係がわかる程度に、少し掘り下げるにとどめておく（図198）。

また、掘り下げにおいては、重複関係にある遺構のうち、新しい遺構から順に、それぞれの埋土の層位ごとに掘り下げるのが基本である。重複関係のある柱穴では、原則として、新しい柱穴の方を先に掘り、古い方をその後で掘る。一つの柱穴内では、たとえば柱抜取穴があるときには、まず柱抜取穴埋土を一段下げ、次に柱掘方埋土をそれより浅く掘り下げる。また、柱痕跡が残るものでは、まず柱痕跡部分を一段深く掘り、その後、柱掘方埋土を浅く掘り下げる。

このような手順で掘り下げることによって、それぞれの遺構にともなう遺物が混じり合ってしま

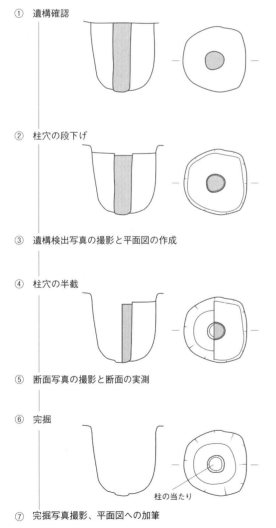

図198　柱穴の発掘手順

うのを防ぐことができる。

各遺構を掘り下げるさいに、それぞれの輪郭線に沿って移植ゴテやスコップなどを突き刺して掘り下げる方法や、壁面を削るようにして掘る方法をとると、柱掘方の壁面などに残る掘削時の鍬などの刃先痕跡が失われてしまう。そこで、輪郭線の少し内側から掘り下げ、輪郭（壁）部分は内側から壁側に向かって突くようにして掘ると、埋土が地山から肌分かれして剥がれ落ち、壁面の凹凸を検出できることが多い。そうした工具痕跡の観察も心がけたい。

写真撮影と平面図の作成　新旧の遺構に段差をつけて掘り分けた段階で、写真撮影や平面図の作成と標高の記録をおこなう。検出した柱痕跡についても、正確な数値情報をとるようにする。

平面的にまったく掘り下げず、遺構の輪郭を線引きしただけの平面写真では、柱穴を立体的に表現することができない。そのため、写真は、数cm掘り下げた状態で撮影するのが基本である。ただし、遺構の有無確認だけを目的とした補助的な調査や保存目的調査では、遺構検出後に、段下げをしない状態で写真撮影をおこなうこともある。

個々の建物ごとの写真は、可能であれば、妻側から見た縦位置、平側から見た横位置や斜め方向からなど、複数のカットを撮影する（256頁）。

平面図に関していえば、この段下げ状態の柱掘方などの遺構の下端は、任意の掘り下げにともなうものである。しかし、これらも、断面図の表記などには必要となるため、正確に記録する。

また、柱掘方埋土中には、完形土器など意図的に埋納された遺物が含まれ、造営時の地鎮祭祀などを示すこともある。そうした遺物が出土したさいには、出土状況をあらわす詳細図などの記録をとることも忘れてはならない。こうした人為的な埋納物は、後述する半截時や完掘時にも、位置関係などの記録をとる。

C　断面調査と完掘

断面調査の目的　写真撮影と平面実測の終了後に、浅く段下げした柱穴の断面調査をおこなう。これは、平面で識別した重複関係や柱穴の構成要素について断面で検証することや、柱掘方や柱痕跡などの断面の形状や埋土の状況を観察すること、各遺構の深さや底面の標高を記録することを目的としている。

この断面調査には、おもに、半截する方法と四分法とがある（図199）。集落の掘立柱建物の場合は、柱穴が小型で四分法では作業がしにくいことが多く、また壺掘り柱掘方の場合、直交する2方向で埋め戻し作業の方法が大きく異なることは少ないため、通常は、柱穴の半分を底面まで掘り下げる半截によって断面観察をする。

こうしたさいにも、掘り下げは、重複順の新しい遺構から層位ごとにおこなう。

図199　半截と四分法（正直C遺跡）

平面観察に対応した半截　半截は、通常、平面で把握した重複する諸遺構を縦断する位置、あるいは柱痕跡の中央を横断する位置を境としておこなう（図198）。

柱痕跡は柱掘方中央部に位置するとはかぎらず、一方に偏った位置にあることも多い。したがって、平面観察を十分おこなわずに、柱穴を半截して柱痕跡を検出しようとすると、柱痕跡が失われてしまうこともある。そのため、まず平面観察で柱痕跡の有無を確認し、その位置によって半截する場所や方向を決定する。

半截の方向は、複雑な重複関係がない場合は、平側の側柱列であれば桁行方向、妻側では梁行方向とするのが一般的である。それによって柱間寸法を正確に把握でき、報告書で一連の断面図を示すことができるからである。

しかし、建物によっては、側柱を内側に傾けて立てた、内転びの状態を示しているものや、屋外独立棟持柱のように、建物の妻側に傾けて立てたものもあるので、柱痕跡の傾きにも注意を払い、転びの有無なども確認できる方向の断面調査も組み合わせておこなう。

柱痕跡の埋土の断面観察では、柱痕跡や柱根の周囲に、柱の根腐れを防止するために巻きつけた根巻粘土や添木などの痕跡が残っていることもあるので、平面観察とあわせて、それらの根巻き装置の有無を考慮した調査が必要となる。また、柱痕跡が柱掘方の底面まで達していない例では、礎板などの据付痕跡や当たりが柱掘方の底面に遺存していないかどうかにも注意する。

重複関係が複雑な柱穴では、先後関係を断面で確認できる位置を適宜選んで、断面調査をおこなう。したがって、この場合には、半截の方向とその方法は臨機応変に、また掘り下げも数度に分けておこなう。

布掘り柱掘方では、縦断面形に掘削工法の違いが反映されており、短軸方向の横断面と長軸方向の縦断面の両方を観察する必要があるので、部分分割した四分法が有効である。

そして、布掘り後に柱位置をさらに壺掘りするものや、布掘りをいったん埋め戻したのちに柱位置を壺掘りするものでは、布掘りから壺掘りへと同一位置で建て替えた可能性や、柱抜取穴と壺掘りを誤認している可能性についても十分考慮し、平面と土層断面の双方を慎重に観察する。

このほか、柱筋溝状遺構についても、横断面と縦断面、底面の状況を観察する必要がある。

なお、各遺構の壁面や底面の境が不明瞭なときは、確認のため、壁面や底面の地山を一部掘り込む断ち割り調査をおこなうこともある。

こうした断面調査の結果、平面観察による先後関係などとは異なる結果が得られることもある。そうした場合には、ほかの箇所において平面観察をやり直す必要も生じる。

断面調査成果の記録　断面調査後に、重複関係、柱掘方・柱抜取穴・柱痕跡などの断面形や埋土の状況、底面の標高などの観察結果を図化する。平面図には、半截した部分や断ち割った部分を色鉛筆などで図示しておくとわかりやすい。また、断面図には、地山や重複する遺構の土質も記録する。ただし、小型の柱穴からなる建物で、断面の状況が類似した柱穴群では、必ずしもすべての柱穴について土層などの詳細図をとるには及ばない。

半截や断ち割りをおこなった土層断面は、必要に応じて写真を撮影する。

完　掘　記録保存調査では、半截後に、残りの半分を、新しい遺構から順に、層位ごとに掘り下げて完掘する。その過程で、特記すべき点があれば、そのつど記録をとる。

柱掘方の深さは、建物の上部構造や機能・格式、柱掘方の掘削工法や柱材調達方式、旧地形や整地作業のありかたなどを探るうえで重要な情報であり、記録保存調査では、柱穴相互の掘削深度の比較が可能なように、完掘後にそれぞれの柱掘方の

底面の標高を記録する。また、柱掘方の掘削深度は、地盤の強度と関連している場合もあるので、柱掘方が掘り込まれている土層や底面の基盤となる土層の土質を観察し、記録しておくことも必要である。このほか、柱当たりや根固め痕跡、柱掘方の下端線なども記録する。

最後に、完掘後の写真撮影をおこなう。

D 遺物の取り上げ

遺構・層位単位の取り上げ　掘立柱建物でも、ほかの遺構と同様に、遺構ごと、層位ごとに遺物を取り上げるのが原則である。

柱穴の場合、柱掘方内の遺物は、建物の造営時期の上限を示し、柱抜取穴や柱痕跡内の遺物は、建物の解体・廃絶時期の上限を示す。したがって、遺物は、出土遺構ごとに厳密に区別しなければならない。たんなる柱穴出土遺物というかたちでの取り上げでは、遺物のもつ資料的価値は大幅に減少してしまう。また、検出作業時に出土した遺物は、遺構検出面の攪乱にともなう遺物を含む可能性もあるので、柱穴を掘り下げるさいに出土した遺物とは区別して扱う。

意図的に埋納された遺物の記録　柱穴内出土遺物については、遺構ごとや層位ごとの取り上げは必要だが、遺物の原位置を図化・記録することは原則として不要である。

しかし、完形の土器や銭貨、鏡などの特殊遺物が柱掘方から出土したときには、地鎮などの祭祀にともなって埋納された可能性について検討する。また、柱抜取穴や柱切取穴でも、祭祀行為にともなう土器などが出土することがある。このように意図的に埋納された可能性がある遺物は、出土位置や出土状況などを1/5や1/10の詳細図や写真などで記録する。

柱根や礎板の取り上げ　また、台地上など高燥な場所で検出される掘立柱建物では、柱根が残存することはまれであるが、低地の遺跡では、柱根が遺存することも少なくない。したがって、遺跡の立地と土質環境なども考慮し、あらかじめ、柱根の取り上げや保管に対応できるような措置も考慮しておく。

柱根が遺存する場合には、どの面がどの方位を向いているかなど、柱の据えられている状況を記録し、木が生育していた向きとの関係などについても検討できるようにしたのちに、すべての柱根を取り上げる。

礎板や地下式礎石などが置かれているときも、詳細図や写真などの記録をとる。

微細遺物の採取　このほか、必要に応じて、遺構単位や層位単位で埋土を採取し、水洗選別による微細遺物の採取や、プラント・オパール分析などをおこなう。これによって、長者ヶ平遺跡（栃木県・8～9世紀）では、倉庫に粟や稲が収納されていたことが判明している。

E 保存目的調査における留意点

保存目的調査における掘立柱建物の発掘作業でも、遺構平面の検出と柱穴の段下げ、断面調査などは記録保存調査と基本的に同じだが、遺構の保存と将来的な検証が可能なようにするという点では大きく異なる。

記録保存調査では、掘立柱建物の平面検出後、その年代・構造や、同じ遺跡のほかの掘立柱建物との関連性を解明するために、段下げや断面調査をおこなうが、保存目的調査の場合、断面調査などは、もっとも多くの情報抽出が見込まれる位置の柱穴に対して限定的におこなうべきである。

調査の目的が明確でないまま、機械的にすべての柱穴を半截することや、かぎられた柱穴の調査においても、最終的に完掘してしまうことは慎まなければならない。

このように、保存目的による掘立柱建物の発掘では、その目的に応じた適切な方法の選択がいっそう重要になる。

竪穴・掘立柱併用建物

構造と用途　東北北部を中心とする地域の古代集落では、カマドをもつ竪穴建物と、それに軸線を合わせた掘立柱建物が接続する形状の遺構が数多く認められる（図200）。

宮城県を除く東北5県の55遺跡で300棟以上の検出例があり、その95％以上は、カマドの設置された壁面側に掘立柱建物を設けるという共通点をもつ。また、竪穴・掘立柱構造部分の外側に周溝をめぐらせる例や、周堤を築く例もある。

竪穴建物部分は、カマドの存在から居住空間とみられ、掘立柱建物部分は、前者の補助的な施設または何らかの生産活動にかかわる作業場と推測されている。

存続時期と出現の経緯　これらは8世紀後半から11世紀前半まで存続するが、とくに9世紀後半から10世紀後半に集中する。

こうした建物が出現した地域は、初期の事例が集中する秋田県横手盆地と考えられている。横手盆地には、759年に雄勝城が造営される。それにともなって、この地に居住した須恵器工人集団が、居住空間と作業場を確保する方策として、竪穴建物と掘立柱建物とを合体させた施設を生み出したとする見解が示されている。

ただし、当地では、両者が必ずしも組み合うかたちで導入されたわけではなく、従来の伏屋構造の竪穴建物の上屋部に掘立柱建物が接続するものとして受け入れられた可能性が高い。そして、しだいに、竪穴建物上屋部に壁立式の構築法も取り入れられ、10世紀後半にはそれが主流となるが、一方、伏屋式の構造も保持されつづけた。

発掘の留意点　発掘にあたっての最大の留意点は、竪穴外に柱穴や周堤、溝が認められる例があるという認識をもつことである。竪穴周辺における遺構の有無が確定されれば、竪穴建物あるいは掘立柱建物の発掘方法に準拠すればよい。

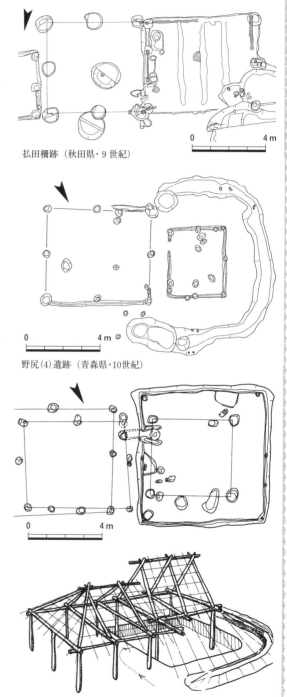

払田柵跡（秋田県・9世紀）

野尻(4)遺跡（青森県・10世紀）

発茶沢(1)遺跡（青森県・9世紀）の遺構と構造復元

図200　竪穴・掘立柱併用建物

第5節
その他の建物

1 礎石建物

礎石建物とは　地上の石の上に柱や束柱を立てた建物を礎石建物という。通常、発掘作業で検出される礎石建物では、礎石より上の構造は遺存しないため、礎石が当時の建物のようすを知るうえで重要な手がかりとなる。

また、礎石そのものが失われている場合や、元の位置から動かされている場合でも、礎石を据えつけるために掘った礎石据付穴や、礎石を抜き取った礎石抜取穴、礎石を深く埋め込んだ礎石落とし込み穴などが残されていることがあり、これらも礎石建物のありかたを知る情報源となる。

礎石　集落遺跡でみられる礎石は、上面が比較的扁平な川原石などをそのまま利用したものが多く、加工したものでも、平らに整形する程度である。そのため、柱位置を正確に知ることは難しいが、上面に「＋」や「－」などの刻線や墨付で柱位置を示したものや、柱の当たりが見られることもあるので、上面を注意深く観察する必要がある（図201～203）。

礎石を据えつけるさいには、しばしば地盤の加工をおこなう。土を突き固めたり、版築（粘土や砂などを少しずつ盛り、繰り返し突き固めて層状にする工法）をおこなったりしたものでは、硬く締まった痕跡が認められる。

このほか、礎石を安定させるために礎石の下や周囲に置く、根石とよばれる比較的小型の石群（図204・206）や、礎石据付穴・礎石抜取穴から礎石位置が判明することもある。

しかし、基壇をもたない礎石建物では、床面に礎石を据えるだけなので、生活面との高低差は小さい。そのため、遺構検出の段階で遺構面を深く削りすぎると、上記の痕跡が失われるため、注意を要する。

上部構造の特徴　掘立柱は根元が固定されるが、礎石の場合は石の上に柱を置くだけなので、柱そのものは自立しない。そこで、ほかの柱と横材でつなぐことにより安定させる。柱筋が一直線に通ることが要求されるため、礎石の配置は上部

図201　礎石上の柱の当たり（一乗谷朝倉氏遺跡）

図202　礎石上の刻線（一乗谷朝倉氏遺跡）　図203　礎石上の墨書番付「十五」（一乗谷朝倉氏遺跡）

構造と密接なかかわりをもつ。

一乗谷朝倉氏遺跡（福井県・16世紀）の館跡では、礎石上面の痕跡から、柱間寸法が1.88m（6尺2寸）であることが判明している。

柱どうしをつなぐさいには、柱に孔をあけて横材を通したものが多く、接合部分となる継手や仕口の加工には高い精度が求められる。そのために正確な柱割りや部材の加工技術が必要なことから、専門技術をもった職人の存在も想定される。

礎石建物の採用　日本では、礎石建物は6世紀末に寺院建築として始まり、平城宮跡（8世紀）などでは掘立柱・礎石併用建物も見られるようになる。古代の礎石建物は、構造上不安定な部分があり、補強のために掘立柱を併用することがあったと考えられている。その一方、掘立柱建物でも、床束など補助的な箇所には礎石が据えられているものもある。また、竪穴建物においても、若宮遺跡（群馬県・奈良～平安）や糸井宮前遺跡（群馬県・平安）のように礎石をともなう例がある。

礎石建物への転換時期　掘立柱建物から礎石建物への転換時期はさまざまである。中世都市京都の七条町・八条院町では、14世紀頃から礎石が用いられるが、地方では17世紀頃まで下るところもあり、地域によっても差がある。

また、階層による違いも認められ、上位階層から下位階層へ普及していく傾向がうかがえる。さらに、建物の用途によって掘立柱建物と礎石建物を使い分けることもある。一乗谷朝倉氏遺跡では、礎石建物がほとんどだが、鍛冶遺構などの一部では掘立柱建物も見られる（図205）。

礎石建物は、掘立柱建物に比べて、建物にかかわる痕跡が削平されやすい。このため、発掘作業では、そうした点を考慮しながら検討や考察を進めていくことが必要である。

図204　礎石をとりまく根石（一乗谷朝倉氏遺跡）

図205　礎石建物（一乗谷朝倉氏遺跡）

図206　根石（一乗谷朝倉氏遺跡）

2 壁建ち建物・土台建物・平地建物

A 壁建ち建物・土台建物

壁建ち建物　掘立柱建物のような軸部を構成する太い柱を用いず、比較的細い木を立て、それらを壁の縦材として相互に連結し、壁全体で屋根などの上部構造を支持する構造の建物を、壁建ち建物とよぶ。

こうした、壁で上部構造を支持する建物は、しばしば大壁建物などとよばれることがある。ただし、「大壁」とは、仕上げ材で柱を隠す構造の壁をいう一般的な建築用語であり、柱と柱の間に壁をつくって柱が見える状態になる「真壁」と対比して用いられる。壁建ち構造と同義ではないことに留意しておきたい。

黒井峯遺跡（群馬県・古墳後期）は、榛名山二ッ岳形成期の噴火により、当時の集落が軽石で埋没した遺跡である。このため、生活面がよく残り、周堤をもつ竪穴建物や掘立柱建物とともに、壁建ち建物も検出されている。

この壁建ち建物は、幅20cm、深さ20～30cmほどの溝に、径10cmほどの木を50cm間隔で立て、これらを相互につなぎ止めて骨組みを作り、そこに茅をかけて草壁としている。建物内部の床面には、部分的に、太さ約1cmの篠竹を1m程度の長さに切り揃えて敷きつめており、その上に蓆のような編物を敷く。カマドや敷物の有無などによって、住居、作業小屋、家畜小屋などの使い分けが推定されている。

壁建ち建物は、このほかにも、穴太遺跡（滋賀県・7世紀）（図207）や南郷遺跡群（奈良県・古墳中～後期）をはじめ、大阪府、京都府、愛知県、長野県、鳥取県、大分県などでも検出されている。

これらの建物遺構は、一辺6～10m程度の長方形または正方形に溝をめぐらし、この溝内に径10～15cmの小柱を比較的密に配する、という特徴をもつ。この小柱を縦木舞とし、それに横方向の間渡を編みつけて土を塗り、柱を塗り込めた大壁をもつ建物と推定されている。また、しばしば径25～30cmの柱が、溝の内側あるいは外側にはみ出

図207　壁建ち建物（穴太遺跡）

し、棟持柱と想定できる位置に立つものもある。

時期は5〜8世紀にわたり、遺跡から渡来系の遺物が出土することなどから、渡来人にかかわる建物と考えられており、韓国公州市の艇止山遺跡（百済熊津期）などでも検出例がある。

土台建物　土台建物は、地面に土台あるいは土居、土居桁とよぶ長い角材を井桁に組んで据え置き、その上に横板壁を組み上げたり、柱を立てたりして、上部構造を支持する構造である。『信貴山縁起絵巻』には、土台上に校木を組み上げた校倉造の倉庫が描かれている。

土台建物の場合、生活面が削平されると検出されにくく、生活面が残されていても、部材自体が残らなければ検出が困難なことが多い。しかし、土台を水平に据えるために、土台の下部に石を並べる例や、木材を敷く例もあり、これらが手がかりとなる場合もある。また、荷重による土台の圧痕が残されていることもありうる。

胡桃館遺跡（秋田県・10世紀）（図208）では、建物の基礎部分とそれにのる壁材などの木材が残っていた。

建物の存在が推定され、生活面の削平が小さいにもかかわらず、柱穴の並びなどを確認できない場合は、土台建ち構造を採用した建物が存在していた可能性も検討する必要がある。

B　平地建物

平地建物とは　平地建物とは、一般に地表面か、わずかに盛り土した面を床面とする建物を指し、床張りの建物や地表下に床面をもつ竪穴建物と対比的に用いる呼称である。したがって、掘立柱建物や上記の壁建ち建物・土台建物も、高床や揚床構造でない場合には平地建物に含まれる。

このように、平地建物は、地面に対する床面の高さの関係を指標として分類した概念である。したがって、たとえば掘立柱建物と平地建物、あるいは壁建ち建物と平地建物を並置するような分類は意味をなさない。今後、これらの用語については、そうした分類基準を十分念頭において、的確に用いる必要がある。

黒井峯遺跡の発掘調査で確認された平地建物は36棟あり、竪穴建物の5棟、高床建物の8棟に比べて圧倒的に多い（図209）。こうした事実は、集落の建物構成について検討するさいにも考慮に入れる必要がある。

旧地表の削平が大きくなければ、壁建ち構造をともなう平地建物を検出できる可能性が十分あることに留意すべきである。

図208　土台建物（胡桃館遺跡）

図209　平地建物（黒井峯遺跡）

オンドル

オンドルとは　厳寒期に韓国を旅行し、床暖房施設のオンドルで暖められた部屋に、身も心も暖まる経験をした方も多いだろう。近年は暖房専用のものが圧倒的だが、伝統的建造物では、カマドで発生する煙が、床下の煙道を通って床上の生活空間を暖める、炊事と暖房を兼ねたオンドルも見ることができる。

一方、中国北部には、カマドの煙道を壁に設置し、煙道からの輻射熱により暖をとる「炕」という施設がある。

オンドルの起源　朝鮮半島南部では、無文土器時代後期の遺跡で、竪穴建物の壁沿いに長い煙道を設置したカマドが確認されている。これを「祖型オンドル」とよぶこともあるが、炕の起源形態であるクロウノフカ文化（団結文化）の「祖型炕」に類似する構造である。「祖型オンドル」は、原三国時代をつうじて朝鮮半島各地に広がった。

日本のL字形カマド　日本の竪穴建物には、壁沿いに煙道を設置した、平面がL字の「L字形カマド」の例がある。

西新町遺跡（福岡県・弥生後期〜古墳前期）で

図211　石組のオンドル（穴太遺跡）

は、竪穴建物約500棟中、28棟でL字形カマドが確認されている（図210）。この遺跡からは、朝鮮半島南部の土器も多く出土しており、L字形カマドも渡来人により伝えられた「祖型オンドル」と考えられる。

また、池の口遺跡（福岡県）では、5世紀のカマド付き竪穴建物6棟中、3棟でL字形カマドが検出されている。同遺跡は、正倉院文書「大宝二年豊前国上三毛郡塔里戸籍」の「塔里」推定地にも近く、同戸籍中の「秦部」などの渡来系氏族名は、L字形カマドと符合する感がある。

一方、穴太遺跡（滋賀県）では、7世紀前半の石組みのオンドルとみられる遺構が検出されている（図211）。東西約8m、南北約6m、高さ30cm以上の盛り土中に構築しており、建物の床下暖房と考えられる。この遺跡には壁建ち建物（大壁建物）も存在し、周辺には、渡来人の葬送儀礼とのかかわりが想定される、土製カマドを副葬した古墳も集中する。

このように、日本のL字形カマドについては、渡来人との関連を示唆する考古資料や文献史料が多い。発掘する機会があれば、的確にその構造をとらえることはもちろんであるが、朝鮮半島系の遺物や渡来人に関する記録から、出現の理由や交流の歴史を考えてみるとよいだろう。

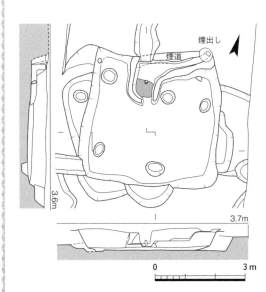

図210　L字形カマド（西新町遺跡）

第6節
土　　坑

1 基本的な発掘手順

土坑の種類　土坑とは、人為的に掘られた穴の総称である。通常、遺構検出の段階で、穴状の遺構は、まず土坑として認識されることが多い。そして、平面の精査や掘り下げを進め、全体の形状や配置などが判明するにつれて、貯蔵穴や墓穴（墓坑）、柱掘方、ゴミ穴、粘土採掘坑、井戸などに分けられていくことになる。

　このうち、土坑に遺体を直接埋葬したものを、土坑墓（土壙墓）とよぶ（「壙」には墓穴という意味がある）。これには、遺体を囲うか覆うなどした有機物が腐朽・消滅したものも含んでいる。また、貯蔵穴などの廃棄後、埋没過程にあるくぼみが、墓穴として利用されることもある。

発掘時の留意点　このように、土坑は、検出時点では性格を確定できないことが多いが、平面検出の段階から機能を推測するとともに、発掘作業過程で得られる情報を吟味しつつ、状況に応じて、臨機応変に発掘方法を変更する必要がある。

　また、遺構によっては、加工面と機能面（109頁）が異なる場合もあるので、掘削時の加工面の属性と使用時の機能面の属性を区分して観察する。くわえて、土坑の場合、機能停止後に廃棄の場として利用されることも多いため、そうした機能停止後の属性を、上記の属性と分けて記録することも欠かせない。

平面と重複関係の確認　土坑の基本的な発掘手順は、本章第1節と第2節で述べたものと変わらないが、以下、とくに注意すべき事項を記す。

　墓穴のように、掘り上げた土をすぐに埋め戻したものは、埋土と周辺の土との区別が困難な場合が多い。慎重かつ丁寧な検出作業をおこなっても、なお平面形が不明瞭な場合は、想定される輪郭の内外にまたがるサブトレンチを設定し、断面観察とあわせて輪郭を確認する。

　また、複数の土坑が重複するときは、重複関係を確認したのち、段下げした状態で、平面図の作成や写真撮影をおこなうこともある。

土層観察用畦の設定　大規模な土坑では、十字形もしくは長軸方向に土層観察用畦を残し、小規模なものは半截して片側だけを先に掘り下げることもある。いずれの場合も、土層観察用畦の設定や半截の選択は、土坑の大きさや形態に合わせて柔軟に対応する。

　また、必要に応じて、土層観察用畦に沿うサブトレンチを設定し、まず土層の堆積状況を確認したのちに、掘り下げることもある。

掘り下げと遺物の取り上げ　土坑の構造や埋没状況を断面でも観察しつつ、層ごとに掘り下げるのが基本である。また、その過程で、埋土や遺物が自然堆積によるものか、人為的に埋められたり廃棄されたりしたものかを判断する。

　遺物が人為的に埋められている場合は、出土位置を図面や写真で記録する。とくに、土坑の底面もしくはその付近で出土した遺物については、土坑の機能時か機能停止後まもない時期の状態を示している可能性が高いので、状況に応じて図面や写真で記録する。

　なお、自然堆積層の中の遺物でも、出土層位の記録は必要である。

土坑の性格の追究　土坑には多様な性格をもったものが含まれている。土坑の性格を追究するためには、形状や掘削深度、分布密度、遺物とその出土状況などの検討が重要な意味をもつ。

　また、埋土に含まれた炭化物や種子類の自然科学分析も、重要な役割を果たす。そのために、埋土を水洗選別するか、あるいは後日の自然科学分析に備えて、土壌試料を採取することが必要な場合もある。

写真撮影　完掘後、写真撮影をおこなう。土坑

は、ほかの遺構に比べると、目立った特徴のないことも多いので、そうした場合は、大きさを認識しやすくするために、スケールとなるポールなどを入れて撮影するのも効果的である。

2 落とし穴

落とし穴の特徴　狩猟用の落とし穴と推定される遺構は、その堆積土と広域降下火山灰との関係などから、旧石器時代から近代まで幅広く構築されたことが判明している。それらは、対象動物との関係によって多様な形態をとる。

落とし穴がつくられた場所は、廃絶した集落のほか、丘陵や尾根など人間の居住地とは離れた緩傾斜地が多い。また、単体での構築は少なく、獣道に沿って列状に配置される場合や、局所的に密集する場合が一般的で、追い込み猟との関連が推測されている。

落とし穴の周辺には居住地が存在しないため、埋土から遺物が出土することはきわめてまれである。したがって、所属年代を推定するためにも、小さな遺物まで注意を払う必要がある。

なお、落とし穴は、平面検出した時点では、機能を推定することが難しい。しかし、通常は自然堆積によって埋没するため、埋土の観察はその判断材料となる。

発掘手順　落とし穴は、その性格上、幅が狭く深い土坑という共通性をもっている。また、床面に逆茂木(さかもぎ)などの痕跡が存在することもある（図212）。このため、一般的な土坑と異なり、半截したうえで、埋土とともに周辺の地山をあわせて掘り下げるのが有効な場合もある。

1) 落とし穴の長軸に沿って半截をおこなう。層位的な発掘が基本だが、ピンポールなどで下を確認しながら掘り下げ、底面まで20cm程度になった段階で、掘り下げをやめて、平面的に精査する。逆茂木などの痕跡が検出されたときは、図面と写真による記録を残す。その後、埋土を底面まで丁寧に掘り下げ、底面に掘り込まれている小穴などを探す。

2) 小穴が検出された場合は、掘立柱に準じた発掘方法をとり、その後半截して埋土の断面を記録する。土層の観察では、遺構埋土だけでなく、基盤層の状態も記録するようにする。なお、この段階で落とし穴の半分は開口していることが多いので、可能な場合は、カメラをなるべく水平に近い角度に据えて撮影する。

3) 断ち割った部分の反対側の埋土を掘り進めるさいは、残存している落とし穴の壁面を丁寧に露出させ、逆茂木などを斜めに打ち込んだ小穴の有無などを観察する。それらを検出した場合は、ただちに掘るのではなく、底面の発掘が終了したのちに掘り下げることを原則とする。

4) 底面の小穴は、土坑の中軸線近くに並んで検出されることが多い。したがって、中軸線に合わせて半截すれば、小穴の掘方や逆茂木の打ち

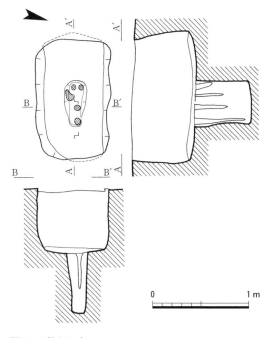

図212　落とし穴（干潟向畦ヶ浦遺跡）

第Ⅴ章　遺構の発掘

込み状態を断面で明瞭に観察できることがしばしばあり、記録上も便利である。

このほかに、落とし穴の検出にさいしては、落とし穴の配列に対応した誘導柵の存在を想定し、その痕跡を探すことも必要である。

3 集落内の土坑墓

集落遺跡にともなう土坑墓としては、縄文時代の墓や、平安時代後半から中世を主体とする屋敷墓(やしきばか)がよく知られている。

A　縄文時代の墓

墓の種類　縄文時代の集落では、環状集落のように集落中央部などに墓域が設定される場合と、墓域というかたちでなく、集落内に墓が散在する場合がある。

墓の種類としては、土坑墓と埋設土器が大半を占めるが、中期の真脇(まわき)遺跡(石川県)のように、底に板を敷く例もある。また、後期の関東・中部では石棺墓や配石墓の例が知られており、晩期では上出(かみで)A遺跡(滋賀県)や御堂(みどう)遺跡(山口県)で木棺墓の存在が指摘されている。このほか、竪穴建物や貯蔵穴の埋没過程のくぼみに埋葬したものや、改葬(再葬)や合葬といった葬制もある。

土坑墓　土坑墓には、土坑を掘って直接遺体を埋葬した墓のほか、本来、木棺や板敷などの施設があっても、腐朽により、その痕跡を確認できないものが含まれることに留意したい。

平面形は、長方形や楕円形といった長軸が認識できる一群と、方形や円形といった一群に分かれるが、こうした差は伸展葬・屈葬・合葬など埋葬方法の違いによる可能性が高い。

確実に土坑墓と認定できる例は、人骨や副葬品の出土が確認できる早期まで遡る。国府(こう)遺跡(大阪府・前期)では、人頭大の礫が屈葬人骨の直上に置かれており、両耳の脇から玦(けつ)状耳飾が1点ずつ出土したことから、抱石と装身の風習を知ることができる。

墓域が形成されるのは早期後半からであり、縄文時代全般をつうじて、居住域に近接した位置に設けられることが多い。ただし、中部・関東・東北南部では、前期後半以降、環状集落の中央部が墓域となる事例が増え、中期にはそれが東日本で広範囲に分布するようになる。また、後期には、大湯(おおゆ)環状列石(秋田県)のように、土坑墓上に石組をもち、それらが群をなして中央広場を帯状に取り囲む環状列石が東北北部に出現する。

発掘時の留意点　土坑墓の発掘作業は、基本的には通常の土坑の場合と同じである。墓域を形成していない場合は、そもそも墓であるのかどうかの認定が重要になる。そのさい、人骨や副葬品が確認できない場合でも、埋土が人為的にすぐ埋められたものか、自然堆積によるものかを判断することで、土坑墓の可能性の有無は推定できる。

また、有機質で遺存しにくい木棺や板敷きなどの存在も想定されるため、掘り下げにあたっては、最初に段下げをおこない、墓としての可能性や内部構造に配慮しつつ、発掘作業を進めることが必要である。そのさい、木棺については、細長い板状の痕跡などに注意し、板敷きについては、底面近くにおける土層の変化などに気をつける。

副葬品の出土位置は、その用途や使用方法の復元に直結する場合があるので、正確に記録する必要がある。また、副葬品には玉などの微細な遺物が多いため、掘り上げた土はすべてフルイにかけることが望ましい。

なお、土坑墓は、地山を掘削し、遺体を安置したのち、すぐにその土で埋め戻したものが多い。そのため、平面での検出・確認が難しいことがある。そのような場合は、散水した後に、改めて遺構確認作業をおこなうと、確認しやすくなることもある。

B 屋敷墓

屋敷墓とは 平安時代後半から鎌倉時代を中心とした時期には、屋敷地の内部や隣接した場所で1～2基の墓が検出されることがある。これらの性格については諸説があるが、こうした墓は一般に屋敷墓とよばれ、屋敷を設け周辺を開墾した開発領主の墓や、屋敷神として先祖を祭ったものと考えられている。

したがって、平安時代後期以降の屋敷地を発掘するさいには、居住域ではあっても、屋敷墓の存在を念頭におく必要がある。

発掘時の留意点 屋敷地の発掘で、遺体の埋葬を想定しうる規模の長方形ないしそれに近い形状の土坑を検出したときは、屋敷墓としての可能性を十分に考えなければならない。したがって、一気に掘り下げることは避け、まず段下げして墓の可能性を探り、木棺や人骨、さらには副葬品などにも留意しながら、慎重に発掘作業を進める。

なお、中世の墓では、頭位を北にして埋葬するものが多いため、南北方向を長軸とする土坑については、とくに注意を要する。また、脚をやや折り曲げた埋葬例もあり、平面が正方形や不整形の土坑墓もあるので、発掘作業には細心の注意が求められる。

4 さまざまな土坑

冒頭でも述べたように、土坑には多様な性格をもったものが含まれている。ここでは、上記以外の土坑について、その性格が推定されている代表的な例をいくつか紹介する。

袋状土坑 おもに縄文時代や弥生時代にみられる土坑の中には、最大径よりも開口部のほうが狭い大型の土坑があり、その断面形から、袋状土坑やフラスコ状土坑とよばれている(図213)。

これらの底面には、壁に沿った小溝のほかに、

上屋構造や階段との関連性が想定される柱穴状の小穴をもつものがあり、貯蔵用の穴倉と推定されているものも多い。柱穴をともなう場合は、掘立柱に準じて掘り下げる。なかには、壁面のオーバーハングが大きい土坑もあるので、掘り下げのさいには、安全面に十分配慮する。記録の作成方法は、後述する井戸に準じておこなう。

底面付近では、崩落した壁面の地山ブロックを地山と誤認する場合もあるため、注意を要する。

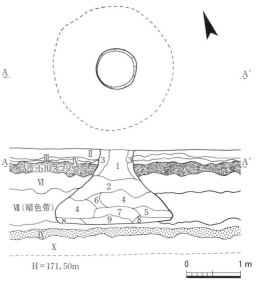

1. 黒褐色土　2.5Y 3/1　　6. 黒褐色土　2.5Y 3/2
2. 黒褐色土　2.5Y 3/1　　7. 黒　色　土　2.5Y 2/1
3. 黒褐色土　2.5Y 3/2　　8. 黒　色　土　2.5Y 2/1
4. 暗灰黄色土　2.5Y 4/2　　9. 黄褐色土　2.5Y 5/3
5. 暗灰黄色土　2.5Y 4/2

図213　フラスコ状土坑（品川台遺跡）

また、炭化した木の実や米が含まれることも多く、埋土をフルイにかけることを心がけるとともに、必要に応じて自然科学分析を実施するための土壌試料の採取もおこないたい。

粘土採掘坑　おもに中世以降の遺跡でしばしば確認され、地山が良質な粘土である場所に密集して認められる傾向がある。通常、遺物はほとんど出土せず、また、土坑の深さは地山の粘土層の底面まで達しない。大きさや形状にはばらつきがあるが、同一遺跡内で同じ時期に掘削されたものは、平面形や規模が共通することもある。

粘土採掘坑は、著しく重複した状態で検出されることが多いので、検出時に重複関係を慎重に検討するとともに、掘り下げのさいも検証できるようなかたちで土層観察用畦を設定するなどの工夫が必要である。

胞衣埋納坑　胞衣(えな)とは人間の胎盤のことであり、7世紀後半以降になると、胞衣を壺などに入れて埋める祭祀が都城で開始される。この習慣は、近代まで継承され、近世の民家の土間から、多数の胞衣壺が出土することがある。

埋納に用いる容器や、埋める穴の形状は、時代や地域により異なるが、埋納する場所は建物の入り口や土間など、通行の著しい場所にほぼかぎられる。したがって、そうした場所の土坑から完形品の土器が出土した場合は、胞衣壺の可能性がある。また、胞衣壺には胞衣のほかに、銭貨や墨、筆、小刀が納められていることもある。

胞衣壺と考えられる土器が出土したときは、すぐに遺物を取り上げずに、写真や図面など必要な記録を作成するとともに、周辺の建物や柱穴との位置関係を検討し、それらの関係がわかる写真を撮影する。また、蓋がされている場合は、蓋をした状態のまま、振動を与えないようにして持ち帰り、X線撮影によって内容物を確認したうえで、自然科学分析の専門家と相談し、以後の作業工程を検討する。

地鎮具埋納坑　地鎮とは、土地に対して何らかの改変を加えるさいにおこなわれた儀礼の総称である。その方法は、仏教や神道など特定の宗教の作法に則ったものから、地域の伝統にもとづくものまで多様である。日本における地鎮は少なくとも7世紀に遡り、宮殿や寺院の造営、道路の敷設など、さまざまな場面でおこなわれている。一般集落でも、古代以降、各地の事例があり、現在の地鎮祭もこの流れを汲む。

集落における一般的な地鎮のありかたは、建物の建設に先立って、建物を建てる場所に土坑を掘り、土器や銭貨などを埋納するものである。そのため、建物の内部で、それと同時期とみられる土坑が検出されたときは、地鎮具埋納坑の可能性を考える必要がある。

掘り下げの方法は、基本的には通常の土坑と同じだが、埋納されたものの中には、残存しにくい有機質遺物が含まれている可能性がある。そのため、掘り下げはより慎重におこない、必要に応じて土壌を採取するなどして、自然科学分析を実施する。また、記録の作成も、先の胞衣埋納坑と同様に、遺物出土状況だけでなく、建物などとの関係がわかるようにする。

その他の祭祀土坑　胞衣埋納坑や地鎮具埋納坑のほかにも、祭祀にかかわると考えられる土坑が存在する。

集落における祭祀のありかたは多様であり、何をもって祭祀土坑と認識するかが必ずしも明確とはいえない。しかし、特殊な遺物がまとまって出土する場合や、器種構成が極端に偏る場合、あるいは出土品の内容が、不用品をたんに廃棄したとは考えられない状況を示すものは、祭祀土坑の可能性も想定する必要がある。

祭祀土坑では、遺物の出土状況を詳細に観察しながら掘り下げるとともに、有機質遺物の出土も念頭におく。また、必要に応じて、自然科学分析をおこなうこともある。

氷室

形　状　氷室とは、氷を貯蔵する施設である。氷室と考えられている遺構は、上横田A遺跡（栃木県・9世紀）のように、逆円錐台状の大きな竪穴状土坑で、規模は直径4～5m前後、深さ2m前後である（図214）。栃木県では「円形有段遺構」と称されてきた。また、まれに、逆角錐台状を呈するものもある。

氷室には、雨水よけの上屋や覆いがかかっていたと考えられるが、その構造は不明である。

埋土の特徴　上層は自然堆積、中～下層は人為的に埋め戻されていることが多い。下層には、地山に由来する多量の土塊が堆積していることがあるので、周堤によって深さを保持し、雨水の流入を防いだらしい。

底面からは、河川や池沼に生息する水生珪藻（好流水性種、好止水性種、流水不定性種）がわずかに検出されることがある。また、出土炭化物からススキ属（ススキ・オギ）やウシクサ属の植物珪酸体が確認された例もある。これらは、氷から融け出した珪藻や、『日本書紀』仁徳62年条の氷室の記に「敦く茅・荻を敷」くとみえる、氷の保冷用材としての茅などにあたる可能性がある。

水抜き用施設　氷室では、融けた水が氷塊に触れて氷の融解を速めることを防ぐため、融けた水が直接氷に触れないように、底面を一段掘りくぼめた小穴から地中に浸透させる、水抜き用の施設がある。

氷室と推定されている遺構は、下半分が水はけのよい土層に掘り込まれ、底面中央に小穴が設けられているものが多い。こうした小穴も、水抜き用の施設として機能したと考えられている。

水はけの悪い環境では、小穴の代わりに、側壁基底部から外に向けて暗渠を付設したものや、底面に杭を何本か打ち込んで、その上に横木を置く、上げ底状の施設を設けたものもある。

底面の圧痕　底面の中央にある小穴のまわりに、筋状のくぼみが見られることがある。これらの痕跡は、小穴をまたぐように設置された横木に、氷の荷重がかかってできた圧痕と推定されている。

立地と氷池　氷室と考えられている遺構は、段丘や台地の縁辺部、尾根や丘陵の緩斜面、平場などの高燥な場所に立地し、3基以上が近接する場合と、単独で存在する場合が知られている。

これらの遺構がある場所より標高が低いところには、氷池の造成を可能とする河川や池、沼、沢、湿地などの低地がある点も特徴の一つである。氷池跡（奈良県・近世）は、天然氷を製造する氷池として参考になる例である。

時期と地域　氷室とされる土坑埋土の上層に、栃木県では浅間B火山灰（1108年）が、岩手県では十和田a火山灰（915年）が入る事例があり、これまでに検出された例は、おおむね奈良・平安時代のものと考えられる。

これらの遺構は、官衙遺跡や官衙関連遺跡、あるいはそれらに近接した集落遺跡で見つかっている。したがって、今のところ、ほぼ律令国家の支配が及ぶ地域に存在したと推定できる。

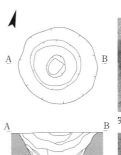
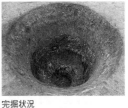
完掘状況
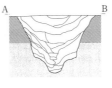

大人が15人入る大きさ

図214　氷室と考えられる遺構（上横田A遺跡）

トイレ

トイレ遺構とは　欧米の研究によると、トイレ遺構には、寄生虫卵、魚骨、糞虫、尻拭き用の海綿やトウモロコシの穂軸などが残っていること、排泄物が流れ込む溝であれば、麦類の糠や胚芽、消化液に由来する化学物質などの成分が検出されることが指摘されている。日本でも、そうした研究成果を導入して、トイレとされる遺構や肥溜めの遺構、あるいは糞尿処理施設などを確認する方法が確立されてきている。

日本の発掘例　日本では、中世以前のトイレや肥溜めなどの遺構の調査報告例は、まだわずかしかない。それは、内容物の大部分が有機質であるため、日本の堆積環境では分解・腐朽してしまって、遺構検出の段階ではほかの溝や土坑と区別がつかないことが多く、トイレや関連遺構の可能性があまり考慮されてこなかったことによる。

それでも、柳之御所遺跡（岩手県・12世紀）、鴻臚館跡（福岡県・8世紀）、藤原京跡（奈良県・7世紀末～8世紀初め）では、湿った環境にある土坑から、尻を拭く籌木、ハエのサナギの抜け殻、ウリの種子などが出土し、そこがトイレあるいはその関連遺構であることが判明している。

藤原京跡のトイレとされる土坑（図215）では、土壌のフローテーションや自然科学分析によって、数多くの寄生虫卵、糞虫、コクゾウムシ、ハエのサナギ、食用や薬用と考えられる種子や花粉を検出し、また、排便にさいして足を置く板を固定したとみられる杭も遺存していたことから、はじめてトイレ遺構と判断されることになった。

自然科学分析　ある遺構をトイレあるいはそれに関連する遺構と判定するには、遺構の形状や埋土の特徴などの検討とともに、寄生虫分析や花粉分析といった自然科学分析が不可欠である。このためには、採取した土壌をフローテーションにかけて、昆虫、種子、花粉、魚骨などを採取し、種を同定する必要がある。

そこで重要なことは、発掘担当者がトイレや肥溜めの可能性のある遺構に遭遇したさい、どのような動植物遺存体などが含まれているかを予測し、それらを検出するにはどのような分析方法が有効か、という基礎知識を備えていることである。自然科学分析をおこなう試料を的確に採取するうえでは、そうした知識が不可欠となる。

文献史料などの活用　また、トイレ遺構に関しては、『西大寺流記資財帳』、『養老律』、『延喜式』、『類聚三代格』などの史料に散見されるトイレ関係の記録や、民俗例なども重要な手がかりとなるので、そうした知識も備えておきたい。

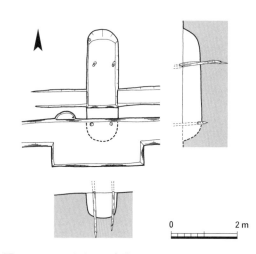

図215　トイレとされる土坑（藤原京）

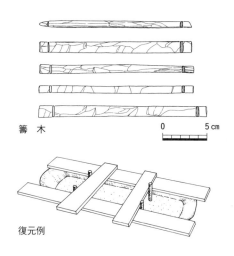

籌　木

復元例

第7節
溝

1 溝の構造

A 機能と分類

溝とは 人為的に掘削された、細長くくぼんだ遺構を、総称して溝という。

溝には、水を流すことを目的とした給水溝や排水溝などの水路のほか、水を溜めておくための貯水溝、周溝墓の溝のように区画をおもな目的とした溝など、多様なものがある。これらの溝は、規模や水の有無、流れの有無によって、濠や堀、あるいは空濠（空堀、壕）などとよび分けることもあるが、厳密な使い分けはない。

自然流路と溝 溝と同様な形状であっても、自然の営力によって形成された河川は、自然流路とよぶ。ただし、自然流路でも護岸などの人の手が加わっているものや、人工の溝が自然流路と化したものもあり、必ずしも溝と自然流路が明確に識別できるとはかぎらない。

各部の呼称 溝の肩部（肩・岸）の傾斜変換点を上端、底部の傾斜変換点を下端とする。溝の側面は壁面、下端間は底面とよぶ。また、横断面がU字形を呈する溝のように、下端が明瞭でない場合は、最深部のあたりを底とよぶ。

規模をあらわすときは、上幅間の水平距離を幅（上幅）、下幅間の水平距離を下幅、最上面から最深部までの距離を深さとし、それぞれの計測値を示す（図216）。

構造による分類 まず溝の上部に着目すると、上面が開いている開渠と、上面が閉じている暗渠の二つに大別できる。

暗渠は、その上部に何らかの構造物がある場合に設けられることが多いので、暗渠か開渠かの違いは、溝を掘削した場所の利用形態についても重要な情報を提供する。たとえば、竪穴建物の内部から外部へ排水する溝の場合、建物に近接して暗渠が確認されれば、本来はそこに周堤などが存在していたと推定できる。

次に、溝の肩部や壁面の崩壊を防ぐための護岸施設の有無によって、掘ったままの素掘溝と、護岸施設をともなう溝に分かれる。後者は、護岸材の材質によって、杭に木枝や竹などをからめたしがらみ溝、板材を打ち込むか杭で固定して護岸した板組溝、川原石や切石・割石を用いた石組溝などに区分される。

B 溝の付属施設

溝を横断する施設 溝を横断するための施設には、唐古・鍵遺跡例（奈良県・弥生前～後期）のように、橋脚を立てて橋をかけたもの、四分遺跡（奈良県・弥生前～後期）例のように、幅をせばめて歩板などを架けたとみられるもの、溝をつなげずに掘り残した陸部を通路としたものなどがある。橋脚には、唐古・鍵遺跡のように木杭を打ち込んだ例のほか、掘立柱や打ち込み柱の例もある。

溝に平行する施設 溝の岸には、溝と平行する土手（土堤）や柵、塀などの遮蔽施設が設けられることもある。発掘前に、土手や土塁が地表に残る高まりとして認識される場合は、事前のきめ細かい分布調査や測量調査が必要である。

土手や土塁の検出 丘陵に立地する集落遺跡などでは、土手や土塁がわずかな高まりとして残っ

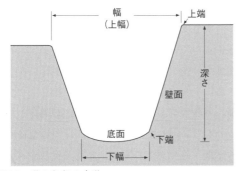

図216　溝の各部の名称

ていることがある。岡原遺跡（山口県・弥生中期）では、幅約5m、高さ約1.5mの土塁が約50mにわたって検出され、高屋敷館遺跡（青森県・10世紀後半）では、高さ1mほどの土塁が188mにわたって検出されている。

これに対して、低地に立地する遺跡の場合は、中・近世の居館などの事例を除くと、洪水による土砂や火山灰などで覆われた遺跡でないかぎり、平面的に土手や土塁などを検出することは困難である。しかし、鬼虎川遺跡（大阪府・弥生中期）では、平面と断面の観察により、環濠や水路などに沿って、周囲と土質の異なる帯状の土手の基底部が確認されている。

こうした遺構は、硬く突き固められていることが多く、最終的には、溝の堆積状況を観察するための断ち割りトレンチと一体の土層観察によって確認する必要がある。川合遺跡（静岡県・弥生後期）では、洪水によって埋もれた幅6〜7m、高さ約1mの土手が検出されている。

溝内堆積層による土手や土塁の推定　土手や土塁の存在は、溝内の堆積層の状況から推定できることもある。しかし、丘陵の斜面などに設けられた環濠の場合には、地山によく似た土層が集落内部（高所）から大量に流入しているだけでは、環濠にともなう土塁の存在を証明したことにはならない。豪雨などによってそれらが流入する可能性もあるからである。

大塚遺跡（神奈川県・弥生中期）の環濠では、地山に由来する土が外側から流入しており、環濠の外側に土塁が存在した可能性が指摘されている。ただし、この場合も、溝の外側に土塁が構築されていたのか、たんに掘削した排土がそのまま置かれていたのかは容易に決定しがたい。

一方、低地の環濠などでは、掘削土の放置は土砂の大量流入の原因になるため、溝の脇などに放置したままであったとは考えにくい。したがって、地山と同様の土が大量に流入している場合には、土手や土塁が存在していた可能性が高い。

柵（塀）　環濠などの内外で検出されるピット列は、通常、柵や塀の痕跡と推定されている。これらは、鬼虎川遺跡や中里前原遺跡（埼玉県・弥生後期）のように、環濠の内側に検出される場合がほとんどである。古墳時代の居館では、方形の環濠（溝）の内側に沿って平行した2条の柱列が検出されることが珍しくない。こうした柱列は、2重の柵（塀）と判断されることが多いが、土塁の両側の土留め用支柱であった可能性もある。

C　溝の変化と埋没

自然の営力や人為的営力による変化　溝は、自然の浸食による断面形の拡大、堆積による埋没、物理的圧力による上端のせり出しなど、自然の営力によって変形しやすい遺構である。また、水量が常に一定であるとはかぎらず、天候や人為によって、流水状態と止水状態が繰り返されることも多い。農耕用の水路などはその典型である。

一方、破損箇所の補修や付属施設の付加、規模の改変、流水位置のつけ替え、浚渫など、人為によってさまざまに変化することもある。

溝の埋土と遺物　溝の埋土に含まれる各種の遺物は、上記のような営力によって、大きく移動した可能性も考慮しなければならない。

また、溝がいったん廃棄されると、不用品を投棄するゴミ捨て場あるいは排便処理の場などとして利用される場合や、自然堆積によって埋まる場合のほか、廃棄時や溝の埋没過程で人為的に埋め立てられる場合がある。したがって、土層の観察などによって、溝内の埋土が自然堆積か、人為的な埋土かを検討する必要がある。

さらに、溝内は、基本的に水が供給されやすい環境にあるので、各種の有機質遺物が遺存していることも多い。したがって、事前に周辺遺跡の発掘や試掘・確認調査の成果、立地環境の検討をおこない、自然科学分析を有効に活用するための方

策を立てておくことが望ましい。

溝の祭祀　集落をめぐる溝からは、祭祀にともなう遺物が出土することも少なくない。たとえば、弥生時代の集落の環濠から、大量の丹塗磨研土器（にぬりまけん）などが発見された事例や、祭祀用の木製品が出土した事例が古くから注目されてきた。

こうした集落をめぐる溝については、防御や排水といった実用的な側面とともに、集落とその外の世界を分ける境界としての機能や、それにともなう祭祀の場としての利用についても留意しておく必要がある。

2　溝の発掘手順

A　平面調査

溝の範囲の確認　溝の平面調査は、基本的に以下の手順でおこなう。

1）溝の肩部の輪郭と溝がのびる範囲を確定する。溝が重複する場合は、その先後関係を検討し、分岐した溝が同時に存在するときは、埋土の様相などから合流や分流の状況を検討する。
2）溝の付属施設の有無を検討する。また、溝と等高線（地形の傾斜）の関係を記録する。それは、その溝がいかなる機能をもつかを推定する手がかりとなる場合が多いからである。

溝埋土の平面的観察　溝の発掘では、形状はもとより、埋土の様相や堆積物、堆積構造などに細心の注意を払う。埋土が、分級のよい均質な水成層でラミナが観察できる自然堆積層か、分級が悪く偽礫（ぎれき）などを含んだ人為的埋土層かを識別し、堆積の成因を検討することを心がける(97頁)。

自然堆積層と人為的埋土層の両者がある場合は、それらの平面的な分布範囲を検討する。たとえば、自然堆積層や人為的埋土層が溝の上面全体に分布していれば、護岸施設のない素掘溝であった可能性が想定できる。

一方、自然堆積層が溝の中央部に分布し、人為的埋土層が肩部に分布していれば、護岸施設をもつ溝であった可能性が高い。護岸材は、抜き取られるか、有機質のため腐朽してしまうこともあるので、自然堆積層と人為的埋土層の境界部分では、護岸材の痕跡や抜取痕跡の有無を検討する。

なお、溝の中央部の埋土が肩部の人為的埋土層と異なる場合は、上記の自然堆積層のほかに、溝の埋没後に上位層が沈下した可能性もある。溝部分の堆積層が沈下して、くぼみに上位層が沈下することがあるからである。したがって、その部分の溝の埋土が遺構面より上位の層と同じであれば、沈下によるものと考えることができる。

また、人為的埋土層が溝の中央部にあって、自然堆積層がその両側にある場合は、埋没過程の最終段階で埋め立てて平坦にした可能性が考えられる。こうした人為的埋土層が確認できれば、その一帯での土地利用の変化が想定される。

このほか、溝が開渠か暗渠かを検討するためには、天井部を覆う施設の据付痕跡の有無を確認する作業も欠かせない。

以上のような検討結果を記録したのち、次の断面調査に備えることが望ましい。

B　断面調査

横断面と縦断面　溝の埋土は、その形成から埋没・埋め立てまでの過程が複雑であり、同じ溝でも、位置によって堆積状況が異なっていることも多い。そこで、平面調査につづいて、サブトレンチを設けて断面調査を実施する。

横断面は、溝の向きに直交した面における層序を観察するのに適しており、縦断面は、溝の向きに沿った方向での土層堆積の先後関係や、土層の形成された方向、たとえば水が流れた方向をみるのに適している。したがって、溝内の土器が同一層に含まれるかどうかの検討には、縦断面調査が適している。

しかし、通常は、まず何ヵ所かで横断面調査を実施して溝内の層序を確かめたのち、掘り下げをおこなうことが多い。また、重複した溝やほかの遺構との先後関係などを検討するために、断面調査をおこなう場合もある。

サブトレンチの設定　サブトレンチの位置と数は、溝の長さや、平面における土層観察結果などに応じて決定する。

サブトレンチは、必ず溝の輪郭線より外側にまで及ぶように設定し、それによって、溝の輪郭を確定する。幅は、遺構の規模に応じて、全体の土層を観察できるように配慮する。

サブトレンチの掘り下げでは、断面調査だけではなく、平面調査もあわせておこなう。さらに、掘り下げの過程で出土する遺物の出土層位にも注意を払う。なお、重要な遺構や遺物が検出された場合は、掘り下げを中止して、断面観察用のサブトレンチは別の場所に入れ直す。

土層断面の観察　サブトレンチを掘り下げたのち、土層断面を観察検討して層序を確認する。土層の観察にさいしては、まず、掘削時や補修時などの加工面と、溝として機能した機能面の識別に着目した検討が必要である（109頁）。溝の場合、加工面と加工時の堆積層が確認できることが多いので、その識別にも留意する。

また、自然堆積層と人為的埋土層を分別して、堆積のありかたを推定する。そのさい、層理面に鋤先が当たった痕跡が見られるかどうかも観察し、堆積過程における掘り直しや浚渫などの人為的な改変の有無についても確認する。

人為的埋土層が肩部や壁面側に見られるときは、護岸施設の裏込め土にあたる可能性も考慮して、護岸材の痕跡や抜取痕跡の有無を調査する。

人為的埋土層が片方の肩部にだけ見られる場合は、もう一方の肩部の人為的埋土層が失われたのか、溝の片側からの土砂の流入やゴミ投棄などによるものかを区別する。

このほか、堆積土に、暗渠天井部の材の転落があるかどうかにも注意を払う。

また、溝の断面調査では、溝が掘削されている基盤の土層についても記録する。それによって、掘削に要した労働量や流入土の性格、流水や貯水など、溝の機能を探る手がかりを得られることがある。

観察結果の照合と検討　複数のサブトレンチにおける観察結果を組み合わせて堆積状況を復元し、相互に整合性をもっているかを検討する。また、平面調査と断面調査の観察結果についても、相互に連関させて検討をおこなう。

サブトレンチ間の観察結果が同じであれば、溝全体が、基本的に同じ堆積状況であったと推定できる。相互に異なっていれば、再検討をおこなうが、結果に誤りがなければ、場所によって異なった堆積状況であったと判断される。

水が流れた溝や自然流路では、流水の作用により、上流から下流へ傾くラミナをもつ堆積層ができる（97頁）。したがって、ラミナを観察することで、水が流れた方向を決定することができる。流れの方向は、溝底の高低差からも知ることができるが、こうした縦断面に見られるラミナも確認して判定するのが望ましい。なお、これらのラミナは、溝中央部の長さ1m前後の縦断面で観察することが多い。

一方、滞水状態にあった溝では、泥質の堆積土が溜まり、大雨などで水が流れ込むと、薄い砂層が形成される。

これに対して、空濠などでは、機能時の堆積層は薄く、機能面にさまざまな人間活動の痕跡が残る可能性がある。

また、溝や流路が機能を失ったのち、自然に埋まったものでは、廃棄後の堆積層は、時間の経過によって土壌化することがある。一方、廃絶後に埋め立てた場合は、機能時の堆積層が人為的埋土層で覆われることになる。

C 埋土の掘り下げ

事前の準備　断面調査による検討をへたのち、全面的な掘り下げに入る。作業に先立ち、脆弱遺物が検出された場合に備えて、取り上げ方法などの対応策を事前に準備しておく。

掘り下げの手順　溝の掘り下げは、断面で確認した堆積順に、新しい層からおこなう。

掘り下げは、基本的に平面調査の連続ともいえる。この過程で、機能面・加工面や出土遺物の層位を確認し、必要に応じて、写真や図面による記録を作成する。また、溝や周囲の環境などを明らかにするため、珪藻や花粉分析などの自然科学分析用の土壌試料を層ごとに採取するなどの作業をおこなう場合もある。

掘り下げの過程では、護岸施設や堰、橋脚などが検出されることもある。また、機能面が複数あることが多いので、それぞれの段階の溝の底面や肩の位置を確定する作業も求められる。溝の底面が確認できれば、高低差の比較によって水が流れた方向がわかるので、標高を測定する。

D 溝の発掘事例

開渠　開渠の例は多いが、ここでは吉野ヶ里遺跡（佐賀県・弥生前～後期）の環濠を示しておく（図217）。また、四分遺跡の竪穴建物の周囲をめぐる溝では、底面で掘削時の鋤先が当たった痕跡を検出し、加工面が明瞭にとらえられた。

暗渠　青谷上寺地遺跡（鳥取県・弥生後期）の溝は、暗渠の良好な例である（図218）。護岸材の板を横に並べ、溝の内側に杭を打って固定している。掘削した壁面との間には裏込め土を詰める。側板の上には横木を置き、その上に溝の方向と平行に板を敷き並べたと推定されている。

開渠と暗渠の組み合わせ　長遺跡（三重県・弥生中期）では、開渠と暗渠を組み合わせた例が検出されている。竪穴建物の隅から外部にかけて溝を掘り、その一部が地山を刳り抜いた暗渠になっていた。暗渠となるのは、いずれも竪穴部の壁寄りの部分であり、このことから、壁の外側にも何らかの上部構造があったことがうかがえる。

図217　開渠の例（吉野ヶ里遺跡）

図218　暗渠の例（青谷上寺地遺跡）

第8節
井　戸

1 機能と構造

A 機能

井戸とは　通常、水を得るために地面を掘り、地下の帯水層から湧き出る地下水を溜めて汲み取るための施設を、井戸という。

弥生時代に大陸から伝来した取水技術であり、松本遺跡例（福岡県）のように、前期末から中期初頭に北部九州で出現する。中期には西日本一帯で確認され、中期後半以降、列島各地に波及した。

機能と用途　飲用など日常生活用のものと生産にかかわるものに大別でき、後者には、手工業生産にともなう井戸と、農業生産にともなう井戸がある。日常生活用と手工業生産用の井戸は、集落や居宅・居館内に検出される典型的なものである。農業生産用の井戸は、集落の縁辺や耕作地に設置され、溜井や野井戸とよばれる。

また、井戸では、構築時や使用時、廃絶時にさまざまな祭祀行為がおこなわれることがある。これに対して、祭祀行為を目的として掘削された井戸も存在した可能性があるが、その識別は必ずしも容易でない。

井戸の認定　井戸は、遺構検出面で井桁や井戸枠が確認されない場合、当初は「土坑」として認識されることがほとんどである。ただし、掘方埋土と井戸本体の埋土（堆積土）とが異なり、中心部分がとくにグライ化しているものや、多量の遺物を包含するときには、検出面でも井戸と予測できることがある。

ピンポールなどで堆積土の質や深さを確認することで井戸かどうかを予測することもできるが、確実に井戸と認定できるのは、上部の堆積土を掘り下げる過程で、遺存した井戸枠が確認された段階であろう。また、後述のような井戸枠の抜取穴と判断される穴が見つかるか、遺構底面が湧水層まで達することがわかった場合には、それらも井戸と認定する根拠となる。

B 井戸の分類

遺構の構成　井戸は、湧き出た水を溜める井戸底の水溜め部（湧水部）、壁面の保護施設としての井戸枠、井戸内への汚水の流入を防ぎ、水汲みのさいの安全と便宜を図る施設として地上に設ける井桁、さらには雨水よけや作業空間保護のための井戸屋形（覆屋）などで構成される（図219）。円形の井戸の場合には、井戸枠を井戸側と称することもある。

井戸枠が設置された井戸は、井戸枠を据えつけるために湧水層まで掘削した掘方と、井戸枠などの井戸本体とに区分される。また、井戸枠が抜き取られているものでは、掘方に抜取穴が重複することが多い。

掘り込み形状による分類　井戸の掘り込み形状は、その目的・用途や湧水層までの深さによって異なる。おもな形状としては、垂直の竪坑状、漏

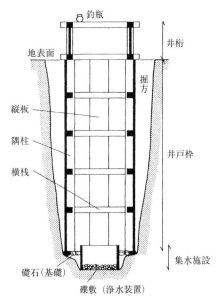

図219　井戸の各部の名称

斗状、擂鉢状などがある。

井戸枠による分類　井戸は、前述したように複合的な構造をもつが、便宜上、井戸枠の材料や構造によって分類することが多い。

これには、素掘り、丸太刳り抜き、板組、木製容器の転用（曲物・桶積など）、土製容器などの転用ないし利用（甕・釜積）、円筒埴輪転用、瓦質井戸枠、石積、瓦積、磚積、漆喰などの種類がある。また、乱石積、切石積など、材料の質や形状からさらに細分することもある。

このうち、板組には縦板組と横板組があり、構築には隅柱留め構造、横桟留め構造、井籠組構造や、それらを組み合わせた複雑な技法が用いられた（図220）。

また、組み立て式井戸の場合、横板を隅柱の外側に積み上げて、それを裏込め土の土圧で押さえ込む例や、土居桁をともなわない例もある。

井戸枠の種類は時代が下るにつれて増えていくが、中世以後、石積の井戸が広範囲に定着する。これらは、大福遺跡（奈良県・14世紀）のように、曲物の水溜め部をともなうことが多い（図221）。水溜め部には、水の浄化のため、底に石や網代、炭などを敷きつめることもある。

2　井戸の発掘手順

A　平面観察と土層観察用壁面の設定

平面観察と掘り下げ方法の検討　井戸も、土坑と同様に、まず平面検出の時点でその形状を確認したうえで、半截するか、中軸線上に土層観察用の畦を設定して掘り下げるかを判断することになる。径が小さい井戸の場合は、外側の地山部分を含めて断ち割る方法をとる。

井戸枠がない井戸の場合は、土坑と同様の平面観察方法を採用すればよいが、井戸枠が残っている場合は、平面における埋土の状況を観察したうえで、中軸線を推定する。

このように、平面観察は、土層観察用の壁面や畦の設定にかかわるとともに、その後の掘り下げ方法を決定するうえでも重要な意味をもつ。

土層観察用壁面の位置　井戸枠をもつ井戸では、通常、掘方埋土と井戸本体の埋土が異なる。井戸枠が抜き取られていないものでは、しばしば、掘方の埋土が、枠内の埋土を取り巻くようなかたちで認められる。その場合は、井戸枠の位置や形状も平面検出の段階である程度まで予想することができ、中軸線の把握は比較的容易である。

深い井戸の場合は、一度に深掘りするのは危険なため、何回かに分けて掘り下げ、順次、埋土断面の観察をおこなうことになるが、観察する壁面は、上下に連続した面であることが望ましい。

しかし、井戸枠が抜き取られたものや、井戸埋

図220　横板組隅柱留め構造の井戸

図221　曲物をともなう石積の井戸（大福遺跡）

第V章　遺構の発掘

没後に中心部分が陥没したものでは、中軸線の把握は困難であり、掘り下げの途中で土層観察用壁面の位置の変更を要することもある。

埋土の把握　井戸枠内の埋土は、井戸としての機能停止後に人為的に埋められたか、自然に埋まった土であり、一方、掘方埋土は、井戸枠の設置時点で埋め戻されたものである。また、井戸の廃絶後、陥没部に堆積した土層は、廃絶後しばらく時をおいて堆積したものである場合もある。

これらの認識が不十分なまま掘り下げると、形成時期の異なる埋土層の遺物が混じってしまい、井戸の掘削や埋没に関する情報が失われることになる。

井戸周囲の施設　当時の生活面の削平が少なければ、一乗院庭園例（奈良県・近世）（図222）のような敷石などの作業空間の床施設や、井戸屋形の柱穴（図225）、導排水施設、はね釣瓶の支柱といった付属施設が遺存している場合がある。したがって、井戸の周囲では、これらの施設の存在に十分留意した検出作業が必要となる。

図222　井戸周囲の施設（一乗院庭園）

B　掘り下げの手順

目　的　当時の生活面が削平されている井戸の発掘作業では、最低限、掘削時の状況と使用時の状況、廃絶時の行為、井戸の構築法と構造・技術の解明にかかわる情報や、環境復元に必要な資料を抽出することが必要である。

手　順　井戸は、大きさや深さ、構造、埋没過程が多様なため、それぞれの遺構の状況に応じた掘り下げ方法を選択する。また、常に安全を確保しつつ、作業を進めることが不可欠であり、常時、壁面や湧水の状態などの観察を心がけ、臨機応変かつ柔軟な対応がとれるようにしておく。

以下、一辺1m程度の横板組の井戸枠をもつ井戸を例にあげて、標準的な掘削方法を示す。

1）井戸の形状などから、中軸線を推定する。次に、地形や発掘区内での位置、写真撮影の方向などを勘案して、掘り下げ部分を決定し、半截を開始する。井戸枠が確認できるまでは、井戸枠内埋土を層位的に掘り下げる。

2）井戸枠を確認した時点で、半截した位置が井戸の中軸線に合致しているかを確認する。当初は井戸枠内の埋土と認識していた土層が、井戸廃絶後に陥没した土と判明することもしばしばある。その場合は、そこまでの土層断面の記録を作成したのち、陥没した土を完掘し、半截する位置を井戸枠の中軸線に合うように再設定して、以下の掘り下げをおこなう。

3）井戸枠の検出後は、無理に枠内の埋土を掘らずに、掘方の埋土を層位的に掘り下げる。通常は枠内が狭小なため、半截しても十分な断面観察ができないからである。ただし、大きな井戸の場合は、土層観察が十分にできる深さまで、枠内埋土の掘り下げを進める。

4）掘方の掘り下げがある程度進んだのち、随時、地山も断ち割って、十分な作業空間と安全を確保しつつ、掘方埋土の掘り下げを進める。

とくに井戸は、湧水層に到達すると一気に水が湧き出し、壁面が崩落するおそれがあるので、ピンポールなどで下の土層の状態を確認しながら作業をおこなうことが必要となる。

5）湧水層にいたる直前で掘り下げを止め、断面の写真撮影と図化をおこなう。

6）半截した側の井戸枠を上から1枚ずつはずしながら、井戸枠内の埋土を掘り下げる。そのさい、埋土に変化があれば、5で作成した断面図に逐次描き足していく。これらの作業を繰り返して、湧水層直上まで掘り下げる。また、遺物が集中して出土した場合や、完形品が出土した場合は、必要な記録を作成する。

7）半截した反対側の部分の掘方埋土を層位的に掘り下げると同時に、残りの井戸枠を順次取り上げていく。

8）井戸最下層を半截して掘り下げ、5で作成した断面図に描き加える。

9）残りの半分を掘り、必要な記録を作成する。

10）掘方の最下層部分を半截して、断面図を描き足し、その後、残りの部分を掘り下げる。

なお、石積井戸の場合は、4の工程の中で、随時、半截する側の石をはずし、枠内の埋土を掘り下げる。

C 発掘時の留意点

各段階での状況確認　井戸の上部では、掘り下げのさいの作業足場や、使用時の水汲みの足場、井戸枠改修のための掘り下げ痕、蓋をかける装置の痕跡などが存在する場合があり、掘り下げにあたっては、掘方の形状や掘方埋土上面に認められる小ピットや凹凸などにも注意する。

また、最上層の埋土から、しばしば遺物がまとまって出土することがある。これには、井戸廃絶後のくぼみに捨てられたもののほか、井戸を埋め立てて廃棄した最終段階の祭祀にともなう場合がある。発掘にあたっては、こうした可能性を念頭におきつつ、土層観察や遺物の出土状況の検討などを十分におこなう。

また、掘方の形状や埋土の状況から、井戸そのものを再び掘削した痕跡や、井戸枠の改修の痕跡などが判明することもある。

井戸内の遺物　井戸内の遺物は、井戸の構築時、使用時、廃絶時以降など、どの段階にともなうものかを確認する必要があり、そのためには埋土層の識別が重要な意味をもつ。

とくに、井戸の祭祀的行為は、構築時、使用時、廃絶時やそれ以降など、各段階にわたって見られることがある。廃絶時の埋め戻しのさいには、纏向遺跡（奈良県・18世紀）のように、竹などの管を井戸内に立てる筒立て（図223）や、祢布ヶ森遺跡（兵庫県・9世紀）のように、石入れや蓋をする事例（図224）が報告されている。

井戸底の発掘は、より慎重に進めなくてはならない。石や炭を敷いた例もあるので、底面の掘り

図223　竹筒を立てた井戸（纏向遺跡）

図224　蓋をした井戸（祢布ヶ森遺跡）

第Ⅴ章　遺構の発掘

下げはとくに注意を要する。また、柄杓（ひしゃく）や釣瓶などのほか、頸部に縄をくくりつけた水汲み用土器などが見つかることも多い。一方、祭祀に使用した土器もあるので、出土位置や打ち欠き・穿孔などの遺存状況に十分注意する。

遺物の取り上げ　井戸内の遺物は、井戸の構築から廃絶以降にいたるどの段階にともなうものか、出土層位を確認しながら取り上げる。

井戸内には、脆弱（ぜいじゃく）遺物（曲物・漆塗容器や櫛・箸・斎串（いぐし）・人形、ザル・籠・編物などの植物性繊維製品、種子、昆虫ほか）が遺存していることが多いので、埋土の掘り下げや遺物の取り上げは、十分注意しておこなう。

また、井戸の構築時や使用時、廃絶後など、各時期の環境を復元するためには、土壌の水洗選別が必要となる。とくに有機質土に含まれることが多い微細な植物種子、花粉、珪藻などは、環境復元に最適である。

掘り下げ時の安全対策　急いで埋め戻された井戸では、上部からは見えない隙間が内部に残された状態になっていることがある。掘り下げ中に、上部の埋土がそうした部分に落ち込む危険もあるので、ときどきピンポールなどで下部の状況を確認しながら作業する必要がある。

また、深い井戸の場合は、酸欠などの危険があるため、常に酸素の状態を把握し、事故防止に努めなければならない。

完掘後の安全対策　完掘した井戸は、深く、水が溜まって壁面が崩落する危険性も高いので、発掘後は、立ち入り防止柵を設けて注意を促すとともに、安全な深さまで埋めるなど、事故防止に十分配慮する。

D　井戸の発掘事例

西大寺食堂院（さいだいじじきどういん）跡の井戸（奈良県・8世紀）は、内法（うちのり）で一辺2.3m、深さ2.8mの巨大なものだが（図225）、構築法や埋土の状況などを把握することができた好例であり、井戸の発掘例の一つとして、以下に紹介する。

検出時の状況　当初は、平安時代の遺物を含む不整形の土坑と認識していたが、少し掘り下げた段階で、正方形に組んだ井戸枠を検出した。このような場合、井戸枠が現れる以前の段階で、井桁などの上部構造の遺構に気づくことは容易でないため、平面検出後の慎重な掘り下げが必要である。本例では、平面のみならず、断面にもそれらの情報を記録できた。

この井戸は、井戸枠が残存する部分では、井戸枠内の埋土の上面が平らになっていることから、人為的に埋め戻された廃絶時の状況がわかる。また、埋め戻されたのち、上部の井戸枠が抜き取られたこと、そして、抜き取ったくぼみが塵芥処理に利用されたことも、それより上方の土層断面によって判明した。

埋土の掘り下げ　この井戸では、井戸枠の内部に人が入って作業できる空間があったので、埋土を半截して掘り下げ、記録をとったのち、再び半截して掘り下げる、という作業を繰り返した。

埋土には、木簡や木製品、食べ滓などさまざまな遺物が含まれており、これらは、土ごと掘り上げたのち、水洗選別によって採集した。

井戸枠内の埋土をすべて除去すると、底には水の浄化用の木炭が敷いてあった。これは、井戸の使用時の状況を示すものである。その後、さらに掘り下げ、木炭の下には約10cmの厚さで礫が敷きつめられていることを確認した。

井戸構築法の観察　井戸の掘方壁面と井戸枠の間には十分な作業空間がなく、また、軟弱な地盤だったので、一側面を大きく断ち割り、井戸の構築法について観察した。あわせて掘方周囲の基盤層も観察し、最下層の砂層からの湧水を利用した状況が明らかになった。

こののち、井戸枠はすべて取り上げ、発掘後のくぼみは、ただちに安全な深さまで埋め戻した。

Ⅴ-8 井戸

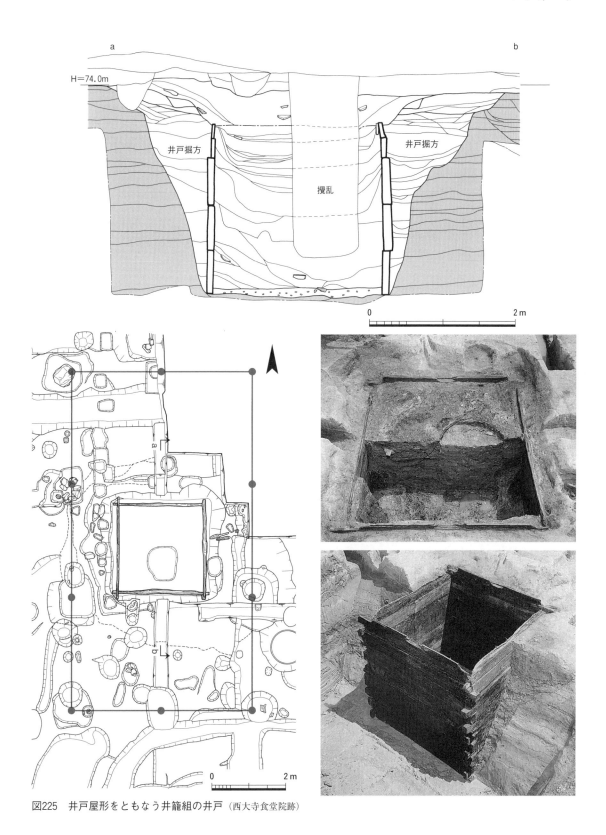

図225 井戸屋形をともなう井籠組の井戸（西大寺食堂院跡）

211

第9節
生産関連遺構

1 集落と生産遺構

集落にともなう生産遺構　集落にともなって検出される生産遺構は、時代によって変化しており、多様である。これらは、手工業にかかわるものと、農業などにかかわるものに大別できる。

前者には、石器製作や玉作り、土器作り、金属製品の鋳造や鍛冶、ガラス製品や骨角器の製作、織物や布の生産、木材加工などに関連した遺構がある。

後者には、水田や畑などの農業や、食品保管・加工、貯木などに関連する遺構がある。

このほか、石切り場や鉱物の採掘場、製塩遺跡などの生産関連遺跡でも、特有の遺構が存在するが、これらは一般集落で認められるものではないため、ここでは触れないことにする。

集落内での工房の位置関係　生産遺構を発掘するうえでは、集落全体の中での工房の位置や立地を把握することも必要である。

たとえば、弥生時代の鋳造関連遺構が検出されている唐古・鍵遺跡（奈良県・前〜後期）や東奈良遺跡（大阪府・中期）などでは、風下になる集落域の南東の位置に工房が造営されている。これは、居住域を煙害や火災から守るための配慮と推定さ れている。また、木製品や玉類の加工は水と不可分の関係にあり、それらの工房は水を得やすい場所に立地することが指摘されている。

したがって、生産遺構の発掘では、遺構そのものを単体で見るのではなく、集落の中での位置や立地などの属性と、それにかかわる情報を総合的に把握することが重要となる。

2 手工業関連の遺構

A　土器焼成坑

土器焼成坑の特徴　集落遺跡とその周辺では、しばしば、土器を焼成したと考えられる遺構が検出される。これらは、平面が方形や台形、あるいは楕円形や三角形状を呈する土坑で（図226）、底面ないし壁面が一定の厚さで赤変・硬化し、被熱している。また、土坑内に多量の土器片が遺存することもあり、その状況から「土器焼成坑」と認識されている。

土器焼成坑は各地で確認例があり、大久保遺跡（佐賀県、図226）、西島遺跡（福岡県）、百間川原尾島遺跡（岡山県）、喜志遺跡（大阪府）では、弥生時代中期から後期の浅い掘り込みをともなう土器焼成坑が検出されている。これらの遺構からは、土

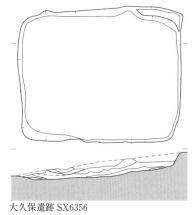
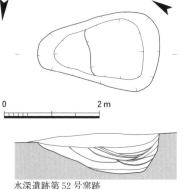
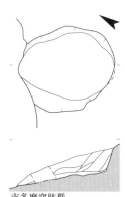

大久保遺跡 SX6356　　　水深遺跡第52号窯跡　　　南多摩窯跡群
　　　　　　　　　　　　　　　　　　　　　　　　山野短大校内遺跡2号窯

図226　さまざまな土器焼成坑

器片のほか、表面に調整痕をもつ焼けた粘土塊が出土しており、後者は、壁体を形成する泥土と推測されている。

遺構や遺物の遺存状況、土器の焼成実験や中国雲南省の土器焼成法などとの比較から、土器の上に藁や薪を置き、藁灰や泥土などをかぶせて焼く、覆い焼きが想定される。

古代の土師器焼成坑　古墳時代以降、土器焼成坑の類例は列島各地で増加する傾向にある。そのうち、森山遺跡（福岡県）、田子山遺跡（熊本県）、下川津遺跡（香川県）、北野遺跡・水池遺跡（ともに三重県）をはじめ、二ツ梨一貫山窯跡（石川県）、小杉流通業務団地内遺跡群（富山県）、水深遺跡（埼玉県、図226）、妙見堂遺跡（千葉県）、野形遺跡（秋田県）、瀬谷子遺跡（岩手県）などでは、古代の土師器焼成にかかわる遺構を検出している。また、須恵器窯跡群の周辺や隣接する場所から発見される例も少なからず認められ、土器生産集団の多様なありかたがうかがえる。

東日本における代表的な土師器生産遺跡として知られる水深遺跡では、7世紀末〜9世紀初めにかけて65基にのぼる土器焼成坑が検出されており、全長2.5m前後で平面が逆台形を呈する典型的な例が多く見られる。

この種の焼成坑が非ロクロ土師器の生産を主体とするのに対して、妙見堂遺跡などに見られる円形や楕円形の焼成坑は、ロクロ土師器生産にともなうものとされている。南多摩窯跡群山野短大校内遺跡2号窯（東京都・平安）（図226）のように、円形に近い焼成坑は、窯体にスサ入り粘土などを用いて天井部などを構築する小規模な窯構造が想定される。

集落内の小型土器焼成坑　古代の土師器焼成坑には上記の2種類が存在するが、専業的な生産遺跡とは別に、古代集落やその周辺からは、それらと異なる小型の土器焼成坑も検出される。

三吉野遺跡群（東京都）では、7世紀前半の竪穴建物と重複して、土器焼成坑が環状に9基並んでいた（図227）。土層観察から、これらは、竪穴部が埋まる過程で掘削されたことが判明している。焼成坑の平面は長方形を呈し、規模は平均して長さ1.3m前後、幅0.8m、確認面からの深さは約40cmである。被熱により、壁は厚さ2cmほどが赤変す

図228　土器焼成坑（北野遺跡）

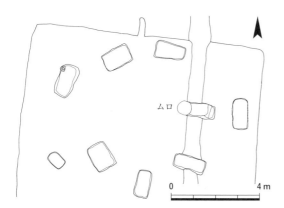

図227　土器焼成坑（三吉野遺跡群）

図229　土器焼成坑の断面（北野遺跡）

る。底面には炭化材や焼土が多く見られ、少量の土師器片が出土した。

一方、坑内から多量の土器が検出された北野遺跡の土器焼成坑でも、同様の状況が観察できる（図228・229）。三吉野遺跡群における遺構のありかたから判断して、竪穴建物廃絶後のくぼみを土器焼成の場として利用したものと推定される。こうした選地は、風を制御し、坑内の還元状態を一定に保つための工夫と考えられる。

発掘時の留意点　集落遺跡における土器焼成坑の検出にさいしては、壁面や底面の被熱の程度、埋土中の焼土・炭化材の分布や出土状況の観察、微細な被熱粘土塊の抽出などが必要である。また、竪穴建物では、埋土中の焼土の分布範囲や土器の出土状態にも十分留意して遺構検出に努める。

発掘作業時には、焼成坑の壁や底面の状態に関する詳細な観察と記録が望まれる。たとえば、壁の被熱の状況を、長軸方向と短軸方向の双方の断面図に記録するのも有効な方法である。また、整理等作業の段階では、出土土器の黒斑や破面の状態をよく観察する必要がある。

今後、焼成遺構の分析作業と並行して、集落出土土器の焼成方法や黒斑比率の多寡を比較するための資料化についても検討すべきであろう。

B　鉄鍛冶遺構

精錬鍛冶と鍛錬鍛冶　鉄鍛冶には精錬鍛冶と鍛錬鍛冶の二つの工程がある。

精錬鍛冶は、砂鉄や鉄鉱石を製錬して得られた錬鉄（低温固体鉄）塊に付着する鉄滓を加熱熔融して除去したり、同じく錬鉄の小鉄塊に含まれる不純物を加熱熔融して除去したりして、鉄塊を精製する工程である。

鍛錬鍛冶は、精錬鍛冶で精製した鉄塊を加熱して、含まれるわずかな鉄滓を鍛錬によって除去し、さらに精製して鉄塊を鉄素材に仕上げる工程のほか、得られた鉄素材を加熱して鉄器を鍛造したり、破損した鉄器を加熱・鍛打して補修したりする工程である。

しかし、近世たたらの大鍛冶など、精錬鍛冶の工程が明確に分離しているような特別な場合を除いて、古代以前では、精錬鍛冶遺構と鍛錬鍛冶遺構を発掘作業の過程で明確に区分できることはまれである。したがって、以下では、とくに両者の発掘方法を区別せずに述べることとする。

炉の構造と部分名称　鉄鍛冶炉は、一般的に地面を掘りくぼめた火床炉である。炉とは、広義には鞴などの装置や設備も含めた全体を意味し、狭義には、燃料の木炭を燃やして鉄を加熱する炉本体を示す。

広義の場合、炉は燃焼・加熱部となる炉本体、それにさしこまれる羽口、羽口の後端に取りつけられる通風管（木呂）、通風管につながる送風装置である鞴、鞴と炉本体を隔てる障壁などからなる。炉本体の側には、作業長の位置する横座（大工座）があり、鍛錬鍛冶ではさらに鉄床（鉄敷）が付近に配置される。また、鞴の設置される場所は鞴座とよばれる。

炉本体は、中央の燃焼・加熱部を火床とよび、その周囲を土居という。火床はくぼんでおり、土居は作業面と同じか、やや高まりをもった平面をなす。火床を構築するために掘られた土坑を、炉掘方という。火床の構築材としては、粘土や、灰と粘土を混練したもの（炭灰）を用いる。これらは、炉掘方の内面に貼ったり敷いたりすることもあり、防湿の役目も果たす。

また、近世の大鍛冶炉のように、炉掘方の底部に溝を掘って排水暗渠とするものもある。このような施設を、地下防湿施設とよぶ。炉掘方、地下防湿施設、火床、土居を含めた全体を火窪とよぶ場合もある。

火床の部分名称については、火床底部を炉底（炉床）、火床壁を炉壁（炉側壁）とよびならわしている。炉によっては、土居の部分に羽口を設置し

た溝状の痕跡が残存する場合があり、羽口設置痕跡などとよぶことがある。

なお、炉の寸法は、一般に火床の寸法を指し、長さ（長軸長）、幅（短軸長）、深さであらわす。そのほかの部分は、たとえば「炉掘方の長さ」というように、それぞれの部分を明示するほうが、混乱を生じない（図230）。

鍛冶関係遺物の包含層の発掘　遺構面の上の包含層の掘削時に、鉄滓や羽口、木炭・焼土などが濃密に認められるときは、直下に排滓場（廃棄された鉄滓が集積する場所）や工房の作業面（床面）が広がっている可能性がある。したがって、慎重な掘り下げをおこない、作業面ならびに鍛造剥片などの微細な遺物を含む作業面直上の堆積土の情報を失ってしまわないように注意する。

ただし、弥生時代の鍛冶遺構では、鉄滓や羽口の出土はまれなため、これらが出土しないからといって、工房がないとは判断できないので、注意を要する。

上記の包含層の遺物は、通常、グリッド単位ごとに取り上げる。とくに意味のある場合を除き、個別の位置を記録することはしない。

作業面の把握　包含層を除去しながら、遺構面を確認して遺構を検出するとともに、作業面を把握する。作業面は、一般に、粘土を床面に貼るか、木炭や焼土混じりの土を整地するなどして設けられることが多い。そこで、火熱を受けるか、木炭や焼土が混じるなど、色調や固さ、構成物が周囲と異なる部分がないか、十分に注意して検出する。ただし、そうした作業面が必ずしも遺存するとはかぎらず、遺存状況もまちまちである。

作業面の直上数cmの間には、鍛造剥片や粒状滓などの微細な鍛冶関連遺物を包含する土が堆積していることがある。これらの分布状態や性格を明らかにすることは、作業空間配置の復元や鍛冶作業工程を推定するうえで有効な場合がある。そのため、作業面上に、たとえば25cm方眼などの小グリッドを適宜設定して、小グリッドごとに堆積土を採取して分析することもある。

作業面は、操業回数などにより、複数の面が累積した状況を示すときがある。そうした場合は、各層の断面が観察できるように、適切な位置にサブトレンチを設定するなどして、作業面数や各作業面の広がりを把握しておくと、炉などの施設の有無の確認をはじめ、各種の遺構の検出を、より正確に効率よくおこなうことができる。

作業面上の遺構検出　作業面上では、炉や送風施設（原位置をとどめる鞴羽口ないし羽口や鞴の設置痕跡）、土坑、鉄床、覆屋の柱穴、工房区画溝などの遺構の輪郭が明確になるまで検出作業をおこなう。通常は、炉を中心にして検出を進めるが、炉が明確でない場合もあり、そのさいには焼土や木炭、鉄滓などの分布に注意を払いながら検出を進める。

炉の特徴　炉では、一般に、被熱して固結した赤褐色から橙赤褐色を呈する円形や楕円形などの面が広がり、その中央に炭化物や焼土などの混在した埋土が充満した火床が存在する。火床の内側は、通常、青灰色から青黒灰色、暗橙褐色などを

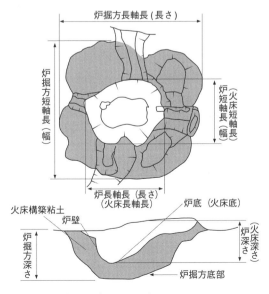

図230　炉の各部の名称と計測位置

呈する還元硬化面となっている。こうした色調の差違を手がかりに、炉壁と炉壁周囲の焼け締まった範囲および炉掘方の輪郭、炉掘方内面に貼りつけた粘土の有無などを確認する。

鍛冶炉は、円形、楕円形、方形、長方形、隅丸方形、隅丸長方形、十字形などの平面形を呈するが、楕円形や円形のものが多い。規模は20〜30cmの小型の炉から1m内外の大型の炉まであるが、大型のものは少ない。

炉の付近には、鍛冶作業後に不要となった灰や木炭・鉄滓が、炉から掻き出されて堆積していることがあるので、それらの遺物を検出し、分布範囲やどの炉から掻き出されたかなどを見きわめる必要がある。

工房の種類　作業面や炉などの各遺構の分布やまとまり具合を勘案しつつ、関連する掘立柱建物や区画溝などの工房施設を把握する。

工房には、竪穴建物、掘立柱建物、簡素な差し掛け小屋、排水溝などをともなうものがある一方、炉と土坑が組み合うだけで、ほかに明確な建物や区画などをともなわないものもある。

竪穴建物では、内部に炉などの鍛冶関連遺構のみがあるものと、炉などの鍛冶関連遺構のほかにカマドをともなうものがある。通常の大きさの方形あるいは円形の竪穴建物が一般的だが、たとえば鹿の子C遺跡（茨城県・8世紀後半〜9世紀中頃）の国衙工房など、長さ10m以上の長大な長方形竪穴建物に、炉が直列に十数基並ぶものもある。

掘立柱建物では、小型の建物内部に炉を設置するものと、長大な掘立柱建物内に数基の炉を直列に配置するものがある。また、掘立柱建物に近接して、外側に設置されることもある。

簡単な差しかけ程度の屋根の場合、たとえば築地塀などを利用して覆屋を設けるか、建物の軒先などを利用することも十分に考えられる。区画溝をともなうものでは、大県遺跡（大阪府・古墳後期）のように、五角形の区画溝の周囲に柱穴列をめぐらせた例がある（図231）。

作業面上の遺物の取扱い　何らかの理由により製作途上で遺棄された遺物や、その場に残された遺物は、製作工程や作業空間の利用状況を復元するうえで、重要な手がかりとなる。

鉄床や羽口などの作業面上の遺物は、取り上げる前に、確認作業面に密着しているか、それほど移動していないかどうかを確認し、写真や平面図などで出土位置の記録をとる。鉄床については、鍛打作業にともなう沈み込みを防ぐため、設置場所に基礎地業を施すことがあるので、そういう場合には、掘方の輪郭を検出する。また、鉄床は敲打面を確認して記録をとる。

遺構埋土の掘り下げ　竪穴建物内の工房では、鍛冶関連以外の遺構検出や掘り下げは、竪穴建物の検出と掘り下げ方法に準拠する。また、土坑や溝は、それぞれの発掘方法に準じる。

鍛冶炉はさほど大型ではないので、通常、断面

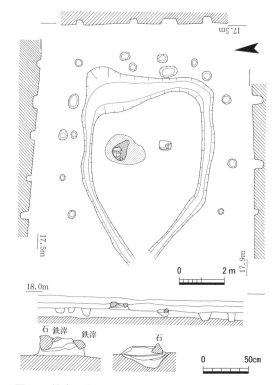

図231　鍛冶工房（大県遺跡）

観察に十分な大きさのサブトレンチを設定することはできず、また、埋土を四分法で掘り下げるのも難しいことが多い。そこで、遺構の中心を通る適切な位置で半截（はんせつ）して、まず埋土の半分を掘り下げ、土層を観察・記録したのちに、残りの半分を掘り下げる（図232）。

ただし、炉埋土の掘り下げは、いきなり炉底を露出させるのではなく、炉底直上にある木炭や鉄滓など、原位置にあると考えられる集積物や生成物などの遺物に注意する。それらは、すぐに取り上げずに位置や状況を確認し、原位置に残る場合には、そのままの状態で写真や図面などの記録をとる。これらの記録作成は、一般的な方法に準じておこなう。また、必要に応じて、遺物取り上げ後の状態を平面図に補足し、完掘後の各遺構と工房全景を撮影する。

複数の炉が重複するときは、先後関係が確認できるように、それらを縦断する位置で半截し、新しい遺構の埋土から順次掘り下げる。ただし、それが不可能なことも多いので、状況に応じて断ち割り、下層の炉を精査していくこともある。

炉に接して羽口設置溝などがある場合は、溝と炉をあわせて断ち割ることができる位置で半截し、掘り下げる。木炭や灰、鉄滓を炉から掻き出した痕跡が残る場合も同様にする。

遺構の埋土には、鍛造剥片などの微細な遺物が含まれていることがあるので、掘り下げるさいは、必要に応じて埋土を採取する。

炉の断ち割り調査　掘方の内面に粘土を貼るなどして構築した炉を例にとると、その断ち割り調査は次のような手順で進める。

1）埋土の掘り下げに準じた位置で半截し、断ち割って掘方内面を検出するとともに、炉壁断面を観察し、炉の構築手順などを明らかにする。
2）断ち割りで出土した炉壁や構築材は、必要に応じて、一部を分析試料として採取する。
3）炉壁の断面の状態を撮影し、埋土の断面図に炉壁の断面を描き加える（図232・233）。
4）半截した炉の残りの部分を完掘し、掘方全体を検出する。
5）地下に防湿の施設を構築している場合は、その構造を確認する。石組など特別な構築物があれば、その平面検出をおこなう。
6）炉掘方や石組などの地下防湿施設の写真撮影と平面図の作成をおこなう。
7）地下防湿施設の断ち割りと断面観察、掘方の確認、写真撮影と断面図の作成、完掘、平面図への描き足しなどをおこなう。方法はこれまでの断ち割り方法に準じる。
8）半截した位置に沿って、掘方よりも一回り大きく断ち割る。そのさいには、下層の炉や作業面の有無に注意を払い、存在が確認されれば、

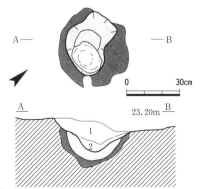

1　黒色（7.5YR1.7/1）木炭層。
2　黒褐色（7.5YR3/2）シルト質土層。細粒の木炭が微量混在。

図232　鍛冶炉（清水遺跡）

図233　鍛冶炉の断ち割り（清水遺跡）

その面で遺構検出をおこなう。素掘りの炉についても、同様の方法で断ち割り調査する。

重複する遺構の発掘　同一作業面上に重複する炉などがある場合は、新しい遺構から順に、掘り下げ・完掘・断ち割りを繰り返し、平面図と断面図に逐次、描き加えていく。

また、複数の作業面が累積する場合は、上層の作業面・炉・土坑などを掘り下げたのちに、順次、下層の作業面を追究し、下層作業面にともなう炉や土坑、鉄床などの諸施設を検出する。以下、上層の遺構と同様に、検出から断ち割りまでの工程を繰り返す。

自然科学分析　上記の発掘の過程では、必要に応じて、考古・古地磁気測定や熱ルミネッセンス法などの自然科学分析を実施することもある。

C　工房関係施設

玉作り工房　玉作り工房として使用された竪穴建物の場合、遺構検出の段階では通常の竪穴建物と識別がつかず、埋土を掘り下げていく過程や床面検出の段階で、製品や未成品、製作過程で生じた石屑などの遺物が出土することにより、工房と識別されるのが一般的である。

また、玉作り工房の竪穴建物では、2基のピットを溝でつなぐ連結ピットなどが床面で検出されることがある（図234）。このピット内には、玉類の屑片などが含まれていることがある。

発掘作業の手順は、竪穴建物と基本的に同じである。玉作りにかかわる遺物が出土した場合には、竪穴内の平面的位置や層位関係を把握して、記録をとる。また、連結ピット内の埋土や竪穴の床面上の埋土について、必要に応じて試料採取し、水洗選別などの方法を用いることにより、玉作りの工程で生じた屑片などを採取することが望ましい（整理編76頁）。

ロクロピット　須恵器や土師器の生産遺跡などの竪穴建物では、床面に設けたロクロの軸穴（ロクロピット）が検出されることがある。識別が難しいものもあるが、典型的な例では、ロクロの軸木を据えてから、その周囲を粘土混じりの土などで叩き締め、固定している。土器成形の工房の場合には、ロクロピットの周辺に土器の素材となる粘土が置かれていることも多い。

ロクロは、複盤式蹴ロクロ（図235）と単盤式の手ロクロの2種類が想定されており、野木遺跡（青森県・9～10世紀）では、回転盤の部材が出土している。

ロクロピットの発掘手順は、掘立柱建物の柱穴に準じる。まず平面的に段下げをおこない、軸穴痕跡を把握して平面の記録を作成したのち、半截して断面の記録をとる。

なお、ロクロピットが存在する竪穴床面には、素地として使用する粘土が残されている場合も多いので、注意を要する。

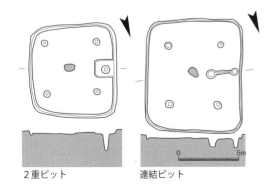

図234　玉作り工房のピット（片山津玉造遺跡）

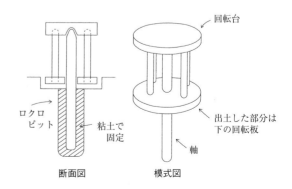

図235　複盤式蹴ロクロ

3 農業関連ほかの遺構

A 畑

畑の遺構　畑の遺構として残るものは、畝や畝間溝（畝間）、そしてそれを囲む溝や畔、柵などである。耕作に関連するこうした遺構は、しばしば改変が繰り返される遺構でもある。

畑は水田に比べて、高燥な場所に立地することが多い。したがって、群馬県や静岡県、鹿児島県などの降下火山灰の堆積が顕著な地域を除くと、検出例は多くはないが、全国770以上の遺跡で畑の調査事例が報告されている。

畑にみられる2種類の様相　これまでの畑の検出例をみると、すでに指摘されているように、水田とともに広がる大規模な畑と、集落の中に散在する小規模な畑の存在が確認できる。近畿の古墳時代後期の事例でいえば、前者は水垂遺跡（京都府）、後者は池島・福万寺遺跡（大阪府）がその典型例といえよう。

水垂遺跡では、河川をはさんで居住域と生産域が分かれるかたちで、集落が構成されている。生産域では、河川の後背湿地となる低地部分に水田が造営され、それに隣接する自然堤防上を畑として利用している。畑の範囲は、延長約300m、推定幅20～70mにも及ぶものであり、耕作地を含めた古墳時代集落の様相を示す事例の一つとして重要な位置を占めている（図236）。

これに対して、ほぼ同じ時期の池島・福万寺遺跡では、やや規模の大きな畑も見られるものの、基本的には、集落内に小規模な畑が散在する状況を呈している。このような例は、ほかに尺度遺跡（大阪府・古墳前期）でも確認されており、そこでは、竪穴建物の間などの傾斜地に、小規模な畑を分散して営んでいる。

畑に見られるこれら2種類の様相は、集落の規模や経営母体の差に起因する可能性がある一方、集落内の小規模な畑については、黒井峯遺跡（群馬県・古墳後期）の事例で指摘されるように、陸稲栽培や苗代に関連する可能性も視野に入れておく必要がある。

また、古代以降では、条里型地割に規制されて造営される畑もある。たとえば、長岡京跡（京都府・8世紀）では、居住地に近接した菜園の形態をとる例が確認されている。

畑の発掘方法と留意点　降下火山灰や洪水砂で覆われたものなど、良好な状態で検出される畑の事例を除くと、発掘では、通常、平行する数条の

図236　集落と耕作地（水垂遺跡）

凡例：
- 推定される畑の範囲
- 竪穴建物・掘立柱建物
- 溝・水路・河川
- 7世紀以降の遺構

第Ⅴ章　遺構の発掘

溝を畝間にあたる溝（畝間溝）と考え、畑と判断するのが一般的である。

したがって、畑の検出例では、畝立てされた作土（耕土）はすでに削平されていることが多い。あるいは、作土の存在を認識せずに掘り下げてしまい、平行する畝間溝の存在をもって、はじめて畑と認識するにいたった例も数多くある。

ただ、大雨が降った後の畑では、作土の表層の泥成分が雨水によって洗い流され、砂成分だけが畝間溝の斜面から底に残されて堆積することがしばしばある。このような場合、平面では、畝間溝の縁に沿って伸びる2条の砂の筋が認められ、溝の埋土とは明瞭に区別される。また、断面では、畝間溝の斜面から底にかけて、薄く三日月状に砂が堆積する。したがって、これらが数多く見つかれば、畑であった可能性が高いといえる。

いずれにしても、集落遺跡の発掘では、建物などの間の空閑地で、こうした畑と考えられる平行する溝群が検出されることも多く、慎重な対応が必要となる。

なお、畑の発掘では、平面的な発掘だけでなく、サブトレンチを入れるなどして、断面の観察もおこなうことが望ましい。畑などの耕作遺構は、冒頭でも述べたように、存続する過程でたえず変化する遺構であり、また、三ツ木皿沼遺跡（群馬県・平安前期）のように、洪水砂で覆われた畑が復旧され、2時期の畑が重複して検出された事例なども存在するからである（図237）。

また、多くの場合、畑の発掘では遺物がわずかしか出土せず、年代特定に困難をともなうことが多い。しかし、周辺に存在する建物などとの重なりや関連を検討することにより、同時性を推定しうることもしばしばある。

また、発掘にあたっては、畝が残っている場合は作土と畝間溝の埋土を、残っていない場合は畝間溝内の埋土を試料採取し、水洗選別による種実の抽出作業のほか、花粉や植物珪酸体の有無を調べ、作物の同定をおこなうことが望ましい。

B　水　田

集落と水田　日本列島では、伝播に時期差はあるものの、水田稲作農耕を生業の基盤とする生活が現在にいたるまで続いている。そういった意味で、居住域と生産域との関係において、水田は畑以上に生活と不可分なものといえる。

古くは登呂遺跡（静岡県・弥生後期）で、集落と水田が調査されている。その後は、群馬県内をはじめとして、火山灰に埋もれた集落や水田の調査が進み、大阪府の河内平野では、洪水堆積層により埋没した集落と水田の実態が明らかになりつつある。近年の発掘では、集落に近接する低地から水田面が検出される例も増え、水田面の確認自体はさほど珍しいものではなくなってきている。

大阪府では、八尾南遺跡（弥生後期）や池内遺跡（弥生前期）で、居住域に隣接する水田が発掘されている。また、久宝寺遺跡（弥生後期～古墳前期）のように、居住域と水田のほか、畑や墓域までが明らかとなった例もある。

それらは、多少の違いはあっても、微高地上のもっとも高い場所に居住域があり、その縁辺部分に墓域、低地に水田面が広がるという共通点がある。そして、流路の自然堤防上などのように、居住にも水田造成にも不向きな狭小な傾斜地は、畑としていることが多い。

したがって、集落については、微高地上の居住域だけの発掘に終始するのではなく、広い視野を

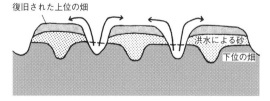

下の畑の作土を、砂の上に盛り上げることによって、畑を復旧している。

図237　上下2面の畑

もち、水田の存在を考慮して低地部分の発掘も進める必要がある。

水田の発掘　水田は、水田を区画する畦畔のほか、広義には、流路や堰、水路などのさまざまな遺構から構成される。

基本的に、水を得やすい低地に立地するため、洪水堆積物によって埋没することも多い。一方、群馬県や鹿児島県などでは、テフラ（降下火砕物）で埋没した水田も確認されている。このように、水田を覆う土砂にはテフラや洪水堆積物など多様なものがあるが、原則として、発掘作業の方法には変わりがない。

水田面の確認では、平面的な発掘もさることながら、土層断面の観察が重要である。

水田面の場合、耕作によるたびかさなる攪拌があり、有機物が多く含まれるために暗色化していることも多い。また、溝（水路）では、両側に人工的な堤状の高まりを付加している場合もある。

ただし、人が上を歩けるような大畦畔は、断面で容易に確認することができるが、小畦畔の確認は難しいことも多い。これは、小畦畔が上層の堆積物の重みによって圧密を受け、場合によってはわずか数cm程度の高まりとなってしまうことによる。また、畦畔を縦断したときや斜めに断ち割ったときは、高まりの識別はさらに困難になる。

したがって、土壌化が進み、水田作土の可能性が高い土層を断面で確認した場合は、その上面に近づくまで、1枚1枚、皮を剥ぎ取るように慎重に掘り下げをおこなう。そして、帯状の小畦畔が一部でも確認できれば、これを追いかけるように検出を進めるのも効果的である（図238）。

なお、堆積がさほど厚くないときには、のちの耕作により、本来の水田面が失われていることも多い。しかし、このようなときでも、土壌層を除去した基盤層から、継続して耕作された部分と、畦畔などのように耕作されない部分（擬似畦畔）が平面的に確認できることもあり、失われた水田面の推定が可能な場合もある。

水田は、作土の上面とその下面（基盤層上面）の発掘によって、水田区画の変遷が判明することや、上面では確認できない溝が検出されることもあるので、注意を要する。

また、土壌試料のプラント・オパール分析や、土層断面の軟X線写真による分析なども、水田面の特定に有効である。

C　水　場

水場とは　食料・木材・繊維などの加工を目的とした水さらしや水漬けの作業をおこなうため、あるいは水汲みや祭祀のために、湧水点または自然流路から導水し、貯水できるようにした木組や石敷の施設を、水場と総称する（図239）。

ただし、灌漑用の堰や水田畦畔、水路の土止め施設、簗や魞などの漁労施設は含めない。また、

図238　洪水で埋もれた小畦畔（池島・福万寺遺跡）

図239　木組の水さらし場（高瀬山遺跡）

土木遺構としての性格が強い、河岸・湖岸・海岸の船着き場などに組まれた敷粗朶(しきそだ)の護岸遺構も含まない。

各種の水場 水さらし場は、堅果類の虫殺しや灰汁(あく)抜きを目的として、石敷や木組を導水路の中に設けたものである。東日本では、トチの灰汁抜きを目的とした水さらし場が、縄文時代中期後半以降に多く見られる。

西日本では、河川の後背湿地や谷部に、ドングリピットとしての貯蔵穴が多数作られている。大部分は、灰汁抜きを必要としないイチイガシを、編籠に入れたまま保存したものである。九州では、縄文時代早期末に出現し、後期以降は南島を含めた西日本一帯に広がる。

矢瀬(やぜ)遺跡(群馬県・縄文後〜晩期)は、祭祀がおこなわれた水場の例である(図240)。祭祀関係の水場には、このほかにもさまざまな種類があり、狩猟にともなう供犠が想定される例や、未成品を含む大量の磨石の出土によって、モノ送りの場としての性格が考えられる場合もある。また、作業場とみられる水場でも、立石のある配石や木柱列などと組み合って、全体として祭祀的な空間を構成するものもある。

地形の把握 水場は、自然湧水や流路を利用して作られる。したがって、発掘区内に沖積地に向かって開く谷があるときや、台地で囲まれた沖積地に位置する場合は、水場が存在することを想定して発掘作業に着手する必要がある。

流路や排水路の下流側には、板材や杭材、樹皮といった木組の構成材のほかに、破砕された堅果類の果皮などが流されることが多い。そのため、これらを検出することにより、上流側に関連遺構の存在を想定できる場合もある。また、水さらし場の周辺では、上記のような果皮やそれを粉砕した石皿・磨石・敲石などが集中して出土することもあり、注意を要する。

木組遺構の発掘手順 ここでは、堅果類の水さらしをおこなったとみられる木組遺構について、発掘作業の手順を示しておく。基本的な手順はほかの遺構と同様だが、自然地形を利用した木組の選地や設置、さらには作業空間の存在を想定・復元しながら掘り下げる必要がある。

木組を覆う土を取り除いていくと、水さらしをしていた堅果類の残滓や、処理に用いた礫石器類、そして土器や木製容器などの位置関係が次第に明らかになってくる。さらに、水場で当時の人々が作業するための足場空間が明確になるなど、場の使い分けが把握できるようになる。これらの遺物は、位置関係を写真や図面によって逐次

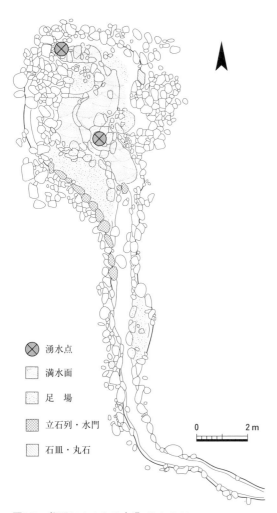

図240 祭祀にかかわる水場(矢瀬遺跡)

⊗ 湧水点
満水面
足場
立石列・水門
石皿・丸石

記録し、取り上げる。

　木組を覆う土が取り除かれ、木組上の遺物の取り上げが終わると、木組の最上面が現れる。通常、木組は2〜3層に重なっているため、この最上面から写真撮影と平面図・立面図の作成を順次進める。

　記録をとるさいには、構成材とその間に詰め込まれた石組の状況や、打ち込まれた杭の位置、杭に組まれた板材のかけ方、水量を調節するために板材に刻まれたえぐりの痕跡などを観察する。そして、これらを木組の全体的構造と照合しながら確認し、写真と図面を追加していく。構成材相互の組み方を立体的に把握するためには、必要に応じて見通し図なども作成する。

　発掘作業を進める過程で、木組に用いられた構成材は、順次はずすことになる。そのさいには、上位から下位の材へ、新しいものから古いものへと順にはずしていく（図241）。このとき、取り上げ後に復元が可能なように、番号や全体の中での位置だけではなく、組まれていた構成材自体の上下左右の関係などもわかるかたちでラベルに記録し、取り上げる。

付属施設の発掘　水場が、谷など周囲に比べて著しく低い場所につくられているときには、周囲の生活域から下りるため、階段状の掘削がなされていることがある。さらに、そうした階段状やテラス状に造成された場所が、何らかの作業空間として機能したものもある。

　このような場合には、水場との位置関係を確かめるために、平面的な測量だけでなく、連続した立面図を作成するなど、水場を中心とした空間全体の記録が必要となる。

供犠関係遺物の把握　モノ送りの場としての祭祀が想定される水場の場合には、送られた対象と儀式に用いた儀器などが、どのような位置関係にあるのかを把握することが要点となる。

　供犠の場でもある解体場に残った動物骨と、儀器として使用したのちに残された弓、石敷などにおける未成品を含む磨石などは、それらの位置関係を検討・評価したうえで、図面などによって記録する。

有機質遺物と土壌の試料採取　湿潤な土壌環境にある水場では、通常では残らない有機質遺物が発見されることが多い。また、花粉や珪藻などの微化石も豊富に残されている。

　したがって、遺構埋土の水洗選別による微細遺物の回収や、流路の堆積土の層序に対応させた試料採取と分析などによって、環境変化や水位変化を明らかにすることも必要である。木組の構成材や、食料加工の対象である堅果類、水漬け貯蔵された繊維、木材、樹皮など、いずれをとっても、

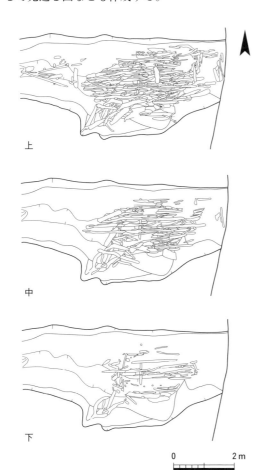

図241　水さらし場の木組の発掘手順（上谷地遺跡）

水場は過去の人と植物資源とのかかわりを示す情報をともなっている。

そうした視点で、微細遺物も対象に含めた丹念な発掘が望まれる。

D　貯木遺構

貯木遺構とは　貯木遺構とは、部材や木製品の未成品を水漬けした遺構であり、木材や木製品の乾燥によるひび割れ防止のほか、木材を加工しやすくすることを目的としたものである。

東日本の古代から中世の遺跡では、椀や皿の未成品を貯め置いた遺構があり、縄文時代後期から晩期の遺跡では、樹皮や植物から剥ぎ取った繊維を加工するために水漬けした遺構も検出されている。また、自然流路に水位調節のための堰を設けて貯木した例や、濠の中に水漬けした例もある。なお、弥生時代では、水さらしの水場と複合するものや、環状矢板列とよばれる施設内に未成品が漬け置かれている事例が見つかっている。

これらの遺構は、条件的には水場と変わりがないので、基本的な発掘作業の方法もそれらと同様である。ただし、貯木遺構の場合には、用材や未成品が製品化の過程のどの段階にあるか、それらが流路や溝のどの場所で出土しているかについて、詳細な観察が必要となる。

こうした用材や未成品の取り上げにさいしては、流路や溝の近傍にある工房との位置関係を明示するため、その位置を図面などに記録する。

また、止水・貯木施設に使われた材と、貯木の対象である用材や未成品を、明確に区別する必要がある。水場を含めて、木製の大型の槽などが、止水設備に再利用されることも多いからである。流路のどの位置に止水・貯木施設の材があり、水漬けされた遺物がそれらとどのような位置関係にあるのかを、図面などに記録して、両者の区別を明確にする。

貯木遺構の事例　縄文時代晩期の御井戸遺跡（新潟県）では、貯木遺構と判断される木材集積が確認されている。

弥生時代に入ると、各地で木製農具の貯木遺構が認められるようになる。これらは、長野小西田遺跡（福岡県・中期）や、玉津田中遺跡（兵庫県・中期）、唐古・鍵遺跡などのように、未成品が貯木された例が多い（図242）。また、勝川遺跡（愛知県・中期）では、棺材と推定される板目取りされた材が出土している。

古代の例では、多摩ニュータウンNo.399遺跡（東京都・9～10世紀前半）のように、長さ120mにも及ぶ大規模な貯木遺構も確認されている。

図242　農具未成品の貯木遺構（唐古・鍵遺跡）

第VI章

遺構の記録

第1節
実　　測

1 実測の理念と方法

実測図の意義　発掘作業では、その過程で、検出・掘削した遺構や遺物出土状況の図化をおこなう。実測図に代表される図面類は、各種の記録や写真とともに、発掘作業の成果を具体的に示し、第三者や後世の人々に伝える手段として不可欠なものであり、それ自体が一種の文化財であるといっても過言ではない。

また、実測図は、寸法を正確に示すと同時に、不要な情報を省いて整理し、発掘担当者の問題意識や意図を反映した表現とすることができる。したがって、実測図では、たんに対象の形状をそのまま記録するのではなく、その意味を第三者に的確に伝えるために、ある程度の模式的表現が要求されることも多い。

それだけに、実測図の作成には、その発掘作業や遺構に精通した者が関与し、成果が正しく表示されているかを常に確認する必要がある。

実測方法の変化　遺跡や遺構の実測にかかわる分野では、測量機器やコンピューターの著しい進歩と普及により、従来とは異なるさまざまな手法が用いられるようになってきた。これらは、旧版『手びき』以降、もっとも大きく変化した領域の一つといえる。以下、そうした新しい手法にも触れながら、精度を保ちつつ作業の効率化を図るための実測方法を簡単に紹介する。

略測図と遺構概略図　発掘作業で作成する図面には、実測図のほかに、その途中で遺構の輪郭を略測し、重複関係や埋土その他の情報を記録する、遺構カード（246頁）のようなものもある。方法はともあれ、こうした遺構の重複関係の記録は不可欠であり、作業の進行に合わせて、それを示す図面を作成する必要がある。

また、発掘区全体の実測図は、発掘作業の終盤になって作成されることが多いが、作業計画の立案や遺構の相互関係の把握のためには、全体の遺構を示した概略図が求められる。そして、それに追記や注記をしながら作業を進めることで、発掘作業の経過や検討の過程も記録できる。

このような図面では、位置や寸法に関する精度はさほど要求されない。そのため、これらの作成にあたっては、グリッド杭を基準とするなど、目的と必要精度に応じた実測方式をとればよい。

実測方法の大別　遺構の実測に関しては、二次元の平面図を作成したのち、高さに関する情報を加える伝統的な手法と、機器を用いて三次元座標を直接取得する方法がある。

後者としては、トータルステーション（TS）やGPS（汎地球測位システム）を用いておこなう方式のほか（これらの機器は、もちろん前者にも活用可能）、以前から写真測量が広く用いられてきた。また、近年は、地上型三次元（3D）レーザースキャナーによる測量も急速に普及しつつある。

以下では、まず、平面図を作成して二次元データを表示し、高さのデータを加える方法について述べる。実測方法としては古典的だが、現在もなお、多くの発掘作業で主流をなすからである。この場合、図化縮尺は1/20を基本とし、平面図に関しては、これを基本平面図とよぶ。そして、必要に応じて1/10その他の詳細図を作成する。

2 過去の実測方法とその問題点

平板測量　平板測量は、二次元の平面図を作成するための手段として、かつては広く用いられ、『調査標準』でも、小範囲の実測には有効な方法と紹介した。

しかし、第Ⅲ章で触れたように（82頁）、平板測量は、アリダードの視準面と定規のずれによる外心誤差や、視準孔と視準糸の幅に起因する視準誤

差などにより、精度上、1/100以上の大縮尺の実測には耐えられない。したがって、基本平面図の作成には向かず、たとえ小面積の調査であっても、これ以外の方法をとるべきである。

また、同時に作成できる図面数が平板の台数の制約を受け、要する人員のわりに能率が悪いこと、平板との間隔が離れると、作図者が遺構の形状を間近で視認できないことなどの問題もある。

遣方測量 一方、遣方（遣り方）測量についても、旧版『手びき』は、あまり範囲が広くなく、高低の差が著しくない部分の細部実測に適した手法として、その手順を詳説し、『調査標準』でも、実測方法の一つとして紹介した。

しかし、発掘区や遺構の外周に杭と貫板を設置して、同じ高さに水糸を張りめぐらす遣方測量は、水平距離を水糸上で測定するために工夫された便法であり、水平距離が簡単に測定できる今日では、存在意義を失っている。

また、下げ振り（錘球）の接地位置と水糸とのずれ、水糸のたるみや風による揺れのほか、短い後視距離で直角の振り出しを重ねることによる精度的問題も大きい。くわえて、杭打ちなどの作業に要する労力や、遺構面に与える損傷にも無視できないものがある。

したがって、現在では、測量機器の進歩と普及に応じて、平板測量や遣方測量に代わる効率的な実測方法を採用する必要がある。

3 実測の具体的手順

A　トータルステーション・GPSの活用

トータルステーション（TS）やGPSは、基準点測量（72頁）や地形測量（81頁）の手段として有用なだけでなく、実測作業においても利用価値が高い。とくにトータルステーションは、近年いちだんと低価格化が進んでおり、費用対効果にすぐれた機器といえる。

トータルステーションは、距離と角度を同時測定することで、水平距離と高低差（比高）のほか、測定した点の三次元座標を表示することができる。一方、GPSは、人工衛星からの電波信号を受信・解析して、三次元座標を測定する。

これらの機能を用いることにより、グリッド杭の設定などの作業は著しく簡便化した。また、とくにトータルステーションの場合、そうした特長を生かして、遺物の出土位置を記録することも各地で盛んにおこなわれている。ただし、それは機器の活用法のごく一部にすぎない。

ほかにも、遺構の輪郭などを示す単点を計測し、相互を結線することで遺構の実測をこれらの機器を主体として実施することも可能である。結線は、現地でおこなう場合と、室内作業の場合があるが、取得した三次元情報は、デジタルデータとして多方面への活用が期待できる。

反面、一定の時間内に計測できる範囲や単点数には限界があるので、すべての実測作業をこれのみに依拠するのは必ずしも得策ではない。もちろん、遺構が単純な場合は、単点の座標を直読して図化する方法も有効だが、通常、現地で複数のトータルステーションやGPSを稼働できる状況にあることは少ないだろう。

むしろ、台数がかぎられた中でその特性を生かすとすれば、これらの機器を用いて実測の基線だけを設定し、その後、複数の人員により、同時並行で実測作業をおこなうほうが能率的なことが多い。したがって、遺構や現地の状況に応じた選択が必要となる。

くわえて、人間のもつ図形認識能力には器械の及ばない部分があり、作業の効率化のためには、それを最大限活用するのが望ましい。

以下、平面図の作成に関して、実際の運用例を示しながら、具体的な手順を示す。

B 実測基線の設定

器械の据えつけと測定 基線の設定にトータルステーションを用いる場合は、地形測量と同じく、まず測量基準点に器械本体を据え、別の基準点(後視点)に立てた反射プリズムを視準する。次に、それぞれの座標や方向角を入力し、後視点の座標を測定して既知の成果と比較する。両者がほぼ一致すれば、設定は正しくおこなわれたことになり、後続の作業を開始できる。

なお、任意の場所に器械本体を据えて複数の既知点を視準し、後方交会法により器械の位置を求めることも可能だが、設定の正否を確認するためには、さらに別の既知点を計測する必要があり、能率の向上にはさほど寄与しない。

座標の測定は、トータルステーションで反射プリズムを視準することによっておこなう。プリズムを取りつけたポールを安定して垂直に保持するためには、伸縮自在の二脚を使用するのが便利である(図243右)。互いの距離が離れている場合の連絡はトランシーバーなどを利用する。

一方、トータルステーションに代えてGPSを用いる場合は、リアルタイムキネマティック法(RTK法)か、ネットワーク型RTK法によるのが能率的である。前者は、2台の受信機のうち1台を固定局(基地局)として測量基準点に設置し、もう1台を移動局とする方式、後者は、電子基準点のリアルタイム観測データと携帯電話を用いることで、受信機を移動局1台だけとすることを可能にした方式である。

ただし、いずれにしても、GPSでは上空が開けていることが必要で、障害物の程度によっては使用できないことがある。

基線の設定 実測の基線は、通常、平面直角座標系の南北および東西方向に格子状に設定する。基線の間隔は、これを用いておこなう実測作業の精度を確保するため、過大とならないように留意する。2〜4m間隔で設定するのが実用的であろう。これより広いと精度が低下し、これより狭いと設定の手間が増加する。

なお、実測の基線と、遺物取り上げの単位となるグリッド(地区割り)の輪郭線は、可能なかぎり一致させるのが望ましい。両者の対応関係を把握しやすく、報告書作成にいたる各種の後続作業の円滑化にもつながるからである。

これらの実測基線の設定は、釘と水糸を用いるのが一般的である。その場合、X座標とY座標がともに切りのよい数値となる交点に釘を打とうとするのは、あまり意味がない。遺構の状況によっては、そうした交点に打てない場合も多々あり、かりに打てる場合でも、X座標とY座標の双方の条件を満たす位置に正確に打とうとすれば、調整に手間がかかる。

それよりも、X座標かY座標のいずれか一方だけが切りのよい数値となるように釘を打ち、おのおのを水糸で結んで方眼を作るほうが、はるかに能率的である。この方法によれば、遺構面の起伏や遺構の状態に合わせて、必要な位置に釘を打つことができる。

釘打ちの手順 具体的には、それぞれ予定した

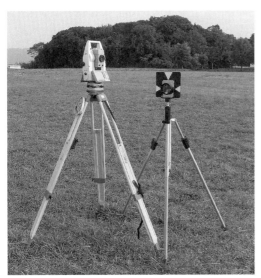

図243 トータルステーションと反射プリズム

座標に近いと思われる位置に反射プリズムを立てて座標（水平位置）を測定し、ずれの分だけをコンベックスなどで補正して釘を打つ。そのさい、X座標とY座標のどちらか一方の値を満たすだけであれば、補正方向に多少のずれを生じても、座標値にはほとんど影響がない（補正量が0.300mで方向が5°ずれた場合、座標の誤差は0.001mにすぎない。$0.300 \times \cos 5° ≒ 0.299m$）。

なお、釘は、X・Yのどちらの座標を示すものか混乱を生じないように、たとえば「X座標：黄、Y座標：赤」のように、あらかじめカラースプレーなどで塗り分けておくのがよい。また、必ずしも断面積の大きい5寸釘（長さ150mm）を用いる必要はない。個々の状況にもよるが、長さ115〜125mmの釘が使いやすい。

水糸の取りつけ　釘と釘を結ぶ水糸は伸縮性のあるものを選び、縮もうとする力を利用して直線的に張る。釘に結びつけるのではなく、簡単に取りはずしができるように、両端を輪にして釘の頭にかけるほうが便利で、作業中に誤って切ってしまった場合にも、影響が最小限で済む。なお、水糸の色は各種あるので、たとえば図面割りに合わせて境界線の色を変え、作図位置の取り違えを防ぐなど、いろいろな工夫が可能である。

なお、上記の方法によれば、実測基線は、いつでも容易に取りつけや取りはずしができる。写真撮影のさいも、通常、釘はあまり支障とならないので、水糸だけを撤去すれば済むことが多い。いずれにしても、実測基線は作業の進行に合わせて設置や撤去をくりかえし、撮影や掘り下げなど、ほかの作業の支障にならないように配慮する。

C　実測用具と測定単位

実測用具　基線からの距離を計測するための用具としては、一般にエスロンテープや間竿（けんざお）（目盛りをふった長いものさし）、市販の標尺、コンベックスなどがあるが、実測基線を格子状に張りめぐらした状況では、間竿を用いるのが効果的である。間竿の長さは基線の方眼の大きさと連動させるのが望ましいが、たわみや運搬作業を考慮すると、3mないしそれ以下のものが使いやすい。

実測にあたっては、複数の間竿で方眼内部にさらに1m方眼を作り、作業の進行に合わせて順次間竿を移し替えていくのが能率的である。高低差が大きい場合は、ピンポールを立てて輪の部分に間竿を渡すなどして、できるだけ水平に間竿を設置し、誤差を少なくするようにする。

また、複雑な形状の遺構や遺物出土状況などを測る場合は、あらかじめ細かい方眼を作りつけた網枠（取り枠）の利用も有効である。

測定単位と目盛り　遺構実測における最小単位は、掘り下げや測定の精度を勘案すると、cm（m表記で小数第二位）とするのが適当である。1/20の基本平面図上で1cmは0.5mmの表示となり、測定単位をこれ以上細かくしてもほとんど意味をなさない。測定における誤差と有効数字の関係（整理編20頁）を認識する必要がある。

したがって、実測用具や目盛りについても、それに応じた選択が必要となる。cmまで測るのにmm単位の目盛りは不要であり、すみやかな読み取りのためには、むしろ支障ともなりかねない。その点で、5cm単位の目盛りをふった間竿は、cm単位の計測に適した用具といえる。

図244　間竿を用いた実測

第Ⅵ章　遺構の記録

ちなみに、間竿の材質は、かつては木製であったが、重く、運搬や複数での使用に不便な点も多かった。そこで、アルミニウム製の中空の窓枠材を切り揃えて、5cmごとに目盛りを刻んだ間竿（長さは3m、2m、1.5m、1mの4種類。断面は35×8mm）を外注製作し、使用している例がある。目盛りの刻み目や数字はそのままでは見づらいので、油性フェルトペンなどの上書きが必要だが、軽量で取扱いが簡便なうえに視認性にもすぐれ、便利である（図244）。

D　高さの測定

二つの測定法　高さを測定するには、レベル（水準儀）を用いるほか、一定の高さに張りめぐらした水糸を見通す方法がある。後者では水糸からのマイナス高として示され、前者でも換算をおこなわないかぎり、通常はレベルの視準線からのマイナス高となる。数値の表記も、一般にcmとmの両者が使用されている。

高さの表記とその単位　しかし、隣接地域を含めて、場所や日付を異にした測定結果を一体的に扱うためには、それぞれの高さが別の基準からの数値で示されるのは不都合である。報告書作成にいたる後続作業の効率化を図るためにも、一律の基準にもとづくべきであり、それには標高によるm単位の表記に統一するのが望ましい。水糸を見通す方法は、この点でも限界がある。

また、高さに関して、mm単位まで表記する例がしばしば見受けられるが、水平位置と同様、掘り下げと測定の精度からすると、意味が乏しい。水糸を見通す方法ではその精度に達せず、レベルを用いた計測でも、標尺のウェービング（78頁）や気泡管によらないかぎり、mm単位の精度は保持できないからである。cm単位（m表示で小数第二位）までの表記に統一すべきであろう。

標高直読用シール　標高表記をおこなう場合、レベルの視準線の標高（レベルを据えた点の標高＋器械高）と高さの測定値から、現地で標高に換算して記録することは可能である。ただ、計算などの手間を要するので、それらを簡便におこなう手段として、標高を直接読み取るためのシールを考案し、実用に供している例がある。

これは、一般の標尺の目盛りとは逆に、目盛りの数値が上から下に向かって増すようにした長さ1mのシールで、通常は間竿の裏面などに貼りつけて使用している（図245）。

具体的には、まず標高がわかっている既知点にシールを仮貼りした間竿を立てて、レベルで目盛りを読み、貼りつけ位置を上下に調整して、既知点の標高の小数点以下（m未満）の部分（標高が△△.□□□mの場合の□□□）と一致するようにする。この結果、そのレベルとシールを用いた読み取り値がそのまま標高のm未満（標高が△△.○○mの場合の○○部分）の数値となり、以後の測定値はすべて標高で表記することができる。

標尺の読み取りは、m単位で小数点以下の2桁（上記の○○）だけおこない（小数第三位を四捨五入または切り捨て）、記録者はそれに標高の整数部分（上記の△△）を加えて標高を記録する。混乱のおそれがなければ、整数部分は「数字は標高（とくに表示がない場合は75.○○mをあらわす）」のように、適宜、凡例を設けて省略すればよい。

図245　標高直読用シール

ちなみに、シールの色は黒と赤の2種類を用意し、交互に貼りつけることで、標高の整数部分の変化を認識しやすくしている。

上記の方法によって、平面図に高さを記入する作業は著しく効率化し、かつ統一的な表記が可能となった。なお、レベルを同時に数台稼働させて、それぞれ対応するシールと組み合わせれば、作業の迅速化をいちだんと進めることができる。

E　図面割り

発掘区が広い場合など、多数の実測図を作成するときは、とくに、個々の図面が全体のどの部分にあたるのかを把握できるように配慮しなければならない。そのためには、グリッドや座標と平面図の図面割りを示した全体図を作成し、それぞれの図面に番号をふるのが効果的である（図246）。

図面番号は、数字のほか、アルファベットと数字の組み合わせなど、いくつかの表記方法が考えられるが、南北および東西方向におのおのアルファベットと数字をふり分ければ、互いの位置関係は容易に理解できる。一方、数字による通し番号の場合は、それが難しいので、むしろ断面図その他を含めてつけ、図面総数を確認する手段として用いるのが合理的である。

平面図の図面割りは、次節で触れる遺構カードなど、発掘作業中に作成する別の図面との対照も勘案して、調査の当初から計画しておくのが望ましい。当然、それらの図面割りは一致させるほうが、全体作業とくに発掘作業後の整理等作業を効率よく進めることができる。

F　平面図の作成

実測用紙　基本となる1/20の縮尺では、1mが5cmの長さで表示されるため、通常は、これに応じた方眼紙を準備して、平面図を作成する。用紙は、中性紙のほか、耐水性のマイラーベースやポリプロピレンなどがある。実測用紙には、図面番号と実測基線およびそのX・Y座標、グリッド名を記入しておく。

作図方法と留意点　遺構の実測にあたっては、形状や大きさを示すのに有効な点を選んで水平位置を記入し、線描で遺構を表現する。上端線は太く、下端線は細くしてメリハリをつけ、第三者にも遺構の状況を認識しやすいようにする。

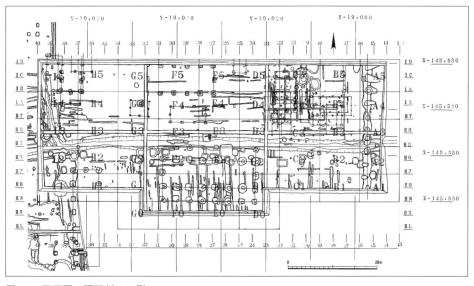

図246　平面図の図面割りの例

第Ⅵ章　遺構の記録

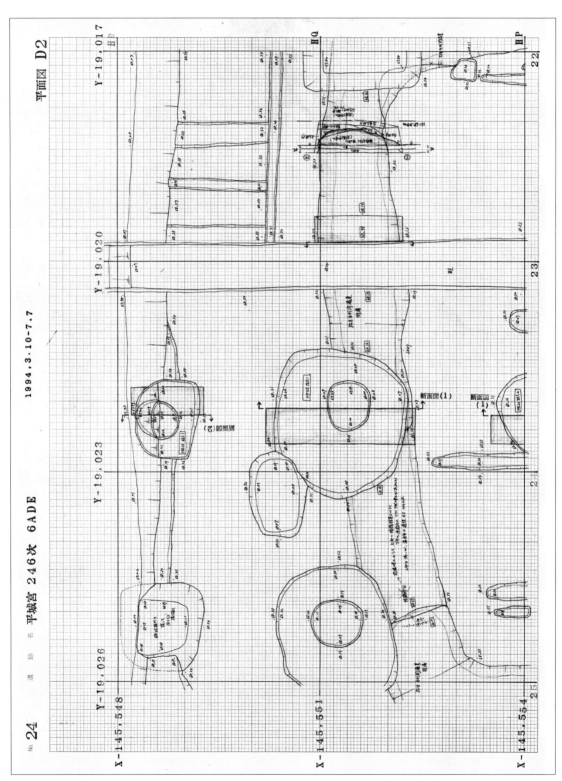

図247　平面図の例

上端から下端に向かってケバをつけるのも、理解を助けるうえで効果的である。ケバは、発掘区やトレンチの段差などの土木ケバと、遺構ケバを区別して示す。また、"上端と下端が近接してケバ表現がない場合は、土木ケバを意味する"などの原則を定めておくのがよい。

遺構の輪郭線は目視できるので、測定した点と描線の間をあける必要はなく、連続した実線で表現する。形状を正確にあらわす妨げとなるため、一点鎖線は避けるべきである。また、重複する遺構の先後関係を深さの掘り分けで示す場合などでは、たんなる高低の表示ではなく、新しい遺構が古い遺構を切った状態をあらわすようにしなければならない。そのためには、前者の上端線をつなげて描く（図247）。

なお、線描だけでは表現が困難なときや、煩雑となる場合は、淡色の色鉛筆を用いて薄く着彩し、凡例を設けるとわかりやすい。たとえば、柱掘方など、底面（加工面）まで掘りきっていないものや、柱抜取穴を塗り分けるなど、さまざまな工夫が可能である。

平面図をはじめとする実測図は、遺構をもっとも的確に表現するための手段であるから、不要な情報は省略して必要な情報を補い、ある程度模式的な表現をおこなうことがしばしばある。その意味でも、実測図の作成には、発掘担当者が関与し、点検することが欠かせない。

標高を示す単点は、地形や遺構の状況に応じて配点密度を決め、第三者が傾斜や高低差を的確に認識できるようにする。また、断面図を作成する箇所や、断面調査などが予想される部分には、もれなく配置することを心がける。ちなみに、単点の位置を"×"で示す必要はなく、混乱を生じないかぎり、通常の"・"でよい。

なお、平面図の中に等高線を引いて地形の起伏を表現する場合は、上記の単点を用いた間接法（81頁）により、現地で傾斜や起伏を見ながら描画するか、室内作業で描き入れる。

作図対象　1/20の基本平面図をはじめとする平面図でおもに表現するのは、遺構の場合、機能面（109頁）である。たとえば、竪穴建物では床面まで掘り下げた段階、溝や土坑では、多くの場合、底面まで掘りきった状態が作図対象となる。

一方、掘立柱建物では、本来の機能面（通常は当時の地表面）が遺存しないものが大半だが、遺構としてわかりやすく表現するために段下げをおこない、重複がある場合の先後関係を、深さの掘り分けで示すことは先に述べた（127・184頁）。したがって、その状態が作図対象となる。

これ以外の、竪穴建物の当初の掘削面や掘立柱の掘方底面など加工面の情報は、必要に応じて基本平面図に描き加えるか、別に図面を作成して示す。描き加える場合は、異なる作図対象についての情報、たとえば、それぞれの単点の標高や下端線を混同しないような配慮が必要である。描線の色を変えるか、片方の標高数値に下線を引くなど、各種の方策が考えられる。

重複した遺構の図化　遺構が重複する場合は、新しいものから掘り下げるが、それぞれを機能面まで掘り下げた段階で作図するのが原則である。

したがって、基本的には、新しい遺構を図化したのちに、順次、古い遺構を機能面まで掘り下げ、図化作業に入ることになる。そして、古い遺構の掘り下げによって変化した部分の上端線と下端線を破線で描き加えることにより、掘り下げ後の形状と高低関係を表現する（図248）。

ただし、攪乱など、新しい遺構の正確な記録があまり意味をもたないときや、重複の状況によっては、重複関係や形状の記録を遺構カードなどの略測図で代替し、重なった遺構を、いずれも機能面までほぼ掘り下げた状態で図化することもある。この場合は、機能面の状態が、高低関係を含めて正しく表示されることになる。状況に応じた選択が可能であろう。

第Ⅵ章　遺構の記録

G　断面図・立面図の作成

縮尺と測定単位　遺構の断面図や立面図は、平面図とともに重要な記録であり、発掘作業の進行に合わせて、適宜作成する必要がある。

これらの図化縮尺も、基本平面図と同様に、原則的には1/20とし、状況に応じて1/10の詳細図など、その他の縮尺の図を作成する。高さ（深さ）など垂直方向の距離は、水平位置と同じく、cmを最小単位として測定し、標高をm単位で表記するのが基本である。

作図方法　遺構の断面図や立面図は、通常、平面図を作成したのち、それを利用して作図する。少数の図であれば平面図に描き入れることもあるが、煩雑となる場合や平面図の描線に影響を与える場合は、別に独立した図面を作成する。

両者を対応させつつ作業の能率化を図るためには、平面図の該当部分を複写して貼りつけ、その下か上に作図するのが便利である（図249）。また、断面図・立面図を作成した位置と見通した方向や、断面図・立面図の図面番号は、平面図にも必ず書き入れる（図247）。

そのさい、平面図に記入した単点の標高は極力利用する。通常、柱掘方などは、断面位置の単点があれば、それを用いるだけで計測可能な場合が少なくない。逆にいえば、単点をとるさいには、そのように心がけるべきである。一方、単点が不足するときは、レベルで補測するか、水糸を張って測定することになる。

なお、断面図や立面図に標高の表示は欠かせないが、水平位置（少なくともX座標・Y座標のいずれか一方）の記入も不可欠である。座標表示は、1点だけでは方向が判断できないので、2点以上記載するか、方位を明示する。

H　土層図の作成

発掘区の土層断面を示す土層図は、遺跡の層序を把握して調査全体の見通しを得るためにも、掘

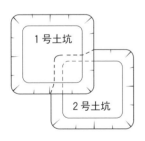

1-A：深い2号土坑を切って
　　　浅い1号土坑が掘られた場合

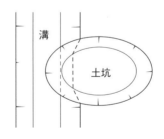

2-A：深い溝の埋没後に
　　　浅い土坑が掘られた場合

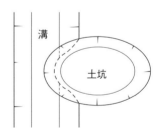

2-C：浅い溝の埋没後に
　　　深い土坑が掘られた場合

1-B：浅い2号土坑を切って
　　　深い1号土坑が掘られた場合

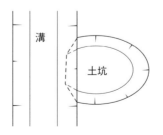

2-B：浅い土坑の埋没後に
　　　深い溝が掘られた場合

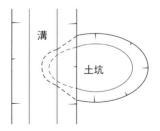

2-D：深い土坑の埋没後に
　　　浅い溝が掘られた場合

図248　重複した遺構の図化

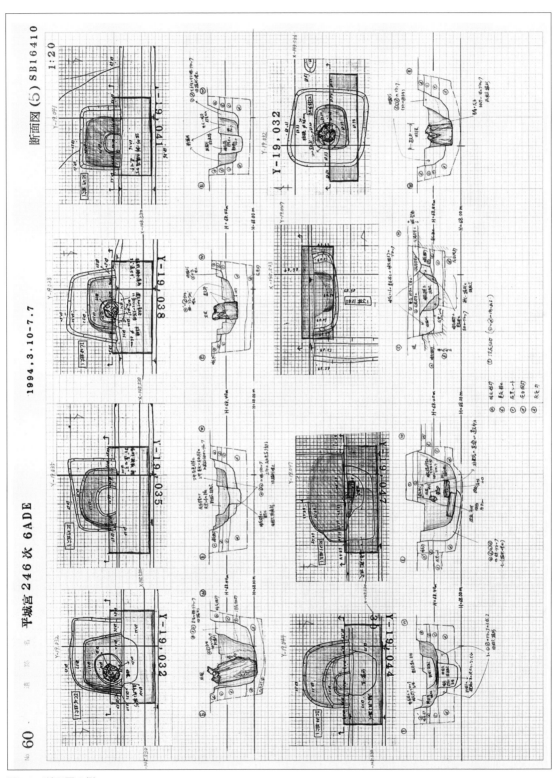

図249 断面図の例

第Ⅵ章　遺構の記録

り下げ後、乾燥が進まない段階ですみやかに作成するのが望ましい。掘り下げや発掘作業の進展により変化が生じた場合は、適宜新しい成果をつけ加え、修正をおこなうことになる。土層の形成過程を十分に理解し、人為的に埋めた土か自然堆積か、という点も含めた問題意識をもって、的確に表現するように努める（100頁）。

縮尺と測定単位　土層図の縮尺も、基本平面図や遺構の断面図・立面図と同じく、1/20を基本とする。ただし、微細な変形構造や、遺物とラミナの関係などを記録する必要があれば、1/10や1/5、1/2のより大縮尺の部分図も描くことがある。垂直方向の距離は、やはりcmを最小単位として測定し、標高をm単位で表記する。

準備作業　土層図の作成では、通常、レベルを用いて壁面に高さの基準となる水糸を張り、それと平行にエスロンテープや目盛りをふった間竿を設置して水平距離を測定する。水糸の標高は、m単位か、最低でも20cm単位などの切りのよい数値とし、壁面がとくに高いか段差のある場合、あるいは傾斜が緩い場合は、標高を違えた複数の水糸を張って正確を期す。

水糸を固定するための釘は、長さ90〜150mmのものが使いやすく、水糸がたわまず、かつ壁面から離れすぎないような間隔で打つ。また、水平距離の目盛りは、区切りとなる値を地区割りの境界に合わせておく。テープの代用または補助用として、壁面に等間隔の垂線を引くのも有効である。前者では水平距離を計測する手間が多少増すが、テープで層の境界が隠れる不都合はなくなる。

作図方法　一般的には、方眼紙を用いて土層図を描く位置を割りつけ、水糸の位置や標高、地区割りなどを前もって書き入れておく。遺構の断面図・立面図と同様、水平位置（少なくともX座標・Y座標のいずれか一方）の記入も欠かせない。

作図のさいには、層理や葉理などの屈曲点や区切りとなる点について、水平距離と水糸からの垂直距離を測って図面上に記入し、壁面を観察しながら、フリーハンドで結線する。この場合も、平面図と同じく、測定した点と描線の間をあける必要はなく、土層相互の関係がよくわかるような表現を心がける。

点の数は、複雑に屈曲する土層では、通常、多めにとるが、単純な土層では少なくてよい。計測者と作図者の二人一組で作業をおこなうのが効率的なときもある（図250）。

4　写真測量

A　写真測量の種類と特性

写真測量の種類　写真測量には、セスナ機やヘリコプターに搭載した空中写真測量用カメラ（以下「航空カメラ」と略記）で撮影した写真を用いて図化する空中写真測量と、地上で撮影した写真を利用する地上写真測量がある。いずれの場合も、なるべく対象に正対した位置から撮影した写真を用いるのが、精度上望ましい。

写真測量の特性　写真測量は、現地での作業時間が短くて済み、全体にわたってほぼ均一な精度の三次元情報が得られるのが特長である。また、そうした特性を生かした、CG（コンピューターグラフィックス）や模型による再現も可能である。

反面、撮影時に写っていないものについては表

図250　土層断面の実測

Ⅵ-1 実　測

□□遺跡 空中写真撮影および遺構図作成 特記仕様書

（適用範囲）

第1条 この特記仕様書は、空中写真撮影および遺構図作成作業に適用する特記事項を示すものである。

（使用する規程等）

第2条 この作業に使用する規程等は、次に掲げるものとする。

　　（ア）○○市公共測量作業規程
　　（イ）○○市請負測量作業共通仕様書

2　納期　平成△△年△月△日

（作業地区および作業量等）

第3条 この契約における作業地区および作業量は、別紙付図のとおりとする。

　　（ア）空中写真撮影（回転翼）：1/300（5,000m^2）
　　（イ）対空標識設置、標定点測量：10mメッシュ杭
　　（ウ）遺構図作成（デジタルマッピング）：1/50（5,000m^2）

（納入する測量成果品等）

第4条 納入する測量成果品等は、以下のとおりとする。

　　（ア）納入する測量成果品

品名	数量	摘要
撮影フィルム	1式	
密着写真アルバム・標定図	1冊	
遺構図原図 1/50	1部	#500
遺構図縮小原図 1/100	1部	#300
測量成果簿	1冊	
DMデータファイルおよびDXF	1式	CD-R

　　（イ）提出する記録および資料

品名	数量	摘要
撮影記録	1式	
精度管理表	1式	
校正図	1式	3回

（精度管理）

第5条 測量成果の精度確認のため、第2条の規定に準じた精度管理をおこない、精度管理表を提出するものとする。

（その他）

第6条 既知点に異常があった場合、その他作業遂行上疑義が生じた場合は、すみやかに担当係員に報告し、その処置について指示を受けるものとする。

図251　空中写真測量の特記仕様書の例

示できないので、その場合は補測と成果の合成が必要となる。

外部委託時の留意点　写真測量などの作業全般に共通することだが、通常、図化の担当者は、対象となる遺構について、ほとんど知識をもたない。したがって、作成された図面は、数回にわたる校正が不可欠となる。当然のことながら、これらの校正は、遺構をよく知る発掘担当者が入念におこなわなければならない。

また、図化対象についての特記事項や校正回数のほか、納期や納入成果品、とくにデジタルデータの場合は、データの保存形式や閲覧するためのソフトウェアとそのバージョンなどをあらかじめ明記した仕様書を作成して、行き違いがないようにする(図251)。

B　空中写真測量

発掘区全体の図化など、対象となる面積が広大な場合や高低差が大きいときは、空中写真測量をおこなうのが効果的である。一定額以上の費用は要するが、地上測量に比べると経費・時間ともに少なくて済むことが多い。

撮影縮尺と高度　遺構の図化にこの方法を用いる場合、撮影縮尺と図化縮尺の比は1：6〜1：8を標準としている。よって、1/50の図を作成するための撮影縮尺は1/300〜1/400程度、撮影高度は、焦点距離150mmのレンズを使用するとき45〜60m、焦点距離210mmのレンズを用いれば63〜84mとなる。

また、航空カメラの画面サイズは、通常230×230mmなので、1枚のフィルムには69〜92m四方ほどの範囲が写し込まれることになる。

対空標識と撮影コース　空中写真測量をおこなうにあたっては、写真上の位置と地上の位置を正確に対応づけなければならない。そのために、あらかじめ水平位置と標高を測定した標定点を地上に設け、それらの対空標識を写し込むかたちで垂直写真を撮影する。

撮影は前後左右に重複させておこない、同一の飛行コース内の前後の重複（オーバーラップ）は60％、隣り合うコース間の重複（サイドラップ）は30％を標準とする。

ラジコンヘリコプター　なお、周囲の環境によっては、実機による撮影が実施できず、小型のラジコンヘリコプターを用いることがある。これらは、モニター画面で画像を確認できるなど、便利な面もあるが、大型のカメラを搭載することができないので、写真の質の低下は避けられない。そのため、使用するときは、振動を軽減するタイプのエンジンと、安定を保つための姿勢制御装置を備えた機体を選択する。

図化作業　フィルム航空カメラの場合は、現像後、ネガフィルムから密着でポジフィルムを作成し、これを図化機にかけて図化作業を実施する。かつて用いられたアナログ図化機は、解析図化機に取って替わられた。その後、ポジフィルムに代えて、スキャナーで写真を数値化した画像データ（数値写真）を用いるデジタルステレオ図化機も広く普及するにいたっている。

さらに、航空カメラにGPSおよびIMU（慣性計測装置）を装備し、直接、定位撮影した数値写真から数値地形図を作成するデジタル空中写真測量も実用化された。これによれば、地上に標定点や対空標識を設置する必要がない。

また、上記のフィルム航空カメラに代えて、空中写真測量用に開発されたデジタルカメラを使用する事例も、近年とみに増加しつつある。

C　地上写真測量

測量の対象　一方、石垣のように垂直に近い方向の立ち上がりをもつ遺構や、個々の遺構など部分的な図化をおこなう手段としては、地上写真測量が有効である。

これによれば、複雑な曲線や面をもつ対象につ

いても正確な三次元データを取得し、図化することができる。とくに近年は、解析図化機やコンピューターの発達によって、撮影方向が対象に対して斜めとなる場合でも図化が可能となり、適用範囲を広げている。

測量方法　地上写真測量は、1.2m程度の間隔で平行に固定された2台のカメラを用いて、比較的近接した対象を測量する方法が主流であったが、近年は2地点以上から撮影した画像をもとに図化する方法が一般的になりつつある。

測量には、内部標定要素をあらかじめ算出してあるカメラを使用し、カメラの位置や姿勢を求めるための外部標定をおこなう。このため、通常は撮影対象の任意の数点に、標定用の標識（ターゲット）を設置する。標識は、空中写真測量で用いられている十字形のものよりも、円形のもののほうが精度がよい。

また、最近ではフィルムカメラに代えてデジタルカメラを使用し、コンピューター上で解析をおこなって三次元のデジタルデータを取得する、デジタル地上写真測量が急速に普及しつつある。

この方法は、従来に比べると機器が安価なうえに、簡便で作業速度も速い。したがって、実測作業の労力軽減や、出土状況など発掘途中の情報の記録にも有効である（図252）。今後さらに機器の能力向上と改良が進み、広汎な領域で用いられるようになると予想される。

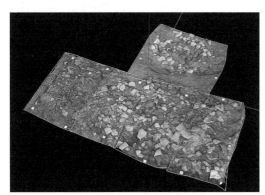

図252　地上写真測量による礫敷の鳥瞰図

5 三次元レーザー測量

A　三次元レーザースキャナーの特性

測量の原理　デジタル地上写真測量と並んで、最近めざましく普及しつつあるのが、三次元（3D）レーザー（スキャナー）測量である。この方法では、連続的に射出方向を変化させたレーザー光線の往復時間などによって対象物までの距離を測定し、同時に射出方向を計測することで、その三次元座標を取得する。短時間に大量の点群データを得ることができ、それらをコンピューターのソフトウェアを用いて処理・加工する。

長所と短所　三次元レーザー測量は、写真測量と同様、対象に触れることなく高精度の計測が可能で、対象と正対する必要もない。一般に、写真測量に比べると、地形測量など、より広い範囲の測量に適した方法といえる。断面図や等高線図も、任意の方向で簡単に作成することができる。

一方、点群データやそれから発生させた三次元形状モデルから線画を起こすことは難しい。また、レーザー光線の陰になる部分はデータの取得ができないので、起伏が大きい場合は死角が生じやすく、そうした状況では計測箇所を増やす必要がある。また、対象物が濡れた状態では乱反射を生じるため、雨天の屋外計測には向かない。

レーザースキャナーの種類　レーザースキャナーには航空機搭載型と地上型があり、航空機搭載型は、おもに前述の航空レーザー測量に代表されるような広範囲の測量に使用する（84頁）。通常、遺構の図化に用いるのは、高精度かつ高密度な測量に適した地上型である。

B　地上型レーザースキャナーによる測量

レーザースキャナーの選択　地上型レーザースキャナーには、有効距離は短いが高精度のデータ

が得られるタイプから、測定精度はやや劣るが有効距離が長いタイプまで、いくつかの種類がある。鉛直方向のスキャニング範囲も異なり、対象までの距離や対象の大きさ、必要な精度などを考慮して、適切なものを選択することになる。

いずれの場合も、取得したデータをコンピューター上で結合し、ノイズなど不要な情報を除いて整理したのち、目的に合ったデータ処理をおこなって成果品を作成する。

成果の活用　そうして得られた三次元のデジタルデータは、さまざまなかたちで活用することができる。たとえば、内蔵のCCD（電荷結合素子）画像や市販のデジタルカメラの画像を貼りつけ、点群やモデルを立体写真のように管理することも可能である。また、CGや模型の作成にも容易に適用することができる。

三次元レーザー測量は、ほかの方法に比べて短時間に均一かつ高密度の三次元情報を取得できるうえに、コンピューター上の処理も簡便であり、その利用は今後もさらに促進されるだろう。

外部委託時の留意点　遺構実測など、比較的広い範囲を対象とした三次元レーザー測量は、機器自体が高価なこともあって、ほとんどが外部委託作業となる。

上記のように、この方法は、より詳細な遺跡情報の取得と迅速な記録を可能にする。しかし、現地における作業時間は短縮できるものの、その反面、解析や点群データの編集といった事後の作業に時間と人員、経費を要する。

また、遺跡情報として欠くことのできない、遺構としての認識や、地表面の凹凸の意味の有無といった判断を、器械が自動的におこなうことはできない。したがって、これらの測定成果を学術的に意味のあるものとして扱うためには、発掘担当者による作業や確認が不可欠となる。

さらに、三次元情報は二次元情報に比較するとデータ量が飛躍的に大きくなるので、成果を有効に活用するには、高性能のコンピューターが必要であり、その導入も考慮しなければならない。

したがって、外部委託にあたっては、こうした三次元レーザー測量の特性を理解したうえで選択するとともに、作業内容や期間、成果物の内容や納期などに関する打ち合わせを十分におこない、それをもとに、前もって予算を見積もっておく必要がある。

また、写真測量の場合と同様に、計測対象についての特記事項や、データの保存形式および閲覧のためのソフトウェアなど、納入成果に関する希望をあらかじめ明記した仕様書を作成しておかなければならない。

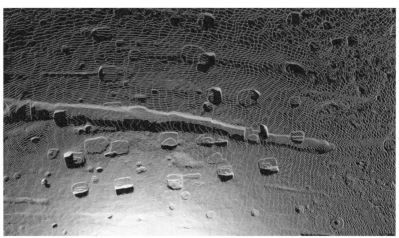

図253　三次元レーザースキャナーと成果例

第2節 記録と情報

1 記録・情報の意味

基本理念　遺跡の調査にかかわるすべての記録は公的なものである。

日常的な調査記録が、ともすれば個人の資料であるかのような錯覚を与える場合もあるが、決してそうではなく、逆に、個人的なメモの集積が調査記録としてそのまま通用するわけでもない。発掘作業に参加した者が、そこで得られた知見をめぐって相互に議論を重ね、共通の認識のもとにその成果を記録し、共有することで、はじめて調査の記録となるのである。

また、記録者が交代したとしても、それによって記録のありかたに影響が生じないような体制を構築しなければならない。

記録・情報の種類と特性　発掘作業の記録は、文字によるものと、実測図をはじめとする図面や写真などの画像が主体をなす。一方、情報の形態は、文字・画像・音声の三つを基本としており、画像はさらに静止画像と動画とに区分できる。

発掘作業の記録のうち、実測図については前節（226頁）、測量記録は第Ⅲ章（72・78頁）で触れた。写真に関しては次節で扱うが、これらの記録や情報にはおのおのの特性がある。

図面や写真などの画像はわかりやすく、対象のイメージを瞬時に伝えられる点でも効果的といえる。反面、ともすれば断片的な記録になりがちで、発掘作業の推移や、なぜそうなったかという理由の説明、また発掘作業中における思考過程の記録には適していない面がある。

そういった部分を補足し、図面や写真などの記録を相互に結びつけるものとして、文字による記録は重要な意味をもつ。したがって、発掘作業では、それぞれの長所を組み合わせて、第三者に成果を的確に伝える必要がある。

2 記録様式の統一と標準化

発掘作業にかかわる記録や情報を効率よく整理し、広く共有できるようにするためには、記録の様式を統一し、基本項目ごとに明確かつ簡潔に整理することが不可欠である。

また、それらの基本項目自体も、一定の基準にもとづいて整理されたものであることが望ましい。そして、必要に応じて、これに特記項目を付加していくことになる。

A　遺跡名とコード

遺跡の名称は、当該教育委員会と関連機関の調整によって決定されている。遺跡には都道府県単位の遺跡コードがつけられ、報告書抄録に記載する基本情報の一つとなっている。したがって、遺跡をこうしたコードで表記するさいには、以下の様式が標準となる。

「地方公共団体コード」-「遺跡コード」
（例）愛知県一宮市八王子遺跡の遺跡コード：
　　　23203-2068

地方公共団体コードは、総務省が定めた一覧表にもとづく。これ自体は5桁ないし6桁の数字からなるが、上2桁が都道府県コード、つづく3桁と合わせた上5桁が市区町村コードである（6桁めは誤記入や誤入力を防ぐための検査数字）。

B　遺構記号と遺構番号

個々の遺構や、それらが組み合って構成される遺構の名称と種類を簡潔に表示するためには、遺構の種類や性格をあらわす記号と、個別の番号を組み合わせるのが効果的である。

遺構記号の標準化　こうした方式は平城宮跡（奈良県・8世紀）の報告書ではじめて提示され、その後も各地で追加や改変を受けながら、現在も

第Ⅵ章 遺構の記録

多くの地域で用いられている。

ここでは、それらの実例もふまえて、表示方法の統一を図ることができるように、標準的な遺構記号を示しておく（表9）。

遺構番号のつけ方　遺構番号は、遺構の種類ごとにそれぞれ1から通し番号をつけるのではなく、各種の遺構をつうじて一連の番号を与えるのが原則である。

これは、種類の異なる遺構に同じ番号をつけることで混乱が生じやすくなるのを防ぐとともに、発掘作業の進展などによる遺構の性格認識の変化にも対応できるようにするためである。

また、個々の遺構が組み合って一つの遺構を構成する場合は、掘立柱建物と個々の柱穴、竪穴建物とカマド、道路と両側の側溝など、それぞれに別の遺構番号を与える。

ただし、遺構番号のつけ方には、大きく分けて次の二通りの方法がある。

固定番号方式　一つは、発掘区や発掘次数あるいは発掘年次ごとに正式の通し番号をつけ、発掘作業時に与えた番号を、報告書作成にいたるまで一貫して使用する方法である。複数の発掘区や発掘年次などで同じ番号が出現するのを避けるためには、遺構番号の最初を発掘区や発掘年次を示す数字とするのが簡便である。

これによれば、遺構ごとに固有の番号は一つしかもたないので、すべての作業をつうじて混乱を生じるおそれが少ない。

反面、広い範囲で発掘作業を並行するような状況では、作業の進展に応じて順次遺構番号が付されていくことになるため、相互の連絡と調整が不可欠となる。また、意図しないかたちで、番号が発掘区のあちこちにとぶことは避けられず、報告書刊行まで含めて、必ずしもわかりやすい遺構配列とはならない。

仮番号方式　もう一つは、比較的小さな範囲、たとえばグリッド単位で仮の番号を与え、発掘作業が進展した段階やその終了後に、必要なものに対して正式な遺構番号をふり直す方法である。この場合、仮番号は桁数を減らし、「SD」などの記号でなく「南北溝3」と表記するなど、正式な番号とは明瞭に区別できるようにする。

これによれば、遺跡ごとに整理したかたちで一連の遺構番号を意図的につけることができ、重要な遺構には切りのよい番号を与えるなどの操作も容易である。

その反面、正式の遺構番号をつけた個々の遺構は、それぞれ仮番号ももっているから、両者の対照が必要になる。通常、遺物には仮番号が注記されることになるので、整理等作業で混乱が生じないような配慮も求められる。

表9　遺構記号

記号	遺構の種類	備考
SA	塀・柵・土塁	
SB	建物（竪穴建物以外）	building
SC	廊	cloister
SD	溝	ditch
SE	井戸	
SF	道路	
SG	池	
SH	広場	
SI	竪穴建物	
SJ	土器埋設遺構	jar
SK	土坑・貯蔵穴・落とし穴	
SL	炉・カマド	
SM	盛り土・貝塚	mound
SN	水田・畑	
SP	柱穴・ピット	pit
SS	礎石・葺石・配石	stone
ST	墓・埋葬施設	tomb
SU	遺物集積	unit
SW	石垣・防護壁	wall
SX	その他	
SY	窯	
SZ	古墳・墳丘墓・周溝墓	
NR	自然流路	natural river

以上のように、上記の方法にはおのおの長所と短所があり、遺跡や調査組織など、個々の状況に応じた選択が必要となる。

記号と番号の先後　ちなみに、遺構記号と遺構番号の表示にも、SD001・SK002のように記号を先にする方式と、001SD・002SKのように番号を先にする方式の二通りがある。

両者を比較すると、第三者に遺構についてのイメージをまず伝えられる点では前者がまさるが、発掘担当者の立場では、後者の方式も使いやすい面がある。これも、調査組織による選択に委ねられるべきであろう。

3 日誌・遺構カードと属性表

A 日誌

日誌の意義　日誌は、発掘作業の状況を時間の経過に沿って整理し、全体の進捗状況と概要を把握できるようにするための記録であり、発掘作業の時系列情報として位置づけられる。

これによれば、作業全体を通じた観察の記録や考察が抜け落ちるおそれが少なく、ある地点と別の地点を比較するような記録の作成も容易である。その一方で、細部の発掘経過など、大量の情報を漏れなく詳細に記録するのは難しい。

日誌の作成　日誌には、日々の作業経過や、それによって得られた成果を整理し、簡潔に記述する。記述内容は、後述の基本項目に沿って、なるべく統一的にまとめる。

発掘面積がさほど広くなく、発掘担当者が全体をつうじて十分な目配りができる場合は、発掘区全体をひとまとめにして、一人が日誌を作成するのが基本である。

これに対して、発掘面積が広大なときや、遺構ごとにある程度の期間、継続的な発掘作業が必要な状況などでは、発掘区をいくつかのブロックに分け、それぞれに発掘担当者を配置することも有効である。

こうした場合は、各自が担当する部分について

朝日遺跡06発掘区日誌

2007-03-08
天候［weather］：曇り時々晴れ
工程［process］：表土掘削（06Ba）、写真撮影・遺構掘り下げ（06Bc）
調査内容［contents］：
　06Ba区：発掘区北側トレンチ掘削開始。現地表面より80cm下で朝日T層下に地山層と思われる茶褐色粘土層を確認。直上に東西方向の溝2条を検出。中期の方形周溝墓の可能性が高い。
　06Bc区：遺構検出3面の写真撮影完了。工事ヤードとの関係で南側からの撮影。その後、012SZ墳丘盛土の掘り下げにともない、石鏃を含めて石の出土が目立つ。なお、石器類は、ほぼ墳丘北側で検出した土器棺周辺に集中的に出土する傾向がある。炭化物の広がりとともに、下層遺構の広がりに注意。
　　地点取り上げ遺物：d-076〜082まで。077は扁平片刃石斧（ハイアロクラスタイト製）。
備考［remarks］：○○氏来訪など
画像［image］：Photo/rec00006.jpg, Photo/prg00012.jpg（写真画像リンク）
記録者［writer］：○○○○

図254　日誌の例（1）

第Ⅵ章　遺構の記録

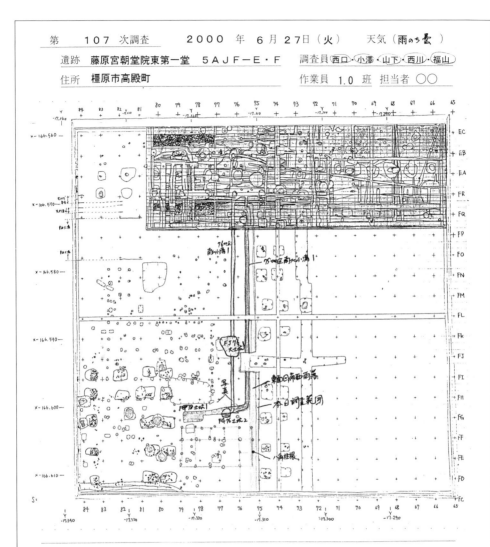

降雨のため、午前中は作業中止。調査部で遺構カードの縮図を作成する。午後より発掘作業再開。75・76地区の調査。

　ＦＧ76土坑2（中世）の剌物出土状況を写真撮影（北から）。76地区南北溝1は、この土坑から東へ出た溝が北に折れたもの。一方、75地区南北溝1は、ＦＧ78土坑1から東へのびる溝が北に折れたもの。溝の形状や埋土も共通し、作り替えとみてよい。ＦＧ76土坑2・76地区南北溝1が古く、ＦＧ78土坑1・75地区南北溝1が新しい。井戸とみられるＦＪ76大土坑1の掘削にともなう付け替えであろう。ただし、ＦＧ76土坑2の性格は未詳。

　ＦＧ76土坑2の壁面を観察すると、西壁沿い排水溝などでも確認した軟質の暗灰色粘土が厚く堆積している。調査区一帯は、宮の造成前はかなりの低湿地だった模様。

　ＦＥ75ほかの中世の建物は、一部柱根を残す。細い柱だが、八角形の面取りあり。

奈文研発掘調査日誌

図255　日誌の例（2）

VI-2 記録と情報

記録する必要があり、おのおのを独立した日誌とすることもある。そのさい、後述するようなデジタル技術などを用いれば、即時に相互の情報共有化を図ることも可能である。

いずれにしても、日誌に記載された情報は、作業にかかわる発掘担当者全員が共有できるようにすることが望ましい。

日誌の基本項目　日誌に記述すべき基本項目は以下のようなものであり、必要に応じて、これに特記項目を付加していくことになる。

　○遺跡名および発掘区
　○年月日
　○天　候
　○工　程
　　　おもな作業工程（表土掘削、遺構検出、遺構の掘り下げ、実測、写真撮影、補足調査など）を記入する。

○作業内容
　作業内容を簡潔に記述し、主要な出土遺物や遺構の情報、問題点と今後の計画などを整理する。写真撮影や実測などは、「どこで、どの時点で」実施したものかを、数値データをふまえて記述する。
○備　考
○記録者

ここでは、デジタル技術を活用して、現地における情報の共有化を図っている日誌の例を示しておく（図254）。

なお、記録の形態にかかわらず、内容の理解を助けるためには、文字だけではなく、略図をつけるのがわかりやすい。紙媒体の日誌の場合は、前日までの成果を描き込んだ遺構概略図を複写したものに、その日の成果を逐次描き加えていくのが簡便である（図255）。

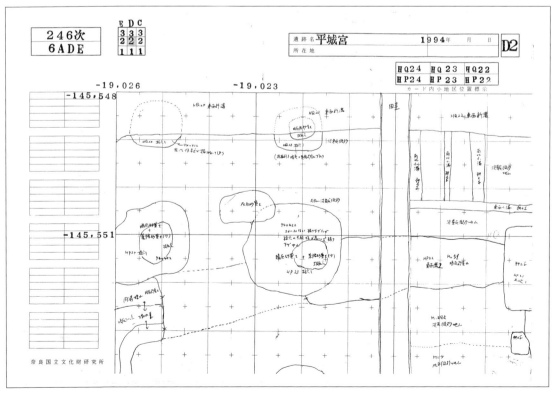

図256　遺構カードの例

第Ⅵ章　遺構の記録

B　遺構カード

遺構カードの意義　　日誌が発掘作業の状況を時系列的に記録するのに対して、比較的狭い範囲や個々の遺構ごとに、作業の詳細な経過や成果、特記事項を累積的に記録するのが、遺構カードである。個別の遺構についての詳細な情報が欠落しやすい日誌の欠点を補う記録方式といえる。

また、重なった遺構を、ともに機能面までほぼ完掘した状態で図化するような場合は、遺構の重複関係を示すために、これにかぎらず、何らかの方式で基本平面図以外の記録を作成することが不可欠となる(233頁)。

遺構カードの使用例　　具体的な例を挙げると、まず、平面図の図面割りと対応させて、同じ範囲をグリッド分けした専用の図面用紙を準備する(図256、これは232頁の平面図と対応)。

この例では、一辺が3mのグリッドを使用しているので、基本平面図の図面割りは、東西3列、南北2列のグリッドを並べた9×6mを基本的な単位としている。

したがって、遺構カードの割りつけも平面図と一致させることになるが、縮尺は基本平面図の1/20より小さくてよく(本例では1/30)、それぞれに図面割りの番号や地区名、座標値などを記入する。そして、現地でこれに遺構の略測図を描き入れ、重複関係や埋土の状況、出土遺物など必要な文字情報を加えている。

これらは、日誌や実測図に書き込むことができない、作業過程の詳細な情報を記録する手段として有効であり、整理等作業時の検討資料としても重要な役割を果たす。

なお、ここに掲げた例は、発掘区を機械的に分割した一定の範囲を対象としたものだが、たとえば竪穴建物などの場合は、個々の建物ごとに遺構カードを用意し、順次、情報を書き加えていく形式も便利である。

発掘区全体を把握するための遺構概略図(縮尺は、通常1/100または1/200)は、遺構カードの図を集成して作成することができる(図257)。日誌

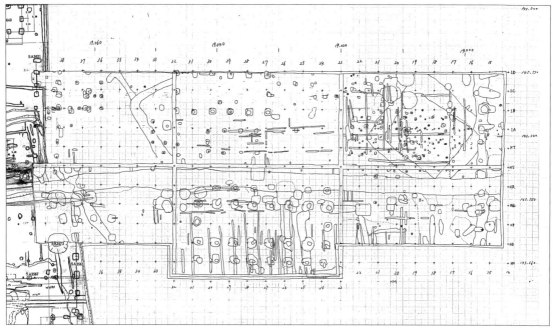

図257　遺構概略図の例

に添付する図にはこれを用いればよいが、もちろん、デジタル化したかたちで保存・使用することも可能である。

また、手描きの図面をへることなく、現地で直接、三次元データを取得してデジタル形式の遺構図を作成し、それを間をおかずに活用できるようにする方式も実用化されている。

C 属性表

属性表とは 発掘作業で得られた情報を項目ごとに整理し、一覧表のかたちでわかりやすく示したものが属性表であり、必要に応じて作成する。

これには、発掘作業中に機械的に記述できる情報と、一定の評価をともなう情報とがあり、それ

表10 遺構属性表の例

発掘区	遺構名	グリッド	検出面	長軸	短軸	深さ	埋土	日付	出土遺物	備考
06Ba	001SD	6J16e	M層上面	—	2.30	0.28	東トレンチ1セクション図参照	2006-03-20		
06Ba	002SK	6J17e	M層上面	0.87	0.53	0.12	10YR2/1砂質シルトと7.5Y5/1砂質シルトの斑土	2006-03-20	台付甕 松河戸式	
06Ba	003SD	6J17f	M層上面	—	1.47	0.20	東トレンチ1セクション図参照	2006-03-20		
06Ba	004SD	6J17f	M層上面	—	—	0.30	東トレンチ1セクション図参照	2006-03-20		
06Ba	005SD	6J18f	M層上面	—	5.15	0.67	東トレンチ1セクション図参照	2006-03-20	下層から 八王子古宮式	
06Ba	006SD	6J19g	H層上面	—	3.31	0.59	東トレンチ2セクション図参照	2006-03-22		
06Ba	007SD	7J01i	H層上面	—	—	1.00	西トレンチセクション図参照	2006-03-22		
06Ba	008SD	6J20g	H層上面	—	3.10	0.44	西トレンチセクション図参照	2006-03-22		
06Ba	009SX	7J01i	H層上面	3.68	1.25	0.75	10YR2/1シルト 酸化鉄分を多量に含む	2006-03-20	台付甕d-004	
06Ba	010SX	7J01g	H層上面	1.30	0.89	0.12	10YR2/1シルトと5Y4/1砂質シルトの斑土 酸化鉄分を多量に含む	2006-03-20	パレス壺d-008 廻間式	

表11 遺物出土地点属性表の例

発掘区	番号d-	種類	X	Y	Z	遺構・土層	日付	時期	備考
07Bb	18	石	−86,523.46	−28,103.92	1.81	008SD	2007-05-11		砂質凝灰岩
07Bb	19	石斧片	−86,520.93	−28,106.69	1.63	001SZ	2007-05-11		ハイアロクラスタイト
07Bb	20	石鏃	−86,526.15	−28,106.71	1.74	002SZ	2007-05-11		下呂石
07Bb	21	土製品	−86,521.20	−28,106.88	1.40	011SD	2007-05-11	貝田町式	鳥形
07Bb	22	敲石	−86,521.95	−28,107.31	1.39	検2-朝日T層	2007-05-11		安山岩
07Bb	23	石	−86,519.59	−28,107.51	1.41	011SD	2007-05-11		安山岩
07Bb	24	敲石	−86,518.86	−28,106.53	1.36	011SD	2007-05-11		濃飛流紋岩
07Bb	25	石	−86,520.48	−28,109.54	1.37	012SD	2007-05-11		濃飛流紋岩064と接合
07Bb	26	石	−86,523.99	−28,103.85	1.55	008SD	2007-05-14		砂質凝灰岩
07Bb	27	土器鉢	−86,523.39	−28,103.49	1.52	008SD	2007-05-14	朝日式新	口縁部
07Bb	28	土器壺	−86,520.23	−28,109.97	1.34	012SD	2007-05-14	貝田町式新	下胴部穿孔

第Ⅵ章　遺構の記録

らを明確に区分する必要がある。前者を基本項目として標準化し、適宜、これに特記項目を付加するのが望ましい。

以下、遺構属性表と遺物出土地点属性表を例に挙げて、それぞれに記載すべき基本項目を示しておく（表10・11）。

遺構属性表の基本項目　遺構属性表には、次のような項目を盛り込む。

- ○発掘区名
- ○遺構名（遺構記号と遺構番号）
- ○グリッド名
  　表示した例では、座標値に代わる位置情報としての役割も果たしている。
- ○検出面
- ○形　状
- ○大きさ
  　長軸長・短軸長・深さを記す。
- ○埋　土
  　堆積土の状況を簡潔に記述する。
- ○日　付
- ○出土遺物
  　おもな遺物の概要を記す。詳細な検討をへて決定される所属時期とは区別する。

遺物出土地点属性表の基本項目　遺物出土地点属性表には、次のような項目を盛り込む。

- ○発掘区名
- ○遺物出土地点番号
- ○遺物の種類
  　明瞭な基準による判断が可能な、たとえば土器・石器などの素材別分類を記す。
- ○平面直角座標系の座標値
  　水平位置（世界測地系）と標高を記す。
- ○出土した遺構または土層
- ○日　付

なお、遺物出土地点属性表は、その後の検討をへて付加される項目が多く、報告書掲載資料の遺物一覧表との整合性を保つ必要がある。

4　記録・情報のデジタル化

デジタル化の潮流　デジタル技術の活用については、本書の冒頭で述べたとおりである（6頁）。記録や情報には、先述のように、それぞれ特性がある。現状では、長期間の保存や活用も含めて、紙媒体としての記録・情報が重要な意味をもつことに変わりはない。

その一方では、ともすると個別分散的になりがちな記録・情報をデジタルデータ（電子データ）化し、総合的な情報として利用することも、各地で始まっている。このために、たとえば、項目別に時間軸やカテゴリーで整理・分類するシステムや、ネットワーク上のサーバーにテキスト文書を置き、複数の関係者が編集できるシステムなども用意されている。それらを活用すれば、検索や編集が容易におこなえ、発掘作業中に情報の共有化を図ることもできる。

また、日誌は文字情報が基本だが、デジタル技術を活用することで、画像などを加えたより詳細な情報として整理し、ネットワークを介して共有するのも可能である。

いずれにしても、発掘作業で得られたさまざまな成果は、地域社会にとってかけがえのない情報であって、国民共有の財産である。それらは、記録・保存するとともに、社会にすみやかに発信して広く共有する必要があり、適切な対応が図られなければならない。

そのさいに、ネットワークを利用した情報発信が、今後ますます重要な位置を占めるようになることは疑いない。このためにも、遺跡や遺構・遺物に関するデータの標準化は不可欠であり、それを可能にする体制の整備が求められる。

また、発掘作業で得られた記録や情報も、紙媒体として適切に保管すると同時に、必要に応じてデジタル化することが望ましい。

あるいは、それをさらに進めて、発掘作業から報告書作成を含めた整理等作業までを、デジタル技術による一貫した作業の流れとするのも効果的である。

ただし、発掘で得られた情報は研究に資するものだけとはかぎらず、個人情報や個人資産などに関連するものも存在する。したがって、公開に先立って、所属する組織や事業者等との緊密な打ち合わせが欠かせず、独善的な公開は慎まなければならない。

電子納品　発掘作業の工程の一部を外部委託する場合は、記録・情報のデジタル化のうえでも、近年急速に普及しつつある電子納品が重要な意味をもっている。

現状ではなお、成果品の多くが紙媒体を主体とするが、一方で電子媒体による成果の整理も着実に進んでいる。たとえば、測量分野では、国土交通省公共測量作業規程にしたがって作成される測量成果などを、デジタルデータのかたちで納品するさいの標準的な仕様が定められている。

これにかぎらず、今後、発掘作業工程の一部を外部委託するときは、成果品の納入について、電子納品も考慮していく必要がある。それによって、作業の効率化や省資源・省スペース化、より円滑な情報の共有化や活用も期待できる。

ただし、そのさいには、データの保存形式や閲覧のためのソフトウエアなど、電子納品の仕様に関して、事前に十分な意見交換をおこなっておくことが不可欠である。

以下、発掘作業にかかわる成果品と工程記録類を電子納品するさいの基本項目と格納フォルダーの一例を示しておく。

　○計画書（MEETフォルダー）
　　作業工程表・計画書・工程打ち合わせ記録など
　　（PDFまたはプレーンテキスト）
　○日誌・属性表（RECORDフォルダー）
　　日誌・各種属性表など
　　（日誌はプレーンテキスト、表はCSV形式）
　○図面（DRAWINGフォルダー）
　　各種図面類
　　（DXF形式を基本とし、互換性を維持）
　○写真（PHOTOフォルダー）
　　写真記録類
　　（RAWまたはTIFF形式を基本とする）
　○その他（OTHERSフォルダー）
　　その他のもの
　　（PDFまたはプレーンテキスト）

デジタルデータの特性と留意点　上記のように、デジタルデータは、広汎かつ迅速な情報発信のために重要である。また、複写をくりかえしてもほとんど劣化せず、もとのデータに近い状態のものを広く共有できるのも大きな利点である。

ただし、一方で、データを格納するための電子媒体がこれからも変化していくことは避けられないので、現在のデータが今後もそのまま読める保障はない。そこで、将来にわたってそれらを保存・活用していくためには、おのおのの媒体に合わせてデータ形式を変換する作業（データコンバート）が半永久的に必要となる。また、変換のさいに生じる文字化けやデータ抜けなどについても、そのつど点検し、修正していかなければならない。

さらに、現在そうしたデータを保管し、社会に発信している組織や体制が、将来もそのままのかたちで存続するとはかぎらない。そうした場合に、過去のデジタルデータをどのように受けつぎ、共有していくかも大きな問題となる。

したがって、今後は、デジタルデータのこうした特性や課題と、そのために要する経費や手間を理解したうえで、未来に伝えるべきデータを整理し、その保存と公開・活用の方法を改善していくことが求められる。

第3節
写　真

1 文化財写真の意義

文化財写真とは　文化財を対象とした写真には、ほかの写真分野にない特徴がある。

　まず、撮影対象となる遺跡や遺物（被写体）は、撮影のつど、湿度や温度、天候などのさまざまな要因によって影響を受ける。当然のことながら、たびかさなる撮影はそれを増大させる。また、発掘によって消失する遺跡の写真は、ほとんどの場合、再撮影が不可能であり、撮影などでの失敗は許されない。

　写真は、そういった対象も含めて、遺跡のもっとも克明な記録という役割を担う。しかも、発掘調査時の記録写真としては、ほかに代替できるものがない。こうした点で、文化財写真は、撮影時点から「写真そのものが文化財」であることを意識する必要がある。

　したがって、文化財写真の品質には、本来、地域や調査組織、また発掘担当者による差があってはならない。撮影にあたる者は、客観的で明確な視点をもち、撮影時点で採用しうる最善の方法や技術によって、後日の検証に耐えるだけの、明瞭かつ精緻でより情報量の多い記録写真を撮ることが求められる。

　また、文化財写真は、報告書の刊行によって、その役割が終了するわけではない。報告書の刊行後も、国民の共有財産として広く利用されるべきものである。そうした点も十分考慮し、第三者にも理解しやすい写真を撮るように心がける。

　そして、将来にわたり歴史的資産として長く活用できるように、撮影後の処理やデータ保存の不完全さからおこる破損・紛失・消失の防止はもちろんのこと、変退色やカビなどによる情報量の低下を防止するなど、さまざまな保存対策を講じなければならない。

写真の特性と利用目的　埋蔵文化財の記録では、図面と写真の表現内容や特性の違いを十分認識する必要がある。

　写真が果たす役割、またすぐれている点は、
　　○材質感の描写
　　○形状と位置（立体感や遠近感）の表現
　　○雰囲気・臨場感の表現
である。

　その一方で、写真は、図面に比べて、正確な寸法の表示や被写体の凹凸・形状・文様などをパターン化した描写にはあまり向いていない。

　このような、記録としての写真や図面のそれぞれの特性や役割を正しく理解し、両者の役割を混同することは避ける。

　発掘作業における写真の利用目的には、
　　○長期保存と活用を目的とした発掘記録
　　○発掘作業の過程の記憶（メモ）
　　○遺構や遺物の実測・測量・図化目的の計測
がある。

　目的が異なれば、撮影方法や機材、感材、照明方法なども変わってくる。そこで、記録・記憶・計測という写真の利用目的の違いを明確に認識し、撮影と再生に臨む必要がある。目的を混同したり、複数の用途を意図したりした写真は、結果的に、よい記録とはならない。

理想的な文化財写真　理想的な文化財写真の条件とは、被写体の形状や位置、材質感や色調が明瞭で、しかも精緻に記録され、同様に再生されていることである。

　それには、次のような要素を満たしていなければならない。

　　○鮮明・鮮鋭である（ブレやボケがない）
　　○高解像度（粒子が粗くない）
　　○適度な濃度（濃すぎない、薄すぎない）
　　○適度なコントラスト（高コントラストでとんでいない、低コントラストでねむくない）

○色に偏りがない（実物に近い色）
○立体感・材質感がある（良好な光線状態）
○遠近感がある（レンズの選択、撮影高度や位置、フレーミングなどが最適）

そうした写真記録を残すには、後述するように、天候や撮影時刻、撮影方向や高度、機材・感材の選択、露出の決定などに十分留意した撮影をおこなうことが必要である。このため、文化財写真の撮影には、専門的な技術と被写体に関する知識をもった撮影者が欠かせない。誰もが一様に、高品質な写真記録を安定的に残せるものではないからである。

また、撮影者は、常に撮影目的やその後の活用を念頭において撮影に臨み、撮影の意図や対象が第三者にも明確に理解できる写真を撮るように努めなければならない。

2 撮影機材

カメラ　明瞭で精緻な文化財写真を撮影するためには、より大判のフィルムを使用することが望ましい。

A4判の1頁全面大での掲載にも耐える写真であることを目的とすると、アナログカメラであれば、主として4×5in判か(図258)、少なくとも6×7cm判のフィルムカメラが必要となる。デジタルカメラであれば、RAW形式での撮影が可能で、最低でも短辺4,000ピクセル以上、およそ2,000万画素程度の画像を取得でき、レンズ交換によって精度の高いレンズを使用できることが最低条件となる。

また、重要な遺構などの撮影では、より大判のフィルムや高解像度デジタルカメラを使うことも視野に入れる。

さらに精度の高い鮮明な画像を望む場合は、微量でもアオリ機能によってピントや形状の調節が可能なフィールドタイプカメラやアオリレンズの使用が適している。

記録と保存を目的とする遺跡の発掘では、35mm判やそれに相当するコンパクトデジタルカメラなどは十分な仕様に達しないため、主体となるカメラとしては不適当である。また、普及型デジタルカメラのように、非可逆圧縮されたJPEGファイル形式しか記録しかできない機種も、記録写真としての用途には向かない。

かりに、これらのカメラで撮影したものを写真図版として掲載する場合は、175線の標準印刷をおこなうとして、最大でもキャビネ判までである。400線以上の高精細印刷をおこなう場合は、写真の解像性が悪いため、使用に耐えない。

前述したように、情報量の多い記録であるべきことを考えると、35mmカメラはA4判以上に拡大する記録用写真の撮影には不向きであり、メモ用としての利用が基本となることを念頭におくべきであろう。

また、重要な遺構を撮影するときは、1種類だけではなく、少なくとも2種類のフィルムサイズやカメラで撮影し、現像処理など、何らかの問題の発生に対処できるようにしておく。

図258　4×5in判の撮影機材

第Ⅵ章　遺構の記録

　なお、デジタルカメラは、機材が陳腐化するのが早い。そのため、機材更新の頻度が高く、その時点で、できるかぎり良質の記録を残すための適切な機材選択と予算の確保が必要になる。

フィルムと記録方式　遺跡の撮影では、白黒フィルムとカラーリバーサルフィルムの両方での撮影が基本である。

　白黒フィルムは、現像処理での定着と水洗処理が適切であれば、カラーフィルムの色素画像と比べて、より保存性にすぐれていることが歴史的に証明されている。

　透過原稿であるカラーリバーサルフィルムは、情報量が多く、直接的に発色を評価・判定することが可能であり、色再現性にもすぐれる。二次使用における応用性も高く、文化財写真としての利便性に富んでいる。

　カラーリバーサルフィルムは、印刷適正や色再現性などを総合的に考慮すると、彩度（色飽和度、色の鮮やかさの度合い）の低いものを選択するのがよい。発掘作業で対象とする被写体は原色系のものが少なく、鮮やかさは違和感を与えるし、その必要性もない。

　フィルムの感度は、粒子が細かく、鮮明な像が得られる低感度が望ましいが、ブレ防止や適度な被写界深度などを総合的に判断して、ISO100前後の中感度のフィルムを使用することが多い。粒子が粗い高感度フィルムの使用は、必要最小限にとどめるべきである。

　カラープリントは、再現できる色を直接評価・判定することが難しい。そのため、色の指定ができないことでプリントのたびに発色が異なり、変退色が発生していても判断しにくい。また、プリント自体は良好な保存性が保証されているが、ネガ原板の保存性は高いとはいえない。したがって、メモ用か、最初からプリントを目的とした利用以外では使用しない。

レンズ　遺跡の撮影では、確保できる撮影高度や遺構・発掘区との距離の制約により、通常、広角系のレンズを多用する。アナログカメラの場合、35mm判相当では28mmや35mm、6×7cm判相当では50mmや55mm、4×5in判相当では90mmや125mm・135mmの使用頻度が高い。一般に標準レンズと称される画角の使用頻度は低い。

　なお、高級品は別として、量産されているズームレンズは、単焦点レンズと比較すると、解像力をはじめとして、性能的にあらゆる面で劣っており、使用は控えたい。

　一眼レフタイプのデジタルカメラでは、フィルムカメラ用のレンズを使用することもできる。しかし、レンズから記録媒体への光束の入射角度などの問題もあって、フィルム用レンズを使用すると、周辺解像度や色収差などの問題が発生することがあり、デジタル専用に設計されたレンズを使用するのが望ましい。レンズ交換式カメラで屋外撮影をおこなうときは、レンズ交換時のホコリやゴミの侵入に十分注意する。

その他の機材　発掘作業においては、使用するカメラが何であれ、精緻ですぐれた画像を得るためには、頑丈で、ある程度の重量があり、3本の脚をそれぞれ単独で自由な角度に開脚できる三脚が必需品である。

　発掘区の面積が広い場合、高さのある鉄製のローリングタワーやアルミニウム製の高所作業用の足場などが必要となる。これらは、被写体をじっくりと観察し、不必要な写真を撮らないためにも役立つ。脚立は、高さの確保に限度があり、広範囲の撮影には使用しない。

　太陽光を反射させるレフ板も必需品である。土坑や遺物の出土状況、土層断面など撮影範囲の狭い時に多用する。快晴時における狭い範囲の撮影では、大きめのディフューザーフィルム（撮影用拡散フィルム）で太陽光を透過・拡散させることも可能である。

　樹木や家屋、ビルの陰などで太陽光がさえぎら

Ⅵ-3 写　真

れる状況下では、レフ板やストロボでの補助光を併用する。板やシートなどで太陽光をさえぎるのは、画像コントラストが低下して、カラーでは青味が強い発色になり、後日の補正も困難なため、避けるようにする。

　カラーフィルムにおいては、忠実な発色や都合のよい光線状態を得るため、ストロボ光を補助光源とするばかりではなく、ときには主光源としても用いる。35㎜判やデジタルカメラでは、ガイドナンバー50前後の小型ストロボも常備しておくのが望ましい。4×5in判では、最大出力1,200～2,400w/sのストロボが必要となる。

　単独の露出計も必需品である。ただし、測光範囲が狭いスポットメーターは、撮影画面全体の適切な露出値を示しているわけではない。使用方法を間違えないように注意する。

3　遺構の撮影

A　天候と撮影時刻

天候の選択　　遺跡や遺構の撮影で写真の品質を左右する重要な要素の一つに、天候がある。そして、光源である太陽の光質や、その方向と撮影高度・位置の選定が重要な意味をもつ(図259)。

　遺跡や遺構の場合、後世の削平を受けて、凹凸が少なく平板な状態になっていることも多い。それらをフィルムや印画紙・紙面上に適度なコントラスト、適度な濃淡で再現するには、逆光や半逆光で撮影するのが基本となる。そのため、どのような天候で、どの方向から、どの時間帯で撮影するかの計画が必要である。その立案にあたっては、いくつかの基本がある(図260)。

　天候は薄曇りが最良だが、発掘作業の進行との兼ね合いから、快晴や曇天での撮影も避けられないときがある。しかし、完全な順光のときや、暗い曇天時、冬季の午後の快晴時、早朝や夕方の色

温度が低いとき、朝もやなどで視界が悪いときなどは、撮影を避けたい。また、強風時や雨天時もよい写真は望めないので、こうした天候のさいには撮影をおこなうべきではなく、柔軟性のある発

晴天時の順光撮影

曇天時の撮影

斜光での撮影
図259　撮影条件による違い

第Ⅵ章　遺構の記録

掘作業計画を立てるようにする。

最適な撮影時間帯　最適な撮影時間帯は、撮影場所の緯度や経度によって若干異なる。夏季では、日中時は影が短すぎるので、高所から見下ろす重要な撮影は、正午前後の2〜3時間の間は避けたい。一方、冬季では早朝や夕方遅くは影が長すぎるため、それらの時間帯の撮影は避けるのが望ましい。太陽高度の違いで、夏季と冬季では適した時間帯が異なる。

次に、太陽光線がどの方向から当たるかを考え、もっとも立体感や土の材質感の表現に適した時間帯を選択する。具体的には、午前中では西と北方向、午後は東と北方向からの撮影が基本となる。

やむをえず南方向から撮影する場合は、撮影位置からみて、できるだけ太陽との水平角が大きくなる始業時や終業まぎわの時間帯を選択する。しかし、画面上で、影が下から上へ出るという状況は避けられず、凹凸が逆に見える印象を与えるので、南方向からの撮影はなるべく控えたい。

乾燥時の撮影　地面の乾燥が激しい状況下の撮影では、ジョウロなどで地表に散水するのは好ましくない。広い範囲を均一な状態にすることは不可能であり、遺構検出面などについて誤解を生む危険性も生じるからである。散水する代わりに、逆光ぎみの光線状態で、太陽高度が低い時間帯に撮る方法を選択する。

B　遺跡全景の撮影

全景写真の目的　全景写真撮影の目的は、遺構の配置や分布、あるいは遺跡の環境を記録し、伝えることにある。文章によって遺跡の全景や立地、環境を表現し、第三者に伝達することは容易でないが、写真はそれを一目で伝え、理解させることができる最適な手段といえる。

全景写真は、遺跡の記録として重要なものであり、将来的に活用される頻度が多く見込まれるため、どのような種類や時代の遺跡であっても必ず撮影する。複数の遺構面が存在する場合には、それぞれの面ごとに撮影するのが原則である。

また、遺跡全景の撮影時には、同時期と考えられる遺構群や何らかの付属施設との関係を示すなど、個別の遺構だけではなく、グループ単位や中景的な写真も同時に撮るように心がける。それによって、第三者にも理解しやすく、レイアウトの展開もすぐれた写真図版の制作が可能となる。

撮影を委託する場合は、全景写真の目的や発掘担当者の意図、そして必要な写真の構図が撮影者に正しく伝わるように、あらかじめ数枚のラフスケッチなどで示しておくとよい。

撮影高度と位置　全景写真の撮影では、撮影する高度や位置（距離）、方向の選択が重要である。遺跡の特性や発掘区の面積のほか、立地や周囲の環境も考えて、撮影機材や装置を準備し、適切な撮影高度と位置を確保する（図261）。

また、全景写真は、鮮明かつ高解像度であることが要求される。この点で、ラジコンヘリコプターによる撮影は、機体の安定性が悪いため、ブレの影響を完全に除去するのが難しく、主たる全景撮影としては避けるのが望ましい。

山中での小規模な発掘の場合や予算・機材の都

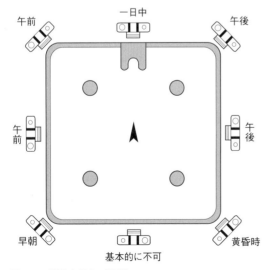

図260　撮影方位と時間帯

合上、やむなくラジコンヘリコプターを利用することもあるが、できるだけ実機のヘリコプターや高所作業車による撮影、あるいは風が弱い状態でのバルーン撮影などを採用したい。また、バルーンの撮影装置をクレーンに吊し、バルーン撮影の代用とする方法もある。

　ただし、高い高度で遺跡を真上から撮った空中写真は、遠近感や立体感が欠落して立地と環境を十分表現できず、必ずしも写真の利点を生かしているとはいえない。撮影高度は高ければよいというわけではなく、画面上部に空を写し込むようにするのが望ましい。それによって遠近感を表現できるとともに、カメラがより水平に近づくことにもなり、広角レンズ使用時は歪曲修正の役割も果たせる。そして、何よりも遺跡の立地や環境を伝えることができる。

　なお、全景写真と写真測量用の写真は、撮影条件や機材・アングルなど選択要因が異なるため、別々に撮るようにする。

高解像度の撮影　高解像度が求められる全景撮影では、その時点で採用しうる最良の撮影機材と大きいフィルムサイズを用いるべきであり、最小でも6×6cm判フィルムサイズと同等以上の解像度は確保する。フィルムサイズが小さなカメラを使用するほど、高性能レンズが必要となり、厳密なフィルムの選択や現像処理も要求されることを認識しておきたい。

　遺跡撮影時のレンズの絞り値は、いずれのフィルムサイズであれ、使用するレンズに刻印された絞り値の中間部を常用する。35mm判のレンズでは、一例として開放値F2.8・最小値F16であれば、F5.6〜F8前後あたりである。特別な理由がないかぎり、極端な開放値側や最小絞り値側では撮らない。絞り込めば被写界深度は深くなるが、逆に、光が物体の陰の部分に回り込む回折現象によって解像度は低下し、ブレも生じやすくなる。

C　個別遺構の撮影

撮影計画　個別遺構の全景写真は、土層観察用畦（ベルト）などを残した作業途中の段階では撮らず、通常は、それぞれの遺構の機能面まで完掘した段階で撮るのが原則である。

　また、遺構ごとに完掘のつど撮影するのは、そのたびに機材の片づけや清掃などを要することになって効率が悪く、作業の遅延をまねく。したがって、できるだけ遺跡の全景撮影時に、個々の遺構の全景写真も集中的に撮影できるようにすることが望ましい。

竪穴建物　竪穴建物では、それが機能していた時期と関係する出土遺物を残し、付属施設などを機能面まで完掘した段階が、もっとも重要な全景写真の撮影時である。

　竪穴建物の全景撮影には、何らかの高所作業台が必要である。一般には、4×5in判などのカメラを固定するため、大型三脚を設置できる簡易足場を用いる。軽量で迅速に組み立てられる一体型アルミニウム製足場を利用することが多い。

　建築用の鋼管製足場は、安価でどこでも容易に

図261　高所作業車による撮影

第Ⅵ章　遺構の記録

入手できる利点はあるが、組み立てと解体に時間と人手を要し、かつ単独で使用するさいの安全の確保も難しい。

足場の設置にあたっては、倒壊や落下など、予測されるあらゆる事故の防止対策にも十分配慮しなければならない。

通常、竪穴建物の撮影で使用する適度な足場の段数は、2～3段（高さ4～6m）である。撮影高度が高くなりすぎると、立体感や遠近感を損なうので、高ければよいというものではない。

何らかの事情で脚立などを使用せざるをえないときは、カメラ固定用とファインダー覗き用の2台の脚立を用いて、ブレ防止に努める。1台の脚立にカメラを固定し（図262）、それに撮影者も乗って1/125秒以下のシャッター速度で手持ち撮影すると、ブレを生じるおそれが大きい。

高所作業台でも、頑丈で重量のある三脚でカメラを固定する。軽量の三脚しかない状況では、土嚢などを利用したブレ防止対策を講じる。

遠近感表現の強弱は、レンズの焦点距離と撮影高度や被写体との距離の選択によっても変化する。長焦点よりも短焦点レンズ、高い位置よりも低い位置、遠くからより近くからのほうが、より遠近感が強調される特性がある。どれが標準や基本というわけではなく、時と場合、撮影目的によって適宜選択することになる。

集落遺跡の発掘では、竪穴建物が多数検出されることが多いので、おのずから撮影の機会やカット数も増える。形状や壁・床面の残存状況もさまざまだが、いずれにしても、竪穴建物の写真はできるだけ平面的にならないように気をつける。

掘立柱建物　掘立柱建物は、基本的には連続して並ぶ柱穴群で構成される遺構であり、掘り下げをおこなわない状態が機能面にもっとも近い。その点で、床面まで掘り下げたのちの撮影を基本とする竪穴建物などの場合とは異なり、建物を構成する各柱穴の柱掘方・柱痕跡・柱抜取穴などを少し段下げして掘り分けた状態で撮影するのが原則である。また、重複する複数の建物の先後関係も段下げによって表現できるので、重複状況を一度で撮影することができる。

記録保存調査では、通常、最終的に各柱穴を加工面まで完掘する。そうした状態も必要に応じて撮影するが、それらは貼床を剥がした竪穴建物の写真と同様に、掘立柱建物の造営過程を示す補助的なものであり、機能面に近い段下げ状態の写真の代わりにはならない。

掘立柱建物の平面は、正方形や長方形をなす場合が多い。その全景撮影にあたっては、まず、建物が縦長であっても手前の柱穴列と画面を平行にして、建物の中心を画面の中心においた写真を撮る。そして、それとは別に、カメラの傾きに注意しつつ、柱穴と柱穴との間隔が理解しやすい斜め方向からの写真も撮る。

画面全体に1棟の掘立柱建物だけしか写っていない写真は、立体感と遠近感がないので、画面には建物ばかりでなく、それと関連する別の建物や塀、門、杭列、溝、道路、井戸などの施設を入れ、関連性を示すこともある。

土　坑　土坑の撮影では、縦・横どちらのほうがおさまり具合がよく、構図に無駄がないか、ま

図262　脚立による固定

たどちらが写真図版のレイアウトにおいて効果的かつ効率的かを考える。もちろん、光線の方向によっては撮影できない状況や時間帯もあり、綿密な計画と予測・準備が必要である。

遺構の数や重要度、遺物の出土状況により一概に標準化はできないが、撮影時点でどのようなフレーミングで撮るべきかを考慮し、選択する。

井戸　井戸は、土坑の中の「より深い穴」ともいえる。通常は、三脚や簡易足場などの上から撮影することが多い。保存の対象とされない井戸は、構造がより理解しやすいことや、崩落などの事故防止の面から、最終的に地山を含めて断ち割り、それを側面から撮ることもある（図264）。

深い井戸の場合は、曇天でも掘方上部と最下部の底面とでは明暗差が大きい。そのためにストロボ光での日中シンクロ撮影を多用することになる（図263）。規模の小さな井戸では、レフ板や鏡による補助光で撮影することもある。井戸にかぎらず、どのような遺構でも、深くなれば何らかの補助光が必要になる。

溝・河川・道路の撮影　いずれも、方向性のある細長い遺構である。こうした発掘区内だけでは完結しない遺構の場合、発掘した部分のみを撮るのではなく、その延長方向の未発掘の部分も写し込むとよい（図265）。

通常、3〜5mの高度から撮ることが多いが、これだけでは遺構の遠近感が損なわれるので、あえて極力低い位置から撮ることもある。できれば高低、両方のアングルで写しておきたい。

また、溝・河川・濠などの遺構撮影では、土層断面を残し、断面形状を写し込むことによって、遺構の形や深さを表現することもある。

D　遺構細部の撮影

カマド・炉　建物の付属施設であるカマドや炉は、建物の全景撮影後に、その作り方や構造がわかるような高度や方向から撮る。特殊な事例を除けば、作業の過程ごとに撮影することはない。

残存状況や構造を示すには、ローアングルでの撮影が有効である（図266）。三脚で可能なもっとも低い高さでも、まだ高すぎるというときさえあり、床面直上にカメラを固定する場合もある。

カマドは正面からだけではなく、やや斜め方向からの写真も撮る。それによって、より立体的に、しかも袖などの起伏が表現できる。画面いっ

シンクロあり

シンクロなし

図263　井戸の撮影

第Ⅵ章 遺構の記録

ぱいにカマドを写すのではなく、背景に壁面や建物のコーナー部などを写し込む（図267）。

柱穴　特別な構造のものや残存状況がとくに良好なものは別として、通常は、段下げした個々の柱穴だけを単独で撮ることはなく、建物のどの位置にある柱穴なのか、の表現を重視する。

柱穴を半截した状態での写真も、時期決定上重要な位置を占めるもの、典型的な例や特殊な形状を示すもの、残存状況がきわめて良好なものを撮影する。それ以外は図面による記録にとどめ、写真を撮ることは少ない。多数の柱穴を撮ったとしても、後日利用する機会はまれである。

貯蔵穴など　貯蔵穴などは、その構造だけでなく、建物のどの部分や位置に作られたものかといった情報も含めることが重要である。そこで、カマドとの距離、壁面との位置関係などを明確に表現できるようにアングルを選択する。

床面　竪穴建物などの床面自体を単独で写すことはまれであり、建物全景を撮影するさいに、床自体の硬軟の度合いを表現する。床面の硬い状況を示すには、快晴時に逆光で撮るとよい。ほかに、掘方と貼床の関係を示す目的で、断面をクローズアップで撮ることもあるが、そのほとんどはメモ用である。

遺物の出土状況　遺物の出土状況は、発掘作業の過程で数多く撮影される。また、遺物が脆弱で、取り上げれば時間の経過とともに形や色が変わる場合は、とくに出土状況の写真が大きな意味をもつ。遺物の出土状況の撮影では、次のような情報や撮影意図が表現されるように配慮する。

- 床面などから浮いたものなのか、それとも密着しているのか
- どの土層中から出土したのか
- どの遺構にともなう遺物なのか
- 遺構のどの位置から出土したのか
- 関連する遺構からどの程度離れて出土したのか、遺物間の距離はいかほどか
- 密集しているのか、まばらなのか

図264　断ち割った井戸の撮影

図265　河川や流路の撮影

○ すべてが同時期の遺物なのか、ほかと時期が異なる遺物が含まれるのか

　土器や石器などの遺物をたんにクローズアップして撮った写真は、よい例とはいえない。それは発掘作業中での遺物写真にすぎず、出土状況を示す意味はない。遺物出土状況の写真は、情報量の多寡が重要で、撮影者の意図と認識が現れやすい。撮影意図が的確に汲み取れるものが、情報量が多い写真といえる。

土層断面　撮影対象となる土層断面には、発掘区の縦横の土層や、遺構の半截・断ち割りなどの壁面がある。また、遺構の凹凸や断面の形状をあらわすために、土層観察用畦を残し、その断面を撮影することもある。

　こうした写真では、土層の重なりや堆積の先後関係が明確で、しかも伝えたい部分の層序が観察できるように写っていることが重要である。

　しかし、白黒フィルムの撮影では、使用するフィルム固有の感色性と、同じフィルムでも撮影時の色温度とによって、フィルム上の濃淡が変化するという特性がある。

　一方、土層の色調は刻々と変化して一様ではなく、それを濃淡とコントラストで表現することは難しい。重要な土層断面はカラーフィルムで撮影し、最終的にカラーで印刷しなければ、土層の正しい色調は伝わらない。

　なお、土層の検証を目的として断面を撮影する場合は、線を引かずに撮るのが原則である。撮影方向は、壁面に正対することに固執する必要はなく、任意でよいが、カメラは水平に据える。

　これらの写真では、遺構の規模や深さを示すために、人を画面に入れることもある。しかし、あくまでもスケールの代用であり、人が写真の中心的存在にならないように配慮する。

E　図版レイアウトを意識した撮影

縦画面と横画面　遺跡の全景写真では、縦画面を基本とする（図版8）。それは、全国で刊行される報告書の判型が、基本的に縦長であるという理由による。

　遺構ごとの写真や細部の写真についても、横画面の写真ばかりでは、縦判型1頁大への割りつけができず、1／2頁もしくは横組み3枚で余白の多い1頁という限定されたレイアウトにしかならない。したがって、発掘担当者は、全景写真にかぎらず、撮影時に遺構の数や重要度、後日の図版レイアウトなど、多様な活用も考慮し、縦画面と横画面（図268）の両方を無駄なく撮り分けるように心がける。

　写真図版のレイアウトでは、どの遺構・場面もみな横画面で同じ画面サイズとはしない。通常、各遺構写真の画面サイズは、1頁（縦画面）、1／2頁（横画面）、1／4頁（縦画面）、1／6頁（正方形）のいずれかで、これら4種類のサイズを割りつけ

図266　ローアングルでの固定

図267　カマドの撮影

第Ⅵ章　遺構の記録

て図版を作成することになる。

　たとえば、遺跡の立地と環境をよくあらわした航空写真が縦画面で1頁、次の遺跡全景も縦画面で1頁、竪穴建物が数棟写った写真と建物1棟の全景が横画面でそれぞれ1/2頁、カマドが縦画面で1/4頁、床面での遺物出土状況も縦画面で1/4頁、といった割りつけイメージである。土層断面の場合も、レイアウトや紙面構成上の都合を考慮して、通常は縦画面で撮ることが多い。

　これよりも小さい画面サイズでは、写真から遺構や遺物を十分に観察することができない。

　以上のように、遺跡の写真撮影では、縦・横両画面の写真を適宜撮り分けることが望ましい。

F　その他の留意点

発掘区の清掃・片づけ　遺跡の全景や遺構の写真を撮影するさいには、発掘区の清掃や機材の片づけに十分注意を払う。発掘担当者や作業員等の足跡を残すなど、遺構検出面の清掃が不十分な状態で撮影された写真や、機材などの不要な情報が写った写真は、利用価値が低下する。

白線について　遺跡写真では、しばしば遺構の輪郭に白線などを引いて撮影する例が見受けられる。これらは、広い面積の発掘区で数多くの遺構が出てきた場合などに、のちの整理等作業や活用の便宜を図るためにおこなわれることが多い。

　しかし、白線を写し込むことによって、写真全体の濃度が実際より上がり、それ以外の階調の幅がせばまってしまう。くわえて、フィルム上に写し込まれた白は、実際の面積よりも幅が広く再現されるという写真の特性もあるので、少なくとも、遺跡や遺構の記録としての写真撮影では、白線を引くことは避ける。

　また、資料の公開普及などにあたって、複雑な

図268　横画面の全景

遺構の輪郭を写真上に明示する必要がある場合も、製版・印刷の工程やデータ加工により、十分にその目的を果たすことができる。なお、写真測量のために白線を引く必要性はない。

複数枚の撮影　カラーリバーサルフィルムは、まったく同じカットを2枚撮影する。うち1枚はワーキング用、もう1枚は、画像の変退色などの劣化対策や、紛失・物理的損傷の防止のための長期保存用である。

ブローニサイズは、フィルムの構造上、予期できないコマダブリ（コマとコマが重なること）がときおり起きる。その対処法として、とくに重要なカットでは3枚撮りをする。2枚撮りでは、コマダブリがおきたとき、両コマともに使用できなくなるおそれがある。

また、4×5in判などのシートフィルムでは、後述する撮影後の処置に備えて、重要なカットは、カラー・白黒を問わず、同じ撮影データでの2枚撮りをおこなう。ときには、シートフィルムの片面をテスト現像して結果を確認したのち、残りの片面を適正露光になるよう指示し、本番の現像をすることもある。

デジタル撮影　デジタル撮影では、画像再現のための方式が多様であり、正確な色調再現が難しい。撮影環境の光源状態を再現して正確な色調再現に近づけるには、適切な手法を用いてホワイトバランスを設定したうえで、撮影環境ごとに1コマだけ無彩色グレーカードを写し込むなど、将来的に検証・活用が可能な色調再現性を確実にする手段を講じる。

4 撮影後の処置

現像処理　撮影後のフィルムはすみやかに現像処理をして、点検と確認をおこなう。これは、撮影時の予期しない問題に対処するためである。すみやかな現像処理が難しい場合は、撮影済みフィルムを密封し、冷暗所に保管する。

2枚撮りした重要なカットでは、最初に片方をテスト現像して、その結果を確認したのち、本番の現像をおこなう方法がある。これによれば、万一、露出不足があっても、現像時に増感現像（第一現像時間の延長）の指示で適正な写真にすることができる。

ただし、それにも限度があり、最大で2絞り値までである。その逆の露出オーバーの場合の減感現像（第一現像の短縮）は、コントラストの低下がおきるため、カラーリバーサルフィルムでは推奨できない。

遺跡を撮影した白黒フィルムは、使用フィルムに対する現像時間の過不足がない、標準現像があくまでも基本である。一方、遺物を撮影した白黒フィルムの場合は、背景の白のヌケをよくする目的で、コントラストをやや高めるために、現像時間を延長するのが普通である。

このように、遺跡写真と遺物写真では現像時間が異なるので、ロールフィルムに遺跡と遺物を混在させた撮影は避ける。シートフィルムの場合でも、分けて現像する。

もし、白黒フィルムでの定着や水洗不足による画像劣化を発見した場合には、ただちに再定着・再水洗処理をおこなう。画像が元にもどることはないが、進行を停止する作用は期待できる。この作業は明室でおこなうことができ、特殊な技術や機材も要しない。手順さえ修得すれば、誰もができる処置法である。

外部委託による現像処理では、委託先に文化財分野における写真の重要性をよく伝え、正しい理解と実践を求める。

密着プリントの登録　白黒フィルムでは、現像処理後、登録用として、オリジナルフィルムサイズの密着プリントを撮影枚数だけ作る。引き伸ばしなどで拡大したものを登録すると、以後の検索や選択時に誤解を招きやすい。

デジタル写真データの取扱い　デジタルカメラで撮影したデジタルデータが、ハードディスクなどに溜め込まれたまま、放置される場合がある。これは、未整理のデータの氾濫につながり、利用や活用ができないばかりでなく、記録と保管の目的を果たせなくなる。そのような事態を避けるためにも、撮影したデータは、早急に適切なファイル形式にして登録する必要がある。

　デジタル記録のデータとしては、本来、RAWデータの方式で保存することが望ましい。このデータ方式は、デジタルカメラのCCD・CMOSセンサーがとらえた光を電子信号に変換したままの状態であり、画像の内容や正確さの検証にも役立つなど、デジタルカメラの性能を最大限に発揮できる。

　しかし、現状では、カメラメーカーごと、また機種ごとに形式がまちまちで、統一されていない。ソフトウエアサポートの恒久性や汎用性が確保されていない現在の状態では、RAWデータから適切に処理したデータを、非圧縮ないし可逆圧縮のTIFF形式などにコンバートしたものを同時に保管しておくのが最善である。

　TIFF形式には、撮影データやカラースペースなど、のちの画像検証に役立ち、データベースなどにも利用できる、さまざまなEXIFとよばれる情報を内包できるので、できるだけ多くの情報を埋め込んでおくことが望ましい。そして、キャラクターIDをファイルネームに付したデータをデータベースに登録しておく。

　デジタルデータで記録し、保管する場合には、以上のような体制を構築する必要がある。

　これに対して、JPEGなどの圧縮形式によるデータは、ファイルサイズの節約は望めるが、非可逆圧縮のため、展開時にもとの画質を確保することができない。したがって、文化財写真の保存形式としては避けるべきである。

　なお、記録と保管の目的で画像データを長期間集積するためには、CD－RやDVD－Rなど、記録面に色素を採用した、いわゆる色素メディアの媒体は不向きである。インフラの整った現在では、高速ネットワークが使用できるので、2ヵ所以上に分散させたファイルサーバーにデータを同時保管する体制が望ましい。

　また、今後、画像データを保管・活用していくためには、将来的に、改良が施されたファイルフォーマットへ逐次変換（コンバート）していく作業が半永久的に必要となる。こうした作業を効率的におこなううえでも、データベースの作成とファイルサーバーでの保管を連携しておこなえる長期的予算と体制の確保は欠かせない。

　つまり、デジタルデータのみで文化財を記録し、保存するためには、その体制の構築だけでも、フィルムを長期にわたって保管するのと同等か、それ以上の経費と手間・知識を要することになる。

　したがって、デジタルカメラを使えば安価に画像を取得して記録と保管ができる、という考えは誤りである。デジタル記録を導入するのであれば、専門的知識をもつ人材の組織化が求められるだけでなく、それらを将来にわたって保存するための経費負担が発生することを十分に認識して臨む必要がある。

第VII章

自然科学調査法の活用

第1節
自然科学分析と試料採取

1 分析の実施計画

自然科学分析とは 自然科学分析は、遺物や遺構から、自然科学的な手法を用いてさまざまな情報を抽出することを指す、便宜的な呼称である。自然科学分析によって、従来の考古学的な方法だけでは得がたい、過去の自然環境やそれに適応した人間の活動、各種遺物の構造や材質、遺物・遺構の年代など、多様な情報を引き出すことができ、過去の人間活動や環境復元について、異なる視点から追究することも可能になる。

こうした自然科学分析は、今日の発掘調査では不可欠なものとなっており、その成果をほかの考古学的成果と総合することで、遺跡の理解はいっそう深められる。したがって、目的に応じた適切な自然科学分析法を導入する準備や、それらに関する基礎知識の習得が必要となる。

分析の計画 自然科学分析を実施するさいには、できるだけ早い段階で分析計画を立てることが重要である。たとえば、試掘・確認調査や周辺の過去の発掘調査で、後述するような、自然科学分析に有効な堆積層や遺構、遺物が確認されている場合は、必要に応じて、発掘の計画段階から自然科学分析の導入を考慮する。また、発掘作業の途中でそうした堆積環境などが明らかになり、あらたな課題が浮上したときも、作業工程などを見直し、専門家への分析依頼や分析に供する試料採取に向けて、迅速かつ適切な措置をとる必要がある。

ただし、究明すべき課題によって、分析の方法は変わってくる。それぞれの遺跡の堆積環境や、遺構・遺物などの状況の違いにより、そこから得られる分析試料は制約され、適用できる分析方法も異なってくる。

また、分析には相応の時間と費用を要し、試料採取のための作業場所の確保などが必要なときもある。したがって、自然科学分析を実施するにあたっては、目的を明確にし、それに応じた有効な方法を選択することが求められる。ただ漫然と導入するのは避けなければならない。

目的意識の明確化 一般に、自然科学分析は、分析の種類ごとに、専門家や外部機関に依頼することが多い。その場合には、発掘担当者と自然科学分析をおこなう専門家（分析担当者）が明確な目的意識を共有することが欠かせない。

発掘担当者が、明確な目的もなく、自然科学分析を依頼してしまうと、その遺跡に対する全体的な視野を欠き、遺跡の評価や総括につながらない分析結果に終わる可能性がある。したがって、発掘担当者は、遺跡の保存状態を考慮しつつ、明確な目的や問題意識をもって、それに応じた分析方法や試料採取法などを検討する必要がある。

有効な分析方法の選択 自然科学分析の対象となる資料は、後述するように、遺跡の堆積環境などによって大きく影響を受ける。さらに、自然科学分析の方法は多岐にわたり、目的も多様である。したがって、個々の遺跡の状況をふまえ、どのような分析方法が実施可能であり、どれが有効であるのかをあらかじめ検討しておく。

また、自然科学分析は、それぞれの分析ごとに特性があるため、一つの分析方法だけを単独で導入するのではなく、目的に応じた複数の分析方法を併用し、得られた成果を多角的に比較検討していくことが望ましい。

たとえば、遺跡の植生を復元するさいには、花粉、プラント・オパール、木本・草本・種実類など、複数の試料分析を併用する。それによって、分析結果をクロスチェックでき、単独の分析だけでは得られない、相互補完的かつ整合的な成果を得ることが可能となる。

以下、自然科学分析の対象となる資料と、発掘作業時の試料採取方法を中心に述べる。

2 分析対象となる資料

A 自然科学分析で得られる情報

自然科学分析の対象資料　発掘作業では、動植物遺存体や古人骨が出土する場合がある。これらは、当時の動植物相やその利用、古環境を復元するうえで、重要な資料となる。また、テフラ（降下火砕物）、焼けた石や焼土、土器などの焼成物、炭化物や樹木など、年代測定を可能にする資料が検出されることもある。

ここでは、そうした資料が、自然科学分析により、どのようなことを明らかにする手がかりとなりうるのか、その概要を示す。おもな自然科学分析の内容や方法については、整理編第Ⅲ章(74頁)を参照されたい。

木本・草本・種実類　遺跡から出土する自然木は、その樹種を同定することによって、当時の植生を復元する情報源となる。また、木製品や建築部材を樹種同定することで、当時の人々がどのような樹種を選択し、何に利用していたのかを知ることができる。

木製品や大型部材、自然木などの木材で十分な年輪をもつ資料は、年輪幅を計測して年代を測定する、年輪年代法の対象となる。日本では、ヒノキ、スギ、ヒバ、コウヤマキの4種について、年輪年代測定が進められており、とくに樹皮が遺存している木材は、伐採年代を特定しうる資料として貴重である。また、伐採年代を特定できないものでも、同じ樹種の柱根などでは、年輪の計測により、建物相互の造営年代の先後関係を推定できることがある。

一方、草本類も、その種類を同定することによって、植生や植物利用のありかたを探る手がかりが得られる。

また、種子や果実類からは、遺跡周辺の植生復元やその変遷、野生種と栽培種の区別、食用など植物利用についての情報を得ることができる。

なお、炭化物や木片などは、放射性炭素(^{14}C)による年代測定の対象となる。この測定法は、自然界に存在する放射性炭素が、生物に取り込まれたのち、原子核の崩壊によってしだいに数を減じていくことを利用したものであり、自然科学的年代測定法として広く普及している。

そのほか、これらの植物遺存体に残留する古DNAの分析によって、遺伝的系統などを探る検討もおこなわれている。

花粉・珪藻　種子植物やシダ、コケ植物は、季節によって大量の花粉や胞子を空中に放出する。それらの花粉や胞子は風に漂い、やがて地表や水面に落ちて堆積する。大部分の花粉や胞子は、風化やバクテリアなどの食害を受けて消滅するが、一部は、湿地や酸性土壌の中で長く残る。こうした土壌に含まれる花粉や胞子の分析から、堆積時の植生や古気候が復元できる。

珪藻は、河川、溝、池などの水成堆積物に残存する植物プランクトンの一種である。種類によって、pHや塩分濃度、流水や止水、澄んだ水か濁った水か、などの環境の違いに応じた棲み分けをしており、遺構堆積土の珪藻の種類を調べることで、堆積当時の水域環境が判明する。

プラント・オパール　イネ科やカヤツリグサ科の草本、クスノキ科やブナ科の木本の中には、土壌中の珪酸を細胞内に取り入れ、蓄積させる性質をもつものがある。珪酸が蓄積すると、体内に細胞の形をとどめたプラント・オパール（植物珪酸体）となり、種ごとにそれぞれ特徴をもった結晶が形成され、軟部組織が腐朽しても、土壌中に残存する。このプラント・オパールを分析することにより、植生や水田土壌などの土地利用を明らかにすることができる。

プラント・オパールは、花粉や種実に比べて残存しやすく、火を受けた土器の胎土内や、湿潤と

乾燥を繰り返す堆積環境でも残るので、分析対象となりやすい。

動物遺存体・古人骨　動物遺存体には、貝殻、骨、角、歯、鱗、皮革などが含まれる。それらは、種類を同定することにより、当時の動物相の変遷をはじめとして、人間による捕獲の季節や捕獲圧など、多様な動物利用の実態や技術を明らかにしうる資料となる。

これらは、食料や骨角器製作など、さまざまな動物利用の残滓(ざんし)と考えられるため、種名の同定やその形質の分析だけでなく、解体や骨角器製作の痕跡の観察も重要な意味をもつ。

遺跡から出土する昆虫遺体は、その種を同定することで、現生昆虫の生息環境や生態学的知見から、古環境を復元する手がかりとなる。

古人骨からは、性別、年齢、身長、あるいは病歴、家族関係などを明らかにできる場合がある。焼けて遊離した歯や頭蓋骨の縫合の癒合状態、関節の破片からでも、おおよその個体数や年齢を推定することが可能である。また、古人骨の安定同位体分析によって、その人の食性を定量的に評価することもおこなわれている。

寄生虫卵からは、それが出土した遺構がトイレに関連するかどうかや、野菜・淡水魚類などの食性が明らかになる。

動物遺存体や古人骨についても、放射性炭素による年代測定の対象となり、また、古DNA分析によって、その動物の系統や家畜化、血縁関係などを探ることもできる。

テフラ　火山灰などのテフラは、噴火してからごく短期間で広く分布するため、広範囲にわたって同時期の面を示し、鍵層として重要である。また、検出されたテフラの分析から、そのテフラがどの火山に由来し、いつの時代のものかも知ることができる。

このテフラ堆積層と遺物包含層や遺構との関係を層位的に明らかにすることで、遺物や遺構の年代を推定できる。

焼けた石・焼成物・焼土など　焼けた石のほか、テフラ、土器や瓦などの焼成物、窯跡や製鉄遺構なども、熱ルミネッセンス法による年代測定の対象とすることができる。この方法は、石英や長石などの鉱物が被熱後に吸収・蓄積した自然放射線量を測定し、年代測定するものである。

このほか、土層自体も、土壌分析によって、その堆積環境や、耕作土など人為的作用との関係を明らかにする資料となる。

各種の人工遺物　上記の資料以外でも、遺跡で出土する土器・土製品、石器・石製品、金属製品、木製品などの遺物については、顕微鏡、X線、赤外線、蛍光X線などを利用して、各種の構造調査や材質分析がおこなわれている。それによって、製作技術の解明や土器などの産地同定のほか、個々の遺物の保存処理方法の検討などが進められている（整理編104頁）。

以上のように、自然科学分析を実施することで、数多くの情報を得ることが可能となるが、そうした成果については、それぞれの分析の方法論的な前提や限界・問題点をふまえたうえで、ほかの発掘調査成果も考え合わせながら、蓋然性の高い解釈を追究する姿勢が求められる。

B　分析が有効な遺跡や遺構

自然科学分析の対象となる資料は、どのような遺跡・遺構・土層からでも得られるわけではない。それらの残存に適した堆積環境や保存状態を備えた状況下にあって、はじめて分析に有効な試料を得ることができる。したがって、堆積環境と、そこで採取できる試料、利用可能な分析方法との関係について、基礎知識をもっていることが望ましい（269頁表13）。

そして、発掘調査にあたっては、事前に、遺跡の堆積環境に関する情報を、できるだけ多く得るようにしておきたい。

表12 埋没条件と動植物遺存体の保存状態

条件			植物起源						動物起源				備考
			大型炭化植物遺存体（種実・葉）	大型炭化植物遺存体（材）	大型植物遺存体（種実・葉）	大型植物遺存体（材）	花粉・胞子	植物珪酸体	珪藻	骨	貝	有孔虫	昆虫	
埋没後の条件（続成的）	動植物遺存体を含む堆積物マトリクスの酸性度による保存状態の違い	酸性	○	○	○	○	○	○	○	△	△	△	○	好気的・嫌気的条件とは異なる。また、酸性度は特定の土壌型に対応しない。
		中性	○	○	○	○	○	○	○	○	○	○	○	
		アルカリ性	○	○	○	○	○	△	○	○	○	○	○	
	乾湿の繰り返しに対する動植物遺存体の保存状態の違い		○	○	△	△	×	○	△	×	×	×	×	動植物遺存体の化学的組成のほかに、大きさを考慮。
堆積時の条件（同時的）	異なる粒径の砕屑性堆積物中での産出頻度の違い	礫	△	△	△	△	×	×	△	△	×	×	動植物遺存体は異地性で、堆積物運搬営力のふるい分けを想定。
		砂	○	○	○	○	△	△	○	○	○	○	○	
		シルト・粘土	○	○	○	○	○	○	○	○	○	○	○	

○：ほぼ良好　△：部分的、場合による　×：悪い

有機質遺物の保存条件　動植物や人体、食料残滓、排泄物は、主として有機物から構成され、土中で分解されて無機物になる。日本列島の大部分は温帯湿潤気候に属し、広い範囲を火山灰性の酸性土壌が覆う。そうした自然環境では、ほとんどの有機物が分解され、腐朽してしまう。

この有機質遺物の保存には、土壌の酸化還元電位やpH値が大きく影響する。一般的に、有機質遺物が残りやすいのは、中性から弱アルカリの水漬け状態の堆積環境である（表12）。

貝塚・洞窟遺跡　貝塚や貝層、洞窟（洞穴）遺跡や岩陰遺跡は、石灰岩や貝殻から溶脱するカルシウムイオンが、土壌の酸性を中和して弱アルカリ性に変えるとともに、骨から溶脱するカルシウムを充塡するので、人骨や動物遺存体が残りやすい。そのため、土壌をフルイにかけることよって、微細遺物を採集できることが多い。

湿地遺跡　湿地遺跡は、常時、水漬け状態にあるため、植物遺存体が良好な状態で残されることが多い。また、地下水が弱アルカリ性から中性で、粘土などに覆われて酸素から遮断された環境下にあれば、微生物の活動が抑えられ、人骨や動物遺存体も残る場合がある。花粉や寄生虫卵など、他の有機質遺物の保存にも恵まれているので、各種の自然科学分析を実施するのに適している。

埋没河川・池・溝・井戸・水場　発掘区の中に埋没した自然河川があれば、その河川跡は埋没後も地下水の流路となっていることが多い。そうした河川跡や、池、溝、井戸などの土層では、酸素が不足し、微生物の活動が抑制されるため、有機質遺物が残りやすく、花粉分析、樹種同定、種実分析など、各種の自然科学分析が可能である。

ただし、一般的に、河川堆積物は、浸食と堆積の交互作用によって形成されるため、異なる年代

の遺物が混じりやすく、堆積層の年代決定が難しいことが多い。

池や井戸は、花粉分析や種実、樹種などの植物遺存体の分析に適している。水田の畦畔や側溝内に掘られた土坑や集落内の井戸には、ウマやウシの頭蓋骨や四肢骨を意図的に置き、動物祭祀をおこなっていることがあるので、注意を要する。

また、河川や溝などの溜まりや、土坑や井戸の底には、しばしば自然堆積による種実類が遺存し、ヨシなどの現地性植物が腐らずに堆積した植物層や泥炭層などが検出されることもある。

このほか、水場や湿地性貝塚などでは、トチやクリが加工して食用とされたのち投棄された、トチ塚やクリ塚が検出される場合があり、貯蔵穴に堅果類が残されていることもある。

災害で埋没した遺跡　洪水や火山の爆発などの瞬時の災害で埋もれた遺跡には、さまざまな生活痕跡が残っている。一般の遺跡は、廃絶後に徐々に崩壊・風化しつつ埋没するのに対し、災害遺跡では、当時の生活面がそのまま堆積物に覆われ、良好に保存される。

洪水砂で覆われた遺跡では、花粉分析や土壌の粒度分析、珪藻やプラント・オパールの分析など、各種の自然科学分析が可能であり、古環境の変遷を明らかにしうる。

焼土層・炭化物層・灰層　竪穴建物の埋土や土坑では、一般に有機質遺物は残りにくい。しかし、炭化した植物遺存体や焼けた骨など、有機質遺物が焼けて残存することがある。とくに、焼失竪穴建物や炉、カマド、廃棄土坑などの遺構で、焼土層や炭化物層、灰層があった場合には、火を受けて炭化した堅果類や穀類、焼骨などが検出されることもしばしばある。

甕棺や石室　甕棺や古墳の石室などで空間が確保されている遺構であれば、乾燥状態であっても人骨が残る可能性がある。また、蔵骨器などに骨片が遺存していることもある。

3 試料採取の方法と留意点

A　一般的な留意点

採取層位と出土状況の把握　自然科学分析に供する試料を採取するさいにもっとも重要なのが、試料を採取する層位である。考古学的な発掘成果と、さまざまな自然科学的な分析成果を比較検討するためには、層序の正確な把握が前提となる。また、分析試料の出土状況も、自然科学分析の結果を解釈するうえで、基礎的な情報となる。

自然科学分析が対象とする遺物（分析試料）も、土器や石器などの遺物と同様に扱い、取り上げる前に層位や出土状況を記録しなければならない。当然のことながら、分析担当者が現地で試料を採取できないときには、発掘担当者が試料を採取した層位や出土状況を詳細に記録し、責任をもって分析担当者に伝える必要がある。

試料採取（サンプリング）　分析の目的や方法、堆積環境により、試料採取の方法や必要な土量は異なり、採取した土壌の扱いなど留意すべき点が多い（表13）。したがって、分析のみを依頼する場合でも、発掘担当者は、試料採取の方法はもちろん、分析に対する相応の知識が要求される。そして、分析試料の採取法について、分析担当者と事前に打ち合わせることが望ましい。

また、発掘作業の進行によって、自然科学分析をおこなうべき状況が生ずることもある。そうしたときにも、すみやかに分析担当者に連絡を取り、何を明らかにしたいかを明確に伝え、適切な試料採取方法について指導を依頼する。

竪穴建物の埋土や床面、炉の焼土、灰層、土器内の充塡土壌などには、肉眼では認識できなくても、焼けた微細な骨や炭化した植物遺存体が含まれている場合がある。そのため、微細遺物が含まれている可能性があるときは、発掘作業中に少量

VII-1 自然科学分析と試料採取

表13 分析試料の採取方法

遺物の種類	保存に適した条件	導き出される情報	採集方法と分析法	必要な土量・試料
動物遺存体				
人骨	貝塚,洞窟,湿地,酸性以外の土壌	食性,病気,人口,生活様式,埋葬法,社会階層,親族関係	手掘り/5～10mmのフルイかけ	墓坑内の全土壌
大型哺乳類	同 上	食性,牧畜,屠畜法,病気,社会階層,富,行動様式,工芸技術	手掘り/5～10mmのフルイかけ	全土壌
小型哺乳類	同 上	自然動物相,自然環境,生態環境への適応種	1～2mmのフルイかけ	全土壌/75ℓ
鳥骨	同 上	大型・小型哺乳類と同様	2～5mmのフルイかけ	全土壌/75ℓ
魚骨,魚鱗,耳石	同 上	食性,漁労法,漁業史,季節性	0.5～2mmのフルイかけ	全土壌/75ℓ
大型軟体動物	アルカリ～中性土壌	食性,生業,交易,採集季節,貝類の養殖	手掘り/5～10mmのフルイかけ	全土壌/75ℓ
小型軟体動物	アルカリ土壌	植生環境,土壌タイプ,堆積過程	研究室での0.5mmのフルイかけ	遺構,層ごとに10ℓ
昆虫遺体(炭化)	全土壌	気候,植生,生育環境,商業,人間の食性	研究室での0.3mmまでのフルイかけ,パラフィン・フローテーション	遺構,層ごとに10～20ℓ
昆虫遺体(非炭化)	湿潤～湿地土壌	同 上	同 上	同 上
寄生虫卵	湿潤～湿地土壌	人体・家畜の寄生虫症,衛生環境,トイレの同定,中間宿主との関連	研究室での摘出,400倍の生物顕微鏡さまざまな分析機器	遺構,層ごとに50mℓ/フィルムケースも可
安定同位体食性分析法	人骨,動物骨	人間の食性,海産物の摂取,野生種と家畜種の区別	研究室での摘出,さまざまな分析機器	表面を含まない骨粉1～3g
残存脂質分析法	全土壌	人間の食性,腐朽消滅した脂肪を含む動植物の同定,道具の機能,トイレ土壌から栄養状態,男女の区別,糞石の人・イヌの区別など	研究室での摘出,残存する脂肪の量によりさまざまなサンプル(石器,土器,土壌など),さまざまな分析機器	土壌の場合は1ℓ程度.石油化合物と接触させないため,アルミホイルで梱包密閉し冷暗所で保存
植物遺存体・土壌				
炭化植物遺存体(穀粒,籾殻,炭化材)	全土壌	植生,食性,建築部材,木器用材,燃料,木工技術	手掘り/上記の各種採集法/0.3mmのフローテーション	全土壌/75ℓ
非炭化植物遺存体(種子,苔,葉)	湿潤～湿地土壌	植生,食性,建築部材,木器用材,木工技術	手掘り/上記の各種採集法/0.3mmのフローテーション	遺構,層ごとに10～20ℓ
木材	湿潤～湿地土壌(全土壌)	年輪年代,古気候,建築部材,木工技術	手掘り/上記の各採集法,10倍程度の低倍率と100倍までの顕微鏡	全土壌/75ℓ
珪藻	水成堆積物	塩分濃度,水の汚濁度,流水,止水など	研究室での摘出,400倍までの生物顕微鏡	遺構,層ごとに50mℓ/フィルムケースも可
花粉	埋没,湿地土壌,腐植土層	植生,土地利用,農耕,季節性	同 上	遺構,層ごとに50mℓ/フィルムケースも可,コラムサンプルによる
プラント・オパール	全土壌	イネ,ムギ類,雑穀の同定,同上	同 上	同 上
土壌	同 上	層の形成過程,環境,農耕,土木	専門家による現地観察/土壌採取	コラムサンプル,切り取り
土壌微細形態	同 上	層の形成過程,環境,農耕,土木	クビエナボックスによる土壌採取	5×10×5cm程度の金属枠による採取

の土壌を採取して、水に溶かしながら、分析目的や試料に適した目のフルイにかけ、残存物を観察して微細遺物の有無を確認する。微細遺物が確認できれば、一定量の土壌を採取し、系統だった水洗選別を実施することが望ましい。

土壌試料の採取は、その後の処理や保管にかかわる期間、経費、場所などについての明確な見通しをもって、分析目的に適した量なども考慮に入れ、計画的におこなう。また、土壌試料を水洗選別する場合には、使用する水の確保や排水、土の処理の対策も講じる。

以下、水洗選別の具体的方法については、整理編第Ⅲ章（75頁）を参照されたい。

コンタミネーション コンタミネーションとは、異なるものが混じることを意味する。生物学や化学・地質学など、多くの分野で幅広く用いられる用語である。コンタミネーションの可能性がある試料は、分析をおこなったとしても、信頼できる結果を得ることができない。そのため、分析試料を採取する場合には、コンタミネーションが起きないように注意する。

分析試料の採取法の詳細については後述するが、たとえば、花粉分析や珪藻分析の試料を採取するときには、現代の花粉や珪藻の混入を避けるため、土壌試料の採取に用いる道具類にほかの土壌が付着しないように、壁面などの表面を削り、新鮮な面を露出させてから採取する。

また、人骨の古DNA分析をおこなうさいには、発掘作業にかかわる人のDNAによる汚染を防ぐため、試料を素手で触らず、唾液や汗がつかないように心がける。

コンタミネーションは、試料が埋没している段階で起きている場合もある。たとえば、前述した河川堆積物の場合には、浸食、堆積、運搬などの作用によって、異なる年代や環境の遺物が混じりやすい。したがって、そうした層序や堆積環境、出土状況についても注意を払い、分析結果を解釈するさいにも留意する必要がある。

また、試料採取後の一時保管や整理等作業の段階でも、コンタミネーションを防ぐように注意しなければならない。ただし、発掘作業や分析にいたる整理等作業の間に、さまざまな要因でコンタミネーションが起こる危険性もあり、それを完全に排除するのは難しい。このため、分析する試料数をできるだけ増やすことや、分析試料の一部を年代測定することなどによって対応するのが有効となる。

なお、第三者にも分析試料の来歴がわかるように、発掘作業で試料採取を実施した層位や堆積環境、出土状況や採取方法、採取した土壌の処理方法などを正確に記録し、報告書に記載することが重要である。

一時保管 試料が適切に採取されたとしても、それを分析担当者に渡す前の一時保管の状態に問題があれば、分析結果に影響を及ぼす可能性がある。分析試料の一時保管や運搬の方法は、分析方法によって異なってくるし、堆積環境なども考慮する必要があるので、どのように保管すべきかを分析担当者に確認しておく。

原則として、採取した試料については、変質や分解を抑え、コンタミネーションを防がなければならない。また、試料によっては保存処理の薬品による影響も考慮する必要があり、あらかじめ保存処理の専門家にも相談することが望ましい。

しかし、一時保管は、あくまでも緊急的な措置にすぎない。一時保管の状態で遺物を放置せず、すみやかに記録や分析をおこなって、適切に遺物を管理・保管することが求められる。

B 植物遺存体の試料採取

木製品・建築部材・自然木 自然木や木製品・建築部材などの木質遺物は、湿った状態や水漬けの状態で出土する場合が多い。そのため、木質遺物に含まれる水分が蒸発して乾燥すると、著しく

収縮・変形し、再び水中に戻したとしても、もとの形状には戻らない。そして、一度乾かしたものは木材の立体構造が失われるので、樹種同定は不可能となってしまう。したがって、写真や実測などの記録を作成して取り上げるまでの間は、常に湿った状態を保つ必要がある。

そのためには、散水をおこなうか、濡れた布で覆ったうえで、黒色のビニールシートなどで覆っておくのが効果的である。また、吸水性の高い低分子のポリエチレングリコール水溶液を塗布したり、布にしみ込ませたりして覆うこともある。ただし、こうした状態に置いておくのは、できるだけ短時間にとどめる。

なお、写真撮影にさいして清掃するときは、緩やかな流水と軟らかい刷毛(はけ)などを用いて、慎重におこなう。

一時保管では、乾燥を防ぐと同時に、腐朽を抑制する対策が必要となる。それには、たとえば、防黴剤(ぼうばい)・防夏剤(ぼうかび)を添加したコンテナや水槽で管理する方法がある。また、定期的に遺物の状態を監視し、水が蒸発して乾燥しないように注意する。

種実類　種実類の試料は、現地で直接採取する方法と、肉眼で観察できない微小な種実類を採集するために、土壌ごと採取して水洗選別する方法を併用することが望ましい。

現地で直接採取するときは、出土状況を正確に記録し、廃棄などにともなう可能性も考慮する。また、水洗選別用に採取した試料は、乾燥を防ぎ、カビや微生物の発生を抑えるため、密閉容器に入れて冷暗所に保管する。

なお、乾燥した遺跡であっても、フローテーション法（整理編76頁）によって、炭化した植物遺存体が検出されることがある。とくに、焼失建物や炉、カマド、廃棄土坑などの遺構で、焼土層や炭化物層、灰層があった場合には、適切に試料を採取してフローテーション法をおこなえば、炭化種子などが検出される可能性がある。この方法は、さまざまな遺跡や遺構に対しても有効である。

花粉　花粉分析には、自然堆積層であれば遺跡付近の湖沼堆積物が最適で、遺跡であれば水田、濠、井戸、池などの静水か、止水性の湿地環境の堆積物が適している。通常は、発掘区の壁面で、任意の地点から、層位ごとに、あるいは柱状試料として少量ずつ採取する。

試料の採取は、上位の層からのコンタミネーションが生じないように、壁面の下位から上位に向けておこなう。また、大気や流水に含まれる現生の花粉の混入を防ぐため、採取のさいには壁面を削り、新鮮な断面から採取する。

採取後すぐに分析をおこなわない場合は、土壌の酸化・乾燥やあらたな花粉や胞子の混入を避けて、カビや微生物の発生を抑えるために、冷暗所に密閉して保管する。

プラント・オパール　プラント・オパールは、花粉と比較すると、風による拡散や移動の影響が小さい。そのため、検出されたプラント・オパールは、洪水などにより土壌が大規模に移動した場合を除き、試料の採取地点やその周辺の植生に由来すると考えてよい。

土壌から試料を採取するさいには、コンタミネーションを防ぐために、樹木の根や割れ目など、上部の層からの落ち込みが考えられる場所や、土層境界部からの採取は避けるようにする。また、採取の直前には、土層表面のクリーニングをおこなう必要がある。

珪藻　珪藻は、細胞質が珪酸体の殻で覆われており、土中に保存されたその殻が分析の対象となる。

試料採取にあたっては、分析目的に応じて、5〜10cmごとに連続試料を採取する。コンタミネーションを防ぐため、下位から上位に向かって採取し、ヘラなどの採取用具は、一つの試料を採取するごとに水洗する。試料の処理には蒸留水を用いるのが望ましい。

また、発掘区の壁面から採取する場合は、そこに現生している珪藻の混入を避けるため、少なくとも断面から5cm以上奥の土壌を採取する。

C 動物遺存体・古人骨の試料採取

動物遺存体 動物遺存体の試料には、現地で採集されるものと、土壌をフルイで水洗選別して採集されるものがある。

現地で採取する試料については、保存状態を考慮する。たとえば、湿地環境で保存された動物遺存体の場合、地下水中の鉄イオンと骨に含まれるリン分が化合したビビアナイト（藍鉄鉱）という深青色の結晶が、とくに関節部に集中して析出し、取り上げのさいに破損して、骨幹部だけになることが多い。関節部には種の特徴や形質に関する情報が集中しているので、次節で述べる脆弱遺物の取り上げに準じ、注意深く取り上げる。

また、肉眼による取り上げでは、小さな魚骨など微細な骨が見のがされるため、土壌を5mm目程度の乾燥フルイにかけるか、1mm目程度のフルイを用いて水洗選別をする。

なお、竪穴建物の床面や埋土、炉の焼土や灰層、貯蔵穴内の炭化物などには、焼けて無機化した骨などが遺存している可能性があるので、発掘作業中には骨が確認できない場合でも、土壌ごと試料採取することが望ましい。

また、動物骨が意図的に置かれた可能性のある遺構の場合は、専門家を現地に招き、1/10または1/20の縮尺で実測図を作成し、動物骨の配置を遺構の形態や共伴遺物とともに記録する。

昆虫遺体 昆虫遺体は、水成層に含有されていることが多く、細粒の粘土やシルト層が堆積している環境で残りやすい。採取には、ブロック割り法（整理編78頁）やフローテーション法が併用して用いられる。そのため、壁面から層位ごとに、細かく崩さず、ブロック状に採取する。

採取後すぐに昆虫遺体を抽出できないときは、試料をポリ袋などに入れ、乾燥しないようにして冷暗所に保管する。そのさいには、カビを防ぐため、70%アルコールと10%ホルマリンを9：1で混ぜた液をかける。運搬時には、採取した土壌が崩壊しないように、安定した容器などに入れる。

古人骨 古人骨が出土した場合は、形質人類学者の指導を受けながら、遺構との関係に留意して、出土状況を正確に記録する。保存状態を考慮しつつ、それぞれの骨の位置や配列、骨相互の位置関係を把握し、骨格部位による高さの違いなども記しておく。

写真撮影や実測は、発掘作業の進行に合わせ、何段階かにわたっておこなうのが望ましい。とくに、写真は、複数の角度から撮影することが有効である。また、遺存状態が悪い場合には、取り上げる前に、身長の推定に有効な四肢骨などの最大長を計測しておく。

取り上げにあたっては、後で照合可能なように、実測図に個々の骨の番号をつけ、番号や骨格部位ごとにまとめて新聞紙などに包み、分別する。

出土した古人骨は、露出させた状態では脆弱化するので、取り上げまでの作業は、できるかぎり短時間でおこなう。また、一時保管や運搬にさいしては、安定同位体元素分析や放射性炭素年代測定などの分析に影響を与えるため、脱脂綿の使用は避けるほうがよい。

D 年代測定試料の採取

放射性炭素年代法 木炭や木片、貝殻、骨などは、放射性炭素年代法（整理編83頁）の対象とすることができる。年代測定用にこれらの試料を採取するときには、明らかにしたい年代を示す最適な試料を選択し、再測定に備えて十分な量を採取しておくことが望ましい。試料採取には、金属製の道具を用いる。

試料の採取や一時保管にあたっては、とくに別の炭素の混入による汚染が起こらないよう、細心

の注意を払わなければならない。たばこの吸殻なども炭素を含んでいるので、要注意である。

採取した試料は、付着した土壌をできるだけ取り除き、乾燥させたのちに、ポリ袋などに入れて封をし、湿気のない状態で、ホコリの混入を避けて保管する。必要記載事項は、試料自体へ記入することは避け、袋に記入する。粉末や粉末状に壊れやすい試料は、アルミホイルで包み、ポリ袋などに入れて保管する。試料は、冷暗所に保管するのが原則である。

また、一時保管や年代測定する試料を送付する場合には、紙袋や布袋、脱脂綿で包装しないよう注意する。現代の有機物が混入し、実際よりも新しい^{14}C年代値が出る可能性があるからである。

このほか、カビ防止のエタノールや保存処理のPEG(ポリエチレングリコール樹脂)などの薬品類も、分析結果に影響する可能性がある。

このように、試料採取の段階から一時保管まで留意すべき点が多いので、分析する予定の試料については、発掘作業の段階から、分析担当者に適切な採取法や処理方法について相談することが望ましい。

年輪年代法　木製品や大型部材、自然木などの木質遺物が対象となる。年輪年代の測定(整理編84頁)には、最低でも100層以上の年輪が入っているものを用いる。

出土した木材は、乾燥させないことが重要である。また、保存処理をおこなうと計測しにくくなることがある。そのため、年輪年代測定をおこなう場合は、保存処理の前にあらかじめ専門家に相談するのが望ましい。

熱ルミネッセンス法　熱ルミネッセンス法では、鉱物が被熱後に吸収・蓄積した自然放射線量を測定して年代を測定する(整理編84頁)。この分析対象試料となるのは、焼けた石、土器や瓦などの焼成物、焼土などである。

しかし、これらの試料が光にさらされると、蓄積したエネルギーの一部が失われ、測定結果が新しい年代を示すことがある。したがって、試料採取のさいには、できるだけ太陽光などに当てないように注意する。

窯壁やテフラ、焼土などを対象とする場合には、表面層を削り取って試料を採取する。土器や焼石などの遺物は、試料処理前に暗室で表面をダイヤモンドカッターで剥離するか、フッ酸で溶解して内部のみを測定試料にするので、通常の発掘で得られた資料でも測定可能である。

年代測定に必要な年間線量を正確に測定するためには、発掘作業をおこなった場所が残されていることが望ましい。また、現地で年間線量の測定がおこなえないときは、試料とともに周囲の土壌を採取しておけば、精度は多少落ちるものの、測定自体は可能である。測定試料が検出された地点の土壌を数百g採取し、水分が蒸発しないように密封しておく。

テフラ　火山灰などのテフラの同定には、野外における層位学的方法と、室内における岩石記載的方法とがある。いずれの場合も、対象地域に分布するテフラの層相や岩相の特徴を把握し、テフラ・カタログなどを参考にして、テフラ層の特徴を観察・記載する。

また、年代の推定には、二次的に堆積したテフラ層ではなく、一次堆積のテフラ層を利用する。そのため、発掘作業中にテフラの堆積状況を把握することが必要である。

分析に供する試料を採取するさいは、土層の境界部を避けながら、厚さ5cmを目安として連続的に採取する。また、生物や乾燥によるひび割れ、地すべり、周氷河作用などによる攪乱部を避け、異物が混入しないように注意する。試料の量は、約100gが目安となる。

現地でテフラを見つけるのは、土層が乾燥・硬化しないように、土層断面の露出後、あまり時間が経過しない段階が望ましい。

第2節
脆弱遺物の取り上げ

1 遺物の取り上げ

A 原則と留意点

劣化遺物の取扱い　長い年月の間、あまり大きく変動せず安定した環境にあった遺物は、発掘により、急激な環境の変化にさらされることになる。とくに、木製品や漆製品などの有機質遺物や、金属製遺物、焼成温度の低い土器などは、そうした環境変化による劣化を生じやすい。このため、層位や出土状況の確認と記録をおこなったのちは、できるだけ早い段階で取り上げ、劣化の進行を抑制できる状態にする必要がある。

遺物の取り上げにさいしては、遺物の材質や遺存状態、埋没環境などを考慮して、その方法を検討しなければならない。また、遺物の取り上げは、たんに現地からの遺物回収作業にとどまるものではない。取り上げたあとで、どのような調査研究をおこなうのか、どういった保存処理を施すのか、あるいはどのように展示・収蔵をおこなうのかなどによって、取り上げ方が大きく異なってくることもある。

取り上げの原則　遺物の取り上げは、基本的には、工夫次第で誰にでもできる作業である。使用する材料などには、一般に市販され、簡単に調達できるものも多い。

しかし、取り上げにさいして困難が予想されるときには、専門家や経験者に相談することが必要となる。また、取り上げ作業を外部委託する場合は、取り上げ前に、現地で綿密な打ち合わせをしておかなければならない。

手で持つことが困難なほどもろくなった遺物は、土ごと取り上げるか、あるいは仮の強化処置を施してから取り上げる。

取り上げる遺物の仮強化には、原則として取りはずすことのできる材料や方法を用いること、取り上げや運搬にさいして、遺物が動かないように固定すること、の2点が重要となる。

なお、取り上げた遺物は、できるだけ早く応急処置や保存処理をおこない、安定した状態にする。

B 種々の取り上げ法

取り上げ法は、遺物に応じて千差万別であり、包括的な方法を述べることは困難であるばかりか、場合によっては誤った方法の選択につながるおそれもある。したがって、ここで紹介する方法は、あくまでも一例であり、実際に取り上げをおこなうさいには、最適な方法について十分に検討しなければならない。

小型遺物の簡便な取り上げ法（水貼り法）　湿った状況で出土し、取り上げ時に破損する可能性のある小型の遺物の中には、特殊な仮強化材や梱包材を用いず、紙を水貼りすることで取り上げられるものもある。

たとえば、小型の土器で、焼成温度が低いため、焼き締まらず、そのまま取り上げると、割れるか表層が剥離する危険性があるものや、編物の破片のように、取り上げ時にその構造が壊れてしまうような遺物に対して用いる。

水貼りには、トイレットペーパーやティッシュペーパー、和紙など薄手の紙を用いる。遺物の大きさによるが、2～10cm角に裁断した紙を、1/3程度重ねながら遺物表面に水貼りしていく。紙は、露出させた遺物の表面の凹凸に密着するように、筆や刷毛などの毛先で軽く打ちつけながら貼る。また、不規則に紙を貼っていくのではなく、ある程度方向性をもたせて貼りつけると、取り上げ後におこなう紙の除去が容易になる。紙の水貼りは3層程度で十分である。

遺物の表面全体を紙で水貼りしたのち、竹串やパレットナイフ、薄いアルミ板や鉄板などを遺物

下部の土に慎重に差し込み、遺物を土ごと取り上げる。取り上げた遺物は、水貼りした紙により固定されているが、安定しているわけではないので、取り上げ後の運搬には注意を要する。また、紙を貼ったままで放置すると、紙が乾燥し、収縮による破損や固着が生じるため、持ち帰ったあとはすみやかに紙を除去する。

バンディング法　草鞋(わらじ)や鋤・鍬などの長いものは、水貼り法だけでは割れたり折れたりする危険性がある。しかし、水道管の補修に用いられるウレタン樹脂を含んだテープや医療用のギプスなど、市販の手軽な材料を用いることにより、比較的容易に取り上げることができる。

この場合、ウレタン樹脂を含んだテープが、取り上げる遺物の表面に直接つかないように、まず紙を水貼りして、遺物表面を保護する。そのさい、必要に応じて遺物の周囲を掘り下げる。次に、紙で保護した遺物の表面に、水で濡らしたテープを貼って固定する。このとき、できるだけ遺物表面とテープが密着するようにする。

周囲を掘り下げたときは、遺物側の土の周囲にもテープを巻きつけると安定する。また、周囲を掘り下げないときは、竹串などを用いて、遺物の下部を土から慎重に切り離す。そのさいには、薄い金属板などを使って、土ごと取り上げたほうがよい場合もある。

仮強化処置を施した取り上げ　漆製品の中で、胎の部分がすでに腐朽し、漆膜だけが残った状態のものや、金属製品のように、紙の水貼りによる補強が適当でない遺物では、樹脂などを用いて仮強化して取り上げる方法がある。

仮強化には、アクリル樹脂や超高分子ポリエチレンオキサイド(ポリオックス)などを使用する。アクリル樹脂には、水溶性タイプ、エマルジョンタイプおよび溶剤タイプの大きく3種がある。アクリル樹脂は酢酸エチル、アセトン、トルエンなどの有機溶剤に溶け、ポリオックスは高温の水蒸気で簡単に溶けるため、取り上げ後に除去することができる。遺物の状態や取り上げ後の保存処理方法を検討したうえで、どのような材料でどの程度の仮強化をおこなうかを的確に判断する。

樹脂をある程度しみ込ませて補強するだけでよい場合は、上述の樹脂の中から適切な樹脂を選択し、筆で遺物にしみ込ませる。そして、樹脂が固まり、十分な強度が得られたところで、取り上げをおこなう。一方、樹脂による仮強化だけでは不十分な場合は、さらに紙やガーゼなどを貼りつけて補強する。紙やガーゼを用いた補強が必要な場合も、あらかじめ遺物に樹脂をある程度しみ込ませて強化する。

しかし、湿った状態の遺物、とくに木材や布などの有機質遺物は、現地で仮強化することは原則として避ける。こうした遺物は、次に述べるように、硬質発泡ウレタン樹脂を利用して梱包するか、液体窒素で凍結して取り上げる。そうしたほうが、のちの保存処理を円滑に進めることができるからである。

硬質発泡ウレタンを用いた取り上げ　人骨のように、仮強化しただけでは取り上げられず、しかもその位置・構造が重要な意味をもつ遺物は、硬質発泡ウレタン樹脂を利用し、遺物全体を梱包して取り上げる。ただし、劣化の著しい遺物は、硬質発泡ウレタン樹脂で梱包する前に、仮強化しておく必要がある。

まず、取り上げる範囲を決め、取り上げる遺物を含む土塊の範囲が凸状に突き出して残るように、周辺の土を掘り下げる(図269-1)。

次に、遺物表面に梱包材料のウレタン樹脂が付着しないように、全面にほぼ5cm角に切った紙を3重程度、隙間なく水貼りする(同-2)。このとき、凹凸の激しい遺物に対しては、貼りつけた紙の上から粘土などを充塡し、全体が滑らかになるようにすることもある。また、オーバーハングした状態や、とくに補強が必要な場合は、部分的に

粘土状のエポキシ樹脂で強化する。

　ついで、取り上げる範囲の付け根部分の土を少し内側に切り込んでおくと、取り上げるときに切り取りやすくなる（同-3）。また、大きな遺物を取り上げる場合は、全体の補強のために、角材などを使って構造強化をおこなう。

　最後に、硬質発泡ウレタン樹脂の流出を防止するため、ダンボールなどを用いて、取り上げる遺物の周辺を囲い込む（同-4）。

　以上の準備が完了したところで、遺物全体を包み込むように、硬質発泡ウレタン樹脂を流し込む（同-5）。

　硬質発泡ウレタン樹脂の使用にあたっては、攪拌容器、秤量するための秤、攪拌棒、ポリ袋やゴミ袋、防護用手袋、マスク、救急用具（樹脂が手についたときの洗浄水、目に入ったときの洗眼洗浄水）などを準備する。

　一般的な硬質発泡ウレタン樹脂は、イソシアネート成分とポリオール成分の2成分溶液を、別々の容器に入れた状態で市販されている。これらの溶液中に湿気が入ると、化学反応が始まって危険なため、水分が中に入らないように、必ず蓋をしておく。

　発泡させるには、決められた比率で2成分を混合し、高速で攪拌する。一度に大量の薬品を混合すると、高温になって危険である。一方、高価ではあるが、ボンベに入ったスプレー式のものも市販されている。これを用いれば、攪拌や秤量の手間が省け、かつ均一に発泡させられるので、作業効率は向上する。

　黄色の溶液が黒色になったところで発泡が始まるため、発泡の開始を確認して、取り上げる範囲の下部から注入する。硬質発泡ウレタン樹脂は急激に発泡するため、一度に流し込むと遺物を損壊するおそれや、熱が蓄積されて危険な状態になることがあるので、数回に分けて流し込むほうがよい。遺物を安全に梱包できれば、しばらく放置し、二次発泡が終了するまで待機する。

　梱包を終え、二次発泡の終了を確認したのち、取り上げる範囲の下部を上から切り離して反転させる（同-6）。そして、裏面の土を適量取り除き（同-7）、必要に応じてFRP（繊維強化プラスチック）などによる強化・固定をおこなう（同-8）。そのさい、鉄筋などの補強材を入れることもある。

1　周辺の掘り込み

2　紙などによる表面の保護

3　付け根の掘り込み

4　ダンボールによる囲い込み

5　発泡ウレタン樹脂の流し込み

6　切り取り・反転

7　余分な土の除去

8　FRPなどによる底部の強化

9　発泡ウレタン樹脂の充填

図269　硬質発泡ウレタン樹脂を用いた脆弱遺物の取り上げ

この状態で運搬することも可能であるが、より確実に固定したい場合や、遺物の取り上げ後に、ある程度の期間、梱包したままにせざるをえない場合には、FRPなどの補強材の上に、さらに硬質発泡ウレタン樹脂を充塡して、密閉した状況をつくる(同-9)。

液体窒素を用いた凍結法による取り上げ　湿った状態にある有機質遺物の中には、著しく劣化していて、そのままでは取り上げられないものがある。これらの遺物は、前述のように硬質発泡ウレタン樹脂を利用して取り上げることもできるが、液体窒素を用いて遺物を凍結させ、取り上げる方法もある。

窒素の沸点は-195.82℃ときわめて低いため、小さな遺物であれば、瞬間的に凍結して取り上げることが可能である。樹脂を用いないので、短時間で作業でき、後でおこなう保存処理においても、仮強化した樹脂を除去する必要がない。

ただし、遺物の状態によっては、急激に凍結することにより、損壊する危険性もあるため、注意を要する。また、取り上げたのち、そのまま放置すると、融けて形状を維持できなくなる。そこで、砂を入れたプラスチックコンテナに入れるなどの処置を施す。

2 取り上げ後の処置

軟質の土器　軟質の土器を上記のような方法で取り上げたときは、養生に用いた紙をできるだけ早く除去する。このとき、不用意に紙を除去すると、土器の表層が紙とともに剥離することがあるので、紙の端部を筆やピンセットなどを用いて慎重にめくり、場合によっては、貼りついている部分に水を少し足しながら剥がす。

紙の除去が終了したら、ただちに水溶性アクリルエマルジョンなどを用いて強化処置をおこなう。通常は水溶性アクリルエマルジョンに浸すことで強化することができるが、それによって土器が崩壊してしまうおそれがあるときは、筆などを用いて水溶性アクリルエマルジョンを丹念にしみ込ませるなどして強化する。

金属製品　乾燥した状態で出土した遺物は、湿らせることのないように、乾燥状態を保たなければならない。水で湿った状態で取り上げた金属製品には、布などの有機質遺物あるいはその痕跡が付着していることがあるので、土などを除去するさいには注意する。急激な乾燥は避け、そのままの環境を保ち、室内で調査をおこなう。

木質や漆などの有機物が付着している場合は、遺物を乾燥させてはならない。一方、湿った遺物で有機物が付着していない場合は、急激な乾燥を避け、アルコール脱水などにより、緩やかに乾燥をおこなう。

遺物の保存処理については別に詳述するが(整理編104頁)、それまでの一時保管では、不透性フィルムバッグと脱酸素剤を用いて、水と酸素を遮断した密封環境におく。

木製品・漆製品　種々の方法で取り上げた木製品は、養生に用いた紙や硬質性発泡ウレタンを除去したのち、水に浸して、保存処理までの一時保管をおこなう。水中での一時保管では、水替えなどの定期的な管理が必要である。

繊維製品　青銅製品などに付着して出土する繊維製品は、水漬け状態になっていないことも多い。こうした場合は、わざわざ水に浸すことはせず、空気や水を通さない不透性フィルムの袋に入れて密封し、冷暗所で一時的に保管する。そのさい、50%のエタノール水溶液を噴霧して消毒する場合もある。繊維製品はもろく、カビなども生じやすいため、できるだけ早く保存処理をおこなうことが望ましい。ただし、処理前における十分な観察と記録の作成が必要である。

第3節
土層・遺構の転写と切り取り

1 土層の転写

土層転写とは　ヨーロッパでは、土層断面を保存する目的で、堆積層の薄膜断面を採取する方法が古くから研究されてきた。日本でも、発掘における土層薄層標本の作製のために、特製のエポキシ樹脂やポリウレタン樹脂が開発され、湿潤な土層にも適用できるようになってきている。

土層の薄膜断面を剥ぎ取って採取することを、土層転写という。転写した土層断面は実物資料であり、一次資料ということができ、土層の分析や展示・公開などにも活用できる。ただし、この転写資料は、表裏が反転しており、検出された断面を反対側から見たかたちとなる。

A　土層転写に用いる道具と樹脂

使用する道具　土層の転写に用いる道具は、樹脂、ディスポカップ、刷毛、ビニール手袋、ガーゼ（裏打ち用）、鋏、ペーパータオルなどである。砂層などで樹脂を刷毛塗りできないような場合には、アセトンで希釈した樹脂をハンドスプレーで噴霧することもある。

使用する樹脂　土層転写には、変性エポキシ樹脂（NR-51）と変性ポリウレタン樹脂（NS-10）がよく用いられている。前者は、墳丘などの乾燥した硬い土層の転写に適しており、後者は湿った土壌での土層転写に用いられる。

NR-51が主剤と硬化剤からなる2液タイプであるのに対し、NS-10は1液タイプである。硬化にさいして、NR-51は発熱をともなう。一方、NS-10は土層中に含まれる水分と反応して硬化するが、そのときに二酸化炭素を発生するため、細かな泡が生じる。作業性を考慮するならば、1液タイプのNS-10が効率的である。

乾燥した土層に対して用いる場合には、転写をおこなう前日に土層断面を湿らせ、シートをかけておくと、NS-10を使用することができる。

B　転写作業の手順

断面の調整　層序区分の目的で土層に引いた線があれば、転写作業に先立って消す。転写資料は一次資料としての価値をもつため、恣意的な線があってはならないからである。

樹脂の塗布作業のしやすさを考えると、転写する面はできるだけ平滑であることが望ましいが、こぶし大程度までの石であれば、転写面に含まれていても十分に転写することができるので、あえて除去する必要はない。

また、遺物包含層などに入っている遺物のうち、転写したくないものに対しては、濡らしたトイレットペーパーなどで表面を覆っておく。転写後に、その部分は空白となるが、レプリカなどを貼りつけることも可能である。

樹脂の塗布　表面を調整したのち、土層断面に刷毛を用いて樹脂を塗布する（図270-1）。塗布にさいして、土層の表面を刷毛でなでると、土の粒子が移動して流れてしまい、正確な層構造を反映しないことがある。そのため、樹脂を含ませた刷毛の腹を、土層の表面に軽く押しつけるようにして塗布する。また、小礫が抜けた穴など、くぼんだ部分に樹脂が入っていないと、転写にさいして空白部ができてしまうので、注意を要する。なお、樹脂の硬化にむらができるため、樹脂を何度も塗り重ねるのは避ける。

バッキング　樹脂がある程度硬化した段階で、ガーゼや不織布などを貼りつける（同-2）。貼りつけるタイミングは、樹脂表面に棒をつけて離したときに、わずかに糸を引くか引かないぐらいの状態を目安にする。

ガーゼは、あらかじめロール状にしたものを押しつけるようにして貼る。引っ張りながら貼って

しまうと、微妙な凹凸にガーゼが入っていかないため、ある程度たるませるようにして貼る。また、ガーゼの幅の1/3から1/4はオーバーラップさせて貼りつけたほうがよい。

樹脂の2度塗り　裏打ち用の布を貼りつけたら、布の上から樹脂を塗布する(同-3)。大量の樹脂を塗ると、発泡して貼りつけたガーゼが浮いてしまうので、薄く塗りつける。このとき、土の粒子は固定されて移動しないため、なでつけるようにして塗布してもよい。ガーゼをオーバーラップさせた部分も、密着するように塗る。

剥ぎ取り　樹脂が十分硬化したのち、剥ぎ取りをおこなう(同-4)。それに先立って、遺跡名や標高、遺跡内での位置、日付などの情報を書き込む。無理に引っ張ると、裂けることがあるので注意する。また、長大なものになると、一度に剥ぎ取るのは不可能なため、カッターナイフなどで切れ目を入れ、分割して剥ぎ取る。

洗浄・乾燥　転写資料には余分な土が大量についているので、水洗をおこなうことが多い(同-5)。デッキブラシやたわしなどでこすっても、樹脂で接着された土ははずれない。十分に洗浄したのち、陰干しする。

パネル作製　乾燥した転写資料の大きさに合わせて、パネルを作製する(同-6)。パネルに用いる板は、厚さ3㎜程度の合板で十分である。ただし、板だけではなく、補強のために枠と桟を設けるようにする。

このパネルに転写資料を仮置きし、輪郭を縁取る。縁取りの線に合わせて、エポキシ樹脂にガラス製マイクロバルーンを加え、練り込んだ樹脂をパネルに塗り、その上に転写資料を接着する。転写試料の裏面には多少の凹凸があるので、土嚢や砂袋などをのせて、硬化するまで待つ。

パネルに仕立てた転写資料は、そのままでも展示することが可能だが、表面に樹脂を散布すると濡れ色を呈するため、土層をより明確に観察できるようになる。また、土の粒子の剥落も防止できる。一般に用いられているのは、イソシアネート系の合成樹脂である。

1　樹脂の塗布

2　バッキング

3　樹脂の2度塗り

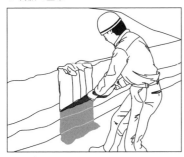
4　剥ぎ取り

5　洗浄

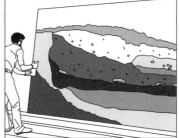
6　パネル作製

図270　土層の転写作業

2 遺構の立体転写

遺構の立体転写とは　遺構の立体転写は、土層転写の方法を活用して遺構表面を薄く剥ぎ取るものであり、土層転写資料と同様に、一次資料として扱える。この方法は、重要で実物資料として活用したい遺構を現地で保存できない場合に採用することがある。

ただし、遺構を剥ぎ取っただけでは、表裏が反転してしまうので、そのままでは立体的な遺構の表現ができない。そこで、何らかの方法で再転写する必要がある。そうした立体転写を可能とする方法があらたに開発・実用化されているので、以下に紹介する。

立体転写の作業手順　まず、検出された遺構の表面に、変性ポリウレタン樹脂をスプレーガンで吹きつける。この樹脂は、遺構表面の土を強固に接着するのではなく、転写にさいして必要となる土を、緩やかに接着した状態にする役割を果たすものである。

次に、ガラスクロスで裏打ちし、石膏、発泡ウレタン樹脂、角材を用いて型枠を作製する。そして、型枠を分割しながら取りはずし、土が接着した変性ポリウレタン樹脂膜を剥ぎ取る。

その次に、裏返した状態で型枠と樹脂膜を組み立て、土にエポキシ樹脂を塗布し、L字鋼で補強する。その後、正位置に戻して、型枠を取りはずす。そして、エポキシ樹脂に再転写された土の表面を露出させるため、変性ポリウレタン樹脂膜を剥ぎ取るように除去する。

最後に、遺構表面の土の剥落を防止して色調を整えるため、アクリル樹脂を吹きつける。

なお、上記の方法は変性ポリウレタン樹脂によるものだが、これとは別に、シリコーン樹脂を用いる方法も実用化されている。

3 遺構の切り取りと型取り

遺構の切り取り　重要な遺構を現地で保存できない場合、遺構をそのまま切り取って移動させ、実物資料として活用することもできる。

遺構そのものを切り取って移動させるには、前節で述べた、遺物を硬質発泡ウレタン樹脂で梱包して取り上げる方法が応用できる。基本的には、遺物の取り上げの場合と同じであり、炉などの小型の遺構であれば、人力でも切り取って運搬することが可能である。

しかし、窯跡などの大きな遺構の取り上げや運搬には、専門的な知識だけではなく、相応の経験も必要となる。そのため、これらの作業を実施するときには、あらかじめ、発掘担当者と専門家との間で十分な協議と準備をおこなう必要がある。

遺構の型取り　遺構そのものを切り取って移築するのではなく、現地で型を取り、レプリカを作製する方法もある。この方法を、遺構の型取りとよぶ。発掘の過程で失われてしまう上層の遺構や、移築することができない遺構などに対して、しばしばおこなわれる方法である。

この型取り資料は二次的な資料ではあるが、実物資料にきわめて忠実なレプリカとして、展示・公開に活用することができる。

型取りの作業手順としては、必要に応じて、遺構を紙やアルミホイルで保護したのち、シリコーン樹脂を遺構表面に噴霧する。シリコーン樹脂の硬化後、FRPや発泡ウレタン樹脂および角材などを用いて、シリコーン樹脂型の支持体を作る。大きな遺構の場合は、適当に目地を入れておく。

遺構から型抜きをおこなうと、雌型ができる。雌型に樹脂を流し込めばレプリカの原型ができあがり、この原型に着色してレプリカを完成する。実際の遺構の質感を表現するために、遺構の土を表面に貼りつけることもある。

HANDBOOK for ARCHAEOLOGICAL EXCAVATION
Excavation of Settlement Site

TABLE of CONTENTS

Introduction

Preface

Chapter Ⅰ Protection of Buried Cultural Property ···································· 1
   1. Protection of buried cultural property and archaeological excavation ······················ 2
   2. Excavation of buried cultural property
      and "Handbook for Archaeological Excavation" ·· 5

Chapter Ⅱ Overview of Settlement Site ·· 7
   1. Introduction ·· 8
   2. Paleolithic period ··· 10
   3. Jomon period ·· 15
   4. Yayoi period ··· 22
   5. Kofun period ·· 29
   6. Ancient period ·· 36
   7. Medieval and pre-modern period ·· 43

Chapter Ⅲ Arrangement and Operation
              of Archaeological Excavation ·· 49
   1. Buried cultural property prospect ·· 50
         Column: Depressions revealing archaeological features ························· 55
   2. Planning and arrangement of investigation ·· 56
   3. Operation and safety management of excavation ····································· 62
   4. Installation of surveying benchmark ·· 70
         Column: Transfer to World Geodetic System ······································ 80

  5. Land surveying before excavation ·· 81

  6. Setting of trench and grid ··· 85

  7. Geophysical prospecting of archaeological site ································· 88

Chapter Ⅳ Identification of Stratigraphy and Excavation of Topsoil and Occupational Layers ················ 93

  1. Identification of stratigraphy at the site ·· 94

  2. Excavating topsoil and investigating occupational layers ··················· 104

    Column: Facies cross section ·· 110

  ◆ Understanding stratigraphy ··· 111

Chapter Ⅴ Excavation of Archaeological Features ················ 117

  1. Detecting archaeological features ··· 118

  2. Excavating archaeological features and recovering archaeological remains ············ 123

  3. Pit dwelling ··· 131

    Column: Keyhole-shaped dwelling with stone-paved floor ················ 143

    Column: Excavating feature of hearth ··· 148

    Column: Carbonized timbers from burnt pit dwelling ······················ 153

    Column: Pit dwelling and burial practice ····································· 156

    Column: Dwelling with surrounding ditch ···································· 157

  4. Embedded-pillar building ·· 158

    Column: Pit dwelling with embedded-pillar building ······················ 188

  5. Buildings of other types ·· 189

    Column: Ondol ·· 193

  6. Pit ·· 194

    Column: Icehouse ··· 199

    Column: Toilet ··· 200

  7. Ditch ·· 201

  8. Well ··· 206

  9. Features associated with manufacture ··· 212

Chapter VI Documentation of Archaeological Feature ·················· 225

    1. Measuring and drawing ·· 226

    2. Record and information ·· 241

    3. Photography ··· 250

Chapter VII Application of Natural Scientific Analyses ··············· 263

    1. Natural scientific analysis and collecting samples ················· 264

    2. Recovery of fragile archaeological remains ························ 274

    3. Transcription and relocation of stratigraphy and archaeological features ············ 278

    Table of Contents (English) ·· 281

    Plates ·· 285

    Bibliography ··· 293

    Sources of Figures and Tables ·· 295

    Index ··· 303

弥生時代の集落　図版1

環濠集落（大塚遺跡）

図版2　旧石器時代の集落

建　物（田名向原遺跡）

石器集中出土地点（奥白滝1遺跡）

縄文時代の集落　図版3

環状集落（俎原遺跡）

竪穴建物（住吉貝塚）

図版 4　古代の集落

全　景（聖原遺跡）

垂直写真（聖原遺跡）

中世の集落　図版 5

環濠集落の中心的建物（久我東町遺跡）

曲　輪（荒井猫田遺跡）

図版6　さまざまな土層（1）

1．トラフ型斜交ラミナの縦断面
前置ラミナが傾斜する方向が下流側。ボールペンの長さは約14cm。（長原遺跡・古代）

2．トラフ型斜交ラミナの横断面
浅いU字状のくぼみが重なる。ピンポールの目盛は5cm間隔。（同左）

3．波成リップルの断面
両側にラミナが交互に傾斜する。（野尻湖立が鼻遺跡・約4万年前）

4．逆級化層理
単層の下から上へ細粒砂から極粗粒砂へ粒子が粗くなる。洪水による堆積。（摂津国分尼寺跡・中世）

5．変形構造
噴砂脈の断面。（長原遺跡・古代～中世）

6．変形構造
慶長伏見地震によるとみられる。（大坂城下町跡・1596年）

さまざまな土層（2）　図版7

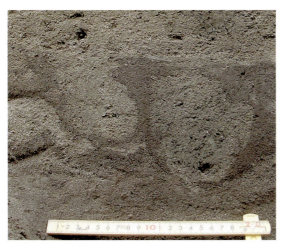

1．変形構造
荷重痕の断面。（大坂城下町跡・中世）

2．変形構造
荷重痕の平面。（同左）

3．人為層：水田の作土層
泥質の層も砂質の層も、耕起・耕耘により著しく攪乱されている。（長原遺跡・古墳）

4．人為層：畑の作土層
古土壌を作土の母材にしている。畦に盛られた作土は意外に少ない。（大坂城下町跡・中世末）

5．鉄・マンガンの斑紋
灌漑水田の下層に見られる。マンガン斑紋は一部ノジュール（団塊）になっている。（韓国・陳羅里遺跡・三国時代以降）

6．藍鉄鉱
青色部分。還元状態にある泥層中の枯れ朽ちた地下茎に晶出。（長原遺跡・弥生）

図版 8　遺跡全景の撮影例

立地と環境を表現した全景写真（湯牟田遺跡）

参考文献

事典類

『世界考古学事典』有光教一ほか編、平凡社、1979年
『日本古代遺跡事典』大塚初重ほか編、吉川弘文館、1995年
『最新日本考古学用語辞典』大塚初重・戸沢充則編、柏書房、1996年
『日本考古学事典』田中琢ほか編、三省堂、2002年
『現代考古学事典』安斎正人編、同成社、2004年
『日本考古学用語辞典』(改訂新版)、斎藤忠著、学生社、2004年
『歴史考古学大辞典』小野正敏ほか編、吉川弘文館、2007年
『東アジア考古学辞典』西谷正編、東京堂出版、2007年

北海道、奄美・沖縄

『もう二つの日本文化―北海道と南島の文化―』藤本強著、東京大学出版会、1988年
『沖縄県史 各論編2 考古』沖縄県文化振興会ほか編、沖縄県教育委員会、2003年

方法・技術

『野外考古学』大井晴男著、東京大学出版会、1966年
『考古実測の技法』考古学ライブラリー26、江坂輝彌監修、ニュー・サイエンス社、1984年
『考古学調査研究ハンドブックス1 野外編』岩崎卓也ほか編、雄山閣出版、1984年
『発掘と整理の知識』(改訂新版)、服部敬史著、東京美術、1998年
『考古学と調査・情報処理』考古学と自然科学5、加藤晋平・藤本強編、同成社、1999年
『考古学の方法―調査と分析―』藤本強著、東京大学出版会、2000年
『考古学ハンドブック』モーリス・ロビンズほか著、関俊彦訳、六一書房、2005年

測量・探査

『写真測量の技法』考古学ライブラリー31、宮塚義人編、ニュー・サイエンス社、1985年
『絵とき 測量』包国勝ほか著、オーム社、1993年
『文化財探査の手法とその実際』足立和成ほか編、真陽社、1999年
『遺跡の探査』日本の美術422、西村康著、至文堂、2001年
『図解 測量学要論』吉澤孝和著、日本測量協会、2005年
『新版 地図と測量のQ&A』(第2刷)、日本地図センター編、日本地図センター、2005年
『測量―その基礎と要点―』(第2版)、駒村正治ほか著、共立出版、2007年
『―公共測量―作業規程の準則 解説と運用』日本測量協会編、日本測量協会、2009年

土層・地質

『新版 標準土色帖』農林省農林水産技術会議事務局監修、日本色研事業、1967年
『古生物学汎論』上・下、井尻正二著、築地書館、1972年
『野外研究と土壌図作成のための土壌調査法』土壌調査法編集委員会編、博友社、1978年
『土と岩石』自然をしらべる地学シリーズ3、地学団体研究会編、東海大学出版会、1982年
『土壌学と考古学』久馬一剛・永塚鎮男編、博友社、1987年
『新版 地学教育講座』7・9、地学団体研究会編、東海大学出版会、1994・1995年
『新版 地学事典』地学団体研究会編、平凡社、1996年
『堆積学辞典』堆積学研究会編、朝倉書店、1998年

参考文献

『新版 砕屑物の研究法』地学双書29、公文富二夫・立石雅昭編、地学団体研究会、1998年
『層序学と堆積学の基礎』ウイリアム・フリッツほか著、原田憲一訳、愛智出版、1999年
『人類紀自然学 地層に記録された人間と環境の歴史』人類紀自然学編集委員会編、共立出版、2007年

遺 構

『考古資料の見方 遺跡編』地方史マニュアル5、甘粕健編、柏書房、1977年
『弥生・古墳時代遺跡・遺構』考古資料大観10、寺沢薫編、小学館、2004年
『日本古建築細部語彙 社寺篇』綜芸舎編集部編、綜芸舎、1970年
『古建築の細部意匠』（訂正3版）、近藤豊著、大河出版、1972年
『古建築辞典』武井豊治著、理工学社、1994年
『日本原始古代の住居建築』宮本長二郎著、中央公論美術出版、1996年
『原始・古代住居の復元』日本の美術420、宮本長二郎著、至文堂、2001年
『掘立と竪穴―中世遺構論の課題―』東北中世考古学叢書2、工藤清泰ほか著、高志書院、2001年
『古代の官衙遺跡Ⅰ 遺構編』山中敏史編、奈良文化財研究所、2003年
『古代の官衙遺跡Ⅱ 遺物・遺跡編』山中敏史編、奈良文化財研究所、2004年
『井戸の考古学』ものが語る歴史8、鐘方正樹著、同成社、2003年
『古代の土師器生産と焼成遺構』窯跡研究会編、真陽社、1997年
『はたけの考古学』日本考古学協会2000年度鹿児島大会実行委員会編、日本考古学協会、2000年

写 真

『写真用語辞典』日本写真学会写真用語委員会編、写真工業出版社、1988年
『埋文写真研究』1～20、埋蔵文化財写真技術研究会編、埋蔵文化財写真技術研究会、1990～2009年
『写真保存の手引き―現像・保存・展示のしかた―』ローレンス・E・キーフほか著、杉下竜一郎ほか訳、雄山閣出版、1995年
『写真の保存・展示・修復』日本写真学会画像保存研究会編、武蔵野クリエイト、1996年

自然科学

『第四紀試料分析法』日本第四紀学会編、東京大学出版会、1993年
『考古資料分析法』考古学ライブラリー65、田口勇・齋藤努編、ニュー・サイエンス社、1995年
『考古学のための年代測定学入門』長友恒人編、古今書院、1999年
『考古学と人類学』考古学と自然科学1、馬場悠男編、同成社、1998年
『考古学と動物学』考古学と自然科学2、西本豊弘・松井章編、同成社、1999年
『考古学と年代測定学・地球科学』考古学と自然科学4、松浦秀治ほか編、同成社、1999年
『考古学と植物学』考古学と自然科学3、辻誠一郎編、同成社、2000年
『日本先史時代の^{14}C年代』中村俊夫ほか編、日本第四紀学会、2000年
『年輪年代法と文化財』日本の美術421、光谷拓実著、至文堂、2001年
『文化財科学の事典』馬淵久夫ほか編、朝倉書店、2003年
『環境考古学マニュアル』松井章編、同成社、2003年
『骨の事典』鈴木隆雄・林泰史編、朝倉書店、2003年
『新編火山灰アトラス―日本列島とその周辺―』町田洋・新井房夫著、東京大学出版会、2003年
『環境考古学ハンドブック』安田喜憲編、朝倉書店、2004年
『花粉分析と考古学』考古学研究調査ハンドブック1、松下まり子著、同成社、2004年
『考古学のための古人骨調査マニュアル』谷畑美帆・鈴木隆雄著、学生社、2004年
『動物考古学』松井章著、京都大学学術出版会、2008年

図表出典

＊は改変を加えていることを示す。
ここに掲出していないものは、作業部会委員・奈文研委員および文化庁の作成による。

扉　＊〔八尾南遺跡〕(財)大阪府文化財センター提供。

図版
図版1　(財)横浜市ふるさと歴史財団埋蔵文化財センター提供。
図版2　上：相模原市教育委員会提供。『田名向原遺跡Ⅰ』相模原市埋蔵文化財調査報告30、相模原市教育委員会、2003年、図版4。
　　　　下：(財)北海道埋蔵文化財センター提供。『白滝遺跡群Ⅲ 第1分冊（本文編）奥白滝1遺跡・上白滝5遺跡』(財)北海道埋蔵文化財センター調査報告書第169集、(財)北海道埋蔵文化財センター、2002年、口絵9。
図版3　上：塩尻市教育委員会提供。『姐原遺跡』塩尻市教育委員会、1986年、巻頭写真。
　　　　下：知名町教育委員会提供。
図版4　上：佐久市教育委員会提供。『聖原 第1分冊』佐久市埋蔵文化財調査報告書第103集、佐久市教育委員会、2002年、口絵2。
　　　　下：佐久市教育委員会提供。同上、口絵3。
図版5　上：(財)京都市埋蔵文化財研究所提供。『昭和61年度京都市埋蔵文化財調査概要』(財)京都市埋蔵文化財研究所、1989年、カラー図版1。
　　　　下：郡山市教育委員会提供。『荒井猫田遺跡（Ⅰ・Ⅱ・Ⅲ・Ⅳ区）―第7次～第10次発掘調査報告―』郡山市教育委員会、1999年、図版10。
図版6　1・2・4～6：(財)大阪市文化財協会提供。
　　　　3：野尻湖発掘調査団協力。
図版7　1～4・6：(財)大阪市文化財協会提供。
図版8　宮崎県埋蔵文化財センター提供。

第Ⅰ章
中扉　＊上：〔吉野ヶ里遺跡〕佐賀県教育委員会提供。
　　　＊下：〔三内丸山遺跡〕青森県教育庁文化財保護課提供。
図2　(財)大阪府文化財センター提供。

第Ⅱ章
中扉　＊『登呂 前編』（復刻版）、日本考古学協会編、東京堂出版、1978年、図版6を転載。
図4　＊『桐木耳取遺跡Ⅰ 旧石器時代～縄文時代草創期編』鹿児島県立埋蔵文化財センター発掘調査報告書(91)、鹿児島県立埋蔵文化財センター、2005年、71頁第58図。
図5　＊『初音ヶ原遺跡』三島市教育委員会、1999年、288頁第186図。
図6　＊『湯の里遺跡群』(財)北海道埋蔵文化財センター調査報告第18集、(財)北海道埋蔵文化財センター、1985年、141頁図Ⅵ-33。
図7　＊『田名向原遺跡Ⅰ』相模原市埋蔵文化財調査報告30、相模原市教育委員会、2003年、11頁第6図、23頁第12図。
図8　＊『桐木耳取遺跡Ⅰ 旧石器時代～縄文時代草創期編』鹿児島県立埋蔵文化財センター発掘調査報告書(91)、鹿児島県立埋蔵文化財センター、2005年、42-43頁第30図、151頁第163図。
図9　＊『上信越自動車道埋蔵文化財発掘調査報告書15―信濃町内その1―日向林B遺跡・日向林A遺跡・七ツ栗遺跡・大平B遺跡 旧石器時代 図版編』長野県埋蔵文化財センター発掘調査報告書48、長野県教育委員会・(財)長野県埋蔵文化財センターほか、2000年、図版1、図版5。

図表出典

図10 ＊『岩手の遺跡』（財）岩手県埋蔵文化財センター、1985年、91頁挿図。
図11 ＊青森県教育庁文化財保護課提供。
図12 ＊『長野県中央道埋蔵文化財包蔵地発掘調査報告書―原村その5 昭和51・52・53年度―〈阿久遺跡〉本文編』長野県教育委員会ほか、1982年、330頁挿図258、334頁挿図262。
図13 ＊『伊勢堂岱遺跡』秋田県文化財調査報告書第293集、秋田県教育委員会、1999年、21頁第10図。
図14 ＊『大清水上遺跡発掘調査報告書 第1分冊（本文・遺構図版編）』岩手県文化振興事業団埋蔵文化財調査報告書第475集、（財）岩手県文化振興事業団埋蔵文化財センター、2006年、307頁163図。
図15 ＊『智頭枕田遺跡Ⅰ』智頭町埋蔵文化財調査報告書11、智頭町教育委員会、2006年、6頁第5図。「智頭枕田」『発掘された日本列島2004』朝日新聞社、2004年、12頁挿図。
図16 ＊『上野原遺跡 第1分冊（第2～7地点：縄文時代早期編1）』鹿児島県立埋蔵文化財センター発掘調査報告書(41)、鹿児島県立埋蔵文化財センター、2002年、53頁第10図。
図17 ＊『石の本遺跡群Ⅴ』熊本県文化財調査報告第205集、熊本県教育委員会、2002年、74頁第77図、163頁第171図。
図18 ＊『一般国道23号中勢道路埋蔵文化財発掘調査概報18』三重県埋蔵文化財センター、2007年、19頁第11図。
図19 ＊『七又木地区遺跡 八幡上遺跡・七又木遺跡・銀代ヶ迫遺跡』新富町文化財調査報告書第13集、新富町教育委員会、1992年、11頁第7図。
図20 ＊『よみがえる田村遺跡群』高知県教育委員会、1987年、16頁第3図。
図21 ＊『唐古・鍵遺跡Ⅰ―範囲確認調査―遺構・主要遺物編』田原本町文化財調査報告書第5集、田原本町教育委員会、2009年、525頁第284図。
図22 ＊渋谷格「鳥栖市柚比本村遺跡の調査」『九州考古学』第69号、九州考古学会、1994年、71-72頁 Fig.2。
図23 ＊『史跡池上曽根97・98』和泉市教育委員会、1999年、44頁図10。
図24 ＊『平成8年度年報』兵庫県教育委員会埋蔵文化財調査事務所、1998年、102頁挿図。
図25 ＊『大塚遺跡 遺構編』港北ニュータウン地域内埋蔵文化財調査報告書Ⅻ、横浜市埋蔵文化財センター、1991年、第3図（附図）。
図26 ＊杉井健「古墳時代集落研究序論―黒井峯遺跡の分析から―」『待兼山考古学論集』大阪大学考古学研究室、2005年、762頁図1。
図27 ＊『大園遺跡発掘調査概報2（本文編）』大園遺跡調査会、1976年、附図第2。
図28 ＊服部敬史「古代集落の形と特徴」『原始・古代の社会』日本考古学を学ぶ(3)、有斐閣、1979年、20頁図2、26頁図4。
図29 ＊『（財）群馬県埋蔵文化財調査事業団創立10周年記念特別展・群馬県立歴史博物館第31回企画展・第6回出土文化財巡回展示会 古代東国の王者―三ッ寺居館とその時代―』（財）群馬県埋蔵文化財調査事業団ほか、1988年、16頁挿図。
図30 ＊『鳴滝遺跡発掘調査報告書』和歌山県教育委員会、1984年、15-16頁第8図。
図31 ＊『極楽寺ヒビキ遺跡』奈良県文化財調査報告書第122集、奈良県立橿原考古学研究所、2007年、26頁図11。
図32 ＊『古新田Ⅰ 遺構編』浅羽町教育委員会、1992年、69頁第12図。
図33 ＊大上周三「古代集落の建物群類型について―相模地域を中心にして―」『神奈川考古』第27号、神奈川考古同人会、1991年、189頁第7図。
図34 ＊『田名稲荷山遺跡』神奈川県立埋蔵文化財センター調査報告12、神奈川県立埋蔵文化財センター、1986年、282頁178図。
図35 ＊『公津原Ⅱ 本編』千葉県教育委員会・（財）千葉県文化財センター、1981年、別図4・5・6。
図36 ＊『八千代市白幡前遺跡』千葉県文化財センター調査報告第188集、（財）千葉県文化財センターほか、1991年、付図2。
図37 ＊葛野泰樹「滋賀県長畑遺跡」『日本考古学年報36（1983年度版）』日本考古学協会、1986年、231頁図3。
図38 ＊『多功南原遺跡《奈良・平安時代編》《第3分冊》』栃木県埋蔵文化財調査報告第222集、栃木県教育委員会・（財）栃木県文化振興事業団、1999年、840頁第911図。
図39 ＊『門新遺跡』和島村文化財調査報告書第4集、和島村教育委員会、1995年、例言-グリッド設定図。
図40 ＊『夏期企画展 中世集落を掘る』野洲町立歴史民俗資料館、1992年、8頁挿図。
図41 ＊『大久保山Ⅵ』早稲田大学本庄校地文化財調査報告6、早稲田大学、1998年、9頁第3図。
図42 ＊『大野田古墳群・王ノ壇遺跡・六反田遺跡』仙台市文化財調査報告書第243集、仙台市教育委員会、2000

図表出典

図43　＊『十六面・薬王寺遺跡』奈良県史跡名勝天然記念物調査報告第54冊、奈良県立橿原考古学研究所、1988年、別添図9。
年、229頁第1図。
図44　＊飯村均「街道集落」『図解・日本の中世遺跡』(財)東京大学出版会、2001年、65頁挿図。
図45　＊堀内明博「政権都市」同上、17頁挿図。

第Ⅲ章

中扉　明日香村教育委員会協力。
図46　福岡市教育委員会提供。
図47　北見市教育委員会提供。
図54　〔津島遺跡〕岡山県古代吉備文化財センター提供。
図56　＊駒村正治ほか『測量—その基礎と要点—』(第2版)、共立出版、2007年、16頁図2.17。
図57　＊『国土交通省公共測量作業規程 解説と運用』(社)日本測量協会、2003年、43頁図2.2。
図60　＊吉澤孝和『図解 測量学要論』(社)日本測量協会、2005年、120頁挿図。
図64　＊同上、100頁挿図。
図66　＊奈良山岳遺跡研究会提供。『大峰山岳信仰遺跡の調査研究』(財)由良大和古代文化研究協会、2003年、36頁図20の原図。
図67　＊『数値地図5mメッシュ(標高) 京都及び大阪』国土地理院、2006年。
図69　＊小林克「地形の判読」『秋田県埋蔵文化財センター研究紀要』第17号、秋田県埋蔵文化財センター、2003年、25頁写真1。
図70　＊大矢雅彦ほか『地形分類図の読み方・作り方』古今書院、1998年、19頁図1。
図71　＊『遺跡を探る』奈良文化財研究所飛鳥資料館図録第37冊、奈良文化財研究所、2001年、12頁第1図。
図72　＊西村康『遺跡の探査』日本の美術第422号、至文堂、2001年、5頁第8図。
図73　＊『西組遺跡発掘調査概要報告書—昭和60〜平成元年度調査—』子持村文化財調査報告第8集、子持村教育委員会、1990年、巻頭図版4。
図74　＊『遺跡探査の実際』埋蔵文化財ニュース127、奈良文化財研究所、2006年、13頁挿図。
図75　＊西村康『遺跡の探査』日本の美術第422号、至文堂、2001年、67頁第95図。
表4　＊駒村正治ほか『測量—その基礎と要点—』(第2版)、共立出版、2007年、17頁表。

第Ⅳ章

中扉　＊(財)大阪市文化財協会提供。
図78　(財)大阪市文化財協会提供。
図80　＊Tucker, M. E. : "The Field Description of Sedimentary Rocks", Geological Society of London Handbook, 1982.
図81　(財)大阪市文化財協会提供。
図82　＊『長原遺跡発掘調査報告Ⅲ』(財)大阪市文化財協会、1983年、27-28頁図6、29-30頁図7。
図83　＊趙哲済「大阪市加美遺跡、弥生時代中期Y1号墳丘墓の築造過程について」『大阪市文化財協会研究紀要』第2号、(財)大阪市文化財協会、1999年、271頁図2。
図84　趙哲済「瓜破台地東北部の段丘について」『大阪市文化財協会研究紀要』第4号、(財)大阪市文化財協会、2001年、11頁図4。
図86　(財)大阪市文化財協会提供。
図88　＊『長原・瓜破遺跡発掘調査報告Ⅷ』(財)大阪市文化財協会、1995年、42頁図10。
図89　＊那須孝悌ほか「地層の見方」『環境考古学マニュアル』同成社、2003年、48頁図16・17。
図90　＊『長原・瓜破遺跡発掘調査報告Ⅷ』(財)大阪市文化財協会、1995年、32頁図8。
図91　(財)かながわ考古学財団提供。
図92　＊Hjulstrom, F. : "Transportation of Detritus by Moving Water. Recent Marine Sediment Tulsa", Am. Assoc. Petroleum Geologists, 1939.
図93　＊Dunbar, C. O. and Rodgers, J. : "Principles of Stratigraphy", New York: Wily, 1957.
図94　＊Zingg, T. : "Beitrage zur Schatteranalyse; die Schotteranalyse und ihre Anwendung auf die Glattalshot-

図表出典

	ter", Schwezerische Mineralogische und Petrographische und Petrographische Mitteilungen, Bd. 15, 1935. 角靖夫「礫の調べ方」『地質ニュース』第145号、1966年。
図95	＊Pettijohn, F. J., Potter, P. E., Siever, R.: "Sand and Sandstone", New York: Springer-Verlag, 1972.
図96	＊公文富士夫・立石雅昭編『新版砕屑物の研究法』地学双書29、地学団体研究会、1998年、112頁図Ⅲ-10。
図97	＊Folk, R. L.: "The Distinction Between Grain Size and Mineral Composition in Sedimentary-Rock Nomenclature", Journal of Geology, vol. 62, 1954. Folk, R. L.: "Petrology of Sedimentary Rocks." Hemphill Publishing, Austin, Tex. Ford, T. D, 1974.
図98	＊川辺孝幸氏提供原図（Barrel, J.: "Rhythumus and the Measurement of Geologic Time", Geological Society of America. Bulletin, vol. 28, 1917 に一部加筆)。
図99	＊H. E. Reineck and I. B. Singh,: "Depsitional Sedimentary Environments, 2nd ed.", Springer-Verlag, New York, 1980, Fig. 41・44, p38.
図100	＊Chamley, H.: "Sedimentology.", Springer-Verlag, 1990.
図101	＊寒川旭「地震考古学」『大阪市立自然史博物館第37回特別展解説書 地震展2008―今わかっていること・知ってほしいこと―』大阪市立自然史博物館、2008年ほか。
図102	＊石垣忍「足跡学の用語」『生物科学』40巻1号、1988年。
図104	＊松井健『土壌地理学序説』築地書館、1988年、31頁図Ⅱ-4。
図105	＊加藤芳朗「古環境解明のために土壌学は何を寄与しうるか」『土壌学と考古学』博友社、1987年、21頁図Ⅰ-8。
図106	＊坂上寛一「土壌の構成」『地表環境の地学―地形と土壌―』新版地学教育講座9、東海大学出版、1994年。
表7	＊Wentworth, C. K.: "A Scale of Grade and Class Terms for Clastic Sediments" Journal Geology 30, 1922.

第Ⅴ章

中扉	＊〔百間川原尾島遺跡〕岡山県古代吉備文化財センター提供。
図107	〔中島遺跡〕岡山県古代吉備文化財センター提供。
図109	＊『平安京左京五条三坊九町跡・烏丸綾小路遺跡』京都市埋蔵文化財研究所発掘調査報告2008-10、（財）京都市埋蔵文化財研究所、2008年、6頁図6。
図110	＊『仁右衛門畑遺跡Ⅰ―古墳時代以降編―』一般国道210号浮羽バイパス関係埋蔵文化財調査報告第12集、福岡県教育委員会、2000年、付図。
図111	〔仁右衛門畑遺跡〕福岡県教育委員会提供。
図113	鳥取県教育委員会提供。『史跡妻木晩田遺跡妻木山地区発掘調査報告書―第8・11・13次調査―』史跡妻木晩田遺跡発掘調査報告書第Ⅱ集、鳥取県教育委員会、2006年、巻頭図版1。
図115	＊『柿原Ⅰ縄文遺跡』九州横断自動車道関係埋蔵文化財調査報告37、福岡県教育委員会、1995年、14頁 Fig.9。
図116	＊『長原遺跡東部地区発掘調査報告Ⅲ』（財）大阪市文化財協会、2000年、140頁図102、141頁図103。
図118	横浜市教育委員会提供。『国史跡 大塚・歳勝土遺跡整備事業報告書』横浜市教育委員会、1996年、181頁写真208。
図119	富山市教育委員会提供。
図120	渋川市教育委員会提供。
図121	国立歴史民俗博物館提供。『縄文文化の扉を開く 三内丸山遺跡から縄文列島へ』（財）歴史民俗博物館振興会、2001年、31頁挿図。
図122	＊宮本長二郎『日本原始古代の住居建築』中央公論美術出版、1996年、112頁図5。
図123	＊坪井清足・七田忠昭『卑弥呼の時代を復元する』復元するシリーズ1、学習研究社、2002年、58頁挿図。
図124	＊宮本長二郎『日本原始古代の住居建築』中央公論美術出版、1996年、143頁図2。
図125	＊同上、118頁図15。
図126	＊『大原D遺跡群4―大原D遺跡群第4次・第5次・第6次調査報告―縄文時代編』福岡市埋蔵文化財調査報告書第741集、福岡市教育委員会、2003年、243頁図11-12。
図127	＊宮本長二郎『日本原始古代の住居建築』中央公論美術出版、1996年、115頁図10。
図128	＊『下五反田遺跡』滋賀県教育委員会・（財）滋賀県文化財保護協会、2004年、252頁第181図。
図129	＊鈴木弘太「中世『竪穴建物』の検討―都市鎌倉を中心として―」『日本考古学』第21号、日本考古学協会、2006年、89頁図4。

図表出典

図130 ＊都出比呂志『日本農耕社会の成立過程』岩波書店、1989年、109頁図15。
図131 ＊『橋場遺跡』細谷火工(株)、1998年、55頁第56図。
図132 ＊桐生直彦『竈をもつ竪穴建物跡の研究』六一書房、2005年、267頁第133図。
図133 ＊『砂子遺跡』青森県埋蔵文化財調査報告書第280集、青森県教育委員会、2000年、141頁図97。
図134 （財）大阪府文化財センター提供。
図135 ＊飯島義雄「古墳時代前期集落の研究における排水溝の意義」『佐藤広史君追悼論文集 一所懸命』佐藤広史君を偲ぶ会、2000年、228頁図2。
図136 ＊岡村渉「駿河湾沿岸域における弥生時代後期の集落景観」『財団法人大阪府文化財センター・日本民家集落博物館・大阪府立弥生文化博物館・大阪府立近つ飛鳥博物館 2005年度共同研究成果報告書』（財）大阪府文化財センター、2007年、69頁図3。
図137 ＊『宿東遺跡〈第2分冊〉』埼玉県埋蔵文化財調査事業団報告書第197集、（財）埼玉県埋蔵文化財調査事業団、1998年、366頁第323図、367頁第324図。
図138 （財）山形県埋蔵文化財センター提供。『小反遺跡発掘調査報告書』山形県埋蔵文化財センター調査報告書第148集、（財）山形県埋蔵文化財センター、2006年、写真図版2。
図139 大山町教育委員会提供。『妻木晩田遺跡発掘調査報告Ⅱ〈妻木山地区〉』大山町埋蔵文化財調査報告書第17集、大山町教育委員会ほか、2000年、図版42。
図140 ＊谷旬「古代東国のカマド」『千葉県文化財センター研究紀要』7、（財）千葉県文化財センター、1982年、229頁図39。
図141 ＊『南広間地遺跡4―第7次調査Ⅴ地点―』日野市埋蔵文化財発掘調査報告19、日野市、1994年、181頁図2。
図142 ＊『国史跡野方遺跡 環境整備報告書』福岡市埋蔵文化財調査報告書第313集、福岡市教育委員会、1992年、19頁第10図。
図143 ＊『東関東自動車道（千葉－成田線）関係埋蔵文化財発掘調査報告書』東関東自動車道遺跡調査団ほか、1971年、73頁挿図77。
図144 ＊『一般国道18号（坂城更埴バイパス）埋蔵文化財発掘調査報告書1―千曲市内その1―社宮司遺跡ほか《第1分冊》』長野県埋蔵文化財センター発掘調査報告書78、長野県埋蔵文化財センターほか、2006年、324頁第467図。
図145 ＊上：『上信越自動車道埋蔵文化財発掘調査報告書24 更埴条里遺跡・屋代遺跡群（含む大境遺跡・窪河原遺跡）―縄文時代編―遺構図版』長野県埋蔵文化財センター発掘調査報告書51、長野埋蔵文化財センター、2000年、図版94。
下：長野県立歴史館提供。『同上 遺物・写真図版』PL14。
図146 ＊『和田・百草遺跡群・落川南遺跡』多摩市遺跡調査会、1985年、148-149頁第97図。
図147 埼玉県立さきたま史跡の博物館提供。『坂東山／坂東山西／後B』埼玉県埋蔵文化財調査事業団報告書第166集、（財）埼玉県埋蔵文化財調査事業団、1996年、巻頭カラー写真、図版6。
図148 東京都教育委員会提供。
図150 ＊『下寺田・要石遺跡』八王子市下寺田遺跡調査会、1975年、60頁第44図、65頁第49図。
図151 国分寺市教育委員会提供。『武蔵国分寺跡発掘調査概報ⅩⅤ』国分寺市遺跡調査会、1989年、図版7。
図152 ＊『武蔵国府関連遺跡調査報告Ⅶ 本文篇』府中市埋蔵文化財調査報告第7集、府中市教育委員会、1986年、33頁第10図。
図153 （財）千葉県教育振興財団文化財センター提供。
図154 渋川市教育委員会提供。『吹屋恵久保遺跡』渋川市教育委員会、2006年、13頁挿図。
図155 ＊『発掘作業マニュアル』（財）千葉県文化財センター、2003年、39頁挿図。
図156 （財）茨城県教育財団提供。『平成18年度茨城県教育財団調査遺跡紹介展』（財）茨城県教育財団、2007年、8頁挿図。
図157 一戸町教育委員会提供。『御所野遺跡Ⅱ』一戸町文化財調査報告書第48集、一戸町教育委員会、2004年、141頁PL12。
図158 ＊同上、119頁第78図、120頁第79図、121頁第80図、123頁第82図。
図159 ＊『亀川遺跡の発掘調査』（財）大阪府文化財調査研究センター、2000年、挿図。
図160 （財）大阪府文化財センター提供。

299

図表出典

図161　榛東村教育委員会提供。『茅野遺跡概報』榛東村教育委員会、1991年、巻頭図版5頁。
図162　＊『五庵Ⅰ遺跡発掘調査報告書』岩手県文化振興事業団埋蔵文化財調査報告書第97集、(財)岩手県文化振興事業団埋蔵文化財センター、1986年、388頁第147図。
図163　(財)千葉県教育振興財団文化財センター提供。『千原台ニュータウンⅢ　草刈遺跡(B区)図版編』(財)千葉県文化財センターほか、1986年、図版36。
図164　＊『豊島馬場遺跡Ⅱ』北区埋蔵文化財調査報告第25集、東京都北区教育委員会、1999年、337頁第244図、359頁第256図。
図165　＊浅川滋男『奈良国立文化財研究所シンポジウム報告　先史日本の住居とその周辺』同成社、1998年、262頁図1。
図166　＊『アイヌ民族誌　上』第一法規出版、1969年、188頁図23。
図167　＊『古代の官衙遺跡Ⅰ　遺構編』奈良文化財研究所、2003年、29頁図1‐4。
図168　＊坪井清足『飛鳥の寺と国分寺』古代日本を発掘する2、岩波書店、1985年、24頁図23。
図169　＊小林一元ほか『木造建築用語辞典』井上書院、1997年、51頁挿図、101頁挿図。
図170　和泉市教育委員会提供。
図171　＊『古代の官衙遺跡Ⅰ　遺構編』奈良文化財研究所、2003年、133頁図1。
図172　＊青木義脩ほか『民家と町並み』文化財探訪クラブ5、山川出版社、2001年、17頁挿図。
図173　＊〔一遍上人絵伝〕『古代の官衙遺跡Ⅰ　遺構編』奈良文化財研究所、2003年、31頁図11。
図174　＊同上、127頁図1。
図175　＊宮本長二郎『日本原始古代の住居建築』中央公論美術出版、1996年、175頁図5。
図176　＊浅野清『日本建築の構造』日本の美術第245号、至文堂、1986年、38頁第62図。
図177　＊同上、45頁第75図。
図178　＊『上浜田遺跡　図版篇』神奈川県埋蔵文化財調査報告15、神奈川県教育委員会、1979年、付図4。
図179　＊『梅原胡摩堂遺跡発掘調査報告（遺構編）』富山県文化振興財団埋蔵文化財発掘調査報告第5集、(財)富山県文化振興財団埋蔵文化財調査事務所、1994年、112頁第58図。
図180　＊『古代の官衙遺跡Ⅰ　遺構編』奈良文化財研究所、2003年、119頁図1。
図181　＊同上、43頁図2。
図182　＊(財)大阪市文化財協会提供。
図183　＊『古代の官衙遺跡Ⅰ　遺構編』奈良文化財研究所、2003年、55頁図1。
図184　＊『上神主・茂原　茂原向原　北原東』栃木県埋蔵文化財調査報告第256集、栃木県教育委員会・(財)とちぎ生涯学習文化財団、2001年、93頁第68図。
図185　＊『古代の官衙遺跡Ⅰ　遺構編』奈良文化財研究所、2003年、51頁図2。
図187　＊『金沢市新保本町チカモリ遺跡―遺構編―』金沢市文化財紀要34、金沢市教育委員会ほか、1983年、17頁Fig.1。
図188　＊『川合遺跡　八反田地区Ⅱ（本文編）』静岡県埋蔵文化財調査研究所調査報告第63集、(財)静岡県埋蔵文化財調査研究所、1995年、70頁第33図。
図189　＊図：『極楽寺ヒビキ遺跡』奈良県文化財調査報告書第122集、奈良県立橿原考古学研究所、2007年、53頁図31。
　　　　写真：奈良県立橿原考古学研究所提供。
図190　　a：白石町教育委員会提供。
　　　　b・e：佐賀県教育委員会提供。『堂の前・井ゲタ遺跡』佐賀県文化財調査報告書第144集、佐賀県教育委員会、2000年、PL.7。
　　　　c：佐賀県教育委員会提供。『川寄吉原遺跡』佐賀県文化財調査報告書第61集、佐賀県教育委員会、1981年、図版11。
　　　＊d・f・g：『古代の官衙遺跡Ⅰ　遺構編』奈良文化財研究所、2003年、57頁図1。
図191　＊『赤井遺跡Ⅰ』矢本町文化財調査報告書第14集、矢本町教育委員会、2001年、202頁第157図。
図193　＊『払田柵跡Ⅰ―政庁跡―』秋田県文化財調査報告書第122集、秋田県教育委員会、1985年、55頁第20図。
図194　加美町教育委員会提供。
図195　福井県立一乗谷朝倉氏遺跡資料館提供。『一乗谷朝倉氏遺跡発掘調査報告Ⅶ』福井県立一乗谷朝倉氏遺跡資料館、1999年、PL.4。

図表出典

図196		＊『飛鳥・藤原宮発掘調査概報』7、奈良国立文化財研究所、1977年、45-46頁挿図。
図197		(財)福島県文化財センター白河館提供。『母畑地区遺跡発掘調査報告36　正直C遺跡―下巻―』福島県文化財調査報告書第305集、福島県教育委員会、1995年、209頁挿図。
図199		(財)福島県文化財センター白河館提供。同上、217頁挿図。
図200		『払田柵跡―第98～101次調査概要―』秋田県文化財調査報告書第258集・払田柵跡調査事務所年報1994、秋田県教育委員会、1995年、37-38頁第23図。

　　　　＊『野尻(4)遺跡発掘調査報告書』青森県埋蔵文化財調査報告書第186集、青森県教育委員会、1996年、110頁第Ⅴ・1-57図。

　　　　＊『発茶沢(1)遺跡発掘調査報告書Ⅳ』青森県埋蔵文化財調査報告書第120集、青森県教育委員会、1989年、283頁第195図、287頁第197図。

図201　福井県立一乗谷朝倉氏遺跡資料館提供。『一乗谷朝倉氏遺跡環境整備報告Ⅲ』福井県立一乗谷朝倉氏遺跡資料館、1996年、29頁挿図20。

図202　福井県立一乗谷朝倉氏遺跡資料館提供。

図203　福井県立一乗谷朝倉氏遺跡資料館提供。『一乗谷朝倉氏遺跡Ⅳ―昭和47年度発掘調査整備事業概報―』福井県教育委員会、1973年、10頁挿図。

図204　福井県立一乗谷朝倉氏遺跡資料館提供。『一乗谷朝倉氏遺跡ⅩⅦ―昭和60年度発掘調査整備事業概報―』福井県立一乗谷朝倉氏遺跡資料館、1986年、PL.6。

図205　福井県立一乗谷朝倉氏遺跡資料館提供。『復原　一乗谷』福井県立一乗谷朝倉氏遺跡資料館、1995年、5頁挿図。

図206　福井県立一乗谷朝倉氏遺跡資料館提供。『一乗谷朝倉氏遺跡ⅩⅦ―昭和60年度発掘調査整備事業概報―』福井県立一乗谷朝倉氏遺跡資料館、1986年、PL.6。

図207＊『穴太遺跡発掘調査報告書Ⅱ―本文編―』滋賀県教育委員会・(財)滋賀県文化財保護協会、1997年、19頁図6。

図208　秋田県教育委員会提供。『胡桃館埋没建物遺跡第2次発掘調査概報』秋田県文化財調査報告書第19集、秋田県教育委員会、1969年、44頁第28図。

図209　渋川市教育委員会提供。『黒井峯遺跡発掘調査報告書（図版編）』子持村文化財調査報告第11集、子持村教育委員会、1991年、PL.6。

図210＊『西新町遺跡Ⅱ』福岡県文化財調査報告書第154集、福岡県教育委員会、2000年、160頁第149図。

図211　大津市埋蔵文化財調査センター提供。『穴太遺跡（弥生町地区）発掘調査報告書』大津市埋蔵文化財調査報告書(15)、大津市教育委員会、1989年、図版16。

図212＊『干潟向畦ヶ浦遺跡』小郡市文化財調査報告書第119集、小郡市教育委員会、1998年、59頁第41図。

図213＊『品川台遺跡』栃木県埋蔵文化財調査報告第128集、栃木県教育委員会・(財)栃木県文化振興事業団、1992年、147頁第99図、図版26。写真は栃木県教育委員会提供。

図214＊『砂田東遺跡・上横田A遺跡』栃木県埋蔵文化財調査報告第176集、栃木県教育委員会・(財)栃木県文化振興事業団、1996年、150頁第132図、図版26。写真は栃木県教育委員会提供。

図215＊『藤原京跡の便所遺構―右京七条一坊西北坪―』奈良国立文化財研究所、1992年、2頁第3図、5頁第6図、17頁第15図。

図217　佐賀県教育委員会提供。

図218　鳥取県埋蔵文化財センター提供。『青谷上寺地遺跡8』鳥取県埋蔵文化財センター調査報告10、鳥取県埋蔵文化財センター、2006年、PL.24。

図219＊鐘方正樹『井戸の考古学』ものが語る歴史8、同成社、2003年、11頁図2。

図220＊黒崎直「藤原宮の井戸」『文化財論叢Ⅱ』同朋舎出版、1995年、297頁第2図。

図221　桜井市教育委員会提供。『平成18年度秋季特別展　桜井の井戸』桜井市立埋蔵文化財センター展示図録第30冊、(財)桜井市文化財協会、2006年、7頁挿図。

図222　『奈良文化財研究所紀要2003』奈良文化財研究所、2003年、162頁図159。

図223　桜井市教育委員会提供。『平成18年度秋季特別展　桜井の井戸』桜井市立埋蔵文化財センター展示図録第30冊、(財)桜井市文化財協会、2006年、8頁挿図。

図224　豊岡市教育委員会提供。『但馬国府と但馬国分寺』日高町、2002年、29頁挿図。

図225＊『西大寺食堂院・右京北辺発掘調査報告』奈良文化財研究所、2007年、巻頭写真、12頁図14-15。

図表出典

図226 ＊左：『柚比遺跡群Ⅰ 第3分冊』佐賀県文化財調査報告書第148集、佐賀県教育委員会、2001年、22頁図11-77。
　　　＊中：『水深』埼玉県遺跡調査会報告第13集、埼玉県遺跡調査会ほか、1972年、169頁第146図。
　　　＊右：『南多摩窯跡群』学校法人山野学苑、1992年、13頁第10図。
図227 ＊『三吉野遺跡群1』東京都埋蔵文化財センター調査報告第60集、(財)東京都埋蔵文化財センター、1998年、450頁第346図。
図228 三重県埋蔵文化財センター提供。
図229 三重県埋蔵文化財センター提供。
図230 ＊『鹿島町内遺跡発掘調査報告ⅩⅥ—鹿島町内No.72遺跡（片岡遺跡KT72）・鹿島町内No.73遺跡（片岡遺跡KT73）—』鹿島町の文化財第90集、鹿島町教育委員会、1995年、10頁Fig.5。
図231 ＊『大県遺跡 1985年度』柏原市文化財概報1988-Ⅱ、柏原市教育委員会、1988年、18頁図12。
図232 ＊『清水遺跡』いわき市埋蔵文化財調査報告第63集、いわき市教育委員会、1999年、235頁第178図。
図233 いわき市教育委員会提供。同上、図版70。
図234 ＊『加賀片山津玉造遺跡の研究』加賀市文化財紀要第1集、加賀市教育委員会、1963年、28頁第8図、36頁第12図。
図235 ＊『野木遺跡』『発掘された日本列島'99』朝日新聞社、1999年、55頁挿図。
図236 ＊『水垂遺跡 長岡京左京六・七条三坊』京都市埋蔵文化財研究所調査報告第17冊、(財)京都市埋蔵文化財研究所、1998年、図8、図版1-7。
図237 ＊『三ツ木皿沼遺跡 第1分冊《本文編》』(財)群馬県埋蔵文化財調査事業団発掘調査報告第261集、(財)群馬県埋蔵文化財調査事業団、2000年、513頁第2図。
図238 (財)大阪府文化財センター提供。
図239 (財)山形県埋蔵文化財センター提供。『高瀬山遺跡(HO地区) 発掘調査報告書 写真図版編』山形県埋蔵文化財センター調査報告書第145集、(財)山形県埋蔵文化財センター、2005年、写真図版153。
図240 ＊三宅敦気「矢瀬遺跡—縄文祭祀集落と水場—」『日本考古学協会1996年度三重大会 シンポジウム1 水辺の祭祀』日本考古学協会1996年度三重大会実行委員会、1996年、5頁挿図。
図241 ＊『上谷地遺跡・新谷地遺跡』秋田県文化財調査報告書第395集、秋田県教育委員会、2005年、23頁第12図。
図242 田原本町教育委員会提供。『唐古・鍵考古学ミュージアム 展示図録』田原本町教育委員会、2004年、28頁挿図。

第Ⅵ章

図250 (財)大阪市文化財協会提供。
図259 ＊〔佐名伝遺跡〕奈良県立橿原考古学研究所提供。『奈良県遺跡調査概報2003年（第二分冊）』奈良県立橿原考古学研究所、2004年、294頁写真9、295頁写真10・11。
図263 〔平安京右京二条三坊十五町〕(財)京都市埋蔵文化財研究所提供。
図264 〔平安京左京三条三坊十三町〕(財)京都市埋蔵文化財研究所提供。
図265 〔家の後Ⅱ遺跡〕島根県教育庁埋蔵文化財センター提供。『家の後Ⅱ遺跡2・北原本郷遺跡2（写真図版編）』尾原ダム建設に伴う埋蔵文化財発掘調査報告書9、島根県教育委員会ほか、2007年、図版25。
図267 〔宮ノ東遺跡〕宮崎県埋蔵文化財センター提供。
図268 〔久我東町遺跡〕(財)京都市埋蔵文化財研究所提供。『昭和61年度京都市埋蔵文化財調査概要』(財)京都市埋蔵文化財研究所、1989年、カラー図版1。

第Ⅶ章

中扉 ＊〔粟津湖底遺跡〕『環境考古学1 遺跡土壌の選別法』埋蔵文化財ニュース95、奈良国立文化財研究所、2000年、表紙写真。
表12 ＊松井章「環境考古学の歴史と実践」『環境考古学マニュアル』同成社、2003年、12頁表1。
表13 ＊松井章『動物考古学』京都大学学術出版会、2008年、33頁表2。

索　引

I 事項名、II 遺跡名に分けて、それぞれ50音順に配列した。

I　事　項　名

あ　行

アオリ ……………………………………… 251
灰汁抜き …………………………………… 222
アクリル樹脂 ………………………… 275, 280
揚　床 ……………………… 165-167, 178, 179, 192
足　跡 …………………… 105, 109, 114, 115, 260
足場（穴）〈遺構〉 ……………… 179, 182, 209, 222
足場〈作業〉 ………………… 60, 66, 252, 255-257
網　代 …………………… 136, 137, 154, 155, 207
畦 ………… 100, 101, 106, 120, 123-126, 143-148,
　　151, 194, 198, 207, 208, 219, 255, 259, 291
校　木 ………………………………… 167, 168, 192
校倉造 ………………………………………… 168, 192
雨落溝 ………………………………………… 164, 178
雨垂れ痕跡 …………………………… 164, 178, 182
編　物 …………… 152, 154, 155, 165, 191, 210, 274
網　枠 ……………………………………… 60, 229
粗割り ………………………………………… 14
アリダード ………………………………… 82, 226
アルコール脱水 …………………………… 277
アルミ板 …………………………………… 274
暗　渠 ……………………… 199, 201, 203-205, 214
暗色帯 ………………………………………… 99, 102
安全衛生 ………………………………… 61-65, 67-69
安全衛生用具 ……………………………… 58, 61
安全勾配 …………………………………… 65
安全標識 …………………………………… 64
安全ベルト ………………………………… 66
安全ロープ ………………………………… 61
アンダープリント ………………………… 114, 115
安定同位体 ………………………… 266, 269, 272
筏地業 ……………………………………… 176
池 ……………………………… 199, 265, 267, 268, 271
井　桁 ……………………………… 133, 155, 192, 206, 210
遺構（の）埋土 ………… 94, 96, 99, 100, 106, 108, 109,
　　118-120, 123-125, 130, 195, 216, 217, 223
遺構カード ……………… 122, 127, 182, 226, 231, 233, 243,
　　245, 246
遺構概略図 ……………… 118, 122, 182, 226, 245, 246

遺構記号 ……………………………… 241-243, 248
遺構検出面 …… 53, 85, 108, 119, 122, 144, 172, 180,
　　187, 206, 254, 260
遺構図 ………………………………… 54, 237, 247
遺構属性表 …………………………… 247, 248
遺構番号 ……………………………… 241-243, 248
遺構面 ……………… 3, 53, 54, 56, 57, 60, 64, 94, 97,
　　99, 101, 104-109, 118-122, 151, 182, 189, 203,
　　215, 227, 228, 254
石　垣 …………………… 44, 51, 68, 143, 238
石囲炉 …………………… 11, 20, 22, 139, 143, 146
石切り場 …………………………………… 212
石組遺構 …………………………………… 18
石組溝 ………………………………………… 201
石　敷 ……………………………… 178, 221-223
石積（の）井戸 …………………… 43, 207, 209
遺跡カード ………………………………… 55
遺跡コード ………………………………… 241
遺跡台帳 ……………………………… 3, 50, 52, 54
遺跡探査 …………………………………… 56, 88
遺跡地図 ……………………………… 3, 50, 52, 54, 55
遺跡名 ………………… 68, 69, 103, 130, 241, 245, 279
板　壁 …………………… 135, 137, 165, 166, 177, 192
板組溝 ………………………………………… 201
板　倉 ………………………………………… 168
板状構造 …………………………………… 116
板　葺 ………………………………………… 164
一次堆積物 ………………………………… 95
一時保管 ……………………………… 270-273, 277
一面廂 ………………………………………… 161, 163
井　戸 …… 9, 24, 30, 41, 43-45, 61, 65, 66, 68, 102,
　　157, 194, 197, 206-211, 256-258, 267, 268, 271
井戸側 ……………………………………… 206
井戸屋形 ……………………………… 206, 208, 211
井戸枠 ……………………………… 128, 206-210
遺物集積層 ………………………………… 94
遺物集中区 ………………………………… 21
遺物出土状況図 …………………………… 62, 155
遺物出土地点属性表 ……………………… 248
遺物包含層 ……………… 53, 94, 97, 105, 106, 115, 266, 278

索　引

入側柱 …………………………… 161, 172
入母屋造 ………………………… 131-133, 163
色再現性 ………………………………… 252
岩　陰 ………………………… 14, 19, 267
印画紙 …………………………………… 253
インブリケーション ………………………… 114
インプリント ………………………………… 128
打ち込み柱 ………………………………… 201
内転び …………………………… 145, 174, 186
腕　木 ……………………………… 175, 176
畝 ……………………………… 109, 219, 220
畝間溝(畝間) ……………………… 109, 219, 220
埋甕 ……………………………… 142, 150
埋　土 …… 94, 96, 98-100, 106, 108, 109, 118-125,
130, 135, 142, 144-147, 150-153, 155, 169, 173,
180-187, 194-196, 198-200, 202-210, 214-218,
220, 223, 226, 246, 248, 268, 272
埋土構成物 ………………………………… 100
埋め戻し ……………………… 56, 57, 123, 185, 209
裏込め土 ……………………………… 204, 205, 207
ウレタン樹脂 …………………… 275, 276, 280
上屋構造 …………………………………… 197
上屋部 ……………………… 131-138, 144, 150, 151, 188
運搬用道路 ………………………………… 57
衛生管理 …………………………………… 67, 68
柄鏡形(敷石)竪穴建物(住居) …… 19, 137, 143, 144
液状化 ……………………………………… 114
液体窒素 ……………………………… 275, 277
絵　図 ……………………………………… 48, 51
エスロンテープ ………………… 82, 92, 229, 236
エタノール ……………………………… 273, 277
胞衣埋納坑 ………………………………… 198
エポキシ樹脂 ……………………… 276, 278-290
鈎 ………………………………………… 221
縁 ……………………………………… 168, 179
縁石 ………………………………… 143, 146
煙　道 …………… 19, 33, 121, 140, 144, 148, 149, 193
円磨度 ……………………………………… 110, 112
覆屋 ………………………………… 206, 215, 216
覆い焼き …………………………………… 213
大型(の)部材 ……………………… 128, 265, 273
大壁建物 ………………………… 33, 135, 191, 193
オートレベル ……………………………… 78
大引 ………………………………… 166, 167
大引貫式 …………………………… 166, 167
陸稲 ……………………………………… 219
屋外(屋内)棟持柱 ……………………… 15, 163, 164
屋外炉 ……………………………………… 15, 21
屋内柱 …………………………………… 166
押縁 ……………………………………… 164

落とし穴 ……………………………… 11, 195, 196
折置組 …………………………………… 162
オンドル …………………………………… 33, 193

か　行

貝　殻 ………………………… 94, 114, 116, 266, 267, 272
海岸砂丘 …………………………………… 42
開渠 ……………………………… 24, 201, 203, 205
灰穴炉 ……………………………………… 140
外周溝 ………………………… 136, 138, 144, 150, 151
外周柱穴列 ………………………………… 168
解析図化機 ……………………………… 238, 239
貝　層 …………………… 16, 17, 90, 98, 156, 267
改葬 ……………………………………… 196
解像度 …………………………… 90, 250-252, 254, 255
階　段 ……………… 37, 47, 65, 139, 141, 150, 179, 197
貝　塚 ……………… 2, 15, 17, 19, 22, 44, 48, 98, 267, 268
外部委託 ………………… 62, 72, 238, 240, 249, 261, 274
化学物質等安全データシート …………………… 67
河岸段丘 …………………………………… 20, 32
鍵　層 ………………………… 102, 112, 119, 266
学術目的調査 ……………………………… 6
確認調査 ……………………………… 3, 52, 53, 127
掛　口 ……………………………… 140, 148
加工痕 ……………………………… 152, 155, 156
加工段 ……………………………………… 24
加工面 …… 109, 123, 125, 127, 136, 145, 148, 151, 194,
204, 205, 233, 256
火砕物 ……………………………… 94, 96, 113, 221, 265
火山灰 …… 10, 29, 94, 96-98, 102, 109, 110, 112, 116,
119, 151, 173, 195, 199, 202, 219, 220, 266, 267, 273
鍛冶(工房) …… 29, 39, 41, 42, 48, 140, 146, 168, 179,
182, 190, 212, 214-217
荷重痕 ……………………………… 114, 291
河床 ……………………………………… 97, 113
化　石 …………………………… 100, 111, 112, 181, 223
河川成層 …………………………………… 97, 98
河川堆積物 …………………………… 112, 120, 267, 270
火葬 ……………………………………… 44
片廂 ……………………………… 161, 163, 171
合掌 ……………………………………… 132, 160
合葬 ……………………………………… 196
河道 ……………………………………… 28
鉄床(鉄敷) ……………………………… 214-216, 218
花粉(分析) …… 44, 200, 205, 210, 220, 223, 264, 265,
267-271
壁際溝 ………………… 109, 136-138, 142, 144, 145, 154, 156
壁立式 ……………… 37, 131, 132, 134-138, 154, 188
壁建ち建物 ……………………… 16, 33, 178, 191-193
花弁形竪穴建物 ………………………………… 23

索　引

窯　　　　　　　　65, 68, 91, 92, 213, 266, 273, 280
カマド　　　30, 32, 33, 37, 38, 42, 121, 137, 139-141,
　　　　　144-150, 179, 182, 188, 191, 193, 216, 242,
　　　　　257-260, 268, 271
竃　屋　　　　　　　　　　　　　　　　　　　37
甕　棺　　　　　　　　　　　　　　　　　　　268
甕据付穴　　　　　　　　　　　141, 147, 179, 182
茅　葺　　　　　　　　　　　131, 132, 135, 152, 164
ガラスクロス　　　　　　　　　　　　　　　280
カラーリバーサルフィルム　　　　　　　252, 261
軽　石　　　　　　　30, 94, 98, 113, 135, 151, 191
側　柱　　　　161-163, 165-167, 170, 172-174, 177,
　　　　　178, 182, 186
側柱建物　　　　　　　　　　30, 38, 40, 161, 165
瓦積〈井戸〉　　　　　　　　　　　　　　　207
灌漑施設　　　　　　　　　　　　　　　　　22
環　濠　　　　　　　22-26, 28, 55, 202, 203, 205
環濠集落　　　　　　9, 22, 24-28, 43, 46, 88, 285, 289
感　材　　　　　　　　　　　　　　　250, 251
岩　質　　　　　　　　　　　　　　　95, 96, 98
環状集落　　　　　　　　9, 16-19, 21, 196, 287
管状斑鉄　　　　　　　　　　　　　　　　　116
環状列石　　　　　　　　　　　15, 18-20, 196
岩　相　　　　　　　　　　　　96, 110, 111, 273
木　杭　　　　　　　　　　　　　　72, 74, 201
木組〈遺構〉　　　　　　　　　　　　16, 221-223
基　質　　　　　　　　　　　　　　　100, 112
基準点　　　　　　56, 60, 72-74, 76, 80, 81, 83, 85, 228
基準点測量　　　　　　　　　　70, 72-74, 78, 227
基準面投影補正　　　　　　　　　　　　　　76
気象補正　　　　　　　　　　　　　　　　　76
寄生虫　　　　　　　　　　　　200, 266, 267, 269
基礎固め　　　　　　　　　　　　　　175, 176
基礎地業　　　　　　　　　　　　　　　　　216
基　壇　　　　　　　　　　　　　　179-181, 189
機能面　　109, 123, 125, 127, 136, 145, 146, 149, 194,
　　　　　204, 205, 233, 246, 255, 256
基盤層　　　54, 94, 102, 108, 109, 120, 195, 210, 221
基本層序　　　　　　　　　　　99, 100, 102, 103, 109
基本層序図〈基本層序表〉　　　　　　　　　103
基本平面図　　　　226, 227, 229, 233, 234, 236, 246
客　土　　　　　　　　　　　94, 97, 98, 108, 109
キャビネ判　　　　　　　　　　　　　　　　251
級化層理　　　　　　　　　　　　　　113, 290
救急用具　　　　　　　　　　　　　67, 68, 276
球形度　　　　　　　　　　　　　　　　　110
厩　舎　　　　　　　　　　　　　　　　　168
給水溝　　　　　　　　　　　　　　　　　201
旧地表　　　　　120, 136, 150, 172, 178, 181, 182, 192
橋　脚　　　　　　　　　　　　　24, 25, 201, 205

夾雑物　　　　　　　　　　　　　　　　　　95
行政目的調査　　　　　　　　　　　　　　4-6
京呂組　　　　　　　　　　　　　　　　　162
居　館　　　　　9, 28, 29, 31, 33-35, 43, 45-47, 88, 90,
　　　　　202, 206
魚　骨　　　　　　　　　　　　　200, 269, 272
居住域　　　　8, 9, 16, 18-20, 28, 37, 157, 196, 197, 212,
　　　　　219, 220
居住区　　　　　　　　　　　　　　　36, 39
居住空間　　　　　　　　　　　　29, 33, 37, 188
居住施設　　　　　　　　　　　9, 27, 37, 131, 143
居　宅　　　　　　　　　　　　　9, 37, 39-41, 206
拠点集落　　　　　　　　　　　　9, 19, 20, 27, 35, 37
切り土　　　　　　　　　　　　　　　　　119
切妻造　　　　　　　　　　　　　131-133, 163, 164
偽　礫　　　　　　　　　　96, 98-100, 110, 115, 203
木　呂　　　　　　　　　　　　　　　　　214
記録保存調査　　　　3-6, 54, 62, 124, 127, 146, 148,
　　　　　186, 187, 256
記録用具　　　　　　　　　　　　　　58-60
木　割　　　　　　　　　　　　　　　　　174
緊急連絡網　　　　　　　　　　　　　　　67
近赤外光線画像　　　　　　　　　　　　　90
金属標　　　　　　　　　　　　　　　　　72
杭　　16, 24, 60, 64, 72, 74, 85, 122, 138, 146, 150, 152,
　　　　　174, 199-201, 205, 222, 223, 226, 227, 237, 256
空中写真　　　　　　　　　　51, 81, 89, 90, 237, 255
空中写真測量　　　　　　62, 83, 84, 88, 236-239
区画施設　　　　　　　　　　9, 22, 30, 35, 41, 43
区画溝　　　　　　　　　　　　　　215, 216
草壁　　　　　　　　　　　　　　140, 165, 191
草葺　　　　　　　　　　　　　　38, 131, 164
グスク　　　　　　　　　　　　　　　　　48
掘削深度　　　　　　　　　65, 96, 104, 186, 187, 194
掘削面　　　　　　　　　　　65, 66, 94, 104, 233
掘削用具　　　　　　　　　　　　　　58, 59
屈　葬　　　　　　　　　　　　　　　　　196
グラインダー　　　　　　　　　　　　　　61
クリ〈塚〉　　　　　　　　　　　　16, 177, 268
栗　石　　　　　　　　　　　　　　175, 176
グリッド　　　　53, 56, 72, 85-87, 106, 107, 122, 129,
　　　　　155, 215, 228, 231, 242, 246, 248
グリッド杭　　　　　　　　　　60, 85, 122, 226, 227
刳り抜き式〈井戸〉　　　　　　　　　　24, 207
クロップマーク　　　　　　　　　　　　　90
黒ボク　　　　　　　　　　　　　110, 115, 140, 145
蹴　上　　　　　　　　　　　　　　　　　141
経緯儀　　　　　　　　　　　　　　　　　59
蛍光X線　　　　　　　　　　　　　　　　266
珪　酸　　　　　　　　　　　　　181, 265, 271

305

索　引

型式分類	129
形質人類学	272
珪　藻	199, 205, 210, 223, 265, 267-272
畦　畔	109, 116, 221, 268
桁	132-135, 152, 159, 160, 162, 167, 172, 175
桁　行	15, 34, 38, 40, 159-162, 167, 170-172, 186
ケツンニ構造	159
ケ　バ	233
煙出し	140, 148
間	15, 34, 38, 40, 48, 159-161, 165, 173
間　竿	60, 229, 230, 236
現状保存	3, 4, 51, 53, 125
現　像	238, 251, 252, 255, 261
建築部材	128, 129, 135, 152, 155, 156, 167, 175, 265, 270
現地性植物	268
現地説明会	4, 56, 57, 62, 65
間面記法	161, 163
降下火砕物	94, 221, 265
降下火山灰	119, 195, 219
高感度フィルム	252
公共測量	70, 72, 73, 76, 80, 82, 237, 249
航空レーザー測量	84, 89, 239
考古・古地磁気測定	218
耕作痕	109
硬質発泡ウレタン	275-277, 280
高所作業	66, 67, 252, 255, 256
洪水砂	115, 151, 219, 220, 268
洪水堆積	97, 98, 109, 220, 221
合成開口レーダー	84, 88, 90
後成物質	95, 100, 110, 116
構造土	114
耕　地	34, 43, 44, 46, 51, 89, 169
高地性集落	9, 26
耕　土	94, 99, 104, 220
後背湿地	219, 222
光波測距儀	72, 74
工　房	23, 27, 33, 34, 41, 45, 129, 131, 139, 142, 168, 212, 215-218, 224
コウヤマキ	265
護　岸	138, 178, 201, 203-205, 222
古環境	8, 265, 266, 268
古気候	265
黒色帯	99
国土基本図	88
固結度	96
柿　葺	164
湖沼堆積物	271
古人骨	265, 266, 272
国家基準点	72
古DNA分析	265, 266, 270
古土壌	94, 97, 99-101, 103, 105, 108-110, 113, 115, 291
ごひら角材	34, 173, 174
木　舞	152, 154, 164, 165, 191
ゴミ捨て場	24, 25, 202
小屋組	159, 160
転ばし根太	141, 155, 165, 181
コンタミネーション	270, 271
昆虫(遺体)	200, 210, 266, 267, 269, 272
コントラスト	250, 253, 259, 261
混入物	95, 100, 118, 121, 125, 144, 182
コンベックス	60, 229

さ　行

災害遺跡	268
祭　祀	15, 18, 20, 23-25, 27, 30, 32-35, 38, 39, 42, 48, 50, 106, 140, 142, 144, 146, 147, 150, 151, 179, 185, 187, 198, 203, 206, 209, 210, 221-223, 268
砕屑物	94-96, 100, 112, 115, 116
再　葬	196
祭　殿	26
彩　度	102, 103, 252
栽培種	265
逆茂木	24, 195
作業員(等)	62-65, 67, 128, 260
作業小屋	191
作業従事者	59, 61
作業主任者	65, 67
作業床	66
作業路	65
柵	22, 23, 28, 33-35, 41, 43, 45, 61, 64, 169, 179, 196, 201, 202, 210, 219
作　土	94, 98-100, 103, 104, 108, 109, 115, 116, 220, 221, 291
下げ振り(錘球)	60, 227
ササラ桁	179
叉　首	132-134, 152, 160, 162, 164
叉首穴	137, 138, 150
撮影機材	251, 254, 255
撮影計画	255
撮影高度	83, 238, 251-256
撮影時間帯	254
撮影時刻	251, 253
撮影者	251, 254, 256, 259
撮影縮尺	238
撮影方向	208, 239, 251, 259
撮影用拡散フィルム	252
砂　鉄	214
座標北	71

座標計算	76
座標変位量	80
座標変換	80
サブトレンチ	121, 122, 124, 125, 145, 181, 194, 203, 204, 215, 217, 220
砂礫層	98, 102, 107, 108
サワラ	164
三角測量	72
三角点	72, 78, 80
酸化鉄	96, 115, 116
三脚構造	159
三次元座標	81-84, 106, 107, 226, 227, 239
三次元情報	128, 129, 227, 236, 240
三次元レーザー測量	84, 239, 240
酸性土壌	265, 267
酸素濃度計	61
サンプリング(試料採取)	268
三辺測量	72
シートフィルム	261
しがらみ	128, 201
敷石	19, 143, 208
時期区分	15, 120, 122, 127, 129
色素画像	252
敷粗朶	222
色素メディア	262
磁気探査	90-92
敷地(面積)	9, 35, 45, 57, 179
色調再現	261
敷物	137, 152, 155, 156, 181, 191
支脚	147, 148
軸穴	218
軸木	218
軸組構造	158
仕口	135, 165, 190
試掘・確認調査	3, 4, 51-56, 63, 88, 92, 104, 118, 121, 202, 264
試掘坑	53, 54
試掘調査	3, 51, 52
四肢骨	268, 272
示準化石	112
地床炉	15, 22, 139
止水	199, 202, 224, 265, 271
地すべり	113, 114, 144, 273
自然科学的年代法	265
自然科学分析	9, 53, 56, 61, 96, 122, 156, 181, 194, 198, 200, 202, 205, 218, 264-268
自然堆積	94, 97-100, 105, 106, 109, 115, 116, 120, 123, 144, 194-196, 199, 202-204, 236, 268, 271
自然堤防	22, 41, 98, 120, 219, 220
自然流路	27, 201, 204, 221, 224
支柱	202, 208
地鎮	37, 179, 185, 187, 198
漆喰〈井戸〉	207
実測基線	228, 229, 231
実測図	80, 85, 125, 128, 148, 184, 226, 231, 233, 241, 246, 272
湿地遺跡	267
柴垣	30
地覆	167, 176-178, 182
四分法	123, 124, 127, 147, 151, 185, 186, 217
脂肪酸	181
磁北	71, 72, 85
絞り値	255, 261
四面廂	34, 38, 161
写真図版	251, 254, 257, 259
写真測量	62, 81, 83, 84, 88, 125, 127, 226, 236-240, 255, 261
地山	65, 66, 94, 120, 124, 136, 140, 141, 145, 148, 181, 182, 185, 186, 195-199, 202, 205, 207, 208, 257
重機掘削	53, 56, 104
住居	9, 15, 23, 41, 44, 131, 143, 157, 158, 191
周溝	136, 138, 144, 150, 151, 157, 178, 188
周濠	100, 109
十字形畦	123, 124, 147
集石炉	21
周堤	37, 91, 107, 109, 133, 135-138, 142, 144, 150, 151, 153, 155, 188, 191, 199, 201
主屋	38, 40, 41, 43, 45, 48
縮尺係数	70, 71, 76
主光源	253
種子	130, 155, 194, 200, 210, 265, 269, 271
種子植物	265
種実分析	267
樹種同定	156, 265, 267, 271
主柱	30, 31, 48, 132-134, 166, 167, 170, 172, 173, 177, 179, 180
主柱穴	19, 37, 134, 135, 137, 140, 157, 182
出土状況	9, 62, 85, 99, 106, 107, 109, 123, 125, 128-130, 144, 146, 150-152, 155, 185, 187, 194, 198, 209, 214, 226, 229, 239, 252, 257-260, 268, 270-272, 274
樹皮葺	131, 164
城館	43, 45, 81, 201
焼骨	268
使用痕	128, 130
詳細図	107, 146, 147, 150, 155, 156, 185-187, 226, 234
焼失(竪穴)建物	37, 134, 135, 152-156, 180, 268, 271

索　引

小縮尺図	70, 82
仕様書	72, 73, 237, 238, 240
焼　土	11, 119, 120, 135, 142, 144, 152-155, 165, 168, 173, 180, 214, 215, 265, 266, 268, 271-273
焼土面	146, 148, 149
障　壁	214
上方細(粗)粒化	98, 113
条　里	41, 88, 219
丈量図	88
植物遺存体	94, 95, 97-99, 146, 152, 200, 265, 267-271
植物珪酸体	220, 265, 267
植物相	265
植物プランクトン	265
植物利用	265
食料残滓	267
シリコーン樹脂	280
試料採取	96, 146, 194, 198, 218, 220, 223, 264, 268-273
シルト	95, 96, 98, 100, 110, 112, 113, 267, 272
城(グスク)	48
地　割	41, 47, 48, 88, 219
人為層	94, 96-98, 100, 105, 109, 113, 291
人為的埋土層	203, 204
真　壁	191
神　殿	27
伸展葬	196
真　北	70-72, 85
人面墨画土器(人面墨書土器)	38
心持ち材	155
錘　球	60, 227
水準儀	59, 76, 230
水準測量	73, 76, 78-80
水準点	72, 73, 76
水成層	97, 203, 272
水成堆積物	265, 269
水洗選別	130, 150, 187, 194, 210, 218, 220, 223, 270-272
水　田	22-24, 32, 41, 43, 52, 99, 109, 113, 115, 116, 212, 219-221, 265, 268, 271, 291
隧　道	65
水　路	16, 47, 58, 88, 91, 201, 202, 221, 222
数値地形図	83, 84, 238
数値地図	84, 89
数値標高モデル	84, 89
図化機	238, 239
鋤床層	99
スコリア	94, 98
ス　サ	135, 154, 165, 178, 213

スタジア測量	82
スタッフ	59
スタティック(静的干渉測位)法	72
スチールテープ	74
捨て場	15, 17, 24, 25, 94, 202
ストロボ	60, 253, 257
スポット〈石器〉	10
スポットメーター	253
素掘溝	178, 201, 203
隅　木	161
隅　柱	170, 172, 206, 207
隅柱留め構造	207
図面割り	229, 231, 246
スランプ構造	114
製　塩	29, 44, 212
生活面	8, 97, 108, 109, 115, 119, 136, 151, 155, 166, 189, 191, 192, 208, 268
整　合	111
脆弱遺物	61, 205, 210, 272, 274, 276
整地層	98, 104, 109, 119, 120, 180, 181
製　鉄	42, 266
生物攪乱	98, 108
整理箱	130
整理用具	58, 61
井籠組	207, 211
セオドライト	59, 74
世界測地系	80, 248
堰	128, 205, 221, 224
石　英	266
赤外線	266
石材原産地	14
石床炉	139, 146
石棺墓	196
石器集中出土地点	10, 12-14, 107, 128, 129, 286
石器製作跡	19, 129, 130
石器組成	12
石　膏	280
接合資料	10, 12-14, 107, 129
屑粒状構造	116
栓	167
繊維加工	221, 224
繊維製品	210, 277
全景写真	125, 127, 254, 255, 259, 292
先後関係	8, 96, 118, 119, 121, 122, 125, 181, 183, 184, 186, 203, 204, 217, 233, 256, 259, 265
磚積〈井戸〉	207
選　点	74
ソイルマーク	90
層　位	9, 94, 96, 97, 99, 100, 108, 109, 115, 118-120, 122, 128, 130, 144, 152, 155, 184-187,

索　引

194, 195, 204, 205, 208-210, 218, 266, 268, 270-272, 274
層位学 …………………………………… 94, 111, 273
層位掘り ……………………………………………… 105
造営尺 …………………………………………… 159, 182
倉　庫 ……… 23, 24, 28, 30-35, 37, 38, 41, 43, 45, 48, 158, 165, 166, 168, 187, 192
蔵骨器 ………………………………………………… 268
層　準 …………………………………… 96, 108, 112
層　序 ……… 54, 96, 98-100, 102, 103, 108, 109, 111, 203, 204, 223, 234, 259, 268, 270
層状斑鉄 ……………………………………………… 116
層序学 …………………………………… 94, 96, 111
層序区分 …………………………………… 96, 99, 100, 278
層序断面図（層序表）……………… 100, 101, 103, 110
層序番号 ……………………………… 99, 100, 103
葬　送 …………………………………… 15, 157, 193
層　相 ………… 95, 96, 101, 103, 110, 111, 273
層相断面図 …………………………………… 101, 110
総　柱 …………………………… 30, 33, 38, 40, 166
総柱建物 ………… 34, 38, 40, 91, 165-167, 172, 182
送風施設 ……………………………………………… 215
草　本 …………………………………………… 264, 265
層　理 ………………………… 98, 100, 101, 113, 236
層理面 ……… 96, 97, 100, 105, 108, 109, 111, 113, 123, 125, 204
添　木 …………………………………………… 180, 186
添　束 …………………………………… 166, 167, 170
添束式 …………………………………………… 166, 167
属性データ …………………………………………… 83
属性表 …………………………………………… 243, 247-249
測量機器 ……………………………… 59, 81, 226, 227
測量基準点 ……………………………… 56, 70, 72, 81, 228
測量図 ………………………………………………… 81
測量法 ………………………………………………… 80
礎　石 …… 136, 137, 145, 175, 176, 187, 189, 190, 242
礎石落とし込み穴 ………………………………… 189
礎石据付穴 …………………………………………… 189
礎石建ち ……………………………… 33, 38, 137, 145
礎石建物 ………… 9, 44, 45, 131, 158, 162, 179, 189, 190
礎石抜取穴 …………………………………………… 189
測　角 …………………………………………… 59, 74-76
測　距 …………………………………… 59, 72, 74, 75, 82
袖 ……………………………………… 140, 147, 148, 257
礎　板 ……………………………… 136, 137, 175, 176, 186, 187
礎盤石 ………………………………………………… 176
柶 ……………………………………………………… 42, 174

た　行

ターゲット …………………………………………… 239
ダイアグラム ………………………………………… 113
大規模集落 …………………… 21, 26, 27, 31, 36, 37
対空標識 ………………………………… 83, 237, 238
大工座 ………………………………………………… 214
大縮尺図 ……………………………………………… 70
帯水層 ………………………………………………… 206
堆積環境 …………… 95, 97, 113, 200, 264, 266-268, 270
堆積構造 …………… 95-97, 100, 103, 110, 113, 114, 203
堆積相 ………………………………………………… 96
堆積年代 ……………………………………………… 111
堆積面 ………………………………………… 97, 111
堆積粒子 …………………………………… 96-98, 111-113
ダイポール・ダイポール法 ………………………… 90
タイムスライス法 …………………………………… 91
ダイヤモンドカッター …………………………… 273
台　輪 …………………………………………… 166, 167
高師小僧 ……………………………………………… 116
高　床 ……………………… 165-167, 171, 178, 179, 192
高床倉庫 ……… 24, 30-33, 35, 38, 40, 48, 165, 166, 172
高床建物 ………………… 30, 165, 166, 172, 173, 192
抱　石 ………………………………………………… 196
焚　口 …………………………………………… 147, 148
宅　地 …………………………………… 8, 30, 41, 179
たたら ………………………………………………… 214
館 ……………………………………………… 45, 48, 190
断ち割り ……… 37, 145, 146, 148, 151, 186, 202, 217, 218, 259
脱酸素剤 ……………………………………………… 277
竪　穴 ……… 37, 109, 119, 132-136, 138-140, 144, 145, 147, 151, 153-155, 168, 181, 188, 199, 218
竪穴外ピット ……………………………… 136-138, 141, 150
竪穴壁 … 132-138, 140-142, 144, 145, 147, 150-152, 155, 181
竪穴住居 …………………………………………… 9, 131
竪穴建物 …… 9, 15, 17-25, 28-32, 34, 35, 37-40, 42, 44, 47, 55, 90, 91, 107, 109, 118, 119, 121, 123, 124, 131-147, 150-156, 158, 159, 173, 178, 181, 182, 188, 190-193, 196, 201, 205, 213, 214, 216, 218, 219, 233, 242, 246, 255, 256, 258, 260, 268, 272, 287
竪穴付掘立柱建物 …………………………… 168, 181
竪穴部 ……… 15, 19, 37, 109, 131, 133-136, 138-141, 144-146, 148, 150-153, 156, 173, 181, 205, 213
竪穴・掘立柱併用建物 ……………………………… 188
縦板組〈井戸〉 ……………………………………… 207
縦画面 …………………………………………… 259, 260
縦木舞 ………………………………………………… 191
建物単位 ……………………………………………… 35
棚状施設 …………………………… 37, 139, 140, 147, 182
玉作り工房 …………………………………… 142, 218

309

索　引

溜井 …………………………………… 206
垂木 …… 37, 131-135, 138, 145, 150, 152, 155, 159, 160, 162, 164
垂木穴 ……………………………… 138, 145
垂木受けピット ……………………… 138
単位尺 ………………………………… 159
団塊 …………………………………… 116
炭化材 ………… 144, 148, 152, 153, 155, 156, 214, 269
炭化物 ………… 10, 11, 107, 118, 144, 155, 173, 180, 194, 199, 215, 265, 268, 271, 272
炭化物集中出土地点 ……………… 10-12, 14, 107
段下げ … 127, 145, 183-185, 187, 194, 196, 197, 218, 233, 256, 258
炭酸第一鉄 ……………………… 100, 116
短縮（高速）スタティック法 ……………… 72
段状遺構 ……………………………… 24
単焦点レンズ ………………………… 252
弾性波探査 …………………………… 90
単層 ………… 96, 97, 101, 105, 106, 111, 113, 116
鍛造 …………………………………… 214
断層 …………………………………… 114
鍛造剥片 ………………………… 215, 217
断面図 … 147, 148, 150, 155, 185, 186, 209, 214, 217, 218, 231, 233-236, 239
断面調査 ………………… 185-187, 203-205, 233
鍛錬鍛冶 ……………………………… 214
地下式礎石 ……………………… 175, 176, 187
地下防湿施設 …………………… 214, 217
地下埋設物 ……………………… 58, 64, 65
地形図 ………… 18, 51, 52, 81, 83, 84, 88, 89, 238
地形測量 ………… 56, 72, 81-84, 151, 227, 228, 239
地質学 ………… 8, 94, 96, 111, 270
地図情報 ………………………… 55, 83
地籍図 …………………………… 51, 88, 89
地層同定の法則 ……………………… 112
地中梁 ………………………………… 176
地中レーダー（GPR）探査 ……………… 90-92
地表部 …… 37, 131, 133-138, 140, 143, 144, 148, 150
地表面 …… 8, 9, 51, 52, 55, 65, 81, 84, 88, 120, 133, 136, 138, 158, 165, 166, 172, 177-179, 181, 182, 192, 233, 240
地方公共団体コード ………………… 241
中央ピット …………………………… 139, 140
柱穴 → 柱穴（はしらあな）
柱根 ………… 170, 173-175, 180, 186, 187, 265
中縮尺図 ……………………………… 70
柱状構造 ………………………… 99, 116
柱状図 …………………………… 102, 103
柱状対比図 ……………………… 102, 103
中性紙 ………………………………… 231

沖積地 …… 20, 21, 32, 41, 45, 46, 94, 97, 99, 108, 222
鋳造 ……………………………… 44, 212
調査組織 ………………… 62-65, 243, 250
調査標準 ………………… 5, 6, 226, 227
貯水溝 ………………………………… 201
貯蔵穴 …… 15-18, 23, 24, 30, 37, 65, 66, 68, 139-141, 145, 147, 150, 151, 157, 194, 196, 222, 258, 268, 272
貯蔵施設 ………………………… 23, 25
貯木遺構 ……………………… 212, 224
貯木施設 ……………………………… 224
沈殿槽 ………………………………… 58
対回観測 ……………………………… 75
通風管 ………………………………… 214
通路 ………………………… 24, 25, 157, 201
束 ………………………… 132, 133, 160, 162, 167
束柱 ………………… 159, 161, 166, 167, 172, 189
束柱式 ………………………………… 167
継手 …………………………………… 190
造出柱式 …………………………… 166, 167
土壁 ………………… 135, 140, 154, 165, 168, 178
土留め用支柱 ………………………… 202
土葺 …………………………………… 131
土屋根 ………… 15, 131, 133, 135, 152, 155, 156
筒立て ………………………………… 209
繋梁 ……………………………… 161, 162
壺掘り柱掘方 ………… 170, 171, 177, 185
妻 ……………………………… 159, 163
妻入 …………………………………… 179
妻側 ………… 132, 159, 161, 163, 164, 172, 174, 178, 185, 186
積み土 ………………………………… 123
釣瓶 ………………………… 206, 208, 210
低湿地 ………… 14, 16, 20, 94, 116, 175, 176
ディスポカップ ……………………… 278
泥炭層 ………………………… 100, 102, 110, 268
ディフューザーフィルム ……………… 252
出入口 …… 22, 24, 37, 136, 137, 141-143, 145, 150, 178, 179
泥流 ……………………………… 44, 109
データコレクター ……………………… 75
データコンバート …………………… 249
デジタルカメラ … 60, 62, 84, 238-240, 251-253, 262
デジタル撮影 ………………………… 261
デジタル写真 ……………………… 100, 262
デジタルステレオ図化機 …………… 238
デジタルデータ … 6, 55, 227, 238-240, 248, 249, 262
テストピット ………………………… 99
デッキブラシ ………………………… 279
鉄鉱石 ………………………………… 214

310

索　引

鉄　滓 …………………………… 33, 146, 214-217
テフラ ……… 94, 98, 110, 116, 221, 265, 266, 273
デューン ………………………………… 98, 113, 114
電気探査 ……………………………………… 90, 92
電子アリダード ………………………………………… 82
電子基準点 ……………………………… 72, 80, 83, 228
電子納品 ……………………………………………… 249
電子平板 …………………………………………… 60, 82
転　写 ………………………………………… 102, 278-280
電磁誘導探査 ……………………………………… 90-92
天井部 ……………………………………… 148, 203, 204, 213
電子レベル ……………………………………………… 78
テント構造 …………………………………… 132, 133, 159, 160
テント状建物 ………………………………………… 10-12
土　居 ……………………………………………… 192, 214
土居桁 ……………………………………………… 192, 207
トイレ ………………………………………… 25, 200, 266
透過原稿 ……………………………………………… 252
洞窟(洞穴) …………………………………… 14, 19, 134, 267
凍結擾乱 ……………………………………………… 114
凍結割れ目 ……………………………………………… 114
等高線 ………………………………… 18, 81, 82, 88, 203, 233, 239
踏　査 ……………………………………………… 3, 51, 52
銅　滓 ……………………………………………… 27, 33
凍　上 ……………………………………………… 114
動植物遺存体 ………………… 94, 99, 146, 152, 200, 265, 267
透水層 ……………………………………………… 102
投　石 ……………………………………………… 105
導(排)水施設 …………………………………………… 33, 208
動物遺存体 …………………………………… 266, 267, 269, 272
動物骨 ……………………………………………… 223, 272
倒木痕 ……………………………………………… 114
道　路 … 8, 16, 18, 24, 30, 47, 100, 198, 242, 256, 257
通し柱 ……………………………………… 166, 167, 172
トータルステーション(TS) …… 59, 60, 72, 74-76,
　　81-83, 92, 107, 226-228
土器囲炉 …………………………………………… 139
土器棺墓 ……………………………………………… 20
土器焼成坑 ……………………………………………… 212-214
土器製作遺構 …………………………………………… 39
土器片囲炉 …………………………………………… 139
土器埋設炉 …………………………………………… 139, 146
独立棟持柱 ……… 26, 28, 34, 162-165, 174, 179, 186
土　坑 ……… 9-11, 14-19, 21, 34, 38, 41, 44, 98, 118,
　　121, 140-142, 147, 179, 181, 194-200, 206, 207,
　　210, 212, 214-216, 218, 233, 234, 252, 256, 257,
　　268, 271
土坑墓(土壙墓) ……… 9, 17, 20, 42, 44, 48, 156, 194,
　　196, 197
床　土 ……………………………………………… 99, 116

土　座 ……………………………………… 165, 166, 181
都市遺跡 ……………………………………………… 43, 48
都市計画図 ……………………………………… 52, 54, 81
土壌学 ……………………………………… 94, 115, 116
土壌検査 ……………………………………………… 57
土壌試料 ………………… 194, 198, 205, 221, 223, 270
土壌図 ……………………………………………… 89
土壌生物 ……………………………………………… 116
土壌層位 ……………………………………… 94, 97, 115
土壌分析 ……………………………………… 181, 266
土色帖 ……………………………………… 60, 102, 103
土石流 ……………………………………… 94, 98, 108, 109, 112, 113
土　葬 ……………………………………………… 44
土層観察用畦(ベルト) …………………… 100, 101, 106,
　　120, 124-126, 143-146, 148, 151, 194, 198, 207,
　　255, 259
土層観察用トレンチ …… 99, 100, 103, 105, 106, 151
土層図(土層断面図) …… 54, 62, 100, 101, 119, 120,
　　124, 125, 148, 150, 151, 234, 236
土層名 ……………………………………… 99-101, 103
土　台 ……………………………………… 135, 137, 192
土台建物 ……………………………… 33, 135, 179, 191, 192
トチ ……………………………… 16, 20, 155, 222, 268
土地区画 ……………………………………………… 48, 81
栩　葺 ……………………………………………… 164
土　柱 ……………………………………………… 106, 107
土地利用図 ……………………………………………… 89
ドットマップ …………………… 107, 122, 128-130, 150
土手(土堤) ……… 125, 127, 138, 140, 141, 147, 184,
　　201, 202
土　嚢 ……………………………………… 60, 256, 279
土　廂 ……………………………………………… 168
土　間 ……………………………… 37, 137, 178, 179, 181, 198
渡来人 ……………………………………… 33, 192, 193
トラバース(多角)測量 ……………………… 72, 74-77, 81
トランシット(セオドライト・経緯儀) ……… 59, 74,
　　75, 82
取り枠 ……………………………………………… 60, 229
土　塁 ……………………………… 22, 45, 51, 52, 81, 201, 202
トレンチ …… 53, 64, 99, 100, 103, 105, 106, 122, 125,
　　151, 180, 202, 233
ドングリピット ……………………………………… 102, 222

な　行

双　倉 ……………………………………………… 168
苗　代 ……………………………………………… 219
軟X線写真 ……………………………………………… 221
二次加工 ……………………………………………… 14
二次生成物 ……………………………………………… 95
二重梁 ……………………………………………… 160, 167

索　引

日　誌 ……………………… 125, 243-246, 248, 249
日中シンクロ撮影 ……………………………… 257
日本測地系 ……………………………………… 80
二面廂 …………………………………… 161, 163
任意分層掘り ………………………………… 105
貫 ………………………………………… 167, 176
貫　穴 ………………………………………… 176
抜取穴 …………………………………… 189, 206
布掘り柱掘方 ……………… 35, 170, 171, 176, 186
根　石 ……………… 137, 145, 175, 176, 189, 190
根入れ ………………………… 165, 166, 172, 174, 176
ネガ原板 ……………………………………… 252
根固め …………………………………… 175, 176, 187
ネガフィルム …………………………………… 83, 238
鼠返し …………………………………… 166, 167
根　太 ………………………… 141, 155, 165-167, 181
熱残留磁気 ………………………………… 91, 92
熱ルミネッセンス法 ……………… 218, 266, 273
根巻石 ………………………………………… 176
根巻粘土 ………………………………… 180, 186
燃焼部 …………………………………… 139, 148
年代測定 ……………… 11, 156, 265, 266, 270, 272, 273
粘土塊 ……………………………… 96, 154, 213, 214
粘土採掘坑 ……………………………… 194, 198
粘土床炉 ……………………………………… 139
年輪年代(法) ………………………… 265, 273
野井戸 ………………………………………… 206
軒支柱 …………………………………… 168, 179
軒の出 ………………………………………… 178
ノジュール(団塊) …………………… 116, 291

は　行

灰 ………… 140, 155, 213, 214, 216, 217, 268, 271, 272
廃屋墓 ………………………………………… 156
廃棄土坑 ………………………………… 268, 271
排滓場 ………………………………………… 215
排　水 ……… 57, 58, 60, 116, 119, 140, 142, 178, 201,
　　203, 214, 222, 270
排水溝 …………… 99, 119, 121, 139-142, 144, 201, 216
配　石 …………………………… 10-12, 15, 18, 20, 222
配石墓 …………………………………… 20, 196
排泄物 …………………………………… 200, 267
排　土 ………………………… 53, 54, 57, 104, 130, 202
バインダー ……………………………………… 61
墓 … 9, 11, 14, 15, 17, 18, 30, 43, 44, 48, 157, 196, 197
墓　穴 ………………………………………… 194
白　線 …………………………………… 260, 261
羽　口 ……………………………………… 27, 214-217
バクテリア …………………………………… 265
梯子穴 …………………………… 139, 141, 150, 179

柱　穴 ………… 11, 15, 19, 22, 24, 25, 37, 109, 124,
　　132, 134-138, 140, 143-145, 150, 151, 156-159,
　　163, 167-170, 172, 173, 177, 179-188, 192, 197,
　　198, 208, 215, 216, 218, 242, 256, 258
柱切取穴 ………………… 137, 169, 173, 180, 181, 187
柱痕跡 … 124, 127, 137, 145, 159, 162, 169, 173-177,
　　180, 181, 183-187, 256
柱　筋 ……… 161-163, 165-168, 170-172, 174, 175,
　　177, 179, 182, 189
柱筋溝状遺構 ………………… 176, 177, 182, 186
柱抜取穴 …… 124, 127, 137, 145, 169, 173, 180-184,
　　186, 187, 233, 256
柱の当たり …………………………… 169, 170, 189
柱掘方 …… 23, 35, 118, 127, 137, 138, 145, 169-177,
　　179-187, 194, 233, 234, 256
柱　間 ………………… 159, 161, 162, 174, 178, 179
柱間寸法 …… 38, 85, 159, 175, 179, 180, 182, 186, 190
柱間装置 ……………………………… 176-178, 182
柱割り ………………………………………… 190
畑 …… 8, 41, 43, 44, 48, 52, 99, 109, 212, 219, 220, 291
バッキング ……………………………… 278, 279
発掘区 … 13, 18, 53, 56-60, 63-68, 70, 72, 85, 88, 89,
　　92, 99, 100, 103-105, 119, 121, 122, 125, 130, 157,
　　180, 183, 208, 222, 226, 227, 231, 233, 234, 238,
　　242, 243, 245, 246, 248, 252, 254, 257, 259, 260,
　　267, 271, 272
発掘事務所 ……………………… 53, 58, 62-65, 67, 68
発掘担当者 … 5, 62-65, 67, 74, 81, 99, 104, 118, 128,
　　200, 226, 233, 238, 240, 243, 245, 250, 254, 259,
　　260, 264, 268, 280
伐採年代 ……………………………………… 265
パネル ………………………………………… 279
羽目板 …………………………………… 137, 138
パラロイド ……………………………………… 61
梁 ………………… 132-135, 152, 159, 160, 162, 167
貼　壁 …………………………………… 136, 145, 151
張り出し ……………… 22, 23, 139, 141, 143, 144, 161
貼　床 …… 37, 109, 123, 124, 137, 144, 145, 148, 151,
　　156, 256, 258
梁　行 … 15, 34, 38, 40, 159-162, 165, 167, 170, 173,
　　174, 186
バルーン撮影 ………………………………… 255
半打ち込み式 ………………………………… 174
反射プリズム ………………… 60, 74, 82, 228, 229
反射プレート …………………………………… 64
半　截 …… 53, 124, 127, 145, 146, 150, 159, 173, 174,
　　183-187, 194, 195, 207-210, 217, 218, 258, 259
半地下床 ………………………………… 165, 178
版　築 …………………………………… 98, 189
バンディング法 ……………………………… 275

索　引

搬入土 ………………………………… 94, 98
氾濫原 ………………………………… 98
氾濫堆積層 …………………………… 103, 108
微化石 ………………………………… 223
非環状集落 …………………………… 9, 17, 18
微高地 ………………………………… 20, 22, 32, 220
微細遺物 ……………… 146, 150, 187, 223, 224, 267, 268, 270
廂 …………………… 34, 137, 159-163, 168, 171, 172, 179, 182
廂付建物 ……………………………… 35, 38, 41, 161
火皿炉 ………………………………… 139
被写界深度 …………………………… 252, 255
微生物 ………………………………… 115, 116, 169, 267, 271
火棚 …………………………………… 155
ビビアナイト ………………………… 272
氷室 …………………………………… 199
標尺 …………………………………… 59, 76, 78, 81, 229, 230
標準化石 ……………………………… 111, 112
標準土色帖 …………………………… 60, 102, 103
表層地質図 …………………………… 89
標定点 ………………………………… 83, 84, 237, 238
表土掘削 ……………………………… 53, 57, 104, 105, 118, 151, 245
平 ……………………………………… 159
平入 …………………………………… 179
平側 …………………………………… 159-161, 163, 178, 185, 186
平屋建物 ……………………………… 172
微量元素 ……………………………… 116
檜皮葺 ………………………………… 164
ピン …………………………………… 85, 107
ピンポール …………………………… 60, 195, 206, 209, 210, 229
ファイルサーバー …………………… 262
フィールドタイプカメラ …………… 251
韛 ……………………………………… 27, 214, 215
フィルムカメラ ……………………… 62, 84, 239, 251, 252
フィルム航空カメラ ………………… 238
フィルムサイズ ……………………… 251, 255, 261
風成層 ………………………………… 98
深掘り ………………………………… 53, 65, 207
吹放ち ………………………………… 178
覆瓦構造 ……………………………… 114
複式炉 ………………………………… 20, 139, 140, 146
覆土(埋土) → 埋土
袋状土坑 ……………………………… 16, 197
腐植物質 ……………………………… 95, 99, 115
不整合 ………………………………… 111
不整地運搬車 ………………………… 59
伏屋式 ………………………………… 37, 131, 132, 136, 138, 159, 188
縁石 …………………………………… 143, 146
フッ酸 ………………………………… 273
物理探査 ……………………………… 53, 56, 88, 90-92, 119
不透明性フィルムバッグ …………… 277

船着き場 ……………………………… 91, 222
踏面 …………………………………… 141
フラスコ状土坑 ……………………… 197
ブラックバンド ……………………… 99
プラント・オパール ………… 156, 187, 221, 264, 265, 268, 269, 271
フルイ ………………… 59, 146, 196, 198, 267, 269, 270, 272
フレーミング ………………………… 251, 257
風呂遺構 ……………………………… 168
フローテーション …………… 146, 200, 269, 271, 272
ブローニ ……………………………… 261
ブロック〈石器〉……………………… 10, 13
ブロック土 …………………………… 96
ブロック(割り法) …………… 102, 118, 197, 243, 272
プロッター …………………………… 75
文化層 ………………………………… 12, 94
分級 …………………………………… 98, 99, 112, 113, 203
噴砂 …………………………………… 114, 290
分枝式 ………………………………… 166, 167
分析試料 ……………………… 156, 217, 264, 268-270
分析担当者 …………………………… 264, 268, 270, 273
分布調査 ……………………………… 2, 3, 50-56, 88, 201
塀 …… 22, 23, 25, 28, 33-35, 43, 45, 169, 179, 201, 202, 216, 256
平地建物 ……………… 30, 48, 107, 135, 136, 138, 151, 165, 191, 192
平地床 ………………………………… 165, 166, 178, 181
平板測量 ……………………………… 81, 82, 226, 227
平面形式 ……………………………… 48, 166
平面図 ………… 62, 125, 147, 148, 150, 151, 154, 155, 184-186, 194, 216-218, 223, 226, 227, 229, 231-234, 236, 246
平面直角座標系 ……………… 70, 71, 80, 85-87, 92, 228, 248
平面分布 ……………………………… 12, 155
ベッド状施設 ………………………… 139, 141, 165
ベルト(畦) …………………………… 100, 106, 124, 255
ベルトコンベアー …………………… 59, 61, 64, 66, 68
変形構造 ……………………………… 101, 114, 115, 236, 290, 291
方位角 ………………………………… 72
崩壊土 ………………………………… 94
方眼北 ………………………………… 70-72
方眼紙 ………………………………… 60, 82, 231, 236
包含層 ………… 53, 56, 59, 85, 94, 97, 99, 104-107, 118-121, 124, 128, 129, 215, 266, 278
宝形造 ………………………………… 131-133, 163
方形区画 ……………………………… 28, 34, 35, 45, 46, 90
方形周溝墓 …………………………… 30, 151, 157
方形竪穴建築(方形竪穴建物) …… 121, 131, 135, 141, 216
方形(長方形)柱穴列 ………………… 158

313

索　引

方向角 …………………… 70, 72, 76, 82, 86, 228
放射性炭素(14C)年代(法) ……… 156, 265, 266, 272
防　網 …………………………………………… 66
ポール ………………………………… 61, 195, 228
ボール・ピロー構造 …………………………… 114
捕獲圧 ………………………………………… 266
母　岩 …………………………………… 94, 115
墨書人面土器 …………………………………… 38
墨書土器 ………………………………… 37, 38, 40
火　窪 ………………………………………… 214
墓　坑 …………………………………… 11, 194
保護用具 …………………………………… 58, 60
ポジフィルム …………………………… 83, 238
補助員 ………………………………………… 62
柄　穴 ………………………………………… 176
保存処理 ………… 61, 130, 266, 270, 273-275, 277
保存目的調査 … 3-6, 62, 88, 121, 122, 124, 125, 127,
　　　 151, 185, 187
墓　地 …………………………………… 18, 20, 44
掘立柱建物 ……… 9, 15-18, 20, 21, 23-30, 32-35,
　　　 37-45, 47, 48, 127, 131-133, 135, 136, 144, 145,
　　　 150, 157-159, 162-165, 168, 169, 171, 173, 176,
　　　 178-182, 185, 187, 188, 190-192, 216, 218, 233,
　　　 242, 256
掘立柱塀(柵) ………………… 22, 23, 25, 45, 179
火床(壁) ………………………………… 139, 214, 215
ポドゾール化 ………………………………… 115
火床炉 ………………………………………… 214
骨組材 ………………………………………… 152
濠(堀・壕) … 24, 25, 28, 33, 35, 44-46, 48, 51, 52, 65,
　　　 81, 201, 224, 257, 271
ポリウレタン樹脂 ……………………… 278, 280
ポリエチレングリコール ……………… 271, 273
掘　方 ………… 37, 123, 124, 127, 136, 137, 139-141,
　　　 145-151, 170-172, 176, 177, 195, 206-210, 216,
　　　 233, 257, 258
ポリプロピレン ……………………………… 231
ホルマリン …………………………………… 272
ホワイトバランス …………………………… 261

ま　行

マイクロバルーン …………………………… 279
埋設土器 ………………………………… 142, 196
埋設物 ……………………………… 58, 64, 65, 68
埋　葬 ……… 11, 15, 50, 142, 156, 157, 194, 196, 197
埋土　→　埋土(うめつち)
埋没河川 ……………………………………… 267
マイラーベース ………………………… 130, 231
巻　尺 …………………………………………… 60
枕　石 …………………………………… 139, 146

枕　木 …………………………………… 175, 176
曲　物 …………………………… 140, 207, 210
孫　廂 ………………………………………… 160
間仕切 ………………………………………… 163
間　柱 …………………………………… 177, 178
丸柱(円柱) …………………………………… 173
間　渡 ………………………………………… 191
マンガン ………………………………… 116, 291
砌　石 ………………………………………… 179
水　糸 ………………… 60, 227-230, 234, 236
水さらし ……………………………… 16, 221-224
水溜め部 ………………………………… 206, 207
水　場 ……………………… 15, 16, 221-224, 267, 268
水貼り ……………………………………… 274, 275
未成品 ………………………………… 14, 218, 222-224
溝 ……… 9, 22-24, 26, 27, 30, 31, 34, 35, 38, 41, 43,
　　　 45-47, 66, 97, 118, 125, 137, 138, 142, 144, 145,
　　　 151, 163, 169, 171, 177, 178, 188, 191, 200-205,
　　　 214-221, 224, 233, 234, 256, 257, 265, 267, 268
密着プリント ………………………………… 261
道 ……………………………………… 13, 15, 21
蓆 …………………………………… 60, 165, 181, 191
棟　木 ……… 132-134, 152, 159, 160, 162, 166, 167
棟通り ………………………………………… 166
棟持柱 …………………………… 132, 133, 163, 192
目隠し ………………………………………… 179
木質遺物 ………………………………… 270, 273
木　炭 ……………………………… 210, 214-217, 272
木　道 ………………………………………… 16
木　樋 ………………………………………… 142
木　本 …………………………………… 264, 265
裳　階 ………………………………………… 168
木　棺 …………………………………… 196, 197
モノ送り ………………………………… 222, 223
物見櫓 ………………………………………… 23
籾　殻 …………………………………… 165, 269
身　舎 ……………………… 159-163, 171, 172, 177
母屋桁 ……………………………… 160, 164, 166
盛り土 ……… 48, 94, 96, 98, 103, 104, 109, 119, 138,
　　　 140, 141, 145, 147, 150, 181, 192, 193
盛り土遺構 ……………………………… 17, 18
門 ………………………………………… 143, 166, 256
門　柱 ………………………………………… 25

や　行

矢　板 ……………………………………… 58, 224
館 …………………………………… 45, 48, 190
ヤコウガイ …………………………………… 42
屋敷地 ………………… 8, 30, 31, 41, 43-48, 197
屋敷墓 …………………………………… 9, 44, 197

野生種 …………………………………… 265
簗 ………………………………………… 221
屋根倉 ………………………………… 165-167
屋根形式 …………………… 131, 133, 163, 164, 178
屋根構造 …………………………………… 161, 178
屋根下地 …………………………………… 135, 164
屋根土 ……………………………………… 155
屋根葺材 ………………………………… 131, 152, 164
遣方測量 …………………………………… 227
有害物質 …………………………………… 64, 65
有機質遺物 …… 10, 14, 198, 202, 223, 267, 268, 274, 275, 277
有機物（有機質）………………… 14, 61, 94, 97, 99, 100, 104, 115, 116, 144, 152, 194, 196, 200, 203, 210, 221, 267, 273, 277
湧水層 ……………………………………… 206, 209
湧水地 ……………………………………… 16
湧水部 ……………………………………… 206
遊離遺物 …………………………………… 109, 112
床板 ……………………………… 137, 141, 154, 155, 165, 167
床下土坑 ……………………………………… 38
床束 ………………………… 166, 167, 170, 172, 173, 180, 190
床束式〈高床倉庫〉………………………… 167
床束建物 ………………………………… 38, 165, 166, 172
床面 …… 9, 15, 16, 20, 23, 37, 91, 109, 121, 123, 124, 128, 131-145, 147, 150, 151, 155, 156, 158, 159, 165, 166, 168, 172, 177-182, 189, 191, 192, 215, 218, 233, 256-258, 260, 268, 272
床面小溝 ………………………………… 139, 141, 156
床面積 …………………………………… 33, 34, 37
ユニット〈石器〉………………………… 10, 13
湯屋 ………………………………………… 178
溶解炉 ……………………………………… 27, 44
葉層 ……………………………… 95, 98, 105, 111
窯壁 ………………………………………… 273
葉理 ……………………… 97, 100, 101, 111, 113, 114, 236
横板組〈井戸〉…………………………… 207, 208
横画面 ……………………………………… 259, 260
横座 ………………………………………… 214
横桟 ………………………………………… 165, 206, 207
寄棟造 ………………………………… 131-134, 163, 164

ら　行

ラジコンヘリコプター …………………… 238, 254, 255
ラベル ………………………………… 61, 100, 130, 223
ラミナ（面）…… 95-98, 100, 105, 109, 111, 113, 123, 125, 169, 203, 204, 236, 290
ラミナ掘り …………………………………… 105
ラミネーション ……………………………… 111
藍鉄鉱 ……………………………………… 116, 272, 291

リアルタイムキネマティック法 …………… 82, 228
陸稲 ………………………………………… 219
立石 ………………………………………… 18, 222
立地環境 …………………………………… 202
リップル ……………………………… 98, 113, 114, 290
立面図 ……………………………… 148, 154, 223, 234, 236
略測図 ……………………………… 122, 127, 226, 233, 246
粒径 …………………………… 95-98, 112, 113, 267
流痕 ………………………………………… 109, 114
粒子組成 ……………………………… 95, 96, 98, 100
粒状構造 …………………………………… 116
粒状滓 ……………………………………… 215
粒度 ……………………… 95-98, 100, 103, 110, 118, 121, 268
流路 ……………… 88, 103, 128, 204, 220-224, 258, 267
菱鉄鉱 ……………………………………… 116
両廂 ………………………………………… 161
累積土壌 …………………………………… 116
レイアウト ……………………………… 254, 257, 259, 260
レーザースキャナー ……………… 81, 84, 226, 239, 240
礫 …… 10, 11, 94-96, 98, 100, 110, 112-115, 145, 173, 196, 210, 239, 267, 278
礫群 …………………………………… 10, 12, 13
レフ板 ……………………………… 60, 252, 253, 257
レプリカ …………………………………… 278, 280
レベル（水準儀）………… 59, 76, 78, 81, 82, 230, 231, 234, 236
連結土坑 …………………………………… 19, 21
連結ピット ……………………………… 142, 218
連続試料 ……………………………… 271, 273
錬鉄 ………………………………………… 214
連絡体制 ……………………………… 58, 67, 68
炉 …… 10-12, 14-16, 19, 20, 30, 119, 123, 124, 136, 139, 140, 146, 150, 155, 157, 179, 182, 214-218, 257, 268, 271, 272, 280
楼閣 ………………………………………… 23, 166
漏電 ………………………………………… 67
労働災害 …………………………………… 63
ローム層 ……………………………… 16, 97, 98, 116
ローリングタワー ……………………… 60, 66, 252
ロールフィルム ……………………………… 261
ロクロ（ピット）………………… 139, 142, 213, 218
露出〈写真〉……………………………… 251, 253, 261
露出計 ……………………………………… 60, 253
炉床 ………………………………………… 214
炉体土器 …………………………………… 139
炉底 ………………………………………… 214, 217
炉壁（炉側壁）……………………… 214, 216, 217
炉掘方 ……………………………………… 214-217

索　引

わ　行

割りつけ〈図版〉 ……………………… 259, 260

数字・アルファベット

35 mmカメラ ……………………………… 251
35 mm判 …………………………… 251-253, 255
4×5 in …………………………… 251-253, 255, 261
6×6 cm判 …………………………………… 255
6×7 cm判 …………………………………… 252
CCD ………………………………… 240, 262
CD-R ………………………………………… 262
DEM …………………………………… 84, 89
DNA …………………………… 265, 266, 270
DSM ………………………………………… 84
DVD-R ……………………………………… 262
EM法 ………………………………………… 90

EXIF ………………………………………… 262
FRP …………………………… 78, 276, 277, 280
GPR …………………………………………… 90
GPS ……………… 52, 72, 76, 80-84, 92, 226-228, 238
IMU ……………………………………… 84, 238
ISO …………………………………………… 252
JPEG ………………………………… 251, 262
MSDS ………………………………………… 67
NR-51 ………………………………………… 278
NS-10 ………………………………………… 278
PEG …………………………………………… 273
RAW …………………………… 249, 251, 262
RTK法 ……………………………………… 82, 228
SAR ……………………………………… 84, 88, 90
TIFF ………………………………… 249, 262
TS ……………………………… 59, 72, 81, 226, 227
X線 ………………………………… 198, 266

Ⅱ　遺　跡　名

あ　行

青木北原遺跡(茨城県) ……………………… 150
青田遺跡(新潟県) …………………………… 176
青谷上寺地遺跡(鳥取県) …………… 164, 205
赤井遺跡(宮城県) …………………… 176, 177, 179
赤山遺跡(埼玉県) …………………………… 16
阿久遺跡(長野県) …………………… 18, 158
朝日遺跡(愛知県) …………………………… 24
姉川城跡(佐賀県) …………………………… 47
穴太遺跡(滋賀県) ………… 16, 33, 177, 179, 191, 193
綾羅木郷遺跡(山口県) ……………………… 24
荒井猫田遺跡(福島県) ……………… 47, 289
荒砥洗橋遺跡(群馬県) ……………………… 40
有鼻遺跡(兵庫県) …………………………… 26
井頭遺跡(栃木県) …………………………… 36
池内遺跡(大阪府) …………………………… 220
池上曽根遺跡(大阪府) ………… 24, 26, 162, 163, 165
池島・福万寺遺跡(大阪府) ………… 219, 221
井ゲタ遺跡(佐賀県) ………………… 175, 176
池の口遺跡(福岡県) ………………………… 193
囲護台遺跡(千葉県) ………………………… 37
石の本遺跡(熊本県) ………………………… 21
伊勢遺跡(滋賀県) …………………… 28, 163, 173
伊勢神宮(三重県) …………………………… 163
伊勢堂岱遺跡(秋田県) ……………… 18, 19
板付遺跡(福岡県) …………………………… 25

一乗院庭園(奈良県) ………………………… 208
一乗谷朝倉氏遺跡(福井県) ……… 48, 179, 189, 190
一之口遺跡(新潟県) ………………………… 41
一ノ口遺跡(福岡県) ………………………… 23
伊茶仁カリカリウス遺跡(北海道) ………… 55
糸井宮前遺跡(群馬県) ……………………… 190
糸数城跡(沖縄県) …………………………… 48
井戸向遺跡(千葉県) ………………………… 39
稲福上御願遺跡(沖縄県) …………………… 48
稲淵川西遺跡(奈良県) ……………… 180, 181
稲荷山遺跡(東京都) ………………………… 143
井上長者館遺跡(茨城県) …………… 89, 90
今小路西遺跡(神奈川県) …………………… 48
今山遺跡(福岡県) …………………………… 27
今城遺跡(茨城県) …………………………… 134
伊礼原遺跡(沖縄県) ………………………… 16
上野原遺跡(鹿児島県) ……………………… 21
上の山Ⅱ遺跡(秋田県) ……………………… 19
有年原田中遺跡(兵庫県) …………………… 167
姥山貝塚(千葉県) …………………………… 156
梅原胡摩堂遺跡(富山県) …………………… 168
漆下遺跡(秋田県) …………………………… 16
漆町遺跡(石川県) …………………………… 41
御井戸遺跡(新潟県) ………………………… 224
王ノ壇遺跡(宮城県) ………………… 45, 46
大県遺跡(大阪府) …………………………… 216
大久保遺跡(佐賀県) ………………………… 212

索　引

大久保山遺跡(埼玉県) …………………… 45
大坂城下町跡(大阪府) ……………… 290, 291
大鹿窪遺跡(静岡県) ……………………… 19
大篠塚遺跡(千葉県) …………………… 141
大清水上遺跡(岩手県) …………………… 19
大園遺跡(大阪府) …………………… 30, 32
大平遺跡(青森県) ………………………… 37
大塚新地遺跡(茨城県) …………………… 40
大塚遺跡(神奈川県) ……… 27, 28, 131, 202, 285
大原D遺跡(福岡県) …………………… 134
大宮遺跡(広島県) ………………………… 25
大湯環状列石(秋田県) ……………… 18, 196
岡原遺跡(山口県) ……………………… 202
奥白滝1遺跡(北海道) ………………… 286
小迫辻原遺跡(大分県) …………………… 34
落川遺跡(東京都) ………………………… 37
尾山代遺跡(奈良県) ……………………… 42
折本西原遺跡(神奈川県) ………………… 28

か　行

柿原Ⅰ遺跡(福岡県) …………………… 129
柏原M遺跡(福岡県) ……………………… 40
柏台1遺跡(北海道) ……………………… 14
春日大社(奈良県) ……………………… 168
加曽利貝塚(千葉県) ……………………… 90
堅田遺跡(和歌山県) ……………………… 27
片山津玉造遺跡(石川県) ……………… 218
勝川遺跡(愛知県) …………………… 27, 224
勝連城跡(沖縄県) ………………………… 48
門新遺跡(新潟県) ………………………… 41
鹿の子C遺跡(茨城県) ………………… 216
鎌倉(神奈川県) ………… 43, 47, 131, 135
上猪ノ原遺跡(宮崎県) …………………… 20
上組Ⅱ遺跡(千葉県) ……………………… 32
上神主・茂原官衙遺跡(栃木県) …… 170, 171
上小紋遺跡(島根県) …………………… 167
上出A遺跡(滋賀県) …………………… 196
上浜田遺跡(神奈川県) ………………… 168
上谷地遺跡(秋田県) …………………… 223
上横田A遺跡(栃木県) ………………… 199
亀川遺跡(大阪府) ……………………… 154
亀山遺跡(広島県) ………………………… 22
加茂遺跡(兵庫県) …………………… 26, 28
萱田地区遺跡群(千葉県) ………………… 39
茅野遺跡(群馬県) …………………… 154, 155
唐古・鍵遺跡(奈良県) …… 24-27, 201, 212, 224
烏丸綾小路遺跡(京都府) ……………… 120
軽井川南遺跡(新潟県) …………………… 42
川合遺跡(静岡県) …………………… 173, 202
川寄吉原遺跡(佐賀県) ……………… 175, 176

観音洞B遺跡(静岡県) …………………… 11
喜志遺跡(大阪府) …………………… 27, 212
北島遺跡(埼玉県) ………………………… 28
北代遺跡(富山県) ……………………… 131
北野遺跡(三重県) …………………… 213, 214
北安田北遺跡(石川県) …………………… 37
鬼虎川遺跡(大阪府) …………… 23, 27, 202
城輪柵跡(秋田県) ………………………… 41
久宝寺遺跡(大阪府) …………………… 220
京都(京都府) ……………… 43, 47, 48, 190
桐木耳取遺跡(鹿児島県) ………… 10, 12, 13
金生遺跡(山梨県) ………………………… 18
草刈遺跡(千葉県) ……………………… 156
草戸千軒町遺跡(広島県) ………………… 47
草山遺跡(神奈川県) ………………… 36, 37
後兼久原遺跡(沖縄県) …………………… 48
葛川遺跡(福岡県) ………………………… 24
城久遺跡群(鹿児島県) …………………… 42
百済木遺跡(埼玉県) ……………………… 40
九年橋遺跡(岩手県) ……………………… 20
隈・西小田遺跡(福岡県) ……………… 167
胡桃館遺跡(秋田県) …………………… 192
黒井峯遺跡(群馬県)　 29, 30, 135, 165, 172, 178, 191, 192, 219
原之城遺跡(群馬県) ……………………… 35
五庵Ⅰ遺跡(岩手県) …………………… 154, 155
国府遺跡(大阪府) ……………………… 196
高ヶ坂石器時代遺跡(東京都) ………… 143
郷部遺跡(千葉県) ………………………… 38
鴻臚館跡(福岡県) ……………………… 200
久我東町遺跡(京都府) ………………… 289
極楽寺ヒビキ遺跡(奈良県) …… 34, 173, 174
五社遺跡(富山県) ………………………… 41
御所野遺跡(岩手県) ……… 15, 131, 152, 153
古新田遺跡(静岡県) ………………… 34, 35
小杉流通業務団地内遺跡群(富山県) …… 213
古曽部・芝谷遺跡(大阪府) ……………… 26
小反遺跡(山形県) ……………………… 139
古照遺跡(愛媛県) ……………………… 167
小深田遺跡(静岡県) ……………………… 30
小湊フワガネク遺跡(鹿児島県) ………… 42
是川中居遺跡(青森県) …………………… 20
権現後遺跡(千葉県) ……………………… 39

さ　行

皀樹原・檜下遺跡(埼玉県) ……………… 44
西鹿田中島遺跡(群馬県) ………………… 19
西大寺食堂院跡(奈良県) …………… 210, 211
堺(大阪府) ……………………………… 47
栄町遺跡(東京都) ……………………… 168

索　引

坂田北遺跡(静岡県)	16
匂坂中遺跡(静岡県)	13
桜町遺跡(富山県)	16, 167
石榴垣内遺跡(奈良県)	38
真田・北金目遺跡群(神奈川県)	151
三内丸山遺跡(青森県)	16-18, 132
三里塚遺跡(千葉県)	132, 159
紫雲出山遺跡(香川県)	22
寺家遺跡(石川県)	43
地蔵田B遺跡(秋田県)	28
品川台遺跡(栃木県)	197
四分遺跡(奈良県)	24, 201, 205
島添大里城跡(沖縄県)	48
清水遺跡(福島県)	217
清水谷遺跡(岡山県)	25
下遺跡群小倉遺跡(福岡県)	40
下老子笹川遺跡(富山県)	138
下川津遺跡(香川県)	213
下五反田遺跡(滋賀県)	134, 135
下高橋官衙遺跡(福岡県)	91
下寺田遺跡(東京都)	145
下古館遺跡(栃木県)	47
下触牛伏遺跡(群馬県)	13
下ノ坊館跡(千葉県)	45
社宮司遺跡(長野県)	141, 142
尺度遺跡(大阪府)	34, 219
十万遺跡(高知県)	40
十六面・薬王寺遺跡(奈良県)	46
宿東遺跡(埼玉県)	139
寿能遺跡(埼玉県)	16
正家廃寺(岐阜県)	37
正直C遺跡(福島県)	40, 183, 185
庄作遺跡(千葉県)	146
白滝遺跡群(北海道)	13
白幡前遺跡(千葉県)	39
真福寺遺跡(大阪府)	44
翠鳥園遺跡(大阪府)	13
杉の木平遺跡(長野県)	44
須玖永田遺跡(福岡県)	27
須玖岡本遺跡(福岡県)	27
須玖坂本遺跡(福岡県)	27
筋違遺跡(三重県)	22, 23
鈴木遺跡(東京都)	13
砂子遺跡(青森県)	137, 138
住吉貝塚(鹿児島県)	287
摂津国分尼寺跡(大阪府)	290
瀬谷子遺跡(岩手県)	213
前期難波宮跡(大阪府)	165
千塔山遺跡(佐賀県)	28

た　行

大開遺跡(兵庫県)	23, 25
田井中遺跡(大阪府)	25
大福遺跡(奈良県)	207
多賀城跡(宮城県)	178
高瀬山遺跡(山形県)	221
高橋佐夜ノ谷Ⅱ遺跡(愛媛県)	42
高屋敷館遺跡(青森県)	202
多功南原遺跡(栃木県)	40, 170
田子山遺跡(熊本県)	213
立岩遺跡(福岡県)	27
立が鼻遺跡(長野県)	14, 290
田名稲荷山遺跡(神奈川県)	37
田名向原遺跡(神奈川県)	10-12, 286
玉津田中遺跡(兵庫県)	224
多摩ニュータウンNo.399遺跡(東京都)	224
田村遺跡(高知県)	23
樽味四反地遺跡(愛媛県)	33
田和山遺跡(島根県)	24
谷尻遺跡(岡山県)	35
壇の越遺跡(宮城県)	178
近内中村遺跡(岩手県)	152
チカモリ遺跡(石川県)	173
智頭枕田遺跡(鳥取県)	20
長者ヶ平遺跡(栃木県)	187
陳羅里遺跡(韓国慶尚北道清道郡)	291
佃遺跡(兵庫県)	16
津島遺跡(岡山県)	164
土田遺跡(愛知県)	44
津寺遺跡(岡山県)	35
艇止山遺跡(韓国忠清南道公州市)	192
寺野東遺跡(栃木県)	16
唐招提寺(奈良県)	168
東大寺(奈良県)	168
藤内遺跡(長野県)	155
堂畑遺跡(福岡県)	37
常呂遺跡(北海道)	55
常呂チャシ遺跡(北海道)	42
十三湊(青森県)	47
豊島馬場遺跡(東京都)	157
鳶尾遺跡(神奈川県)	36
飛山城跡(栃木県)	132
富沢遺跡(宮城県)	14
登呂遺跡(静岡県)	138, 165, 167, 220

な　行

那珂遺跡(福岡県)	25
長遺跡(三重県)	205
長岡京跡(京都府)	219

那珂久平遺跡(福岡県) …………… 167
中里遺跡(神奈川県) ……………… 28
中里貝塚(東京都) ………………… 16
中里前原遺跡(埼玉県) ………… 23,202
中筋遺跡(群馬県) ………… 131,132,135
中田遺跡(東京都) ……………… 29-32
長野小西田遺跡(福岡県) ………… 224
中野B遺跡(北海道) ……………… 19
中野谷松原遺跡(群馬県) ………… 158
長畑遺跡(滋賀県) ………………… 40
長原遺跡(大阪府) ……… 103,130,169,290,291
中道遺跡(新潟県) ………………… 155
中山新田Ⅰ遺跡(千葉県) ………… 13
今帰仁城跡(沖縄県) ……………… 48
鳴滝遺跡(和歌山県) ………… 33,34,166
南郷遺跡群(奈良県) ……………… 191
南郷大東遺跡(奈良県) …………… 34
南郷角田遺跡(奈良県) …………… 34
南郷安田遺跡(奈良県) …………… 34
仁右衛門畑遺跡(福岡県) ……… 37,121
西組遺跡(群馬県) ……………… 90,91
西島遺跡(福岡県) ………………… 212
西新町遺跡(福岡県) …………… 30,193
西田井遺跡(滋賀県) …………… 43,44
西田遺跡(岩手県) …………… 16,17,158
丹生郷遺跡(福井県) ……………… 40
祢布ヶ森遺跡(兵庫県) …………… 209
沼遺跡(岡山県) …………………… 23
根来寺(和歌山県) ………………… 47
野方遺跡(福岡県) ………………… 141
野形遺跡(秋田県) ………………… 213
野方中原遺跡(福岡県) …………… 28
野木遺跡(青森県) ………………… 218
野路小野山製鉄遺跡(滋賀県) …… 42
野尻湖立が鼻遺跡(長野県) …… 14,290
野尻(4)遺跡(青森県) …………… 188
野瀬塚遺跡群(福岡県) …………… 39

は　行

博多(福岡県) ………………… 43,47,48
白山平泉寺(福井県) …………… 47,48
橋場遺跡(東京都) ……………… 137,138
八王子遺跡(愛知県) ……………… 241
八幡上遺跡(宮崎県) ……………… 23
八幡平遺跡(東京都) ……………… 143
八幡林遺跡(新潟県) ……………… 41
発茶沢(1)遺跡(青森県) ………… 188
初音ヶ原遺跡(静岡県) …………… 11
馬場遺跡(千葉県) ………………… 147
浜尻屋貝塚(青森県) ……………… 44

原の辻遺跡(長崎県) ……………… 91
坂東山遺跡(埼玉県) ……………… 143
氷池跡(奈良県) …………………… 199
東奈良遺跡(大阪府) ……………… 212
東宮遺跡(群馬県) ………………… 44
東山田遺跡(福島県) ……………… 40
干潟向畦ヶ浦遺跡(福岡県) ……… 195
聖原遺跡(長野県) ………………… 288
斐太遺跡(新潟県) ……………… 28,55
日向林B遺跡(長野県) ………… 13,14
百間川原尾島遺跡(岡山県) ……… 212
平等坊岩室遺跡(奈良県) ………… 28
平泉(岩手県) …………………… 47,48
吹出原遺跡(沖縄県) ……………… 48
吹屋恵久保遺跡(群馬県) ………… 148
福井洞窟遺跡(長崎県) …………… 14
藤原京跡(奈良県) ………………… 200
二ツ梨一貫山窯跡(石川県) ……… 213
不動堂遺跡(富山県) ……………… 133
船野遺跡(佐賀県) …………… 175,176
古屋敷遺跡(福島県) ……………… 35
平城宮跡(奈良県) ……… 171,190,241
平城京跡(奈良県) ………………… 38
法円坂遺跡(大阪府) …………… 33,166
法貴寺遺跡(奈良県) ……………… 44
法隆寺(奈良県) ………… 133,165,167,168
星の宮ケカチ遺跡(栃木県) ……… 40
北海道遺跡(千葉県) ……………… 39
払田柵跡(秋田県) ………… 177,178,188
保渡田古墳群(群馬県) …………… 33

ま　行

纒向遺跡(奈良県) ………………… 209
松本遺跡(福岡県) ………………… 206
俎原遺跡(長野県) ………………… 287
真脇遺跡(石川県) ………………… 196
万行遺跡(石川県) ………………… 33
三雲遺跡(福岡県) ………………… 26
水池遺跡(三重県) ………………… 213
水垂遺跡(京都府) ………………… 219
水深遺跡(埼玉県) …………… 212,213
三日市遺跡(広島県) ……………… 47
三ツ木遺跡(群馬県) ……………… 170
三ツ木皿沼遺跡(群馬県) ………… 220
三沢北中尾遺跡(福岡県) ………… 24
三ツ寺Ⅰ遺跡(群馬県) ………… 33,35
御堂遺跡(山口県) ………………… 196
南栗遺跡(長野県) ………………… 42
南多摩窯跡群山野短大校内遺跡(東京都) … 212,213
南堀貝塚(神奈川県) ……………… 17

索　引

三宅御土居跡(島根県)	47
宮田遺跡(大阪府)	44
宮ノ前遺跡(岐阜県)	14
妙見堂遺跡(千葉県)	213
妙楽寺遺跡(滋賀県)	47
三吉野遺跡群(東京都)	213, 214
妻木晩田遺跡(鳥取県)	55, 124, 125, 139, 140, 152
武庫庄遺跡(兵庫県)	26
武蔵国府関連遺跡(東京都)	147
武蔵国分寺跡(東京都)	146
村上込の内遺跡(千葉県)	39, 40
村松白根遺跡(茨城県)	44
本野原遺跡(宮崎県)	21
森山遺跡(福岡県)	213

や　行

八尾南遺跡(大阪府)	137, 138, 220
薬師堂東遺跡(福岡県)	37
屋代遺跡群(長野県)	142
矢瀬遺跡(群馬県)	222
柳之御所遺跡(岩手県)	200
矢野遺跡(徳島県)	20
山木遺跡(静岡県)	165, 167
山田寺(奈良県)	165
山田水呑遺跡(千葉県)	36
山元遺跡(新潟県)	28
湯の里4遺跡(北海道)	11
柚比本村遺跡(佐賀県)	25, 26
湯牟田遺跡(宮崎県)	292
用木山遺跡(岡山県)	22
横隈山遺跡(福岡県)	24
吉野ヶ里遺跡(佐賀県)	24-26, 168, 205

ら　行

牢場遺跡(東京都)	143

わ　行

若宮遺跡(群馬県)	190
和田・百草遺跡群(東京都)	142
和田西遺跡(東京都)	137, 138
割田地区遺跡群(福島県)	42

定本 発掘調査のてびき
──集落遺跡発掘編──

2016年10月20日発行

監　修　文化庁文化財部記念物課
編　者　独立行政法人国立文化財機構
　　　　奈良文化財研究所
発行者　山　脇　由　紀　子
印　刷　㈱天　理　時　報　社
製　本　協　栄　製　本　㈱

発行所　東京都千代田区飯田橋4-4-8　㈱同成社
　　　　（〒102-0072）東京中央ビル内
　　　　TEL 03-3239-1467　振替 00140-0-20618

Ⓒ Bunkacho 2016. Printed in Japan
ISBN978-4-88621-742-4 C3021

― 同成社出版案内 ―

史跡等整備のてびき
―保存と活用のために―

文化庁文化財部記念物課監修　B5判・4分冊・総頁1400・12600円

史跡等の保存と活用を目的とする整備事業を、適切かつ円滑に進めるに当たって必要となる各種の事項を総合的に取りまとめた手引書。

4分冊の内容
①総説編・資料編　②計画編　③技術編　④事例編（各300〜380頁）

【本書の構成】

第1冊【総説編・資料編】
第1章　序言／第2章　史跡等の保護と整備の歴史／第3章　史跡等整備の理念とその実現／〈法令等諸資料〉法令・規則等／国庫補助事業要項等／国際条約等

第2冊【計画編】
第1章　史跡等の整備事業の過程／第2章　整備計画の作成／第3章　管理・運営／第4章　公開・活用／第5章　整備事業の点検と改善

第3冊【技術編】
第1章　史跡等の整備事業に関わる技術の検討及び適用と事業の実施過程／第2章　保存のための管理に関わる技術／第3章　復旧に関わる技術／第4章　環境基盤の整備に関わる技術／第5章　遺跡の表現に関わる技術／第6章　管理・運営及び公開・活用に関わる技術／第7章　整備事業の記録・公表と整備後の維持管理

第4冊【事例編】
第1章　大規模史跡等の保存と活用／第2章　整備事業の考え方とその検討／第3章　整備事業の進め方と体制づくり／第4章　整備の手法と技術／第5章　活用の取組み／付章1　海外における歴史的・文化的遺産の整備／付章2　整備事業における実務経験上の着目点